KB196934

9급 공무원 국어 시험대비

# 박문각 공무원

## 예상문제

# 박혜선
# 국어

박혜선 편저

**2025 출제 기조 변화 완벽 반영!**

강화·약화, 공문서, 세트형 독해 추론 문제 다수 수록!

문학+독해 결합형, 문법+독해 결합형 문제 다수 수록!

공무원 국어 최빈출 독해 적중 예상 문제 수록!

# 콤단문 독해

**콤**팩트한 **단**원별 **문**제풀이

예상문제 2권 | www.pmg.co.kr

# 이 책에 들어가기 전에

*수석합격 3연속* 배출의 신화!
최단기 합격의 절대 공식!
합격자들의 최고 추천 커리!
2025 출제기조 변화까지 반영한
콤단문 독해!!

안녕하세요~^^ 여러분들의 단기 합격을 책임지는 혜선 쌤입니다.
2025년에 치러질 시험은 20문제 중 18문제(논리추론, 공문서 문장 고쳐 쓰기 포함)가 독해 유형으로 출제될 예정입니다.
따라서 이제는 '독해'에 대한 비중을 늘려서 공부를 하셔야 합니다.

다만, 제가 가장 염려되는 부분은 많은 수험생들이
독해는 수업을 들어도 별 소용이 없지 않을까 오해를 하고 수업을 듣지 않는다는 것입니다.

물론, 기존에 단순 암기가 필요했던 '문법'이나 '한자'의 경우에는
야매 꼼수 같은 팁들을 수업에서 배워야 하다 보니
누가 말해주지 않아도 꼭 수업을 들어야 했습니다.
하지만 독해는 우리말이다 보니 굳이 수업을 듣지 않아도 글을 읽고 문제를 풀 수 있어
수업이 필요 없다고 잘못 생각할 수 있습니다.

그런데 문제는 이것입니다.
우리는 20문제 중 18문제를 23-25분이 되는 시간 안에
아주 정확하게, 그리고 아주 신속하게 풀어야 합니다.

생각보다 독해에도 빠르게 풀 수 있는 '야매 꼼수 팁'이 존재합니다.

유형별로 눈동자가 어떤 순서로 움직여야 하는지,
유형별로 발문·제시문·선지를 어떻게 다르게 읽어야 하는지를 암기하신 후
시험장에 들어 가셔야 합니다.
이 독해 과정의 야매꼼수를 가지고 시험장에 들어 가셔야
압박감이 심한 시험장 분위기 속에서 100문제의 시험을 100분 안에
omr카드 작성까지 마치고 끝내실 수 있습니다.

특히 이번 해에는 새로운 문제 유형들이 대거 유입되었습니다.

첫째, '강화, 약화' 유형입니다. 발문에 '평가'라는 단어가 있는 경우 우리는 '강화 약화' 유형임을 알 수 있는데, 이때 '강화, 약화'만의 풀이법이 따로 있으니 이에 맞게 문제를 풀어야 빠르게 치고 갈 수 있습니다. 특히 선지를 보는 방법이 다른 유형들과는 특이한 부분이 있기 때문에 이 부분을 알고 들어가셔야 빠르고 정확하게 문제를 푸실 수 있습니다.

둘째, '세트형 독해+어휘'입니다. 이제는 700~800자 되는 긴 제시문에 문제가 2개가 연결되어 출제됩니다. 어떤 문제 구성이냐에 따라 첫 번째 문제를 먼저 풀지 두 번째 문제를 먼저 풀지가 결정되므로 이에 따른 문제 풀이 방식을 따로 배우셔야 합니다.

셋째, '문학+독해 결합형'과 '문법+독해 결합형'입니다. 문학 영역과 문법 영역이 이제는 독해의 소재가 되어 나타나게 되었습니다. '문학+독해 결합형'을 빨리 풀 수 있도록 하는 꿀팁과 배경지식을 수업에 담아 드릴 예정입니다. 또한 '문법+독해 결합형'의 경우에는 특히 출제자들이 물어보기 제일 좋은 소재로 문제를 출제하여 수록했습니다.

넷째, '[화법] 주어 없는 말하기 방식'과 [화법] 의견의 대립 양상'입니다. 기존의 화법은 쉬운 형태로 출제가 되었으나 2025년부터는 좀더 난도가 올라가게 되었습니다. 대화 참여자들(갑, 을, 병, 정)의 의견 말하기 방식을 지엽적으로 살피거나 그들의 의견을 지엽적으로 파악하여 대립 양상을 파악해야 하므로 새로운 문제 풀이 야매꼼수를 습득하셔야 합니다.

다섯째, '[작문] 공문서 문장 고쳐 쓰기'입니다. 인사혁신처의 1차, 2차 샘플에서 공통적으로 맨 처음 문제에 출제되었던 유형으로, 암기해야 하는 이론이 존재하는 유형입니다. 이를 학습할 수 있는 이론과 적용할 수 있는 문제 또한 풍부하게 담아 놓았습니다.

여섯째, 나머지 2025년에도 유지되는 2024 출제 기조 버전들입니다. 이것들도 빠르고 정확하게 풀 수 있는 야매꼼수가 분명히 존재합니다. 이 부분들도 자세하게 수업에서 풀 테니 꼭 집중하여 수업을 들어주시길 바랍니다.

콤단문 독해로 독해 유형 문제들을 양치기로 열심히 훈련을 하신 후에는
1월 달부터 '동형 모의고사'와 '족집게 적중 노트'를 들어주시면
역공 국어의 커리가 완벽하게 끝나게 됩니다.

# 이 책에 들어가기 전에

## 범접할 수 없는 수석 합격 신화, 최고 적중률로 만점 릴레이

### 🔍 합격자들이 극찬하는 콤단문 독해를 필수 수강해야 하는 첫 번째 이유

**亦功 콤단문 독해 PIN POINT로 배우는 유형별 빨리 푸는 전략 정복하기!**

2025년에 출제될 수 있는 모든 유형에 대해 빠르게 풀 수 있는 전략을 야매꼼수로 단계별로 알려드립니다.
특히, 기존 출제 기조를 유지하는 2024 버전과 새로운 출제기조인 2025년 버전을 모두 다룸으로써
과도기적인 내년의 시험을 완벽하게 대비할 수 있게 합니다.

### 🔍 합격자들이 극찬하는 콤단문 독해를 필수 수강해야 하는 두 번째 이유

**독해 이론이지만 외울 것은 최소화해서 외우게 하는 출좋포 독해 이론**

독해 이론은 외울 것이 많이 없다지만 개념을 알아야 선지를 파악할 수 있는 유형들에 대해서는 독해 이론을 수록하였습니다.
특히 화법, [작문] 공문서 문장 고쳐 쓰기, [작문] 공문서 개요 작성, 지시어 추론 등
독해 이론을 알면 훨씬 쉽게 접근할 수 있는 것들을 최대한 압축하여 수록했습니다.

### 🔍 합격자들이 극찬하는 콤단문 독해를 필수 수강해야 하는 세 번째 이유

**본격적으로 문제를 풀기 전에 워밍업! 콤단문 亦功 퀴즈**

출제자들이 좋아하는 독해 이론을 잘 습득했는지 확인할 수 있는 퀴즈 섹션으로 어떤 포인트를 출제자들이 좋아하는지도 학습할 수 있습니다.
'O / X' 퀴즈나 단답식으로 되어 있어 부담을 최소화하여 해당 챕터의 내용을 학습할 수 있습니다.

### 🔍 합격자들이 극찬하는 콤단문 독해를 필수 수강해야 하는 네 번째 이유

**어떤 책보다도 문제를 풍부하게 실었다! 亦功 기출 훈련, 亦功 문제 훈련**

2024 버전의 문제들 중 2025년에도 살아남을 확률이 있는 중요한 기출 문제들을 풍부하게 실었습니다.
또 박혜선 연구소가 한 땀 한 땀 정성스럽게 만든 단원별 문제들로 유형별로 원 없이 훈련이 가능합니다.

### 🔍 합격자들이 극찬하는 콤단문 독해를 필수 수강해야 하는 다섯 번째 이유

**시험 문제와 가장 비슷하다는 '파이널 동형 모의', 최종 압축 '족집게 적중 노트' 전 단계 과정**

콤단문 독해는 사실 가장 중요한 과정인 '파이널 동형 모의, 족집게 적중 노트'를 100% 잘 활용하여
만점까지 갈 수 있게 하는 전 단계 과정입니다.
콤단문 독해에서 독해 문제를 유형별로 완벽 독파하여 전 영역이 섞여 있는
'파이널 동형 모의'로 마지막 시험 준비를 완벽하게 끝낼 수 있게 합니다.

시중에 없던 혁신적인 콤단문 독해 편을 통해 올해 또한 많은 亦功이들이 인생에서 잊지 못할 최고의 성과를 내길 기원합니다.
여러분들의 단기합격을 끝까지 기도하고 그때까지 최고의 지원을 아끼지 않겠습니다.

2024년 11월

박혜선 惠旋

亦功이들 ☆☆☆
필독!

합격자 최고 추천 콤단문 독해 편으로 **단기 합격하는 방법!**

꼭 문제는 공책(혹은 포스트잇)에 푸시길 바랍니다.
풀다가 애매한 선택지를 답 옆에 표시하여 오답할 때 함께 복습하시길 바랍니다.

❶ 혜선 쌤이 콤단문 독해 강의에서 풀어준 문제는 특히 당일에 바로 복습한다.
단, 독해 유형이기 때문에 제시문을 외우거나 답을 외우는 식의 복습은 지양해야 한다. 콤단문 독해의 복습은 독해 문제를 어떻게 접근하고 어떤 순서로 읽어내야 하는지가 중요하다. 혜선 쌤이 수업에서 추천하는 콤단문 독해 복습 방법으로 공부해야 한다.

❷ 나머지 문제는 10문제씩 푼 후 한꺼번에 채점, 오답한 후
다음 10문제씩 풀고 똑같은 과정을 반복한다.

❸ 오답을 할 때에는 이 독해 유형 문제를 왜 틀렸는지, 내 사고 과정의 오류가
어떤지 파악해야 한다.
그러다 보면 본인이 많이 틀리는 유형을 파악할 수 있고, 자주 일어나는 사고 오류를 파악하여 고칠 수 있다.

❹ 콤단문 독해는 적중용 콤단문 문법처럼 회독을 할 필요는 없다.
독해 문제 유형에 대한 학습에 초점을 두고 자신의 사고 과정 오류가 어떤지에 초점을 맞춰 이를 교정해야 한다.

# 이 책의 구성과 특징

## 1 대표 출좋포 발문 체크

독해에서 가장 중요한 것은 발문! 발문을 보고 문제를 푸는 전략의 방향을 결정합니다. 역대 기출의 발문을 모아 학습합니다.

## 2 대표 출좋포 개관

각 독해 유형의 챕터에 대해 개괄하는 섹션입니다. 빈출 정도와 중요도를 언급하여 亦功이들이 스스로 중요도 평정을 할 수 있게 합니다.

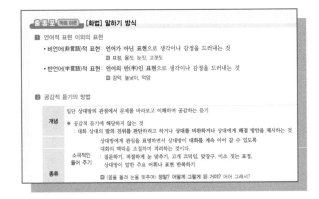

## 3 출좋포 독해 이론

독해 이론은 암기할 것이 적지만 암기가 아예 없다는 뜻은 아닙니다. 독해 이론을 최소화하되 필수적으로 암기해야 하는 독해 이론을 정리하였습니다.

## 4 콤단문 독해 PIN POINT

각 독해 유형을 빠르고 정확하게 풀 수 있는 혜선 쌤만의 야매 꼼수를 전수해 드리는 섹션입니다.

- **빨리 푸는 亦功 전략**

  독해 단계별로 발문을 어떻게 읽을지, 제시문은 어떻게 읽을지, 선지는 어떻게 읽을지 유형별로 세세하게 알려 드리는 섹션입니다.

- **기존 출제 유지 2024 버전**

  2025 출제 기조 변화에도 유지될 수 있는 2024 버전입니다. 인사혁신처가 제시한 2차 샘플을 보면 2024 버전 또한 출제가 되었으므로 2024 버전도 익힐 수 있게 남겨 두었습니다.

- **신유형 2025 버전 1, 2**

  인사혁신처에서 1차, 2차 샘플에서 출제한 2025년 버전을 집중적으로 훈련할 수 있게 하는 섹션입니다.

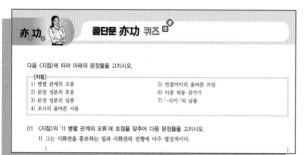

## 콤단문 亦功 퀴즈  5

암기한 독해 이론을 실제로 적용할 수 있는지 확인해 보는 퀴즈 섹션입니다. 가장 출제가 잘 될 수 있는 포인트를 퀴즈화하여 문제를 풀 수 있게 합니다.

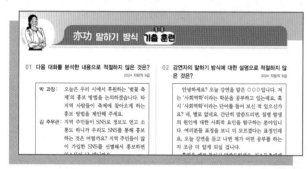

## 亦功 기출 훈련  6

해당 독해 유형의 역대 기출들을 모아 풍부하게 문제를 풀 수 있게 하는 섹션입니다.

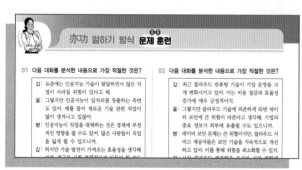

## 亦功 문제 훈련  7

박혜선 국어 연구소에서 한 땀 한 땀 정성스럽게 만들어 시험과 최고 유사한 문제들을 담은 단원별 문풀 섹션입니다. 2025년 출제 기조 변화와 가장 유사한 문제들을 출제하였습니다.

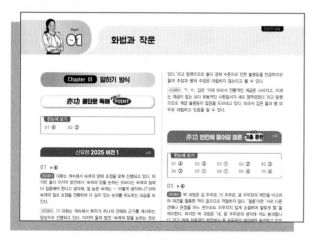

## 풍부한 정답 및 해설  8

풍부한 독해 문제들에 대한 해설을 자세하게 수록한 섹션입니다.

# 최단기 합격의
# 절대 공식
# 亦功 국어

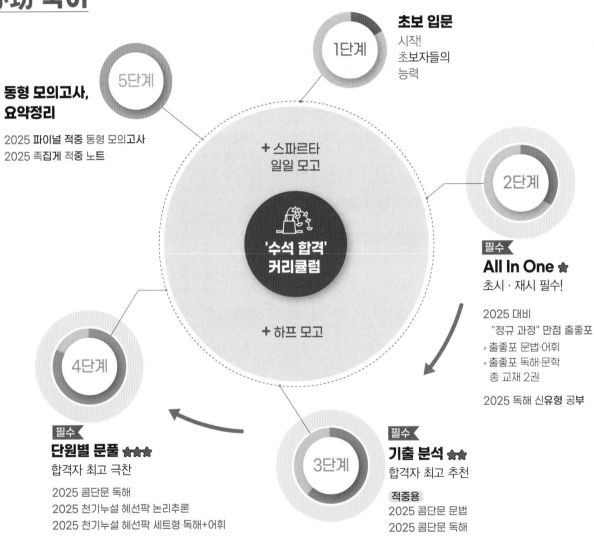

**초보 입문**
1단계
시작!
초보자들의
능력

**동형 모의고사,
요약정리**
5단계

2025 파이널 적중 동형 모의고사
2025 족집게 적중 노트

+ 스파르타
일일 모고

'수석 합격'
커리큘럼

+ 하프 모고

2단계

**필수**
**All In One ★**
초시 · 재시 필수!

2025 대비
"정규 과정" 만점 출종포
• 출종포 문법·어휘
• 출종포 독해·문학
  총 교재 2권

2025 독해 신유형 공부

4단계

**필수**
**단원별 문풀 ★★★**
합격자 최고 극찬

2025 콤단문 독해
2025 천기누설 혜선팍 논리추론
2025 천기누설 혜선팍 세트형 독해+어휘

3단계

**필수**
**기출 분석 ★★**
합격자 최고 추천

적중용
2025 콤단문 문법
2025 콤단문 독해

= "필수" 커리

 ## <u>선택 사항이지만, 약점이 되는 부분은 듣는 것을 강추!</u>
## <u>(수업이 너무 좋아서 듣게 될 거임.)</u>

**Daily**
**(10문제 훈련)**

스파르타 일일 모의고사

만점 릴레이 적중 하프

**주독야독**
**(독해 강화)**

시즌 1, 시즌 2, 시즌 3

**천기누설**
**혜선팍**

세트형 독해+어휘 편: 독해 능력도 함께 up! 어휘 만점

논리추론 편: 최고 쉽고 재밌게 배우는 논리추론 문풀

작문 편: 공문서 문장 고쳐 쓰기, 공문서 개요 작성

문법 편: 반드시 적중될 가장 중요한 문법 출좋포 요약

# 亦功 박혜선 국어 수강후기

### 까다롭기로 유명한 군무원 국어에서 고득점! 군무원 행정9급에 합격한 40대중반 맘시생

교수님 하프 아침마다 꼬박 꼬박 챙겨봤고 콤단문 강의 인강으로 수강했고 중간중간 보기만 해도 제가 숨이 찰 정도로 역공이들의 진심이 파바박 와닿게 강의해주신 특강까지 다챙겨듣고 이번 군무원에 합격하였습니다. 정말 모든 장르에 능통해 다 뚜까패주셔서 너무 감사하게 까다롭기로 유명한 군무원 국어에서 고득점하였습니다. 우연히 듣게 된 강의에서 무릎팍도사도 무릎꿇게 만든 적중과 무당굿과도 비교불가인 열정과 정열이 딱 맞아떨어진 교수님 강의에 다른 교수님들은 눈에 들어오지도 눈에 차지도 않았습니다. 제 눈을 청와대급 눈높이로 만들어 주셨지요. 고딩 아들에게도 강의를 추천해 다니던 국어학원 그만두고 교수님 강의 들었고 작년 원하던 국립대 원하던 과에 들어갔어요. 대물려 스승이시지요. 이벤트 관계없이 감사인사 드리고 싶어 글 올립니다. 다이어트 안하셔도 너~~~무 예쁘시니  건강 잘 챙기셔서 여러 역공이들에게 꿈과 희망이 되어 주셔요. 정~~말 감사드립니다.

### 1년 만에 국어 100점 단기 합격! 2024 서울시 사회복지직 최종 초시 합격!

사실 혜선쌤 처음 뵈었을 때 오...텐션이.....오...이런 심정이었는데 점점 공부할 때 재미있게 기억이 남게 되어서 즐거운 마음으로 선생님의 텐션을 즐기게 되었던 것 같습니다. 이후에 선생님의 커리를 쭉 타면서 와 진짜 잘 가르쳐 주시고 학생들에게 정말 쉽게 알려주려고 노력하시는 모습이 보였습니다. 그래서 저도 더더욱 아침하프에 꼬박꼬박 나오고 실강도 꼭 참여하면서 유용한 꿀팁들도 놓치지 않으려 했습니다. 혜선쌤은 정말 최대한 시험과 비슷하게 시험을 제작하셔서 실전 연습하는데 큰 도움이 됩니다! 실강 분들은 자동으로 연습이 되실 것이고 인강으로 듣는 분들은 혜선쌤이 말씀하신 대로 꼭 시간 지켜서 가능하면 마킹연습까지 하셨으면 좋겠습니다.

이하민

### 타의 추종을 불허할 만큼 퀄리티가 너무 좋은 혜선 쌤의 동형! 2024 서울시 사회복지직 합격!

혜선 쌤의 동형모의고사는 타의 추종을 불허할 만큼 퀄리티가 너무 좋습니다. 이론과 기출을 공부해도, 본인도 모르게 놓치고 있는 부분이 있을 수도 있다고 생각해서 혜선쌤의 동형문제를 풀어봤습니다. 그런데 웬걸.. 잘 안다고 생각했던 내용도 많이 틀려, 좋지 않은 점수를 받은 적도 많았습니다. 저는 이 틀린 문제들을 제 약점이라고 생각하고, 콤단문이나 개.새.기책으로 돌아가서 더 개념을 공부했습니다.또한 시간을 정확하게 재서 문제를 풀도록 하셨는데, 실전 감각을 키우는 데에 도움이 되었습니다.

사라사

### 혜선쌤 모의고사와 하프는 꼭 추천드립니다. 2024 교정직[여] 합격

선생님이 굉장히 파워풀하게 강의를 진행해주셨던 터라 졸음이 올 시간도 없었습니다!! 그리고 꼭 하고 싶은 말은 비문학 풀이연습, 기출과 모의고사는 무조건 필수입니다!! 다 풀어보세요! 점수욕심도 내보고 어떤 파트가 약한지 나는 경쟁자들 사이에서 몇 등인지 알아보는 시간이 꼭 필요합니다. 혜선쌤 모의고사는 실제 시험과 가장 비슷하게 내려고 노력하시고 또한 회차를 의도적으로 어려웠다 쉬웠다 난이도를 조절해 놓아서 어떤 어려운 시험이라도 마음 편하게 대처를 할 수 있었습니다. 시간 연습에도 좋고 멘탈 건강에도 좋습니다!

동동주

### 이거다! 싶은 혜선쌤과 함께하자 2024년 차량직 군무원 최종합격

저는 한때 타 인강을 들으며 국어에 흥미가 생기지 않아, 이리저리 방황하던 인강생이었습니다. 고등학교 시절, 좋아하던 국어 선생님 덕분에 국어를 열심히 공부하며 1등급을 놓치지 않았던 그 시절이 그리웠어요. 저는 제가 좋아하는 선생님 스타일(?)을 만나면 열심히 공부하는 스타일이었습니다! 그러던 중, 우연히 유튜브에서 혜선쌤의 '야매 암기법'을 발견했을 때, "이거다!" 싶 었어요. 혜선쌤과 함께라면 시험까지 끝까지 갈 수 있겠다는 확신이 들었습니다. 이미 결제한 타 인강 강의가 있었음에도 불구 하고, 혜선쌤 강의를 새로 구매하여 듣기 시작했습니다. 혜선쌤 강의에서 가장 좋았던 점은 단연 선생님의 귀여운 매력과 함께, 쉽게 암기할 수 있도록 도와주는 방법이었어요. 덕분에 수험생들이 조금 더 쉽게 국어를 접할 수 있게 되는 것 같아요. 사실 이 미 유튜브 쇼츠에서도 유명하죠! 선생님이 추천해주신 커리큘럼을 차근차근 따라가다 보면 누구든 국어에서 고득점을 받을 수 있을 거라고 확신합니다. 이번에 합격할 수 있었던 것도 혜선쌤 덕분이에요. 다시 한 번 감사드립니다.

### 독해 문풀 강의 무시했다가 큰 코 다쳐요! 2024 국어 95점 지방직 일반행정 최종 합격

국가직 시험 치기 전(1-3월)까지는 국어를 정말 만만하게 생각했습니다. 국어 공부 할 시간에 다른 공부를 하는 것이 더 효율적 이라고 생각했었습니다. 그래서 전 1-3월까지는 동형 수업을 들어가서 시간 재서 문제 풀고 바로 자습실로 가서 혼자 오답 체 크하며 공부했습니다. 이러한 오판 때문에 국가직 국어 점수는 엉망이었습니다. 지방직 때는 동형 해설강의를 처음부터 끝까지, 맞은 문제도 열심히 들으려고 노력했습니다. 이 덕에 -1개 틀렸습니다. 항상 선생님께서 동형 수업 하실 때 해설강의도 중요하 다고 하셨는데 그 이유를 지방직 칠 때 절실히 느낀 것 같습니다! 항상 떠먹여 주니까 입만 벌리라고 하셨던 혜선 쌤 덕분에 합 격할 수 있었습니다!!! 다들 무조건 동형 해설강의 끝까지 들어주세요!

### 6개월 만에 국어 100점 단기 합격! 2024년도 지방 세무직 최종합격 후기

콤단문은 문제풀이 강의인 두 강의인데, 확실히 문제풀이 단계로 넘어오면서 실력이 확 오른다는 느낌을 받았어요. 특히 좋았 던 점은 문제풀이를 하면서 선생님이 핵심 개념도 같이 설명해주셔서 먼저 들었던 올인원 강의의 회독 효과도 있다는 점인 것 같아요. 그래서 올인원을 들은 후엔 웬만하면 문제풀이로 넘어가는 것을 추천드립니다. 또 모의고사 문제의 질이 정말 좋습니 다. 난이도 실제 시험 수준부터 고난도까지 다양해서 실제 시험이 어떤 난이도로 나오든 전부 대비가 가능하고, 현장 강의로 들으면 시간 제한을 두고 OMR카드 작성까지 하면서 실전 연습을 거의 완벽하게 할 수 있어요. 그리고 가장 마지막 단계 강의 인데도 해설강의를 엄청 꼼꼼하게 해주세요. 시험 보기 전에 무조건 들어야 하는 강의라고 생각합니다.

유경재

### 6개월 만에 국어 95점 단기 합격! 2024년 지방직 교육행정직 최종합격 후기

국어 고득점을 단기간에 노릴 수 있었던 건 전부 선생님 덕분이라고 생각합니다! 선생님은 항상 학생들을 케어해주셨고, 한 사 람 한 사람 숙제 검사를 해주시면서 정말 학생들에게 진심이구나, 매번 느꼈습니다. 또, 밝은 에너지와 선생님의 열정을 본받 아서 저 또한 열심히 해야겠다! 라고 항상 동기부여를 받았던 것 같아요. 그리고 제가 가장 만족한 부분은, 교재가 너무 좋습니 다. 콤단문이랑 문학 비문학 기출, 그리고 봉투 모의고사... 모두 문제 퀄리티가 정말 좋았어요. 특히 봉투 모의고사는 정말 인혁 처에서 낸 것 같은 느낌이 많이 들었습니다! 단기합격의 비결 모두 박혜선 커리만 믿고 따라간 결과라고 생각합니다. 그 덕분에 실전 경험을 많이 쌓을 수 있었고 좋은 결과를 만들어낼 수 있었다고 생각합니다. 선생님께 정말 정말 감사합니다.

김나연

### 8개월 만에 국어 100점 단기 합격! 2024년도 지방직 일반행정 최종합격

학창시절에 국어를 너무 못했기에 제 약점을 보완하기 위해 수업을 수강하게 되었는데 만족도는 매우 높았습니다. 독해의 경 우 어릴때 책을 많이 안 읽었기에 단기간에 올리기는 힘들거라고 생각했는데 정말루 진짜 혜선쌤의 강의를 들으니깐 수학공 식처럼 국어독해도 푸는 공식이 다 있더라고요! 쌤의 팁을 들으면서 푸니깐 선지도 바로바로 제거되면서 문제 푸는 속도도 올 라가고 정확성이 올라가는점이 너무 신기했습니다. 진짜 국어 독해와 문학 약하다고 생각하는 분들께 혜선쌤의 강의 적극 추 천드립니다. 또 아침잠이 많은 제게도 포기할 수 없는 것이 바로 혜선쌤의 하프수업이었습니다. 문법+독해+문학을 골고루 단 시간에 팁을 진짜 많이 뿌려주십니다. 진짜 그냥 팁이 너무 많아서 안 들으면 손해일 정도입니다! 여기서 일일모고까지 꾸준히 풀면 국어 감도 안 잃고 친절히 모든 해설을 강의까지 해주시니 너무 좋았습니다.

kongkong

# 메타인지 독해 숙제 관리

※ 하루에 1강씩 들으면 3주 안에 콤단문을 완강할 수 있어요.

| 단원 | | 학습 내용 | 회독(색칠) | 세부 취약 파트 체크 |
|---|---|---|---|---|
| **PART 01**<br>화법과 작문 | Day 0 | 적중용 콤단문 독해 편 사용법 OT<br>(필수적으로 기억해야 하는,<br>혜선 쌤과의 약속) | ☆ ☆ ☆ ☆ | v _____<br>v _____ |
| | Day 1 | CH.1 말하기 방식 | ☆ ☆ ☆ ☆ | v _____<br>v _____ |
| | Day 2 | CH.2 [작문_공문서] 개요 작성 | ☆ ☆ ☆ ☆ | v _____<br>v _____ |
| | Day 3 | CH.3 [작문_공문서] 문장 고쳐 쓰기 | ☆ ☆ ☆ ☆ | v _____<br>v _____ |
| | Day 4 | CH.4 [작문] 내용 고쳐 쓰기 | ☆ ☆ ☆ ☆ | v _____<br>v _____ |
| **PART 02**<br>일반 추론적<br>독해 | Day 5 | CH.5 중심 내용 추론 | ☆ ☆ ☆ ☆ | v _____<br>v _____ |
| | Day 6 | CH.6 내용 추론 긍정 발문 | ☆ ☆ ☆ ☆ | v _____<br>v _____ |
| | Day 7 | CH.7 내용 추론 부정 발문 | ☆ ☆ ☆ ☆ | v _____<br>v _____ |
| | Day 8 | CH.8 밑줄 추론 | ☆ ☆ ☆ ☆ | v _____<br>v _____ |
| | Day 9 | CH.9 설명 방식 | ☆ ☆ ☆ ☆ | v _____<br>v _____ |
| **PART 03**<br>빈칸 추론 | Day 10 | CH.10 단수 빈칸 추론 | ☆ ☆ ☆ ☆ | v _____<br>v _____ |
| | Day 11 | CH.11 복수 빈칸 추론 | ☆ ☆ ☆ ☆ | v _____<br>v _____ |

| 단원 | | 학습 내용 | 회독(색칠) | | | | 세부 취약 파트 체크 |
|---|---|---|---|---|---|---|---|
| PART 04<br>강화, 약화 | Day 12 | CH.12 일반 강화, 약화 | ☆ | ☆ | ☆ | ☆ | V _____<br>V _____ |
| | Day 13 | CH.13 〈보기〉 강화, 약화 | ☆ | ☆ | ☆ | ☆ | V _____<br>V _____ |
| PART 05<br>순서 배열 | Day 14 | CH.14 순서 배열 | ☆ | ☆ | ☆ | ☆ | V _____<br>V _____ |
| PART 06<br>세트형 독해 | Day 15 | CH.15 어휘 – 문맥적 의미 추론 | ☆ | ☆ | ☆ | ☆ | V _____<br>V _____ |
| | Day 16 | CH.16 어휘 – 바꿔 쓸 수 있는<br>유사한 표현 | ☆ | ☆ | ☆ | ☆ | V _____<br>V _____ |
| | Day 17 | CH.17 지시 대상 추론 | ☆ | ☆ | ☆ | ☆ | V _____<br>V _____ |
| PART 07<br>문학+독해<br>결합형 | Day 18 | CH.18 현대 운문, 현대 산문 | ☆ | ☆ | ☆ | ☆ | V _____<br>V _____ |
| | Day 19 | CH.19 고전 운문, 고전 산문 | ☆ | ☆ | ☆ | ☆ | V _____<br>V _____ |
| PART 08<br>문법+독해<br>결합형 | Day 20 | CH.20 문법–형태론 | ☆ | ☆ | ☆ | ☆ | V _____<br>V _____ |
| | Day 21 | CH.21 문법–통사론 | ☆ | ☆ | ☆ | ☆ | V _____<br>V _____ |
| | Day 22 | CH.22 문법–음운론 | ☆ | ☆ | ☆ | ☆ | V _____<br>V _____ |
| | Day 23 | CH.23 문법–기타 | ☆ | ☆ | ☆ | ☆ | V _____<br>V _____ |

# 이 책의 차례

박혜선 국어 콤단문 독해

박혜선 국어
**콤단문** 독해

PART

01

화법과
작문

# 말하기 방식

▶ **대표 출좋포 발문 체크**

다음 대화를 분석한 내용으로 가장 적절한 것은?

갑~병의 주장을 분석한 내용으로 적절한 것만을 〈보기〉에서 모두 고르면?

▶ **대표 출좋포 개관**

말하기 방식 문제는 매년 매 직렬 출제되는 유형입니다.

다만 2024년 이전의 출제 기조와 다른 출제 기조를 보여주고 있습니다.

2025에 나타나는 첫 번째 유형은 발문이나 선지에 발화 주체가 나오지 않고 말하기 방식을 물어보는 것입니다.

2025에 나타나는 두 번째 유형은 대본에 나오는 발화 주체의 입장(찬성, 반대, 제3의 입장)을 물어보는 것입니다.

**출좋포 독해 이론** [화법] **말하기 방식**

**1 언어적 표현 이외의 표현**

• **비언어(非言語)적 표현**: 언어가 아닌 표현으로 생각이나 감정을 드러내는 것

例 표정, 몸짓, 눈짓, 고갯짓

• **반언어(半言語)적 표현**: 언어의 반(半)인 표현으로 생각이나 감정을 드러내는 것

例 강약, 높낮이, 억양

**2 공감적 듣기의 방법**

| 개념 | 일단 상대방의 관점에서 문제를 바라보고 이해하며 공감하는 듣기 |
| | ※ 공감적 듣기에 해당하지 않는 것 |
| | : 대화 상대의 말의 진위를 판단하려고 하거나 상대를 비판하거나 상대에게 해결 방안을 제시하는 것 |
| **종류** | **소극적인 들어 주기** | 상대방에게 관심을 표명하면서 상대방이 대화를 계속 이어 갈 수 있도록 대화의 맥락을 조절하며 격려하는 것이다. |
| | | : 질문하기, 적절하게 눈 맞추기, 고개 끄덕임, 맞장구, 미소 짓는 표정, 상대방이 말한 주요 어휘나 표현 반복하기 |
| | | 例 (몸을 돌려 눈을 맞추며) 정말? 어떻게 그렇게 된 거야? 어어 그래서? |
| | **적극적인 들어 주기** | 상대방의 말을 요약·정리(재진술)하고 반영하여 상대방이 스스로 문제를 해결할 수 있도록 돕는 것이다. |
| | | 例 그러니까 너의 말은 수정이가 저번 너의 행동에 서운해서 지금 너와 대화를 하기 싫어한다는 것이구나. |

## 3 직접 발화와 간접 발화

| 구분 | 개념 및 예시 |
|---|---|
| 직접 발화 | 문장의 종류(평서문, 의문문, 명령문, 청유문, 감탄문) = 화자의 의도<br><br>예 A : 팀장님, 오늘 회의 내용을 요약 정리해서 메일로 공유하면 되겠지요?<br>　　B : (고개를 끄덕이며) 맞습니다.<br>　　　　　　　　　　　　　　　　　　　　　　　　　　　　- 2022 지방직 9급<br><br>**문장의 종류**: 의문문<br>**화자의 의도**: 의문(그렇게 하면 되는지 허락을 묻고 있음)<br><br>예 운용 : 설탕세를 부과하면 당 소비가 감소한다고 믿을 만한 근거가 있니?<br>　　은지 : 세계보건기구 보고서를 보면 당이 포함된 음료에 설탕세를 부과하면<br>　　　　　이에 비례해 소비가 감소한다고 나와 있어.<br>**문장의 종류**: 의문문<br>**화자의 의도**: 의문(진짜 근거가 궁금한 것) |
| 간접 발화 | 문장의 종류(평서문, 의문문, 명령문, 청유문, 감탄문) ≠ 화자의 의도<br><br>예 김 주무관 : 그런데 어떻게 준비해야 효과적으로 전달할 수 있을지 고민이에요.<br>　　최 주무관 : 설명회에 참여할 청중 분석이 먼저 되어야겠지요.<br>　　　　　　　　　　　　　　　　　　　　　　　　　　　　- 2023 지방직 9급<br><br>**문장의 종류**: 평서문<br>**화자의 의도**: 의문(어떻게 준비해야 효과적으로 전달할 수 있을까요?)<br><br>예 예은 씨. 그런데 개조식으로 회의 내용을 요약하는 방식에는 문제가 있지 않을까요?<br>　　　　　　　　　　　　　　　　　　　　　　　　　　　　- 2022 지방직 9급<br><br>**문장의 종류**: 의문문<br>**화자의 의도**: 명령(개조식으로 요약하지 마라.) |

## 4 공손성의 원리

공손성의 원리란 대화 시에는 상대방을 존중하며 공손하게 말해야 하는 것을 말한다.
공손성의 원리는 총 5가지의 원리가 있는데
대화에서 상대방에게 불쾌감을 주지 않으면서 원활한 의사소통을 하기 위한 5가지 격률이다.

| | |
|---|---|
| 요령의 격률 | 상대방에게 부담이 되는 표현은 최소화하고, 상대방의 이익을 극대화하는 표현을 최대화하라.<br><br>▶ '혹시' '좀' '바쁘시겠지만' '미안하지만' 등의 표현<br>명령문이 아니라 의문문으로 표현하여 상대의 부담을 줄인다.<br><br>예 혹시 짐 좀 들어줄 수 있을까요?<br>(늦은 친구에게) 기다린 지 얼마 안 됐어. |
| 관용의 격률 | 화자 자신에게 혜택을 주는 표현은 최소화하고, 부담을 주는 표현을 최대화하라.<br><br>▶ 문제를 내 탓으로 돌려, 상대방이 관용을 베풀게 만드는 표현을 찾으면 된다.<br><br>예 제 목소리가 작은데, 마이크 볼륨을 높여주실 수 있을까요?<br>제가 귀가 안 좋은데 더 크게 말해주시겠어요? |
| 찬동의 격률 | 다른 사람에 대한 비방은 최소화하고, 칭찬을 극대화하라.<br><br>▶ 상대방의 좋은 점을 칭찬하는 것을 찾으면 된다.<br><br>예 이야, 네가 설명해주니까 단번에 이해가 간다!<br>(마음에 들지 않으면서) 너 남자친구 참 좋은 사람 같더라. |
| 겸양의 격률 | 자신에 대한 칭찬은 최소화하고, 비방을 극대화하라.<br><br>▶ 칭찬을 받은 후에 겸손하게 대응하는 표현을 찾으면 된다.<br>잘났음에도 겸손하게 표현하는 것이다.<br><br>예 회장님 : 역공녀는 쉬지 않고 일을 하는군요! 정말 성실합니다!<br>역공녀 : 아닙니다.(천만에요) 제가 일 처리 속도가 느려서 하루 종일 일하는 거랍니다. |
| 동의의 격률 | 다른 사람과의 의견 차이를 최소화하고, 일치점을 극대화하라.<br><br>▶ 상대방의 의견에 동의한 후 자신의 의견을 말하는 것을 찾으면 된다.<br><br>예 역공남 : 나랑 혹시 밥 먹지 않을래?<br>역공녀 : 좋지, 하지만 지금은 배불러서…. 지금 영화표가 있는데….<br>역공남 : 그럼 영화 보러 가자! |

## 5 협력의 원리

협력의 원리는 대화 참여자가 서로 협력하여 원활한 의사소통을 할 수 있도록 하는 4가지 격률이다.
협력의 원리는 반드시 지켜야 할 필요는 없다. 격률을 어김으로써 암시적 의미를 효과적으로 전달할 수 있기 때문이다.

※ 양의 격률, 질의 격률, 태도의 격률은 질문에 대해 '관련성'이 있는 답변이라는 것을 기억해야 한다.

| | |
|---|---|
| **양의 격률** | 필요한 만큼의 적당한 양의 정보만 제공하기<br>(정보의 양이 너무 많거나 적으면 안 된다.)<br><br>예 까까이: 혜선 쌤 나이가 어떻게 되세요?<br>　혜선: 나는 25살이고 뷔 오빠는 28살이야. |
| **질의 격률** | 진실한 정보만을 제공하도록 노력하고 증거가 불충한 것은 말하지 말기<br>(과장하거나 거짓말하면 안 된다.)<br><br>예 까까이: 혜선 쌤 체중이 어떻게 되세요?<br>　혜선: (훨씬 더 나가면서) 나는 걸그룹 몸무게인 48kg이야.<br>　까까이: 올….<br>　혜선: 까까이가 후 불면 날아갈 수도 있어. |
| **태도의 격률** | 간결하고 명확하게 말하기<br>(모호하거나 중의적인 표현을 피하기)<br><br>예 까까이: 혜선 쌤, 이번에 어떤 파트를 공부할까요?<br>　혜선: 음… 역시 통사론의 높임법이 중요하지 않을까? 아니야 형태론도 진짜 중요하지.<br>　　　그렇다고 음운론을 등한시하면 안 될 텐데…!! |
| **관련성의 격률** | 해당 대화 맥락과 관련되는 말을 하기<br>(질문에 대한 대답이 주제와 초점이 동일한가)<br><br>예 혜선: 시험 잘 봤어?<br>　까까이: 쌤은 어제 라면 맛있었나 봐요? |

## 신유형 2025 버전 1

**1단계**

눈에 잘 띄는
선지의 키워드에
밑줄을 그은 후
제시문을 읽기

**2단계**

제시문을 읽을 때에는
찬성/반대/제3입장
긍정/부정/제3입장
파악하며 읽기

**3단계**

말하기 방식에
초점을 맞춰
읽은 후
선지를 2 파트로
나누어 판단하기

발화 주체가 나오지 않는 말하기 방식

**01  다음 대화를 분석한 내용으로 가장 적절한 것은?**

> 갑 : 학교에서 매일 숙제를 많이 내는 것은 학생들의 학습에 좋지 않다고 생각해. 이런 방식은 학생들을 지치게 만들 뿐이야.
>
> 을 : 숙제의 양을 줄이는 것을 무조건 지지하기 전에, 숙제가 학습에 미치는 긍정적인 효과도 고려해봐야 해.
>
> 병 : 많은 숙제가 학생들에게 자기주도적 학습 능력을 키울 기회를 준다고 생각해. 그게 바로 숙제의 중요한 목적 중 하나야.
>
> 갑 : 학습의 효율성을 생각하면, 과도한 숙제는 오히려 반대 효과를 낼 수 있어. 학습에 대한 흥미를 잃게 만들 수도 있지.
>
> 병 : 그래, 학생들이 자신의 학습을 스스로 조절할 수 있도록 가이드해주는 것이 더 중요해. 너무 많은 숙제는 오히려 방해가 될 수 있어.
>
> 을 : 그런데 이렇게 숙제의 양을 논하는 것보다는 숙제의 질에 더 집중해야 한다고 생각해. 질 높은 숙제는 학생들의 사고력과 창의력을 키우는 데 도움이 되는데 어떻게 생각하니?

① 화제에 대한 다양한 견해를 제시하며 토론을 확장하는 사람이 있다.
② 대화 도중 자신의 주장을 뒷받침하기 위해 추가적인 근거를 제시하는 사람이 있다.
③ 참여자 간에 의견이 달라 대화는 극심한 대립 양상을 보인다.
④ 대화의 초점을 변경하여 더 깊이 있는 논의를 유도하는 사람이 있다.

# 신유형 2025 버전 2

**발화 주체들의 입장을 물어보는 유형**

**02** 갑~병의 주장을 분석한 내용으로 적절한 것만을 〈보기〉에서 모두 고르면?

2025 인사혁신처 2차 샘플

> 갑: 오늘날 사회는 계급 체계가 인간의 생활을 전적으로 규정하지 않는다. 실제로 많은 사람이 사회 이동을 경험하며, 전문직 자격증에 대한 접근성 또한 증가하였다. 인터넷은 상향 이동을 위한 새로운 통로를 제공하고 있다. 이에 따라서 전통적인 계급은 사라지고, 이제는 계급이 없는 보다 유동적인 사회질서가 새로 정착되었다.
>
> 을: 지난 30년 동안 양극화는 더 확대되었다. 부가 사회 최상위 계층에 집중되는 것에 대한 우려가 커지고 있다. 과거 계급 불평등은 경제 전반의 발전을 위해 치를 수밖에 없는 일시적 비용이었다고 한다. 하지만 경제 수준이 향상된 지금도 이 불평등은 해소되지 않고 있다. 오늘날 세계화와 시장 규제 완화로 인해 빈부 격차가 심화되고 계급 불평등이 더 고착되었다.
>
> 병: 오랫동안 지속되었던 계급의 전통적 영향력은 확실히 약해지고 있다. 하지만 현대사회에서 계급 체계는 여전히 경제적 불평등의 핵심으로 남아 있다. 사회 계급은 아직도 일생에 걸쳐 개인의 삶에 큰 영향을 미친다. 특정 계급의 구성원이라는 사실은 수명, 신체적 건강, 교육, 임금 등 다양한 불평등과 관련된다. 이는 계급의 종말이 사실상 실현될 수 없는 현실적이지 않은 주장이라는 점을 보여 준다.

**[보기]**
ㄱ. 갑의 주장과 을의 주장은 대립하지 않는다.
ㄴ. 을의 주장과 병의 주장은 대립하지 않는다.
ㄷ. 병의 주장과 갑의 주장은 대립하지 않는다.

① ㄱ  
② ㄴ  
③ ㄱ, ㄷ  
④ ㄴ, ㄷ

## 빨리 푸는 亦功 전략

### 1단계

〈보기〉를 보고 전체적인 느낌을 잡는다.

### 2단계

제시문을 읽을 때에는 찬성/반대/제3입장 긍정/부정/제3입장 파악하며 읽기

## 01 다음 대화를 분석한 내용으로 적절하지 않은 것은?

2024 지방직 9급

> 박 과장: 오늘은 우리 시에서 후원하는 '벚꽃 축제'의 홍보 방법을 논의하겠습니다. 타 지역 사람들이 축제에 찾아오게 하는 홍보 방법을 제안해 주세요.
>
> 김 주무관: 지역 주민들이 SNS로 정보도 얻고 소통도 하니까 우리도 SNS를 통해 홍보하는 것은 어떨까요? 지역 주민들이 많이 가입한 SNS를 선별해서 홍보하면 입소문이 날 테니까요.
>
> 이 주무관: 파급력을 생각하면 지역 주민보다는 대중이 널리 이용하는 라디오 광고로 홍보하는 방법이 좋을 것 같습니다. 라디오는 다양한 연령과 계층이 듣기 때문에 광고 효과가 더 클 것입니다.
>
> 윤 주무관: 어떤 홍보든 간에 가장 쉬운 방법이 제일 좋습니다. 우리 기관의 누리집에 홍보 자료를 올리는 방법을 추천합니다.
>
> 박 과장: 네, 윤 주무관의 생각에 저도 동의합니다. 우리 기관의 누리집에 홍보 자료를 올리면 시간도 적게 들고 홍보 효과도 크겠네요.

① 축제의 홍보 방안에 대해 구성원들이 토의하는 과정을 보여 주고 있다.

② 김 주무관은 지역 주민들이 SNS를 즐겨 이용한다는 사실을 근거로 제시하고 있다.

③ 이 주무관은 라디오 광고가 SNS보다 홍보 효과가 클 것이라고 추측하고 있다.

④ 박 과장은 김 주무관, 이 주무관, 윤 주무관의 제안을 비교하여 의견을 절충하고 있다.

## 02 강연자의 말하기 방식에 대한 설명으로 적절하지 않은 것은?

2024 지방직 9급

> 안녕하세요? 오늘 강연을 맡은 ○○○입니다. 저는 '사회역학'이라는 학문을 공부하고 있는데요, 혹시 '사회역학'이라는 단어를 들어 보신 적 있으신가요? 네, 별로 없네요. 간단히 말씀드리면, 질병 발생의 원인에 대한 사회적 요인을 탐구하는 분야입니다. 여러분들 표정을 보니 더 모르겠다는 표정인데요, 오늘 강연을 듣고 나면 제가 어떤 공부를 하는지 조금 더 알게 되실 겁니다.
>
> 흡연을 예로 들어서 말씀드릴게요. 저소득층에게 흡연은 적은 비용으로 스트레스를 해소할 수 있는 방편이 됩니다. 위험한 작업환경에서 일하는 노동자에게 담배를 피우면 10년 뒤에 폐암이 발생할 수 있으니 당장 금연해야 한다고 말한다면, 이 말은 그렇게 설득력이 있지는 않을 것입니다. 저소득층이 열악한 사회적 환경에서 살아남기 위해 나름의 이유로 흡연할 경우, 그 점을 고려하지 않은 금연 정책은 효과를 보기 어렵다는 의미입니다.
>
> 이러한 주장을 뒷받침하는 연구 결과가 있습니다. 하버드 보건대학원의 글로리안 소런슨 교수 팀은 제조업 사업체 15곳의 노동자 9,019명을 대상으로 연구를 진행하면서 다음과 같은 질문을 던집니다. "안전한 사업장에서 일하는 노동자가 금연할 가능성이 더 높지 않을까? 그렇다면 산업 안전 프로그램을 진행한 사업장의 금연율은 어떻게 다를까?" 이 프로그램이 진행되고 6개월 뒤에 흡연 상태를 측정했을 때 산업 안전 프로그램을 진행한 사업장의 금연율이, 금연 프로그램만 진행한 사업장 노동자들의 금연율보다 2배 가까이 높게 나타났습니다.

① 청중의 반응을 살피면서 발표를 진행하고 있다.

② 전문가의 연구 결과를 제시하여 신뢰성을 높이고 있다.

③ 시각 자료를 제시하여 청중의 주의를 끌고 있다.

④ 특정한 상황을 가정하여 내용의 이해를 돕고 있다.

**03** 다음 대화에 나타난 말하기 방식을 설명한 것으로 적절하지 않은 것은?

2023 국가직 9급

> 백 팀장: 이번 워크숍 장면을 사내 게시판에 올리는 게 좋겠어요. 워크숍 내용을 공유하면 좋을 것 같아서요.
>
> 고 대리: 전 반대합니다. 사내 게시판에 영상을 공개하는 것은 부담스러워요. 타 부서와 비교될 것 같기도 하고요.
>
> 임 대리: 저도 팀장님 말씀대로 정보를 공유한다는 취지는 좋다고 생각해요. 다만 다른 팀원들의 동의도 구해야 할 것 같고, 여러 면에서 우려되긴 하네요. 팀원들 의견을 먼저 들어 보고, 잘된 것만 시범적으로 한두 개 올리는 것이 어떨까요?

① 백 팀장은 팀원들에 대한 유대감을 드러내는 표현을 사용하며 자신의 바람을 전달하고 있다.

② 고 대리는 백 팀장의 제안에 반대하는 이유를 명시적으로 밝히며 백 팀장의 요청을 거절하고 있다.

③ 임 대리는 발언 초반에 백 팀장 발언의 취지에 공감하여 백 팀장의 체면을 세워 주고 있다.

④ 임 대리는 대화 참여자의 의견을 묻는 의문문을 사용하여 자신의 의견을 간접적으로 드러내고 있다.

**04** 다음 대화를 분석한 내용으로 적절하지 않은 것은?

2023 지방직 9급

> 은지: 최근 국민 건강 문제와 관련해 '설탕세' 부과 여부가 논란인데, 나는 설탕세를 부과해야 한다고 생각해. 그러면 당 함유 식품의 소비가 감소하게 되고, 비만이나 당뇨병 등의 질병이 예방되니까 국민 건강 증진에 도움이 되기 때문이야.
>
> 운용: 설탕세를 부과하면 당 소비가 감소한다고 믿을 만한 근거가 있니?
>
> 은지: 세계보건기구 보고서를 보면 당이 포함된 음료에 설탕세를 부과하면 이에 비례해 소비가 감소한다고 나와 있어.
>
> 재윤: 그건 나도 알아. 그런데 설탕세 부과가 질병을 예방한다는 것은 타당하지 않아. 여러 연구 결과를 보면 당 섭취와 질병 발생은 유의미한 상관관계가 없어.

① 은지는 첫 번째 발언에서 화제를 제시하고 있다.

② 운용은 은지의 주장에 반대하고 있다.

③ 은지는 두 번째 발언에서 자신의 주장에 대한 근거를 제시하고 있다.

④ 재윤은 은지가 제시한 주장의 근거를 부정하고 있다.

## 05 (가)~(라)의 말하기 전략으로 적절하지 않은 것은?

2023 지역인재 9급

> (가) 지난달 제 친구는 퇴근 후 오토바이를 타고 집으로 돌아가다가 사고를 당했습니다. 그 친구는 어떻게 사고가 일어났는지도 기억하지 못할 정도로 심한 뇌진탕을 입어 2개월 동안 병원에서 치료를 받았습니다.
>
> (나) 매년 2천여 명이 오토바이를 타다가 머리를 다쳐 심각한 정도의 두뇌 손상을 입고 고생합니다. 오토바이 사망 사고 원인의 80%가 두뇌 손상입니다. 콘크리트 지면에서는 30cm 이하의 높이에서도 뇌진탕을 일으킬 수 있습니다.
>
> (다) 오토바이를 타는 사람은 헬멧을 착용하여 머리를 보호할 수 있습니다. 헬멧의 착용은 두뇌 손상의 위험을 90% 정도 줄여 줍니다. 저는 헬멧을 쓰는 것이 보기에도 좋지 않고 거추장스럽다고 여겼습니다. 그렇지만 친구의 사고 후 헬멧을 쓰는 것이 현명한 일이라고 생각하여 오토바이를 탈 때면 항상 헬멧을 착용합니다.
>
> (라) 만약 오토바이를 타는 모든 사람이 헬멧을 착용한다면 오토바이 사고로 인한 신체 피해를 75% 줄일 수 있습니다. 여러분은 오토바이가 주는 즐거움과 편리함을 안전하게 누릴 수 있게 됩니다. 안전을 위해서 헬멧을 반드시 착용하시기 바랍니다.

① (가)는 실제 사건을 사례로 들어 청자의 주의를 끌고 있다.

② (나)는 통계 정보를 제시하여 문제의 심각성을 부각하고 있다.

③ (다)는 헬멧을 썼을 때의 긍정적인 면보다 부정적인 면을 강조하고 있다.

④ (라)는 문제 해결 방안에 따른 청자의 이익과 청자에게 요구하는 행동을 명확하게 제시하고 있다.

## 06 다음 대화에 대한 설명으로 적절한 것은?

2021 지방직 9급

> A: 지난번 제안서 프레젠테이션을 마친 후 "검토하고 연락드리겠습니다."라고 답변을 받았는데 아직 별다른 연락이 없어서 고민이에요.
>
> B: 어떤 연락을 기다리신다는 거예요?
>
> A: 해당 사업에 관하여 제 제안서를 승낙했다는 답변이잖아요. 그런데 후속 사업 진행을 위해 지금쯤 연락이 와야 할 텐데 싶어서요.
>
> B: 글쎄요. 보통 그런 상황에서는 완곡하게 거절하는 의사 표현이라 볼 수 있어요. 그리고 해당 고객이 제안서 내용은 정리가 잘되었지만, 요즘 같은 코로나 시기에는 이전과 동일한 사업적 효과가 있을지 궁금하다고 말한 것을 보면 알 수 있죠.
>
> A: 네, 기억납니다. 하지만 궁금하다고 말한 것이지 사업을 수용하지 않는다는 것은 아니지 않나요? 답변을 할 때도 굉장히 표정도 좋고 박수도 쳤는데 말이죠. 목소리도 부드러웠고요.

① A와 B는 고객의 답변에 대해 제안서 승낙이라는 의미로 동일하게 이해한다.

② A는 동일한 사업적 효과가 있을지 궁금하다는 표현을 제안한 사업에 대한 부정적 평가라고 판단한다.

③ B는 고객이 제안서에 의문을 제기한 내용을 근거로 고객의 답변에 대해 판단한다.

④ A는 비언어적 표현을 바탕으로 하여 고객의 답변을 제안서에 대한 완곡한 거절로 해석한다.

**07** 다음 대화에 대한 이해로 적절하지 않은 것은?

2021 지방직 7급

> 갑: 페가수스는 정말로 실존하는 것이겠지?
>
> 을: '페가수스'라는 단어는 실존하지 않는 대상을 지칭한다고 생각해.
>
> 갑: '페가수스'라는 단어가 의미를 지닌다는 것은 분명하지? 단어의 의미는 그 단어가 지칭하는 실존하는 대상이 무엇인가에 따라 결정돼. 모든 단어는 무언가의 이름인 것이지. 그러니 페가수스가 실존하지 않는다면 '페가수스'라는 이름이 어떻게 의미를 지니겠어? 이처럼 모든 이름은 실존하는 대상을 반드시 지칭해.
>
> 을: 단어 '로물루스'를 생각해 봐. 이 단어는 실제로는 이름이 아니라 일종의 축약된 기술어(記述語)야. '자기 동생을 죽이고 로마를 건국하는 등 여러 가지 일을 한 어떤 전설상의 인물'이라는 기술의 축약어일 뿐이란 거지. 만약 이 단어가 정말로 이름이라면, 그 이름이 지칭하는 대상이 실존하는지는 문제도 되지 않았을 거야. 어떤 단어가 이름이라면 그것은 실존하는 어떤 대상을 반드시 지칭하거든. 실존하지도 않는 대상에게 이름이 있을 수 없는 것은 너무 당연하니 말이야. 실존하지 않는 대상을 지칭하는 단어는 실제로는 이름이 아니라 일종의 축약된 기술어인 거야.

① 갑은 축약된 기술어가 실존하는 대상을 지칭할 수 없다고 보는군.

② 을은 실존하지 않는 대상을 지칭하는 단어가 있다고 보는군.

③ 갑은 '페가수스'를 이름으로, 을은 '페가수스'를 축약된 기술어로 보는군.

④ 갑과 을은 어떤 단어가 이름이려면 그 단어는 실존하는 대상을 반드시 지칭해야 한다고 보는군.

**08** 다음에서 설명한 공감적 대화로 가장 적절한 것은?

2020 국가직 7급

> 대화는 화자와 청자 간에 이루어지는 상호 교섭적 행위이다. 공감적 대화를 하기 위해서는 상대방이 무엇을 생각하고 느끼고 필요로 하는지에 대해 귀 기울여 들을 수 있어야 한다. 진정한 공감은 상대방에게 잘못을 지적하거나 해결책을 제시하거나 조언을 해 주는 것이 아니라 상대방의 경험을 존중하고 이해해 주는 것이다.

① 가: 요즘 집중력이 떨어지는 것 같아.
   나: 음, 요즘 날씨 때문에 더 그렇지? 네가 중요하다고 생각하는 시기에 집중력이 떨어진다니 속이 상하겠구나.

② 가: 시험 날짜가 다가오니 불안한 마음이 들어.
   나: 안정감을 가져 봐. 많이 지쳐서 그럴 수 있으니 며칠 쉬면서 생각해 보면 어떨까?

③ 가: 계속 공부를 하니 지치는 것 같아.
   나: 몸이 지치면 공부를 하기가 더 힘들어지지. 고민만 하지 말고 좋은 방법을 찾아봐.

④ 가: 이번에는 좋은 결과가 나오지 않을 것 같아.
   나: 지금이 얼마나 중요한 시기인데 그런 얘길 하니? 마음을 다잡고 일단 최선을 다해 봤으면 좋겠구나.

**09 토론자들의 말하기 방식에 대한 설명으로 적절한 것은?**

2019 국가직 9급

> 사회자 : 학교 폭력 문제가 나날이 심각해지고 있습니다. 이와 관련해 오늘은 '학교 폭력을 방관한 학생에게도 책임을 물어야 한다'를 주제로 토론을 해 보도록 하겠습니다. 먼저 찬성 측 말씀해 주시죠.
>
> 찬성 측 : 친구가 학교 폭력에 의해 희생되고 있는데도 자신에게 피해가 올까 두려워 아무런 조치를 취하지 않는 학생들이 많다고 합니다. 이러한 행동으로 인해 학교 폭력은 점점 확산되고 있습니다. 학교 폭력을 행하는 것을 목격했음에도 어떤 조치도 취하지 않은 것은 폭력에 대해 묵시적으로 동의한 것과 같습니다. 폭력을 직접 행사하는 행위뿐 아니라, 불의에 저항하지 않는 정의롭지 못한 행위에 대해서도 합당한 책임을 물어야 할 것입니다.
>
> 사회자 : 다음으로 반대 측 의견 말씀해 주시죠.
>
> 반대 측 : 특정 학생에게 폭력을 직접 행사해서 피해를 준 사실이 명백할 때에만 책임을 물을 수 있을 것입니다. 또한 사건에 대한 개입과 방관은 개인의 자율적 의지에 달린 문제이므로 외부에서 규제할 성질의 문제가 아닙니다.
>
> 사회자 : 그럼 이번에는 반대 측부터 찬성 측에 대해 반론해 주시지요.
>
> 반대 측 : 과연 누구까지를 학교 폭력의 방관자라고 규정지을 수 있을까요? 집에 가는 길에 우연히 폭력을 목격했을 경우, 자신의 친구로부터 폭력에 관련된 소문을 접했을 경우 등 방관자라고 규정하기에는 애매한 경우가 많습니다. 어떠한 행위를 처벌하려면 확고한 기준이 필요한데, 방관자의 범위부터 규정하기가 불명확하다고 볼 수 있습니다.
>
> 찬성 측 : 불의를 방관한 행위에 대해 사회가 책임을 묻지 않는다면 이후로도 사람들은 아무런 죄책감 없이 불의를 모른 체하고 방관할 것입니다. 결국 이는 사회 전체의 건전성과 도덕성을 떨어뜨릴 것이고, 정의에 근거한 시민의 고발정신까지 약화시킬 것입니다.

① 찬성 측은 친숙한 상황을 빗대어 자신의 견해를 펼치고 있다.
② 찬성 측은 자신의 경험을 제시하여 논지를 보충하고 있다.
③ 반대 측은 윤리적 방법으로 해결책을 제시하고 있다.
④ 반대 측은 논제에 의문을 제기하여 주장을 강화하고 있다.

**10 두 사람의 대화에 적용된 공감적 듣기의 방법이 아닌 것은?**

2019 국가직 9급

> "수빈 씨, 나 처음 한 프레젠테이션인데 엉망이었어."
>
> "정말? 무슨 일이 있었는지 자세히 말해 봐."
>
> "너무 긴장해서 팀장님 질문에 대답을 못 했어."
>
> "팀장님 질문에 대답을 못 했구나. 처음 하는 프레젠테이션이라 정아 씨가 긴장을 많이 했나 보다."

① 수빈은 정아의 말에 자신이 주의 집중하고 있음을 보여 주고 있다.
② 수빈은 정아가 계속 말을 할 수 있도록 격려하고 있다.
③ 수빈은 정아의 혼란스러운 감정을 정아 스스로 정리하게끔 도와주고 있다.
④ 수빈은 정아의 말을 자신의 처지로 바꾸어 의미를 재구성하고 있다.

**11** 다음에서 설명한 '겸양의 격률'을 사용한 대화문은?

2017 국가직 7급

'공손성의 원리'는 대화 참여자들 사이에서 공손하고 예의 바르게 말을 주고받는 태도를 중시하는 이론이다. 이 원리는 '요령', '관용', '찬동', '겸양', '동의'의 격률로 구성되어 있는데, 이 중 우리 선조들은, 상대방의 칭찬을 그대로 받아들이기 보다는 자신을 낮추어 말하는 것을 미덕으로 여긴 '겸양의 격률'을 중요하게 생각했다.

① 가: 집이 참 좋네요. 구석구석 어쩌면 이렇게 정돈이 잘 되어 있는지…. 사모님 살림 솜씨가 대단하신데요.

　나: 그렇게 말씀해 주시니 고맙습니다.

② 가: 정윤아, 날씨도 좋은데 우리 놀이공원이나 갈래?

　나: 놀이공원? 좋지. 그런데 나는 오늘 뮤지컬 표를 예매해 둬서 어려울 것 같아.

③ 가: 제가 귀가 안 좋아서 그러는데 죄송하지만 조금만 더 크게 말씀해 주시겠어요?

　나: 제 목소리가 너무 작았군요. 죄송합니다.

④ 가: 유진아, 너는 노래도 잘하고 운동도 잘하고 못하는 게 없구나.

　나: 아니에요. 특별히 잘하는 것도 없는데요. 아직 많이 부족합니다.

**12** 다음 글을 근거로 할 때, 〈보기〉의 대화에서 ⓛ의 대답이 갖는 특징으로 적절하지 않은 것은?

2016 국가직 9급

그라이스(Grice)는 원활한 대화 진행을 위한 요건으로 네 가지의 '협력의 원리'를 제시한 바 있다. 첫째, 주고받는 대화의 목적에 필요한 만큼만 정보를 제공하고 필요 이상의 정보를 제공하지 말라는 양의 격률이다. 둘째, 진실한 정보만을 제공하도록 노력하고 증거가 불충한 것은 말하지 말라는 질의 격률이다. 셋째, 해당 대화 맥락과 관련되는 말을 하라는 관련성의 격률이다. 넷째, 모호하거나 중의적인 표현을 피하고 간결하고 조리 있게 말하라는 태도의 격률이다. 그러나 모종의 효과를 위해 이 네 가지의 격률을 위배하는 일은 일상 대화에서 빈번하게 이루어지는데, 일반적으로 언중들은 그것을 자연스럽게 받아들일 뿐 아니라 때에 따라서는 협력의 원리를 지키는 것이 예의에 어긋난 경우도 많다.

〔보기〕

대화(1) ㉠: 체중이 얼마나 되니?

　　　 ㉡: 55kg인데 키에 비해 가벼운 편입니다.

대화(2) ㉠: 얼마 전 시민 운동회가 있었다며?

　　　 ㉡: 응. 백 미터 달리기에서 비행기보다 빠른 사람을 봤어.

대화(3) ㉠: 너 몇 살이니?

　　　 ㉡: 형이 열일곱 살이고, 저는 열다섯 살이지요.

대화(4) ㉠: 점심은 뭐 먹을래?

　　　 ㉡: 생각해 보고 마음 내키는 대로요.

① 대화(1): 관련성의 격률을 위배하였다.

② 대화(2): 질의 격률을 위배하였다.

③ 대화(3): 양의 격률을 위배하였다.

④ 대화(4): 태도의 격률을 위배하였다.

말하기 방식 **문제 훈련**

**01** 다음 대화를 분석한 내용으로 가장 적절한 것은?

> 갑 : 요즘에는 인공지능 기술이 발달하면서 많은 직업이 사라질 위험이 있다고 해.
>
> 을 : 그렇지만 인공지능이 일자리를 창출하는 측면도 있어. 예를 들어 새로운 기술 관련 직업이 많이 생겨나고 있잖아.
>
> 병 : 인공지능이 직업을 대체하는 것은 경제에 부정적인 영향을 줄 수도 있어. 많은 사람들이 직업을 잃게 될 수 있으니까.
>
> 갑 : 하지만 기술 발전이 가져오는 효율성을 생각해 보면, 결국은 사회 전체적으로 이득이 될 수도 있어.
>
> 을 : 기술이 발전하면서 사회적으로도 적응해야 할 필요가 있어. 예를 들어 교육 시스템을 개편해서 기술 중심의 직업 훈련을 강화해야 하고.
>
> 병 : 그리고 인공지능의 윤리적 측면도 중요해. 인공지능이 인간의 결정을 대신한다면, 그 기준을 누가 설정하고 감독할 것인지도 생각해봐야 해.

① 대화 참여자들은 인공지능 기술의 발전과 경제의 관계에 한정해서 의견을 나누고 있다.

② 대화 참여자들은 인공지능 기술의 발전이 미치는 영향에 대해 다양한 측면에서 논의하고 있다.

③ 모든 대화 참여자는 인공지능 기술 발전이 가져오는 부정적 측면에만 주목하고 있다.

④ 상대방의 발언에 대한 자신의 이해가 맞는지 확인하고 있는 사람이 있다.

**02** 다음 대화를 분석한 내용으로 가장 적절한 것은?

> 갑 : 최근 클라우드 컴퓨팅 기술이 기업 운영을 크게 변화시키고 있어. 이는 비용 절감과 효율성 증가에 매우 긍정적이지.
>
> 을 : 그렇지만 클라우드 기술에 의존하게 되면 데이터 보안에 큰 위험이 따른다고 생각해. 기업의 중요 정보가 외부에 유출될 수도 있으니까.
>
> 병 : 데이터 보안 문제는 큰 위험이지만, 클라우드 서비스 제공자들은 보안 기술을 지속적으로 개선하고 있어. 이를 통해 위험을 최소화할 수 있지.
>
> 갑 : 사실 클라우드 컴퓨팅은 우리가 시장 변화에 빠르게 적응할 수 있게 해주는 도구야. 이것이 기업 경쟁력을 크게 향상시킬 수 있어.
>
> 을 : 클라우드 기술을 사용함으로써 기업은 더 많은 혁신적인 서비스를 개발할 수 있게 될 거야. 이는 최종적으로 소비자에게 이익을 제공할 테니까.
>
> 병 : 하지만 클라우드 기술의 대중화에 따라 정부의 규제가 더욱 필요해질 수 있어. 기술 발전과 사회적 규제 사이의 균형을 찾는 것이 중요하지.

① 다른 사람의 의견을 모두 종합하여 결론을 내리고 있는 사람이 있다.

② 상대방의 견해에 대해 추가적인 정보를 요청하는 사람이 있다.

③ 상대방의 문제 제기에 대해 수용하면서 해결 방안을 제시하는 사람이 있다.

④ 상대방의 의견에 동조하며 자신의 의견을 수정하는 사람이 있다.

## 03 다음 대화를 분석한 내용으로 적절하지 않은 것은?

> 갑 : 많은 사람들이 전기차가 화석 연료 차량에 비해 환경에 더 좋다고 알고 있지만, 전기차 배터리 생산에서 나오는 오염도 상당하다고 들었어.
>
> 을 : 그렇지만 전기차 사용으로 인한 장기적인 환경 이점을 고려하면, 초기 배터리 제조 오염은 상쇄될 수 있어.
>
> 병 : 사실 전기차 배터리의 재활용 문제도 해결해야 할 큰 과제야. 사용 후 배터리 처리가 중요하거든.
>
> 갑 : 그렇다고 해도, 전기차가 화석 연료 차량보다 결국에는 더 지속 가능하다는 점은 변하지 않아.
>
> 을 : 전기차의 보급을 늘리려면 정부 지원이 더욱 필요할 거야. 인센티브와 보조금이 확대되어야 시장이 더 활성화될 테니까.
>
> 병 : 전기차 보급에 따른 전력 수요 증가도 고려해야 해. 이는 새로운 에너지 인프라 투자가 필요함을 의미하지.

① 특정 주제에 대해 추가적인 의견을 제시하는 사람이 있다.

② 특정 문제에 대해 추가적인 문제점을 제시하는 사람이 있다.

③ 통념을 먼저 제시한 후 구체적인 화제를 제시하는 사람이 있다.

④ 상대방 의견의 허점에 대해 구체적인 문제점을 지적하며 반박하는 사람이 있다.

## 04 갑~병의 주장을 분석한 내용으로 적절한 것만을 〈보기〉에서 모두 고르면?

> 갑 : 인간의 의식과 정신은 물질적인 뇌와는 별개의 비물질적 실체이다. 우리의 생각과 감정은 뇌의 물리적 작용으로 설명될 수 없는 영혼에서 비롯된다. 이 이원론적 관점에서, 정신은 육체와 독립적으로 존재하며, 육체의 죽음 이후에도 지속될 수 있다. 따라서 인간의 정신은 물질 세계와는 다른 차원에서 존재하는 독립적 실체이다.
>
> 을 : 인간의 의식과 정신 현상은 모두 뇌의 물리적 작용에 의해 발생한다. 우리의 생각과 감정은 신경 세포의 활동과 그 상호 작용의 결과이며, 물질주의적 관점에서 정신은 뇌의 상태에 불과하다. 뇌 손상이나 약물 투여로 인한 정신 상태의 변화는 이를 뒷받침한다. 따라서 정신은 뇌의 물리적 구조와 기능으로 완전히 설명될 수 있다.
>
> 병 : 정신은 뇌의 물리적 구조보다는 기능적 상태에 의해 정의된다. 즉, 정신 현상은 정보 처리 과정이나 기능적 역할로 이해될 수 있으며, 이러한 기능은 다양한 물질적 기반에서 구현될 수 있다. 이러한 기능주의적 관점에서 정신은 뇌의 물리적 구성보다는 그 작동 방식에 의해 결정된다. 따라서 정신은 특정한 물질적 구조에 국한되지 않고, 기능적 패턴에 의해 정의된다.

―〔보기〕―
ㄱ. 갑의 주장과 을의 주장은 대립한다.
ㄴ. 을의 주장과 병의 주장은 대립한다.
ㄷ. 병의 주장과 갑의 주장은 대립하지 않는다.

① ㄱ            ② ㄴ

③ ㄱ, ㄷ      ④ ㄴ, ㄷ

**05** 갑~병의 주장을 분석한 내용으로 적절한 것만을 〈보기〉에서 모두 고르면?

> 갑 : 예술은 객관적인 기준에 따라 평가될 수 있다. 예술 작품의 아름다움은 일정한 미적 원칙과 조화에 기반하며, 이를 통해 작품의 가치를 판단할 수 있다. 이러한 객관적 기준은 시대와 문화를 초월하여 적용될 수 있으며, 예술 교육을 통해 전달된다. 또한 예술 작품의 기술적 완성도나 구성은 전문가들의 분석을 통해 객관적으로 평가될 수 있다. 따라서 예술 작품은 전문가들의 평가에 의해 그 가치가 결정되어야 한다.
>
> 을 : 예술은 개인의 주관적인 경험과 감정에 의존한다. 같은 작품이라도 사람마다 느끼는 감동과 해석이 다르기 때문에 예술에는 객관적인 평가 기준이 존재하지 않는다. 예술은 다양성을 존중하고 각자의 관점에서 의미를 찾는 것이 중요하다. 또한 예술 작품은 개인의 삶과 경험에 따라 다양한 해석이 가능하다. 따라서 예술 작품의 가치는 개인의 느낌과 경험에 따라 달라진다.
>
> 병 : 예술은 객관성과 주관성을 모두 포함한다. 작품의 기술적 완성도나 역사적 맥락은 객관적으로 평가될 수 있지만, 작품이 주는 감동이나 의미는 개인마다 다르게 느껴진다. 예술 작품을 이해하고 평가하기 위해서는 객관적인 요소와 주관적인 경험을 모두 고려해야 한다. 또한 예술은 사회적·문화적 맥락과 개인의 심리적 반응이 상호 작용하는 복합적인 영역이다. 따라서 예술의 가치는 객관적 기준과 개인적 감상이 조화를 이루는 데 있다.

──〔보기〕──
ㄱ. 갑의 주장과 을의 주장은 대립한다.
ㄴ. 을의 주장과 병의 주장은 대립한다.
ㄷ. 병의 주장과 갑의 주장은 대립하지 않는다.

① ㄱ, ㄴ  ② ㄴ, ㄷ
③ ㄱ, ㄷ  ④ ㄱ, ㄴ, ㄷ

**06** 갑~병의 주장을 분석한 내용으로 적절한 것만을 〈보기〉에서 모두 고르면?

> 갑 : 공유 경제는 자원의 효율적인 활용을 통해 사회적 이익을 증대시킨다. 개인들은 자신이 소유한 자원을 공유함으로써 추가적인 수익을 얻을 수 있으며, 자원의 낭비를 줄일 수 있다. 또한 공유 경제는 사회적 연결을 강화함으로써 새로운 형태의 협력을 촉진한다. 이러한 이점을 고려할 때 공유 경제를 활성화하기 위한 제도적 지원과 인프라 구축이 필요하다.
>
> 을 : 공유 경제는 기존의 산업 구조를 파괴하고, 노동자들의 권리를 침해한다. 공유 경제 플랫폼은 노동자를 독립 계약자로 분류하여 근로자의 복지와 안전을 보장하지 않는다. 이는 전통적 일자리 감소 및 불안정한 고용 형태 확산 등의 부정적 영향을 초래한다. 소비자 보호 측면에서도 문제가 발생했을 때 책임 소재가 불분명하여 피해 보상이 어려워질 수 있다. 따라서 공유 경제에 대한 엄격한 규제와 노동자 보호 정책이 필요하다.
>
> 병 : 공유 경제는 자원의 효율적 활용과 편의성 제공이라는 장점이 있지만, 노동자 보호와 소비자 안전 측면의 단점도 존재한다. 따라서 공유 경제를 발전시키면서도 부작용을 최소화하기 위한 제도적 장치가 필요하다. 예를 들어, 플랫폼 기업의 사회적 책임을 강화하고, 노동자들의 권리를 보호하는 법적 근거를 마련해야 한다. 또한 소비자 보호를 위한 안전 기준과 분쟁 해결 절차를 확립해야 한다. 이를 통해 공유 경제의 긍정적 효과를 극대화할 수 있다.

──〔보기〕──
ㄱ. 갑의 주장과 을의 주장은 대립하지 않는다.
ㄴ. 을의 주장과 병의 주장은 대립하지 않는다.
ㄷ. 병의 주장과 갑의 주장은 대립하지 않는다.

① ㄱ, ㄴ  ② ㄱ, ㄷ
③ ㄴ, ㄷ  ④ ㄱ, ㄴ, ㄷ

# [작문_공문서] 개요 작성

▶ 대표 출좋포 발문 체크

〈지침〉에 따라 〈개요〉를 작성할 때 ㈀~㈃에 들어갈 내용으로 적절하지 않은 것은?

▶ 대표 출좋포 개관

작문이란 '학습자가 자기의 감상이나 생각을 글로써 표현하는 산문'을 의미합니다.
'[작문_공문서] 개요 작성'은 인사혁신처의 1차 샘플에만 출제가 되었으나
1차, 2차 샘플이 모두 출제 범위에 있으므로 꼭 정복을 해야 하는 유형입니다.

출좋포 독해 이론

개요란 간결하게 추려낸 주요 내용을 의미하는 것으로
주로 '처음(서론) – 중간(본론) – 끝(결론)'의 3단 구성의 구조로 나타난다.

---

제목: 문제 푸는 데 기준이 되므로 꼭 잘 보기

(서론) Ⅰ. 개념 정의 및 문제 제기
　　　　1. 개념 정의
　　　　2. 문제 제기

(본론) Ⅱ. 문제점의 원인
　　　　1. 원인 a
　　　　2. 원인 b

(본론) Ⅲ. 해결 방안
　　　　1. 원인 a를 해결할 수 있는 방안
　　　　2. 원인 b를 해결할 수 있는 방안

(결론) Ⅳ. 기대 효과와 향후 과제
　　　　1. 기대 효과
　　　　2. 향후 과제

---

[지침]
- 서론은 중심 소재의 개념 정의와 문제 제기를 1개의 장으로 작성할 것.
- **본론**은 제목에서 밝힌 내용을 2개의 장으로 구성하되, 각 장의 하위 항목끼리 대응되도록 작성할 것.
- **결론**은 기대 효과와 향후 과제를 1개의 장으로 작성할 것.

[개요]
제목: △△ 전자제품 관련 고객 불만 원인과 해결 방안

Ⅰ. 고객 불만 현황
  1. 개념 정의
  2. 전화 고객 서비스 대기 시간 과다 및 응답 지연

Ⅱ. 고객 불만 발생의 원인
  1. 배터리 공급 업체의 부품 품질 저하
  2. 콜센터 인력 부족 및 교육 미비

Ⅲ. 고객 불만 해결 방안
  1. 문제 발생 제품 전수 검사 후 배터리 무상 교체 또는 환불
  2. 콜센터 인력 확충 및 고객 응대 교육 강화

Ⅳ. 기대 효과와 향후 과제
  1. 신속한 문제 해결을 통한 고객 신뢰 회복 및 브랜드 이미지 강화
  2. 장기적으로 부품 품질 관리 강화 및 고객 서비스 인프라 개선

# 亦功 콤단문 독해 PIN POINT

## 기존 출제 유지 2024 버전

### 빨리 푸는 亦功 전략

**1단계**

①을 보고 ㉠을 보고
②을 보고 ㉡을 보고
③을 보고 ㉢을 보고
④을 보고 ㉣을 보는
식으로 눈동자 움직이기

**2단계**

주제에 맞는
내용이 들어가 있는지
파악하기

**3단계**

상위 항목과 하위 항목이
1:1 대응하는지 보기

상위 항목이 하위 항목을
잘 포괄하는지 확인하기

---

[작문] 개요 수정하기

**01** '지역 축제의 문제점과 발전 방안'에 관한 글을 쓰기 위해 개요를 작성하였다. 개요를 수정한 내용으로 적절하지 않은 것은?

주제: 지역 축제의 문제점과 발전 방안
Ⅰ. 지역 축제의 방향 ·········································· ㉠
  1. 지역 축제에 대한 관광객의 외면
  2. 지역 축제에 대한 지역 주민의 무관심
Ⅱ. 지역 축제의 문제점
  1. 지역마다 유사한 내용의 축제 ···················· ㉡
  2. 관광객을 위한 편의 시설 낙후
  3. 행사 전문 인력의 부족
  4. 인근 지자체 협조 유도 ···························· ㉢
  5. 지역 축제 시기 집중에 따른 참가 인원의 감소
Ⅲ. 지역 축제 발전을 위한 방안
  1. 지역적 특성을 보여줄 수 있는 프로그램 개발
  2. 관광객을 위한 제반 편의 시설 개선
  3. 원활한 축제 진행을 위한 자원봉사자 모집
  4. 지자체 간 협의를 통한 축제 시기의 분산
Ⅳ. 결론: 지역 축제가 가진 한계 극복 ···················· ㉣

① ㉠은 하위 항목을 포괄하지 못하므로 '지역 축제의 실태'로 바꾼다.
② ㉡은 'Ⅲ-1'를 고려하여, '관광객 유치를 위한 과다 홍보'로 바꾼다.
③ ㉢은 상위 항목과 어울리지 않으므로 삭제한다.
④ ㉣은 주제와 부합하도록, '내실 있는 지역 축제로의 변모 노력 촉구'로 고친다.

## 신유형 2025 버전

[작문_공문서] 개요 작성

**02** 〈지침〉에 따라 〈개요〉를 작성할 때 ⊙~㉣에 들어갈 내용으로 적절하지 않은 것은?

〔지침〕
- 서론은 중심 소재의 개념 정의와 문제 제기를 1개의 장으로 작성할 것.
- 본론은 제목에서 밝힌 내용을 2개의 장으로 구성하되 각 장의 하위 항목끼리 대응되도록 작성할 것.
- 결론은 기대 효과와 향후 과제를 1개의 장으로 작성할 것.

〔개요〕
- 제목: 해양 오염의 원인과 해결책
- Ⅰ. 서론
  1. 해양 오염의 정의
  2. ⊙
- Ⅱ. 해양 오염의 주요 원인
  1. ⓒ
  2. 선박으로부터의 기름 유출
- Ⅲ. 해양 오염의 해결책
  1. 해양 플라스틱을 줄이기 위한 해변 청소 활동 참여
  2. ⓒ
- Ⅳ. 결론
  1. ㉣
  2. 해양 보호를 통한 생태계 복원 방안 마련

① ⊙: 해양 생태계 위협 증가
② ⓒ: 해양 플라스틱 폐기물 배출량의 증가
③ ⓒ: 선박 오염물질 배출 규제 강화
④ ㉣: 플라스틱 생산 규제

### 빨리 푸는 亦功 전략

**1단계**

〈지침〉의 조건이 ⊙~㉣에 적용할 수 있도록 순서대로 나열되어 있음을 알기

**2단계**

첫 번째 지침 보고 ⊙ 보고 ⓒ 보기

두 번째 지침 보고 ⓒ 보기 ㉣ 보기

**3단계**

1) 상위 항목과 하위 항목이 적절한 포함관계를 갖는지 확인하기

2) 문제점의 원인과 해결 방안이 1:1 대응이 되는지 확인하기

**01** ㉠~㉣에 들어갈 말로 적절하지 않은 것은?

2021 지방직 7급

제목: ○○ 청소기 관련 고객 만족도 제고 방안
Ⅰ. 고객 불만 현황
  1. ㉠
  2. 인터넷 고객 문의 접수 및 처리 지연
Ⅱ. ㉡
  1. 해외 공장에서 제작한 모터 품질 불량
  2. 인터넷 고객 지원 서비스 시스템의 잦은 오류
Ⅲ. ㉢
  1. 동종 제품 전량 회수 후 수리 또는 신제품으로 교환
  2. 고객 지원 서비스 시스템 최신화 및 관리 인력 충원
Ⅳ. ㉣
  1. 제품에 대한 고객 민원 해결 및 회사 이미지 제고
  2. 품질 결함 최소화를 위한 품질 관리 체계의 개선 방향

① ㉠: 소음 과다 및 흡입력 미흡
② ㉡: 고객 불만 발생의 원인
③ ㉢: 고객 지원 센터의 지원 인력 부족
④ ㉣: 기대 효과와 향후 과제

**02** ㉠~㉣에 들어갈 내용으로 적절하지 않은 것은?

2020 지방직 7급

• 제목: 인터넷 범죄 증가의 원인
1. 국가적 측면: ㉠
   때문에 인터넷 범죄를 처벌하는 관련 규정이 신속하게 제정되지 않는다.
2. 개인적 측면
  (1) ㉡ 때문에 개인 컴퓨터의 백신 프로그램 설치가 미흡하다.
  (2) ㉢ 때문에 인터넷상에서 개인 신상 정보 취급이 소홀하게 다루어진다.
3. 기술적 측면: ㉣
   때문에 컴퓨터 보안 프로그램 개발이 미흡하다.

① ㉠: 인터넷 범죄 처벌 규정의 제정 과정이 지나치게 복잡하기
② ㉡: 인터넷 사용 시 백신 프로그램을 중요하게 생각하지 않기
③ ㉢: 자신의 개인 정보는 범죄에 이용되지 않을 것이라고 안이하게 생각하기
④ ㉣: 컴퓨터 판매량을 늘리기 위한 인프라가 제대로 구축되어 있지 않기

**01** 〈지침〉에 따라 〈개요〉를 작성할 때 ㉠~㉣에 들어갈 내용으로 적절하지 않은 것은?

〔지침〕
- 서론은 중심 소재의 개념 정의와 문제 제기를 1개의 장으로 작성할 것.
- 본론은 제목에서 밝힌 내용을 2개의 장으로 구성하되 각 장의 하위 항목끼리 대응되도록 작성할 것.
- 결론은 기대 효과와 향후 과제를 1개의 장으로 작성할 것.

〔개요〕
- 제목: 공공장소 흡연의 문제점과 해결 방안
- Ⅰ. 서론
  - 1. 공공장소 흡연의 기준
  - 2. ㉠
- Ⅱ. 공공장소 흡연의 문제점
  - 1. ㉡
  - 2. 비흡연자에 대한 피해
- Ⅲ. 공공장소 흡연 해결 방안
  - 1. 흡연 구역 마련
  - 2. ㉢
- Ⅳ. 결론
  - 1. 간접흡연 피해 감소
  - 2. ㉣

① ㉠: 공공장소 흡연의 증가 추세
② ㉡: 환경오염
③ ㉢: 흡연자에 대한 교육 및 지원
④ ㉣: 흡연구역 증가에 따른 흡연자 수 증가

**02** 〈지침〉에 따라 〈개요〉를 작성할 때 ㉠~㉣에 들어갈 내용으로 적절하지 않은 것은?

〔지침〕
- 서론은 중심 소재의 개념 정의와 문제 제기를 1개의 장으로 작성할 것.
- 본론은 제목에서 밝힌 내용을 2개의 장으로 구성하되 각 장의 하위 항목끼리 대응되도록 작성할 것.
- 결론은 기대 효과와 향후 과제를 1개의 장으로 작성할 것.

〔개요〕
- 제목: 도시의 대기질 저하 원인과 개선 방법
- Ⅰ. 서론
  - 1. 대기질 저하의 정의
  - 2. ㉠
- Ⅱ. 대기질 저하의 원인
  - 1. ㉡
  - 2. 자동차 매연 배출 증가
- Ⅲ. 대기질 개선 방법
  - 1. 오염물질 배출 기준 강화
  - 2. ㉢
- Ⅳ. 결론
  - 1. ㉣
  - 2. 지속 가능한 도시 환경 조성

① ㉠: 시민 출퇴근 교통 불편 증가
② ㉡: 석유화학, 철강 등의 산업활동
③ ㉢: 친환경 자동차 구매 장려
④ ㉣: 시민 건강 개선과 생활의 질 향상

**03** 〈지침〉에 따라 〈개요〉를 작성할 때 ㉠~㉣에 들어갈 내용으로 적절하지 않은 것은?

─〔지침〕─
- 서론은 중심 소재의 개념 정의와 문제 제기를 1개의 장으로 작성할 것.
- 본론은 제목에서 밝힌 내용을 2개의 장으로 구성하되 각 장의 하위 항목끼리 대응되도록 작성할 것.
- 결론은 기대 효과와 향후 과제를 1개의 장으로 작성할 것.

─〔개요〕─
- 제목 : 청소년의 디지털 중독 현상과 대응 전략
I. 서론
  1. 디지털 중독의 정의
  2. ㉠
II. 디지털 중독의 주요 원인
  1. ㉡
  2. 소셜 미디어 사용의 급증
III. 디지털 중독 대응 전략
  1. 디지털 중독에서 벗어나는 교육 프로그램 개발
  2. ㉢
IV. 결론
  1. ㉣
  2. 건강한 디지털 문화 조성을 위한 정책 제안

① ㉠: 디지털 기기 사용의 급증과 함께 나타난 부작용
② ㉡: 개인의 현실 회피 성향
③ ㉢: 소셜 미디어를 이용한 학습 자료 개발
④ ㉣: 청소년의 심리적 안정과 사회적 기능 회복

**04** 〈지침〉에 따라 〈개요〉를 작성할 때 ㉠~㉣에 들어갈 내용으로 적절하지 않은 것은?

─〔지침〕─
- 서론은 중심 소재의 개념 정의와 문제 제기를 1개의 장으로 작성할 것.
- 본론은 제목에서 밝힌 내용을 2개의 장으로 구성하되 각 장의 하위 항목끼리 대응되도록 작성할 것.
- 결론은 기대 효과와 향후 과제를 1개의 장으로 작성할 것.

─〔개요〕─
- 제목 : 사이버 보안의 최신 동향과 도전 과제
I. 서론
  1. 사이버 보안의 정의
  2. ㉠
II. 사이버 보안의 최신 동향
  1. 클라우드 보안 기술의 발전
  2. ㉡
III. 사이버 보안의 주요 도전 과제
  1. 빠르게 발전하는 해킹 기술에 대한 대응
  2. ㉢
IV. 결론
  1. ㉣
  2. 법적 및 정책적 대응의 강화

① ㉠: 개인 정보 유출 사례 증가
② ㉡: 인공지능 기반 보안 알고리즘 개선
③ ㉢: 클라우드 저장 개인 정보 보호의 어려움
④ ㉣: 범국가적 사이버 범죄의 증가

Chapter
03

# [작문_공문서] 문장 고쳐 쓰기

▶ 대표 출종포 발문 체크

〈공공언어 바로 쓰기 원칙〉에 따라 수정한 것으로 적절하지 않은 것은?

〈공공언어 바로 쓰기 원칙〉에 따라 〈공문서〉의 ㉠~㉣을 수정한 것으로 적절하지 않은 것은?

▶ 대표 출종포 개관

작문의 문장의 어법을 고쳐 쓰는 문제는 전통적으로 나오는 유형 중 하나였습니다.

2025년 출제 기조가 변화된 이후에도 문장 고쳐쓰기는 무조건 1문제는 나올 예정인 0순위 최빈출 유형에 해당됩니다.

특히, 실무 능력을 돋우는 2025의 새로운 경향을 반영하여

<공공언어 바로 쓰기 원칙>에 따른 공문서 문장 고쳐 쓰기라는 신유형의 문제가 반드시 나올 예정입니다.

따라서 1) 문장 고쳐 쓰기의 문법 이론을 암기하고 2) 이를 공문서에 적용할 수 있어야 합니다.

다음 〈지침〉에 따라 아래의 문장들을 고치시오.

**〔지침〕**

1) 병렬 관계의 오류
2) 문장 성분의 호응
3) 문장 성분의 실종
4) 조사의 올바른 사용
5) 연결어미의 올바른 쓰임
6) 이중 피동 삼가기
7) '-시키-'의 남용

**01** 〈지침〉의 '1) 병렬 관계의 오류'에 초점을 맞추어 다음 문장들을 고치시오.

1) 그는 시화전을 홍보하는 일과 시화전의 진행에 아주 열성적이다.

(                                                    )

2) 수출 증대를 위해서는 이 제품의 장점과 단점을 보완해야 한다.

(                                                    )

**02** 〈지침〉의 '2) 문장 성분의 호응'에 초점을 맞추어 다음 문장들을 고치시오.

1) 해안선에서 200미터 이내의 수역을 제외된 상태에서 논의를 진행하겠습니다.

(                                                    )

2) 내 생각은 네가 먼저 사과하는 게 옳다고 생각한다.

(                                                    )

3) 왜냐하면 한국이 빠른 속도로 경제적 발전을 이루었다는 것이다.

(                                                    )

4) 아래에 제시된 두 가지 통계 자료를 살펴보면, 2000년대 이후 복지 정책에 상당히 큰 변화가 일어나고 있다.

(                                                    )

---

**정답**

**01 1)** 그는 시화전을 홍보하는 일과 진행하는 일에 아주 열성적이다.
   **2)** 수출 증대를 위해서는 이 제품의 장점을 살리고 단점을 보완해야 한다.
**02 1)** 해안선에서 200미터 이내의 수역을 제외한 상태에서 논의를 진행하겠습니다.
   **2)** 내 생각은 네가 먼저 사과하는 게 옳다는 것이다.
   **3)** 왜냐하면 한국이 빠른 속도로 경제적 발전을 이루었기 때문이다.
   **4)** 아래에 제시된 두 가지 통계 자료를 살펴보면, 2000년대 이후 복지 정책에 상당히 큰 변화가 일어남을 알 수 있다.

**03** 〈지침〉의 '3) 문장 성분의 실종'에 초점을 맞추어 다음 문장들을 고치시오.

1) 그의 목표는 세계 최고의 축구 선수가 되는 것이었고, 그래서 단 하루도 연습을 쉬지 않았다.
   (                                                                              )

2) 전철 내에서 뛰지 말고, 문에 기대거나 강제로 열려고 하지 마십시오.
   (                                                                              )

3) 신은 인간을 사랑하기도 하지만 시련을 주기도 한다.
   (                                                                              )

**04** 〈지침〉의 '4) 조사의 올바른 사용'에 초점을 맞추어 다음 문장들을 고치시오.

1) 철수는 잘못된 정책에 대하여 정부에게 항의를 했다.
   (                                                                              )

2) 금융감독원은 금융 기관을 감독하는 주요 기관으로써 금감원의 주요 역할은 금융 시장의 안정성과 공정성을 유지하는 것입니다.
   (                                                                              )

**05** 〈지침〉의 '5) 연결어미의 올바른 쓰임'에 초점을 맞추어 다음 문장을 고치시오.

도량형은 미터법 사용을 원칙으로 하며 각종 증빙 서류 등을 미터법 이외의 도량형으로 작성할 경우 미터법으로 환산한 수치를 병기함.
   (                                                                              )

**06** 〈지침〉의 '6) 이중 피동 삼가기'에 초점을 맞추어 다음 문장들을 고치시오.

1) 다행히 비상문이 열려져 있어 인명 피해가 크지 않았습니다.
   (                                                                              )

2) 저는 그 말씀에 그처럼 생각되어지지 않습니다.
   (                                                                              )

**07** 〈지침〉의 '7) -시키-의 남용'에 초점을 맞추어 다음 문장을 고치시오.

실력 있는 강사진이 수강생 여러분을 직접 교육시켜 드립니다.
   (                                                                              )

> **정답**
>
> **3. 1)** 그의 목표는 세계 최고의 축구 선수가 되는 것이었고, 그래서 그는 단 하루도 연습을 쉬지 않았다.
> **2)** 전철 내에서 뛰지 말고, 문에 기대거나 문을 강제로 열려고 하지 마십시오.
> **3)** 신은 인간을 사랑하기도 하지만 인간에게 시련을 주기도 한다.
> **4. 1)** 철수는 잘못된 정책에 대하여 정부에 항의를 했다.
> **2)** 금융감독원은 금융 기관을 감독하는 주요 기관으로서 금감원의 주요 역할은 금융 시장의 안정성과 공정성을 유지하는 것입니다.
> **5.** 도량형은 미터법 사용을 원칙으로 하되 각종 증빙 서류 등을 미터법 이외의 도량형으로 작성할 경우 미터법으로 환산한 수치를 병기함.
> **6. 1)** 다행히 비상문이 열려 있어 인명 피해가 크지 않았습니다.  **2)** 저는 그 말씀에 그처럼 생각되지 않습니다.
> **7.** 실력 있는 강사진이 수강생 여러분을 직접 교육하여 드립니다.

# 기존 출제 유지 2024 버전

빨리 푸는 亦功 전략

**1단계**

제시문의 발문에 따라 내용보다는 '어법상' 수정할 것이 있는지 판단하기

**2단계**

문장 성분 간의 호응 병렬 관계, 수식 관계, 올바른 어휘 사용 등에 초점을 맞춰 적절하지 않은 것을 고르기

**3단계**

㉠ 보고 ① 보고
㉡ 보고 ② 보면서
답을 찾기

[작문_공문서] 문장 고쳐 쓰기

**01** ㉠~㉣을 고쳐 쓴 것으로 적절하지 않은 것은? 2024 지방직 9급

> 얼마 전 나는 유명 축구 선수의 성공 과정을 담은 다큐멘터리 프로그램을 시청했다. 방송을 본 대부분의 사람들은 ㉠괴로운 고난을 이겨낸 그 선수의 노력과 집념에 감동을 받았을 것이다. ㉡그러므로 나는 그 선수의 가족과 훈련 트레이너 등 주변 사람들에게 더 큰 감명을 받았다.
> 선수의 가족들은 선수가 전지훈련을 가거나 원정 경기를 할 때 묵묵히 뒤에서 응원하는 역할을 했고, 훈련 트레이너는 선수의 체력 증진은 물론 컨디션 조절 등에도 많은 역할을 하고 있었다. ㉢나는 그런 훈련 트레이너가 되는 과정이 궁금해졌다. 비록 사람들의 관심이 최고의 자리에 오른 그 선수에게로 향하는 것은 당연한 ㉣일로, 나는 그 가족과 훈련 트레이너의 도움이 주목받지 못하는 것 같아서 안타까웠다.

① ㉠은 의미가 중복되므로 '고난'으로 고친다.
② ㉡은 앞뒤 문장의 연결을 고려하여, '그러나'로 바꾼다.
③ ㉢은 글 전체의 흐름을 고려하여 삭제한다.
④ ㉣은 부사와의 호응을 고려하여, '일이라면'으로 수정한다.

## 신유형 **2025 버전**

[작문_공문서] 문장 고쳐 쓰기

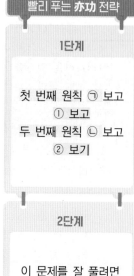

**02** 〈공공언어 바로 쓰기 원칙〉에 따라 수정한 것으로 적절하지 않은 것은?

2025 인사혁신처 2차 샘플

---
〈공공언어 바로 쓰기 원칙〉

• 주어와 서술어의 호응
 − ㉠능동과 피동의 관계를 정확하게 사용함.
• 여러 뜻으로 해석되는 표현 삼가기
 − ㉡중의적인 문장을 사용하지 않음.
• 명료한 수식어구 사용
 − ㉢수식어와 피수식어의 관계를 분명하게 표현함.
• 대등한 구조를 보여 주는 표현 사용
 − ㉣'−고', '와/과' 등으로 접속될 때에는 대등한 관계를 사용함.
---

① "이번 총선에서 국회의원 ○○○명을 선출되었다."를 ㉠에 따라 "이번 총선에서 국회의원 ○○○명이 선출되었다."로 수정한다.

② "시장은 시민의 안전에 관하여 건설업계 관계자들과 논의하였다."를 ㉡에 따라 "시장은 건설업계 관계자들과 시민의 안전에 관하여 논의하였다."로 수정한다.

③ "5킬로그램 정도의 금 보관함"을 ㉢에 따라 "금 5킬로그램 정도를 담은 보관함"으로 수정한다.

④ "음식물의 신선도 유지와 부패를 방지해야 한다."를 ㉣에 따라 "음식물의 신선도를 유지하고, 부패를 방지해야 한다."로 수정한다.

## 01 (가)~(라)를 고쳐 쓴 것으로 옳지 않은 것은?

2022 국가직 9급

> (가) 오빠는 생김새가 나하고는 많이 틀려.
> (나) 좋은 결실이 맺어졌으면 하는 바람입니다.
> (다) 내가 오직 바라는 것은 네가 잘됐으면 좋겠어.
> (라) 신은 인간을 사랑하기도 하지만 시련을 주기
> 도 한다.

① (가): 오빠는 생김새가 나하고는 많이 달라.
② (나): 좋은 결실을 맺었으면 하는 바램입니다.
③ (다): 내가 오직 바라는 것은 네가 잘됐으면 좋겠다
  는 거야.
④ (라): 신은 인간을 사랑하기도 하지만 인간에게 시
  련을 주기도 한다.

## 02 가장 자연스러운 문장은?

2021 국가직 9급

① 날씨가 선선해지니 역시 책이 잘 읽힌다.
② 이렇게 어려운 책을 속독으로 읽는 것은 하늘의 별
  따기이다.
③ 내가 이 일의 책임자가 되기보다는 직접 찾기로 의
  견을 모았다.
④ 그는 시화전을 홍보하는 일과 시화전의 진행에 아주
  열성적이다.

## 03 다음 〈보기〉를 참고할 때 문장의 표현이 가장 올바른 것은?

2021 국회직 8급

> ─〔보기〕─
> 우리는 언어생활에서 문법요소를 잘못 사용한 경
> 우가 많다. 높임법에서 높이지 않을 대상을 높이는
> 경우, 시제 표현에서 시간을 나타내는 형태소를 잘
> 못 쓴 경우, 피동 표현에서 이중 피동 형태를 사용
> 한 경우, 사동 표현에서 불필요하게 사동 표현을 쓴
> 경우가 대표적이다.

① 선생님께서 너 오라고 하시는구나.
② 그 사람이 말도 없이 벌써 갔는 모양이다.
③ 성실한 사람이 있으면 나에게 소개시켜 줄래.
④ 저는 그 말씀에 그처럼 생각되어지지 않습니다.

## 04 우리말의 어법에 맞고, 의미가 정확한 문장은?

2021 국회직 8급

① 지하철 공사가 이제 시작됐으니, 언제 개통될지는
  불투명하다.
② 수출 증대를 위해서는 이 제품의 장점과 단점을 보
  완해야 한다.
③ 그 문제를 논의하자면 오후에는 팀원 전체가 모여
  회의를 가질 겁니다.
④ 다행히 비상문이 열려져 있어 인명 피해가 크지 않
  았습니다.
⑤ 선배가 농담으로 한 말이 그에게 큰 상처를 입혔습
  니다.

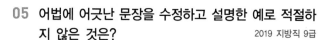 

**05** 어법에 어긋난 문장을 수정하고 설명한 예로 적절하지 않은 것은? 2019 지방직 9급

① 유사한 내용의 제안이 접수되었을 때에는 먼저 접수된 것이 우선한다.

→ '접수되었을 때에는'은 사건이나 행위가 완료된 상황을 나타내므로 '접수될 때에는'으로 바꾼다.

② 안내서 및 과업 지시서 교부는 참가 신청자에게만 교부한다.

→ '과업 지시서 교부'와 서술어 '교부하다'는 의미상 중복되며 호응하지 않으므로 앞의 '교부'를 삭제한다.

③ 해안선에서 200미터 이내의 수역을 제외된 상태에서 논의를 진행하겠습니다.

→ 목적어 '수역을'과 서술어 '제외되다'는 호응하지 않으므로 '제외된'은 '제외한'으로 바꾼다.

④ 관련 도서는 해당 부서에 비치하고 관계자에게 열람한다.

→ 서술어 '열람하다'는 부사어 '관계자에게'와 호응하지 않으므로 '열람하게 한다.'와 같이 바꾼다.

**06** 다음 문장 중 어법에 가장 맞는 것은? 2019 서울시 9급

① 금융 당국은 내년 금리가 올해보다 더 오를 것으로 내다보면서 대출 이자율이 2% 이상 오를 것으로 예측하였다.

② 작성 내용의 정정 또는 신청인의 서명이 없는 서류는 무효입니다.

③ 12월 중에 한-중 정상회담이 다시 한 번 열릴 것으로 보여집니다.

④ 그의 목표는 세계 최고의 축구 선수가 되는 것이었고, 그래서 단 하루도 연습을 쉬지 않았다.

**07** 어법에 어긋나는 문장을 수정하고 설명한 예로 옳지 않은 것은? 2018 지방직 9급

① 전철 내에서 뛰지 말고, 문에 기대거나 강제로 열려고 하지 마십시오.

→ '열다'는 타동사이므로 '강제로'와 '열려고' 사이에 목적어 '문을'을 보충하여야 한다.

② ○○시에서 급증하는 생활용수를 안정적으로 공급하기 위하여 시행하는 사업임.

→ 생활용수에 대한 수요가 급증하는 것이지 생활용수가 급증하는 것이 아니므로, '급증하는 생활용수의 수요에 대응하여 생활용수를 안정적으로 공급하기 위하여'로 고쳐야 한다.

③ 사고 원인 파악과 재발 방지 대책을 조속히 마련하여

→ '사고 원인 파악을 마련하여'로 해석될 수 있으므로 앞의 명사구를 '사고 원인을 파악하고'로 고쳐 절과 절의 접속으로 바꾸어야 한다.

④ 도량형은 미터법 사용을 원칙으로 하되 각종 증빙 서류 등을 미터법 이외의 도량형으로 작성할 경우 미터법으로 환산한 수치를 병기함.

→ '하되'는 앞뒤 문장의 내용을 연결하는 어미로 적합하지 않으므로 '하며'로 고쳐야 한다.

**08** 문장 성분의 호응이 가장 자연스러운 것은? 2018 국가직 7급

① 세종이 한글을 만든 것은 모든 한자 사용을 없애고자 한 의도였다.

② 우리는 균형 있는 식단 마련과 쾌적한 실내 분위기를 조성하는 노력을 꾸준히 해 왔다.

③ 우리 팀에서는 가능한 한 많은 관중이 동원될 수 있도록 모든 홍보 방안을 고려해 왔다.

④ 아래에 제시된 두 가지 통계 자료를 살펴보면, 2000년대 이후 복지 정책에 상당히 큰 변화가 일어나고 있다.

**09** 문장 성분 간의 호응이 가장 옳은 것은?

2018 서울시 9급

① 왜냐하면 한국이 빠른 속도로 경제적 발전을 이루었다는 것이다.
② 그 사람이 우리에게 중요한 까닭은 우리가 합격했다는 사실이다.
③ 내가 그 분을 처음 뵌 것은 호텔에서 내 친구하고 만나 이야기하고 있을 때였다.
④ 학계에서는 국어 문법에 관심과 조명을 해 나가고 근대 국어에도 관심을 보이기 시작했다.

**10** 어법에 맞는 문장은?

2017 지방직 7급

① 그 어른은 웬간해서는 내색을 안 하시는 분이다.
② 일이 얽히고설켜서 풀기가 어렵다.
③ 불필요한 기능은 빠지고 필요한 기능만 살렸다.
④ 공사가 언제부터 시작되고 언제 개통될지 알 수 없다.

**11** 문장 성분의 호응이 가장 자연스러운 것은?

2018 지방직 7급

① 대화명을 규정에 맞게 변경하지 않는 사람은 관리자가 카페 이용을 제한해야 한다.
② 그 일이 벌어졌을 때 아마 마음속으로라도 박수를 보내는 사람은 얼마나 되었을까.
③ 월드컵에서 보여 준 에너지를 바탕으로 국민 대통합과 국가 경쟁력을 제고해야 한다.
④ 행복의 조건으로서 물질적 기반 이외에 자질의 연마, 인격, 원만한 인간관계 등이 필요하다는 것이다.

**12** 다음 중 문장의 표현이 가장 적절한 것은?

2017 경찰 1차

① 공직자는 사회 현실과 사회적 책임을 다해야 할 것이다.
② 이 약은 예전부터 우리 집의 만병통치약으로 사용되어 왔다.
③ 인간은 환경을 지배하기도 하고 순응하기도 한다.
④ 그는 내키지 않는 일은 반드시 하지 않는다.

**13** 다음 중 어법에 가장 적절한 것은?

2017 경찰 2차

① 때는 바야흐로 만물이 소생하는 봄이다.
② 인간은 자연에 복종하기도 하고, 지배하기도 한다.
③ 글을 잘 쓰려면 신문과 뉴스를 열심히 시청해야 한다.
④ 철이는 영선이에게 가방을 주었는데, 그 보답으로 철이에게 책을 선물하였다.

**14** 다음 중 어법에 맞는 문장은?

2017 경찰 1차 여경

① 많은 사람들이 상처와 아픔을 겪었다.
② 내 생각은 너희들이 서로를 배려해야 한다.
③ 너는 사과를 먹든지 귤을 먹든지 결정해라.
④ 그는 역에서 아마 아직도 널 기다리고 있다.

**15** 다음 설명 중 문법적인 오류가 없는 문장은?

2016 법원직

① 나는 어제 서울에 온 현규와 밥을 먹었다.
② 무엇보다도 중요한 것은 서류가 전부는 아닙니다.
③ 선생님께서는 제게 초심(初心)을 잊지 말라고 당부하셨습니다.
④ 궂은 날씨가 계속되면서, 오늘도 바람과 눈이 오는 지역이 있습니다.

**16** 가장 자연스러운 문장은?

2015 국가직 7급

① 그는 이 문제에 대해 가능한 충실히 논의해 왔다.
② 이 물건은 후보 공천 시점에 보낸 것인지도 모른다.
③ 디지털 텔레비전 시대에는 고화질의 화면은 물론 다양한 정보도 손쉽게 얻을 수 있다.
④ 지금까지는 문제를 회피하기만 했지만 이제는 이와 같은 관례를 깨뜨릴 때도 되었다는 생각이다.

**17** 어법에 맞는 문장은?

2015 지방직 7급

① 인간은 자연을 지배하기도 하고 복종하기도 한다.
② 북극의 빙하는 수십 년 내에 없어질 것으로 예측되어졌다.
③ 국가 경쟁력을 높이는 요소 중 하나는 인문학적 상상력이다.
④ 교육부는 새 교과서를 편찬함에 있어서 전인교육의 충실화에 두었다.

**18** 다음은 공공기관 홈페이지에서 볼 수 있는 글이다. 밑줄 친 부분을 고쳐 쓴 것으로 적절하지 않은 것은?

2014 기상직 9급

① 이번 개편을 통해 부서 간 협조가 원활하도록 조직의 짜여 있어 이제 시민 여러분들이 보다 쉽게 건의를 할 수 있게 되었습니다. → 조직이 짜여져 있어
② 이 게시판은 인터넷을 통하여 국민의 생생한 현장의 목소리를 듣고 이를 국정에 반영하고자 개설하였습니다. → 이를 국정에 반영하고자 개설한 것입니다.
③ 저희 ○○○는 모든 국민의 삶의 질을 향상시키기 위하여 다음과 같은 정책 과제를 중점 추진하겠습니다. → 다음과 같은 정책 과제를 중점적으로 추진하겠습니다.
④ 저희는 제반 법률적·행정적 조치 기한을 충실하게 준수하되, 가능한 신속히 조사를 마치도록 노력하겠습니다. → 가능한 한 신속히 조사를 마치도록

**19** ㉠~㉣을 어법에 맞게 고친 것으로 적절하지 않은 것은?

2014 지방직 9급

> 선생님, 그동안 안녕하셨어요? 선생님과 함께 생활했던 시간이 엊그제 같은데 벌써 졸업한 지 반 년이 지났습니다. 전 아직도 선생님과 함께했던 소중한 시간들을 잊지 못하고 있습니다. 선생님과 함께 ㉠운동도, 도시락도 먹던 기억이 고스란히 남아 있습니다. 그리고 종례 시간마다 해 주셨던 말씀은 제 인생에서 중요한 지침이 되고 있습니다. 특히 선생님께서 고3 때 아무리 어려운 상황에서도 ㉡희망을 잃지 않았다는 말은 당시 저에게 큰 도움이 되었습니다. 제가 대학에 들어 온 이후 취미를 갖게 되었는데, ㉢기악부 동아리에서 악기를 연주하고 있다는 것입니다. 고등학교 시절에는 공부에 쫓겨 엄두도 못 냈었는데 지금은 여유롭게 음악에 몰두할 수 있어서 좋습니다. 조만간 꼭 찾아뵐게요. ㉣항상 건강 조심하십시오.

① ㉠: '운동도 하고, 도시락도 먹던'으로 바꾸어 필요한 성분을 모두 갖춘다.
② ㉡: '희망을 잃지 않으셨다는 말씀은'으로 바꾸어 높임 표현을 바르게 한다.
③ ㉢: '그것은 기악부 동아리에서 악기를 연주하는 일입니다.'로 바꾸어 주어와 서술어가 호응을 이루도록 한다.
④ ㉣: '조심하다'는 명령형으로 쓰일 수 없으므로 해요체 '조심하세요'를 사용한다.

**20** 문장의 호응이 어색한 것은?

2014 서울시 9급

① 절대로 이것은 사실이 아닙니다.
② 아직 학교에 도착하지 않았습니다.
③ 모름지기 교통법규를 지키는 일은 중요합니다.
④ 그다지 돈은 중요하지 않습니다.
⑤ 오직 모든 것을 하늘에 맡길 뿐입니다.

**21** 다음 중 자연스러운 문장은?

2014 국회직 9급

① 담당 의사의 조언은 건강에 문제가 생길 수 있으므로 정기적으로 검사를 받아 보라고 권유했다.
② 오늘 점심에 빵과 우유를 하나씩 사서 마셨다.
③ 내 생각은 네가 먼저 사과하는 게 옳다고 생각한다.
④ 이번 조치는 고객의 건강과 쾌적한 여행 환경을 조성하기 위한 것이다.
⑤ 그는 책 읽는 것을 좋아해서 눈만 뜨면 도서관에 간다.

**22 문장 성분의 연결이 자연스러운 것은?** 2014 국가직 7급

① 이 도시의 바람직한 모습은 이 지방의 행정, 문화, 교육 분야의 중심 기능을 담당해야 한다.

② 노사 간에 지속적인 대화를 시도하고 있으나, 불필요한 공방으로 인하여 기약 없이 지연되고 있다.

③ 예전에 한국인은 양만 따진다는 말이 있었으나, 이제는 양뿐 아니라 질을 아울러 따질 수 있게 되었다.

④ 해외여행이나 좋은 영화나 뮤지컬 등은 빼놓지 않고 관람하는 것이 이른바 골드 미스의 전형적인 생활양식이다.

**23 어법상 가장 자연스러운 것은?** 2014 지방직 7급

① 내가 주장하고 싶은 점은 대중 스타를 맹목적으로 추종하는 것은 바람직하지 않다는 점을 강조하고 싶다.

② 실력 있는 강사진이 수강생 여러분을 직접 교육시켜 드립니다.

③ 이 제품을 사용하다가 궁금한 점이나 작동이 잘 안 될 때는 바로 연락을 주시기 바랍니다.

④ 성과란 것을 무조건 양적인 면만으로 따진다는 것도 문제가 없지는 않다.

**24 다음 중 어법에 맞게 고친 문장으로 가장 적절하지 않은 것은?** 2014 경찰 2차

① 인간은 운명에 복종할 수도 있고, 지배할 수도 있다.
→ 인간은 운명에 복종도 하고 지배도 한다.

② 이 차는 사람이나 짐을 싣고 다닌다.
→ 이 차는 사람을 태우거나 짐을 싣고 다닌다.

③ 나는 철수에 선물을 주었다.
→ 나는 철수에게 선물을 주었다.

④ 나는 결코 이 일을 해야 해.
→ 나는 반드시 이 일을 해야 해.

**01** 〈공공언어 바로 쓰기 원칙〉에 따라 〈공문서〉의 ㉠~㉣을 수정한 것으로 적절하지 않은 것은?

───── 〈공공언어 바로 쓰기 원칙〉 ─────

- 중복되는 표현을 삼갈 것.
- 대등한 것끼리 접속할 때는 구조가 같은 표현을 사용할 것.
- 주어와 서술어를 호응시킬 것.
- 필요한 문장 성분이 생략되지 않도록 할 것.

---

한국기술안전관리원

수신: 국립기술연구원

(경유)

제목: 기술 안전 기준 표준화를 위한 자문회의 ㉠개최 안내 공지

㉡국민 안전과 기술 관리 체계를 확립하기 위해 일하시는 귀원의 노고에 감사드립니다.
본원은 국내 기술 안전에 관한 주요 비영리 기관으로서 기술 안전에 관한 ㉢기준이 배포되고 있습니다. 기술의 ㉣안전 기준을 확립하고 안전한 기술 사용 환경을 조성하고자 합니다. 이를 위해 자문회의를 개최하니 귀원의 연구원이 신청 후 참석해 주시기를 바랍니다.

① ㉠: 개최 공지
② ㉡: 국민 안전을 보장하고 기술 관리 체계를 확립하기 위해
③ ㉢: 기준을 배포하고
④ ㉣: 안전 기준과 안전한 기술 사용 환경을 조성하고자

**02** 〈공공언어 바로 쓰기 원칙〉에 따라 〈공문서〉의 ㉠~㉣을 수정한 것으로 적절하지 않은 것은?

───── 〈공공언어 바로 쓰기 원칙〉 ─────

- 수식어와 피수식어를 호응시킬 것.
- 조사를 정확하게 쓸 것.
- 주어와 서술어를 호응시킬 것.
- 권위적 표현의 사용을 지양할 것.

---

한국문화발전연구원

수신: 국립문화평가원

(경유)

제목: ㉠문화 프로그램 개선을 위해 정책 자문회의 참석 요청

문화의 질을 향상시키고 국가 문화 정책의 효과성을 높이기 위해 헌신하고 계시는 귀원의 노고에 진심으로 감사드립니다.
본 연구원은 ㉡국내 문화 진흥을 위한 주요 정책 연구기관으로서 현행 문화 프로그램의 효과 분석 및 개선 방안을 연구하고 있습니다.
최근 문화 프로그램 내용과 방식에 대한 국민적 관심이 증대함에 따라, 보다 구체적이고 현실적인 개선안을 모색하고자 정책 자문회의를 개최할 예정입니다. 이에 ㉢귀원의 전문가들을 참여하여 귀중한 의견을 제시해 주시기를 바랍니다.

회의 일시 및 장소
일시: 2024년 7월 10일 오전 10시
장소: 서울시 중구 한국문화발전연구원 대회의실
참석자 명단은 성명, 직위, 연락처를 기재하여 2024년 7월 5일까지 본 연구원으로 ㉣서면 제출 바람.

① ㉠: 문화 프로그램 개선을 위한
② ㉡: 국내 문화 진흥을 위한 주요 정책 연구기관으로써
③ ㉢: 귀원의 전문가들이 참여하여
④ ㉣: 서면으로 제출해주시면 감사하겠습니다.

03 〈공공언어 바로 쓰기 원칙〉에 따라 수정한 것으로 적절하지 않은 것은?

> ──── 〈공공언어 바로 쓰기 원칙〉 ────
> • 간결하고 명료한 문장 사용
>  ─ ㉠ 주어와 서술어의 관계를 명확하게 표현함.
> • 조사·어미 등 생략 시 어법 고려
>  ─ ㉡ 조사, 어미, '-하다' 등을 지나치게 생략하지 않음.
> • 외국어 번역 투 삼가기
>  ─ ㉢ 어색한 피동 표현 삼가기
>  ─ ㉣ 사물이나 추상적 대상을 능동적 행위의 주어로 쓰지 않음.

① "제재할 수 있다면 관련 적용법은?"을 ㉠에 따라 "제재할 수 있다면 관련 적용법 조항은 무엇인지?"로 수정한다.

② "규정법 위반 시"를 ㉡에 따라 "규정법을 위반했을 때"로 수정한다.

③ "주의가 요구되어집니다."를 ㉢에 따라 "주의가 요구됩니다."로 수정한다.

④ "무한○○, 행복○○ 등의 슬로건이 많이 나왔다는 점이 군정 구호였던 행복○○의 영향을 많이 받았음을 말해 줌."을 ㉣에 따라 "무한○○, 행복○○ 등 군정 구호 행복○○의 영향을 받은 구호가 많음."으로 수정한다.

04 〈공공언어 바로 쓰기 원칙〉에 따라 수정한 것으로 적절하지 않은 것은?

> ──── 〈공공언어 바로 쓰기 원칙〉 ────
> • 간결하고 명료한 문장 사용
>  ─ ㉠ 주어와 서술어의 관계를 명확하게 표현함.
> • 조사·어미 등 생략 시 어법 고려
>  ─ ㉡ 조사, 어미, '-하다' 등을 지나치게 생략하지 않음.
> • 대등한 것끼리 접속
>  ─ ㉢ 접속되는 말에는 구조가 같은 표현을 사용함.
> • 외국어 번역 투 삼가기
>  ─ ㉣ 영어, 일본어 번역 투 삼가기

① ㉠을 고려하여 '조사 내용은 공통 조사 항목과 체류 자격에 따라 추가로 조사하는 항목들이 있습니다.'를 '조사 내용은 공통 조사 항목과 체류 자격에 따른 조사 항목으로 구성되어 있습니다.'로 고쳐 쓴다.

② ㉡을 고려하여 '정상회담 계기 공동성명을 통해'를 '정상회담을 계기로 공동성명을 발표하여'로 고쳐 쓴다.

③ ㉢을 고려하여 '범칙금 부과 또는 형사 처벌을 받게 되고'를 '범칙금을 부과하거나 형사 처벌을 받게 되고'로 고쳐 쓴다.

④ ㉣을 고려하여 '직원들에 대하여'를 '직원들에게'로 고쳐 쓴다.

# Chapter 04 [작문] 내용 고쳐 쓰기

▶ 대표 출좋포 발문 체크

다음 글의 ㉠~㉢ 중 어색한 곳을 찾아 가장 적절하게 수정한 것은?

㉠~㉢을 문맥에 맞게 수정하는 방안으로 적절한 것은?

㉠~㉢의 고쳐 쓰기로 적절하지 않은 것은?

▶ 대표 출좋포 개관

2025년 출제 기조 변화에 따라
인사혁신처는 1차 샘플과 2차 샘플에 공통적으로 내용 고쳐 쓰기 문제를 출제하였습니다.
내용 고쳐 쓰기 유형은 어법을 고치는 것이 아니라 문맥의 내용에 맞지 않는 부분을 고쳐 쓰는 유형입니다.
이 유형은 문제를 맞히는 것도 중요하지만 빠르게 푸는 것이 중요한 유형으로
혜선 쌤이 알려주는 야매꼼수를 알고 문제를 푼다면 효과적으로 시간을 절약할 수 있습니다.
밑줄 친 부분만 읽어서는 안 되며 답의 단서가 밑줄 앞뒤에 있음을 유념해야 합니다.

▶ 출좋포 독해 이론

■ [Type 1] 내용 수정 긍정 발문 → ㉠~㉢ 중 틀린 것을 고르기

### 다음 글의 ㉠~㉢ 중 어색한 곳을 찾아 가장 적절하게 수정한 것은? 2025 인사혁신처 샘플

수명을 늘릴 수 있는 여러 방법 중 가장 좋은 방법은 노화 문제를 해결하는 것이다. 이 방법은 인간이 젊고 건강한 상태로 수명을 연장할 수 있다는 점에서 ㉠(○) 늙고 병든 상태에서 단순히 죽음의 시간을 지연시킨다는 기존 발상과 근본적으로 다르다. ㉡(○) 노화가 진행된 상태를 진행되기 전의 상태로 되돌린다거나 노화가 시작되기 전에 노화를 막는 장치가 개발된다면, 젊음을 유지한 채 수명을 늘리는 것은 충분히 가능하다. 그러나 노화 문제와 관련된 현재까지의 연구는 초라하다. 이는 대부분 연구가 신약 개발의 방식으로만 진행되어 왔기 때문이다. 현재 기준에서는 질병 치료를 목적으로 개발한 신약만 승인받을 수 있는데, 식품의약국이 노화를 ㉢(✕) 질병으로 본 탓에 노화를 멈추는 약은 승인받을 수 없었다. 노화를 질병으로 보더라도 해당 약들이 상용화되기까지는 아주 오랜 시간이 필요하다. 그런데 노화 문제는 발전을 거듭하고 있는 인공지능 덕분에 신약 개발과는 다른 방식으로 극복될 수 있을지 모른다. 일반 사람들에 비해 ㉣(○) 노화가 더디게 진행되는 사람들의 유전자 자료를 데이터화하면 그들에게서 노화를 지연시키는 생리적 특징을 추출할 수 있는데, 이를 통해 유전자를 조작하는 방식으로 노화를 막을 수 있다.

① ㉠: 늙고 병든 상태에서 담담히 죽음의 시간을 기다린다
② ㉡: 노화가 진행되기 전의 신체를 노화가 진행된 신체
③ ㉢: 질병으로 보지 않은 탓에 노화를 멈추는 약은 승인받을 수 없었다
④ ㉣: 노화가 더디게 진행되는 사람들의 유전자 자료를 데이터화하면 그들에게서 노화를 촉진

**2** [Type 2] 내용 수정 부정 발문 → ㉠~㉣ 중 옳은 것을 고르기

**㉠~㉣의 고쳐 쓰기로 적절하지 않은 것은?** 2022 지방직 9급

파놉티콘(panopticon)은 원형 평면의 중심에 감시탑을 설치해 놓고, 주변으로 빙 둘러서 죄수들의 방이 배치된 감시 시스템이다. 감시탑의 내부는 어둡게 되어 있는 반면 죄수들의 방은 밝아 교도관은 죄수를 볼 수 있지만, 죄수는 교도관을 바라볼 수 없다. 죄수가 잘못했을 때 교도관은 잘 보이는 곳에서 처벌을 가한다. 그렇게 수차례의 처벌이 있게 되면 죄수들은 실제로 교도관이 자리에 ㉠(×) <u>있을</u> 때조차도 언제 처벌을 받을지 모르는 공포감에 의해서 스스로를 감시하게 된다. 이렇게 권력자에 의한 정보 독점 아래 ㉡(○) <u>다수</u>가 통제된다는 점에서 파놉티콘의 디자인은 과거 사회 구조와 본질적으로 같았다.

현대사회는 다수가 소수의 권력자를 동시에 감시할 수 있는 시놉티콘(synopticon)의 시대가 되었다. 시놉티콘에 가장 크게 기여한 것은 인터넷의 ㉢(×) <u>동시성</u>이다. 권력자에 대한 비판을 신변 노출 없이 자유롭게 표현할 수 있게 되었기 때문이다. 정보화 시대가 오면서 언론과 통신이 발달했고, ㉣(×) <u>특정인이</u> 정보를 수용하고 생산하게 되었다. 그로 인해 사회에서 일어나는 일에 대한 비판적 인식 교류와 부정적 현실 고발 등 네티즌의 활동으로 권력자들을 감시하는 전환이 일어났다.

① ㉠을 '없을'로 고친다.
② ㉡을 '소수'로 고친다.
③ ㉢을 '익명성'으로 고친다.
④ ㉣을 '누구나가'로 고친다.

## 신유형 2025 버전 1

빨리 푸는 亦功 전략

**1단계**

발문을 보고
긍정 발문이면
틀린 내용이 답이 됨을
인지하고
바로 제시문 읽기

**2단계**

밑줄 친 ㉠~㉣이 맞는지
틀린지는 앞뒤의 단서를
통해 판단해야 함을 알기

**3단계**

틀린 내용을 발견하면
선지로 가서
잘 고쳤는지 확인하기

◆⸻⸻⸻◆ [작문] 내용 고쳐 쓰기 긍정 발문 ◆⸻⸻⸻◆

**01** 다음 글의 ㉠~㉣ 중 어색한 곳을 찾아 가장 적절하게 수정한 것은?

2025 인사혁신처 2차 샘플

> 언어는 랑그와 파롤로 구분할 수 있다. 랑그는 머릿속에 내재되어 있는 추상적인 언어의 모습으로, 특정한 언어공동체가 공유하고 있는 기호체계를 가리킨다. 반면에 파롤은 구체적인 언어의 모습으로, 의사소통을 위해 랑그를 사용하는 개인적인 행위를 의미한다.
>
> 언어학자들은 흔히 ㉠랑그를 악보에 비유하고, 파롤을 실제 연주에 비유하곤 하는데, 악보는 고정되어 있지만 실제 연주는 그 고정된 악보를 연주하는 사람에 따라 달라지기 마련이다. 그러니까 ㉡랑그는 여러 상황에도 불구하고 변하지 않고 기본을 이루는 언어의 본질적인 모습에 해당한다. 한편 '책상'이라는 단어를 발음할 때 사람마다 발음되는 소리는 다르기 때문에 '책상'에 대한 발음은 제각각일 수밖에 없다. 여기서 ㉢실제로 발음되는 제각각의 소리값이 파롤이다.
>
> 랑그와 파롤 개념과 비슷한 것으로 언어능력과 언어수행이 있다. 자기 모국어에 대해 사람들이 내재적으로 가지고 있는 지식이 언어능력이고, 사람들이 실제로 발화하는 행위가 언어수행이다. ㉣파롤이 언어능력에 대응한다면, 랑그는 언어수행에 대응한다.

① ㉠: 랑그를 실제 연주에 비유하고, 파롤을 악보에 비유하곤
② ㉡: 랑그는 여러 상황에 맞춰 변화하는 언어의 본질적인 모습
③ ㉢: 실제로 발음되는 제각각의 소리값이 랑그
④ ㉣: 랑그가 언어능력에 대응한다면, 파롤은 언어수행에 대응

# 신유형 2025 버전 2

[작문] 내용 고쳐 쓰기 긍정 발문

**02** ㉠~㉢ 중 어색한 곳을 찾아 수정하는 방안으로 가장 적절한 것은? 2023 지방직 9급

조선 후기에 서학으로 불린 천주학은 '학(學)'이라는 말에서도 짐작할 수 있듯이 ㉠<u>종교적인 관점에서보다 학문적인 관점에서</u> 받아들여졌다. 당시의 유학자 중 서학 수용에 적극적인 이들까지도 서학을 무조건 따르자고 ㉡<u>주장하지는 않았는데</u>, 서학은 신봉의 대상이 아니라 분석의 대상이었기 때문이다. 그들은 조선 사회를 바로잡고 발전시키기 위해 새로운 학문과 지식이 필요하다고 생각했지만, 외부에서 유입된 사유 체계에는 양명학이나 고증학 등도 있어서 서학이 ㉢<u>유일한 대안은 아니었다</u>. 그들은 서학을 검토하며 어떤 부분은 수용했지만, 반대로 어떤 부분은 ㉣<u>지향했다</u>.

① ㉠: '학문적인 관점에서보다 종교적인 관점에서'로 수정한다.
② ㉡: '주장하였는데'로 수정한다.
③ ㉢: '유일한 대안이었다'로 수정한다.
④ ㉣: '지양했다'로 수정한다.

빨리 푸는 亦功 전략

**1단계**

발문을 보고
긍정 발문이면
틀린 내용이 답이 됨을
인지하고
바로 제시문 읽기

**2단계**

밑줄 친 ㉠~㉣이 맞는지
틀린지는 앞뒤의 단서를
통해 판단해야 함을 알기

**3단계**

틀린 내용을 발견하면
선지로 가서
잘 고쳤는지 확인하기

**01** ㉠~㉣을 문맥을 고려하여 수정한 것으로 가장 적절한 것은?

2022 지방직 7급

농촌의 모습을 주된 소재로 삼는 A 드라마에 결혼이주여성이 등장한다는 것은 그녀들이 직면한 여러 문제들을 다룰 기회가 마련되었다는 점에서 일단은 긍정적이다. 하지만 ㉠그녀들이 농촌에 정착하는 과정에서 경험하게 되는 다양한 문제들을 단순화할 수 있는 위험성도 내포하고 있다.

이 드라마에는 모문화와 이문화 사이의 차이로 인해 힘겨워하는 여성, 민족적 정체성에 혼란을 겪는 여성, 아이의 출산과 양육 문제로 갈등을 겪는 여성 등이 등장한다. 문제는 이 드라마에서 이러한 갈등의 원인을 제대로 규명하는 것보다는 ㉡부부 간의 사랑이나 가족애를 통해 극복하는 낭만적인 해결 방식을 주로 선택한다는 데에 있다.

예를 들어, ○○화에서는 여성 주인공이 아이의 태교 문제로 내적 갈등을 겪다가 결국 자신의 생각을 포기함으로써 그 갈등이 해소된 것처럼 마무리된다. 태교에 대한 문화적 차이가 주된 원인이었지만, 이 드라마에서는 그것에 주목하기보다 ㉢남편과 갈등을 일으키는 여성 주인공의 모습을 부각하여 사랑과 이해에 기반한 순종과 순응을 결혼이주여성이 갖추어야 할 덕목으로 묘사한 것이다.

이 드라마에서 ㉣이러한 강요된 선택과 해소되지 않은 심적 갈등이 사실대로 재현되지 않음으로써 실질적인 원인은 은폐되고 여성의 일방적인 양보와 희생을 통해 해당 문제들이 성급히 봉합된다. 이는 어디까지나 한국인의 시선으로만 결혼이주여성과 다문화가정을 바라보고 있기 때문이다.

① ㉠을 "그녀들이 농촌에 정착하는 과정에서 경험하게 되는 다양한 문제들을 탐색할 수 있는 가능성도"로 고친다.

② ㉡을 "시댁 식구를 비롯한 한국인들과의 온정적인 소통을 통해 극복하는 구체적인 해결 방식"으로 고친다.

③ ㉢을 "남편의 의견을 따르는 여성 주인공의 모습"으로 고친다.

④ ㉣을 "이러한 억압적 상황과 해소되지 않은 외적 갈등이 여과 없이 노출됨으로써"로 고친다.

**01** ㉠~㉣을 문맥에 맞게 수정하는 방안으로 적절하지 않은 것은?

> 영화 <보리밭을 흔드는 바람>(2006)은 식민 지배로 엉망이 된 제도를 바로잡으려 하는 젊은이들의 투쟁을 그려낸 켄 로치 감독의 작품이다. 1920년대를 배경으로 한 이 영화에서 주인공 데이미언은 영국군의 폭압으로 인해 친구가 목숨을 잃는 현장을 목격한다. 이를 계기로 그는 식민주의 청산을 위해 ㉠투쟁할 것을 포기한다. 하지만 투쟁 과정에서 데이미언은 아일랜드인 밀고자를 처형하거나 ㉡독립 형태를 두고 형과 대립하는 등 고통스러운 과정을 경험한다. 이렇듯 영화 속 아일랜드 청년들의 무장투쟁은 ㉢모순적인 것이 아니라 낭만으로 가득한 서사에 가깝다. 켄 로치는 이 영화를 통해 정의 구현 방법을 고민하고 '어떤 혁명이어야 하는가?'라는 묵직한 물음을 던진다. 식민지 민족해방 운동은 독립운동이므로 초기에는 모두가 한 목표로 협력할 수 있지만, 시간이 지남에 따라 필연적으로 ㉣외부 세계와의 갈등에 직면할 수 있기 때문이다.

① ㉠을 '투쟁할 것을 결심한다.'로 수정한다.
② ㉡을 '독립 형태를 두고 형과 협력하는 등'으로 수정한다.
③ ㉢을 '낭만적인 것이 아니라 모순으로 가득한'으로 수정한다.
④ ㉣을 '내부 갈등에 직면할 수 있기 때문이다.'로 수정한다.

**02** 다음 글의 ㉠~㉣ 중 어색한 곳을 찾아 가장 적절하게 수정한 것은?

> 촘스키의 변형 문법 이론에서 심층 구조와 표층 구조는 문장의 구조적 차원을 설명하는 개념이다. 심층 구조는 문장의 기본적이고 추상적인 의미를 나타내며, ㉠문장의 기본적이고 추상적인 의미를 분석하는 데 중점을 둔다. 이 구조는 문법 규칙이 적용되기 전의 문장을 나타내며, 다양한 문장은 같은 심층 구조를 공유할 수 있다. 예를 들어, "철수가 사과를 먹었다"와 "사과가 철수에 의해 먹혔다"라는 문장은 표층 구조는 다르지만, 같은 심층 구조를 공유한다. 반면에 표층 구조는 문장이 실제로 표현되는 방식으로, ㉡문장의 구체적인 표현 방식을 설명하는 데 중점을 둔다. 표층 구조는 문장이 발화되거나 기록될 때의 구체적인 형태를 나타낸다. 따라서 문장의 의미는 같더라도 표면적으로 다른 방식으로 표현될 수 있다. 이는 변형 규칙에 따라 심층 구조가 표층 구조로 변형되기 때문이다. ㉢두 구조는 문장의 생성 과정에서 서로 단절되어 있으며 이들 간의 변형 규칙을 통해 언어의 다양한 표현이 가능해진다. ㉣심층 구조는 문장이 공유하는 공통된 의미적 기반을 제공하며, 표층 구조는 그 의미를 구체화하는 과정에서 생성된다.

① ㉠ 문장의 표면적인 형태를 분석하는 데 중점을 둔다.
② ㉡ 문장의 추상적인 의미를 설명하는 데 중점을 둔다.
③ ㉢ 두 구조는 문장의 생성 과정에서 서로 연결되어 있으며
④ ㉣ 표층 구조는 문장이 공유하는 공통된 의미적 기반을 제공하며, 심층 구조는 그 의미를 구체화하는 과정에서 생성된다.

**03** 다음 글의 ㉠~㉣ 중 어색한 곳을 찾아 가장 적절하게 수정한 것은?

> 고전적 조건형성이론과 조작적 조건형성이론은 학습 방법을 설명하는 심리학의 대표적 이론이다. 고전적 조건형성이론은 파블로프의 연구로 잘 알려져 있는데, 중립적인 자극이 반복적으로 특정 반응을 유발하는 자극과 연합될 때 일어나는 학습 과정을 설명한다. 예를 들어, ㉠고전적 조건형성이론은 행동의 결과에 따라 학습이 이루어지는 과정을 설명한다. 파블로프의 실험에서 개는 종소리라는 중립 자극과 음식이라는 자극을 연합시켜 종소리만으로도 침을 흘리는 반응을 보였다. 조작적 조건형성이론은 스키너의 연구에서 발전된 것으로 ㉡행동의 결과가 그 행동의 반복 가능성을 결정하는 학습 과정을 설명한다. 조작적 조건형성에서는 보상이 행동을 강화하고, 처벌이 행동을 감소시키는 역할을 한다. 예를 들어, 어떤 행동이 보상을 받으면 그 행동이 더 자주 일어나고, 처벌을 받으면 그 행동이 감소한다는 원리가 여기에 해당한다. 조작적 조건형성이론은 보상과 처벌을 통해서 학습된다는 점에서 ㉢고전적 조건형성이론의 관점과 다르다. 이를 정리하자면 고전적 조건형성이론은 자극과 반응 간의 연합을 강조하며, 조작적 조건형성이론은 ㉣행동과 그 결과 간의 관계를 중점적으로 다루는 것이라고 할 수 있다. 두 가지 조건형성 이론은 학습 과정에서의 자극과 행동, 결과 간의 관계를 각각 다르게 설명하지만 학습 과정을 과학적으로 검증하기 위해 시도했다는 점에서 의미가 있다.

① ㉠ 고전적 조건형성은 자극과 반응의 연합을 통해 학습이 이루어지는 과정을 설명한다.
② ㉡ 행동의 동기가 그 행동의 반복 가능성을 결정하는 학습 과정을 설명한다.
③ ㉢ 고전적 조건형성 이론의 관점과 유사하다.
④ ㉣ 반응과 그 전후 맥락 간의 관계

**04** 다음 글의 ㉠~㉣ 중 어색한 곳을 찾아 가장 적절하게 수정한 것은?

> 언어학에서 통사론과 형태론은 문장과 단어 구조를 분석하는 두 가지 주요 이론이다. 통사론은 ㉠문장의 구조적 관계를 분석하는 데 중점을 둔다. 예를 들어, "학생이 책을 읽는다"라는 문장에서 '학생', '책', '읽는다'가 어떻게 문법적으로 결합하는지를 설명하는 것이 통사론의 역할이다. 통사론은 문장이 의미를 전달하기 위해 결합하는 방식에 대해 탐구하며, 문장 내 요소 간의 관계를 명확히 파악함으로써 다양한 문법적 현상을 설명할 수 있다. 반면, 형태론은 ㉡음절이 구성되는 방식과 그 변형을 분석하는 데 중점을 둔다. 단어를 구성하는 최소 의미 단위인 형태소를 연구한다. 예를 들어, "읽는다"라는 단어는 '읽-'이라는 어근과 '-는다'라는 활용 형태로 구성되어 있다. 형태론은 이처럼 단어의 내부적 구성 원리를 파악함으로써 언어에서 나타나는 다양한 어휘적 변화를 설명한다. 즉, 통사론은 문법 규칙에 따라 문장이 어떻게 형성되고 의미가 전달되는지를 분석하며, 형태론은 ㉢단어가 어떻게 변화하고 활용되는지를 연구하는 것이다. 형태론은 단어의 형태적 변화와 그 과정에 집중하고, 통사론은 문장이 문법적 규칙을 통해 어떻게 구조화되고 표현되는지를 설명한다. 이처럼 통사론과 형태론은 각각 문장과 단어의 구체적인 구조와 변형을 다루며, ㉣언어의 복잡한 구조를 이해하는 데 상호 보완적인 역할을 한다.

① ㉠ 단어의 형태를 분석하는 데 중점을 둔다.
② ㉡ 단어의 내부 구조와 변형을 분석하는 데 중점을 둔다.
③ ㉢ 단어가 어떻게 생겨나고 활용되는지를 연구하는 것
④ ㉣ 언어의 복잡한 구조를 이해하는 데 독립적인 역할을 한다.

박혜선 국어
**콤단문** 독해

일반 추론적 독해

# Chapter 05

# 중심 내용 추론

관련교재

관련 기본서 없음

▶ **대표 출종포 발문 체크**

다음 글의 중심 내용으로 가장 적절한 것은?

다음 글의 핵심 논지로 가장 적절한 것은?

다음 중 위 글의 제목으로 가장 적절한 것은?

다음 글의 주제로 가장 적절한 것은?

▶ **대표 출종포 개관**

인사혁신처 1차 샘플에는 없었던 중심 내용 추론 문제가

인사혁신처 2차 샘플에 2문제나 출제가 되었기 때문에 중심 내용 추론은 중요한 유형으로 떠오르게 되었습니다.

중심 내용은 글쓴이가 독자에게 가장 잘 전달하고자 하는 바를 의미합니다.

따라서 중심 내용 추론 문제는 '접속어, 지시어'를 중심으로 중요한 내용을 찾아가며 읽어야 합니다.

이 유형은 더더욱 오답 패턴을 외워야 소거가 쉬워지므로 오답 패턴을 익혀 두는 것이 중요합니다.

**출.종.포** 독해 이론

### ◻ 중심 화제를 찾기

1. (1       )를 내림

2. 따옴표 (2      ), (3      )

### ◻ 중심 화제의 중요 정보

1. 문단의 중심 문장을 찾아야 한다.

   (4     ), (5     )의 역접 부사,

   '(6     ), (7     )'의 전환 부사,

   '(8     ), (9     ), (10      ), (11      ), (12       )'의 환언 부사

   '(13     ), (14     ), (15      )'의 결과 부사

2. 짧은 제시문의 경우에는 앞부분에 중심 화제가 제시되는 경우가 많다.

3. 2문단으로 된 긴 제시문의 경우에는 1, 2문단의 중심 내용을 모두 포괄하는 제목으로 골라야 한다.

4. 너무 구체적인 예시, 꾸미는 말보다는 일반적인 설명이 더 중요하다.

### ◻ 출제자가 오답 선택지를 만드는 방법

1. 화제를 지나치게 넓게 (16      )하는 단어 넣기

2. 화제보다 지나치게 (17     )되거나 (18      )적인 단어 넣기

3. 화제의 다른 (19     )의 단어 넣기

4. 제시문에 나온 (20        )하여 그럴듯한 내용을 만들기

5. (21     ) 문단에만 나온 내용의 단어 넣기

---

정답

**1.** 정의 **2.** ' **3.** ' **4.** 그러나 **5.** 하지만 **6.** 그런데 **7.** 한편 **8.** 이처럼 **9.** 이렇게 **10.** 다시 말해
**11.** 즉 **12.** 이와 같이 **13.** 따라서 **14.** 결국 **15.** 그러므로 **16.** 포괄 **17.** 축소 **18.** 구체 **19.** 초점
**20.** 핵심어를 사용 **21.** 특정

## 기존 출제 유지 2024 버전

빠르게 푸는 **亦功** 전략

**1단계**

중심 내용 추론 문제는 제시문 먼저 읽기

**2단계**

접속어나 지시어를 중심으로 중요한 내용이 무엇인지 파악하며 읽기

**3단계**

선지에서 중심 내용이 바로 보이면 그것을 고르면 되지만,

그게 아니라면 소거법을 통해 푸는 것이 제일 안전!

중심 내용 추론

**01  다음 글의 중심 내용으로 가장 적절한 것은?** 2024 지방직 9급

범죄소설이 지닌 이데올로기의 뿌리는 죽음에 대한 공포이다. 범죄소설의 탄생은 자본주의의 출현이라는 사회적 조건과 맞물려 있다. 자본주의가 출현하자 죽음을 대하는 태도가 근본적으로 변화했다. 원시사회에서는 죽음이 자연스러운 결과로 받아들여졌다. 죽음은 사람들이 스스로 준비해야 하는 것이면서, 가족과 사회로부터의 관심과 도움이 필요한 것이었다. 그러나 부르주아 사회에서는 인간이 소외되고, 소외된 인간은 노동을 하고 돈을 버는 데 없어서는 안 될 도구인 육체에 얽매이게 된다. 그에 따라 인간은 죽음에 강박관념을 갖게 되었다. 게다가 죽음은 불가피한 삶의 종결이 아니라 파국적 사고라는 견해를 갖게 된다. 죽음은 예기치 않은 사고라고, 강박적으로 바라보게 되면 폭력에 의한 죽음에 몰두하게 되고, 결국에는 살인과 범죄에 몰두하게 된다. 범죄소설에서 죽음은 인간의 운명이나 비극이 아니라 탐구의 대상이 되어버린다.

① 범죄소설은 자본주의의 출현 이후 죽음에 대한 달라진 태도에 기반을 두고 있다.
② 범죄소설은 부르주아 사회의 인간소외와 노동 문제를 다루는 문학 양식이다.
③ 범죄소설은 원시사회부터 이어져 온 죽음에 대한 보편적 공포로부터 생겨났다.
④ 범죄소설은 죽음을 예기치 못한 사고가 아닌 자연스럽고 불가피한 것으로 받아들인다.

# 신유형 2025 버전

## 중심 내용 추론

**02 다음 글의 중심 내용으로 가장 적절한 것은?** 2025 인사혁신처 2차 샘플

플라톤의 『국가』에는 사람들이 살아가면서 가장 중요하게 생각하는 두 가지 요소에 대한 언급이 있다. 우리가 만약 이것들을 제대로 통제하고 조절할 수 있다면 좋은 삶을 살 수 있다고 플라톤은 말하고 있다. 하나는 대다수가 갖고 싶어하는 재물이며, 다른 하나는 대다수가 위험하게 생각하는 성적 욕망이다. 소크라테스는 당시 성공적인 삶을 살고 있다고 사람들에게 잘 알려진 케팔로스에게, 사람들이 좋아하는 재물이 많아서 좋은 점과 사람들이 싫어하는 나이가 많아서 좋은 점은 무엇인지를 물었다. 플라톤은 이 대화를 통해 우리가 어떻게 좋은 삶을 살 수 있는지를 보여준다.

케팔로스는 재물이 많으면 남을 속이거나 거짓말하지 않을 수 있어서 좋고, 나이가 많으면 성적 욕망을 쉽게 통제할 수 있어서 좋다고 말한다. 물론 재물이 적다고 남을 속이거나 거짓말을 하는 것은 아니며, 나이가 적다고 해서 성적 욕망을 쉽게 통제할 수 없는 것은 아니다. 그렇지만 누구나 살아가면서 이것들로 인해 힘들어하고 괴로워하는 경우가 많다는 것은 분명하다. 삶을 살아가면서 돈에 대한 욕망이나 성적 욕망만이라도 잘 다스릴 수 있다면 낭패를 당하거나 망신을 당할 일이 거의 없을 것이다. 인간에 대한 플라톤의 통찰력과 삶에 대한 지혜는 현재에도 여전히 유효하다.

① 재물욕과 성욕은 과거나 지금이나 가장 강한 욕망이다.
② 재물이 많으면서 나이가 많은 자가 좋은 삶을 살 수 있다.
③ 성공적인 삶을 살려면 재물욕과 성욕을 잘 다스려야 한다.
④ 잘 살기 위해서는 살면서 가장 중요한 것이 무엇인지 알아야 한다.

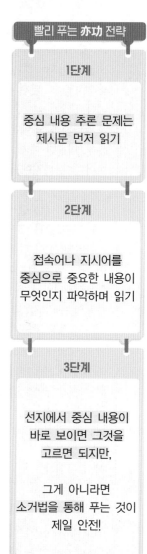

**빨리 푸는 亦功 전략**

**1단계**

중심 내용 추론 문제는 제시문 먼저 읽기

**2단계**

접속어나 지시어를 중심으로 중요한 내용이 무엇인지 파악하며 읽기

**3단계**

선지에서 중심 내용이 바로 보이면 그것을 고르면 되지만,

그게 아니라면 소거법을 통해 푸는 것이 제일 안전!

**01 다음 글의 핵심 논지로 가장 적절한 것은?**

2025 인사혁신처 2차 샘플

판타지와 SF의 차별성은 '낯섦'과 '이미 알고 있는 것'이라는 기준을 통해 드러난다. 이 둘은 일반적으로 상반된 의미를 갖는다. 이미 알고 있는 것은 낯설지 않고, 낯선 것은 새로운 것을 의미하기 때문이다.

판타지와 SF에는 모두 새롭고 낯선 것이 등장하는데, 비근한 예가 현실에 존재하지 않는 괴물의 출현이다. 판타지에서 낯선 괴물이 나오면 사람들은 '저게 뭐지?' 하면서도 그 낯섦을 그대로 받아들인다. 그렇기에 등장인물과 독자 모두 그 괴물을 원래부터 존재했던 것으로 받아들이고, 괴물은 등장하자마자 세계의 일부가 된다. 결국 판타지에서는 이미 알고 있는 것보다 새로운 것이 더 중요한 의미를 갖는다. 이와 달리 SF에서는 '그런 괴물이 어떻게 존재할 수 있지?'라고 의심하고 물어야 한다. SF에서는 인물과 독자들이 작가의 경험적 환경을 공유하기 때문에 괴물은 절대로 자연스럽지 않다. 괴물의 낯섦에 대한 질문은 괴물이 존재하는 세계에 대한 지식, 세계관, 나아가 정체성의 문제로 확장된다. 이처럼 SF에서는 어떤 새로운 것이 등장했을 때 그 낯섦을 인정하면서도 동시에 그것을 자신이 이미 알고 있던 인식의 틀로 끌어들여 재조정하는 과정이 요구된다.

① 판타지와 SF는 모두 새로운 것에 의해 알고 있는 것이 바뀌는 장르이다.
② 판타지와 SF는 모두 알고 있는 것과 새로운 것을 그대로 인정하고 둘 사이의 재조정이 필요한 장르이다.
③ 판타지는 새로운 것보다 알고 있는 것이 더 중요하고, SF는 알고 있는 것보다 새로운 것이 더 중요한 장르이다.
④ 판타지는 알고 있는 것보다 새로운 것이 더 중요하고, SF는 알고 있는 것과 새로운 것 사이의 재조정이 필요한 장르이다.

**02 다음 글의 중심내용으로 가장 적절한 것은?**

2023 지방직 9급

교환가치는 거래를 통해 발생하는 가치이며, 사용가치는 어떤 상품을 사용할 때 느끼는 가치이다. 전자가 시장에서 결정된다는 점에서 객관적이라면, 후자는 개인에 따라 다르다는 점에서 주관적이다. 상품에는 사용가치와 교환가치가 섞여 있는데, 교환가치가 아무리 높아도 '나'에게 사용가치가 없다면 해당 상품을 구매하지 않을 것이다.

하지만 이 같은 상식이 통하지 않는 경우를 종종 볼 수 있다. 예를 들어 보자. 인터넷 커뮤니티에서 백만 원짜리 공연 티켓을 판매하는데, 어떤 사람이 "이 공연의 가치는 돈으로 환산할 수 없어요." 등의 댓글들을 보고서 애초에 관심도 없던 이 공연의 티켓을 샀다. 그에게 그 공연의 사용가치는 처음에는 없었으나 많은 댓글로 인해 사용가치가 있을 것으로 잘못 판단한 것이다. 안타깝게도, 그는 그 공연에서 조금도 만족하지 못했다.

이 사례에서 볼 때 건강한 소비를 위해서는 구매하려는 상품의 사용가치가 어떤 과정을 거쳐 결정된 것인지 곰곰이 생각해봐야 한다. '나'에게 얼마나 필요한가에 대한 고민 없이 다른 사람들의 말에 휩쓸려 어떤 상품의 사용가치가 결정될 때, 그 상품은 '나'에게 쓸모없는 골칫덩이가 될 수 있다.

① 사용가치보다 교환가치가 큰 상품을 구매해야 한다.
② 상품을 구매할 때 사용가치와 교환가치를 두루 고려해야 한다.
③ 상품에 대한 다른 사람들의 평가를 반영해서 상품을 구매해야 한다.
④ 상품을 구매할 때 사용가치가 자신의 필요에 의해 결정된 것인지 신중하게 따져야 한다.

**03** 다음은 〈보기〉에 제시된 글의 핵심 내용을 정리한 것이다. 가장 잘 이해한 것은?

2023 군무원 7급

─〈보기〉─

'무엇인가', '어떠한 것인가'라는 물음에 대응하는 내용이 '질'이고 '어느 정도'라는 물음에 대응하는 내용이 '양'이다. '책상이란 무엇인가' 또는 '책상이 어떠한 것인가'를 알기 위해 사전에서 '책상'을 찾으면, "책을 읽거나 글을 쓰는 상"으로 나와 있다. 이것이 책상을 의자와 찬장 및 그 밖의 유사한 사물들과 구분해 주는 책상의 '질'이다. 예를 들어 "이 책상의 높이는 어느 정도인가?"라고 물으면 "70cm이다"라고 답한다. 이때 말한 '70cm'가 바로 '양'이다. 그런데 책상의 높이는 70cm가 60cm로 되거나 40cm로 된다고 하더라도 그것이 책상임에는 변함이 없다. 성인용 책상에서 아동용 책상으로, 의자 달린 책상에서 앉은뱅이 책상으로 바뀐다고 하더라도 그것이 '책을 읽거나 글을 쓰는 상'으로서의 기능은 수행할 수 있기 때문이다. 그러나 책상의 높이를 일정한 한도가 넘는 수준, 예컨대 70cm를 1cm로 낮추어 버리면 그 책상은 나무판에 가까운 것으로 변하여 책상의 기능을 수행할 수 없게 되어 더 이상 책상이라 할 수 없게 될 것이다.

① 양의 변화는 질의 변화를 초래하고 질의 변화는 양의 변화를 이끈다.

② 양의 변화가 누적되면 질의 변화가 일어나므로 양의 변화는 변화된 양만큼 질의 변화를 이끈다.

③ 양의 변화는 일정한 한도 내에서 질의 변화를 이끌지 못하지만 어느 한도를 넘으면 질의 변화를 초래한다.

④ 양의 변화든 질의 변화든 변화는 모두 본래의 상태로 환원되는 과정이기 때문에 두 변화는 본질적으로 동일하다.

**04** 다음 기사의 주장을 가장 잘 표현한 것은?

2023 군무원 7급

은폐가 쉬운 가정 내 아동학대에 대응하기 위해 만들어진 아동학대처벌법이 학교에도 일괄 적용되면서 교사가 학생의 문제행동을 지적하거나 제지하는 일까지 아동학대로 신고하는 일이 잦아졌다는 것이다. 아동학대 신고만으로도 학교장 판단에 따라 직위해제나 담임 교체 조치를 당하거나 경찰 조사를 받아야 하고, 이는 교사들의 사기 저하와 생활지도 포기로 이어진다.

① 교사들의 강압적 태도가 야기한 문제점

② 교사들의 교직 만족도 하락의 원인

③ 교사들의 직권남용과 교직 태만의 원인

④ 교사들의 아동학대에 대한 실태

**05** 아래의 글을 읽고 '한국 정원의 특징'을 표현한 것으로 가장 적절한 말은?

2023 군무원 7급

중국의 4대 정원을 보면, 이화원과 피서산장은 정원이 아니라 거대한 공원이라는 표현이 더 맞다. 졸정원과 유원은 사가(私家)의 정원으로서 평평한 대지에 담을 치고 그 안에 자연을 인공적으로 재현한 것으로 특유의 웅장함과 기이함이 있다. 그러나 창덕궁 후원과 같은 그윽한 맛은 찾아볼 수 없다.

일본에서는 교토의 천황가에서 지은 가쓰라 이궁(桂離宮, 가쓰라리큐)과 지천회유식 정원인 천룡사(천룡사, 덴류지), 석정(石庭)으로 유명한 용안사(龍安寺, 료안지) 같은 사찰 정원이 명원으로 꼽힌다. 이곳들은 인공의 정교로움과 아기자기한 디테일을 자랑하고, 거기에다 무사도(武士道), 다도(茶道), 선(禪)의 이미지를 구현한 독특한 미학이 있다. 그러나 일본의 정원은 자연을 다듬어서 꾸민 조원(造園)으로 정원의 콘셉트 자체가 다르고 우리 같은 자연적인 맛이 없다.

중국과 일본의 정원도 자연과의 어우러짐을 중시했다. 그런 정원을 원림(園林)이라고 부른다. 원림을 경영하는 데에는 울타리 바깥의 자연 경관을 정원으로 끌어들이는 차경(借景)이 중요한 요소로 작용한다. 그러나 우리 원림에서는 자연 경관을 빌려오는 차경 정도가 아니라 자연 경관 자체가 정원의 뼈대를 이룬다. 인공적인 조원이 아니라 자연 경관을 경영하는 것이다. 산자락과 계곡이 즐비한 자연 지형에서 나온 우리만의 독특한 정원 형식이다.

한국의 이러한 전통 정원을 두고 우리나라의 한 건축학자는 "자연을 해석하고 적극적인 경관으로 건축화한 것"이라고 설명하였으며, 우리나라를 방문한 프랑스 건축가 협회 회장 로랑 살로몽은 "한국의 전통 건축물은 단순한 건축물이 아니라 자연이고 풍경이다. 인위적으로 세운 것이 아니라 자연 위에 그냥 얹혀 있는 느낌이다. 그런 점에서 한국의 전통 건축은 미학적 완성도가 아주 높다고 생각한다."라고 우리나라 전통 정원의 특징을 설명하였다.

① 자연과 인공의 조화(調和)
② 자연 경관의 경영(經營)
③ 자연의 차경(借景)
④ 자연의 재현(再現)

**06** 〈보기〉에서 말하고자 하는 바로 가장 적절한 것은?

2022 서울시 9급

┌─〔보기〕─
기존의 대부분의 일제 시기 근대화 문제에 관한 연구는 다양한 입장 차이에도 불구하고 대단히 대립적인 두 가지 주장으로 정리될 수 있다. 즉 일제가 조선을 지배하지 않았다면 조선에서는 근대적 변혁이 제대로 이루어지지 않았을 것이라는 주장과, 일제의 조선 지배는 한국 근대화를 압살하였기 때문에 결국 근대는 해방 이후부터 시작될 수밖에 없었다는 주장이 그것이다. 두 주장 모두 일제의 조선 지배에도 불구하고 조선인들이 주체적으로 대응했던 역사가 탈락되어 있다. 일제 시기의 역사가 한국 역사의 일부가 되기 위해서는 민족 해방 운동 같은 적극적인 항일 운동뿐만 아니라, 지배의 억압 속에서도 치열하게 삶을 영위해 가면서 자기 발전을 도모해 나간 조선인의 역사도 정당하게 평가되지 않으면 안 된다.

① 일제의 조선 지배는 한국에게서 근대화의 기회를 빼앗았다.
② 일제의 지배에 주체적으로 대응한 조선인의 역사도 정당하게 평가되어야 한다.
③ 일제가 조선을 지배하지 않았다면 조선에서는 근대화가 이루어지지 않았을 것이다.
④ 조선인들은 일제하에서도 적극적인 항일 운동으로 역사에 주체적으로 대응해 나갔다.

## 07 다음 중 아래 글의 제목으로 가장 적절한 것은?

2023 군무원 9급

2016년 3월을 생생히 기억한다. 알파고가 사람을 이겼다. 알파고가 뭔가 세상에 파란을 불러일으키지 않을까, 라고 상상하고 있던 시기였다. 이른바 '알파고 모멘텀' 이후 에이아이(AI) 산업은 발전했지만, 기대만큼 성장했다고 보긴 어렵다. 킬러 애플리케이션(Killer Application)이 나오지 않았기 때문이다. 에이아이(AI) 챗봇이 상용화됐지만, 알파고가 줬던 놀라움만큼은 아니다.

2022년 11월 또 다른 모멘텀이 등장했다. 오픈 에이아이(OpenAI)의 챗지피티(ChatGPT)다. 지금은 1억 명 이상이 챗지피티를 사용하고 있다. '챗지피티 모멘텀'이라고 불릴 만하다. 챗지피티가 알파고와 다른 점은 대중성이다. TV를 통해 알파고를 접했다면, 챗지피티는 내가 직접 체험할 수 있다.

많은 사람이 챗지피티는 모든 산업에 지각변동을 불러일으킬 것으로 기대한다. 챗지피티는 그 자체로 킬러 애플리케이션이다. 챗지피티는 알려진 바와 같이 2021년 9월까지 데이터만으로 학습했다. 그 이후 정보는 반영이 안 됐다. 챗지피티만으로는 우리가 원하는 답변을 얻기 힘들 수 있다. 오픈 에이아이는 챗지피티를 왜 이렇게 만들었을까?

챗지피티는 '언어 모델'이다. '지식 모델'은 아니다. 챗지피티는 정보를 종합하고 추론하는 능력은 매우 우수하지만, 최신 지식은 부족하다. 세상 물정은 모르지만, 매우 똑똑한 친구다. 이 친구에게 나도 이해하기 어려운 최신 논문을 주고, 해석을 부탁해 볼 수 있지 않을까? 챗지피티에 최신 정보를 전달하고, 챗지피티가 제대로 답변하도록 지시하는 일은 중요하다. 다양한 산업에 챗지피티를 적용하기 위해서도 그렇다. 챗지피티가 추론할 정보를 찾아 오는 시맨틱 검색(Semantic Search), 정확한 지시를 하는 프롬프트 엔지니어링(Prompt Engineering), 모든 과정을 조율하는 오케스트레이터(Orchestrator), 챗지피티와 같은 대형 언어 모델 (Large Language Model)을 필요에 맞게 튜닝하는 일 등 서비스 영역에서 새로운 사업 기회를 찾을 수 있다.

챗지피티와 같은 대형 언어 모델 기반의 에이아이 산업 생태계는 크게 세 개다. 첫째, 오픈에이아이, 마이크로소프트, 구글과 같이 대형 언어 모델 자체를 제공하는 원천기술 기업, 둘째, 대형 언어 모델이 고객 요청에 맞게 작동하도록 개선하는 서비스기업, 셋째, 특정 도메인에서 애플리케이션을 제공하는 기업이다. 현재 대형 언어 모델을 만드는 빅테크 기업들이 주목받고 있지만, 실리콘밸리에서는 스케일에이아이(ScaleAI), 디스틸에이아이(Distyl AI), 퀀티파이(Quantiphi) 등 서비스기업들이 부상 중이다. 실제 업무에 활용하기엔 원천기술만으로는 부족하기 때문이다. 엘지씨엔에스(LG CNS)도 서비스 기업이다. 우리나라에서도 많은 서비스 기업이 나와서 함께 국가 경쟁력을 높여 나가기를 기대해 본다.

① 챗지피티, 이제 서비스다
② 알파고 모멘텀, 그 끝은 어디인가?
③ 챗지피티야말로 킬러 애플리케이션이다
④ 대형 언어 모델 자체를 제공하는 빅테크기업에 주목하라

## 08 다음 글의 중심 내용으로 가장 옳은 것은?

2021 군무원 9급

이제 우리는 세계의 변방이 아니다. 세계화는 점점 더, 과거와는 분명 다르게 우리가 주목과 관심의 대상이 되는 방향으로 진행되고 있다. 이제 한국은 더 이상 '작은 나라'라고만 생각하지 않게 되었다. 한국인의 예술성을 세계에서 인정하고 있는 지금 이 시기에 가장 중요한 것은 무엇일까? 그 무엇보다 시급한 것이 바로 '전략'이다. 지금이야말로 세계 시장에 우리의 예술을 알릴 수 있는 기회가 왔고, 우리만의 전략이 필요한 시기가 왔다.

한국인의 끼는 각별하다. 신바람, 신명풀이가 문화 유전자로 등록되어 있는 민족이다. 게다가 신이 나면 어깨춤 덩실덩실 추던 그 어깨 너머로 쓱 보고도 뚝딱 뭔가 만들어낼 줄 아는 재주와 감각도 있고, 문화선진국의 전문가들도 감탄하는 섬세한 재능과 디테일한 예술적 취향도 있다. 문화예술의 시대를 맞은 오늘날, 우리가 먹거리로 삼을 수 있고 상품화할 수 있는 바탕들이 다 갖추어진 유전자들이다. 선진이 선진이고 후진이 후진이면 역사는 바뀌지 않는다. 선진이 후진 되고 후진이 선진 될 때 시대가 바뀌고 새로운 역사가 시작되는 법이다. 우리 앞에 그런 전환점이 놓여 있다.

① 주어진 현실에 안주하는 실리감각
② 다가오는 미래에 대한 희망찬 포부
③ 냉엄한 국제질서에 따른 각박한 삶
④ 사라져 가는 미풍양속에 대한 아쉬움

## 09 다음 글의 제목으로 적절한 것은?

2021 국회직 8급

철로 옆으로 이사를 가면 처음 며칠 밤은 기차가 지나갈 때마다 잠에서 깨지만 시간이 흘러 기차 소리에 친숙해지면 그러지 않는다. 왜 그럴까? 귀에서 포착한 소리 정보가 뇌에 전달되는 과정에서 물리학적인 음파의 속성은 서서히 의미를 가진 정보로 바뀐다. 이 과정에서 감정을 담당하는 변연계에도 정보가 전달되어 모든 소리는 의식적이든 무의식적이든 감정을 유발한다. 또 소리 정보 전달 과정은 기억중추에도 연결되어 있어서 현재 들리는 모든 소리는 기억된 소리와 비교된다. 친숙하며 해가 없는 것으로 기억되어 있는 소리는 우리의 의식에 거의 도달하지 않는다. 그래서 이미 익숙해진 기차 소음은 뇌에 전달은 되지만 의미없는 자극으로 무시된다. 동물들은 생존하려면 자기에게 중요한 소리를 들을 수 있어야 한다. 특히 즉각적인 반응을 보여야 하는 경우에는 더욱 그렇다. 그래서 동물들은 자신의 천적이나 먹이 또는 짝짓기 상대방이 내는 소리는 매우 잘 듣는다. 사람도 같은 방식으로 반응한다. 아무리 시끄러운 소리에도 잠에서 깨지 않는 사람이라도 자기 아기의 울음소리에는 금방 깬다. 이는 인간이 소리를 듣는다는 것은 외부의 소리가 귀에 전달되는 것을 그대로 듣는 수동적인 과정이 아니라 소리가 뇌에서 재해석되는 과정임을 의미한다. 자기 집을 청소할 때 들리는 청소기의 소음은 견디지만 옆집 청소기 소음은 참기 어려운 것도 그 때문이다.

① 소리의 선택적 지각
② 소리 자극의 이동 경로
③ 소리의 감정 유발 기능
④ 인간의 뇌와 소리와의 관계
⑤ 동물과 인간의 소리 인식 과정 비교

**10** 다음 발화에 나타난 주장으로 가장 적절한 것은?

2020 지방직 7급

신어(新語)에 대해 말할 때, 보통 유행어나 비속어, 은어와 같은 한정된 대상을 떠올리는 경우가 많습니다. 그런데 신어 연구의 대상은 특정한 범주의 언어, 소수 집단의 언어에 한정되지 않습니다. 어려운 전문 용어는 의사소통의 효율성이나 교육적 목적을 위해 순화된 신어로 대체할 필요가 있는데, 특히, 상당수의 전문 용어는 신어에 대한 정책적인 고려가 필요해 보입니다. 예를 들어 '좌창(痤瘡)'이라는 의학 용어를 대체한 '여드름'은 일상생활뿐만 아니라 전문 분야에서도 신어로 자리를 잡았습니다. 이와 같은 신어는 전문 용어의 순화에도 일정한 역할을 하고 있습니다. 이는 신어 연구가 단지 새로운 어휘와 몇 가지 주제를 나열하는 연구를 넘어서 한국어 조어론 전반에 대한 연구로 확장되어야 하는 이유이기도 합니다. 이러한 신어의 영역은 대중이 생산하는 '자연 발생적 신어'의 영역과 더불어 '인위적인 신어'의 영역으로 논의되어야 합니다.

① 신어에서 비속어나 은어가 빠져야 한다.
② 신어는 연구 대상과 영역을 확장해야 한다.
③ 자연 발생적인 신어에 대한 정책적 고려가 필요하다.
④ 신어는 의사소통의 효율성을 위해 그 범주를 특정해야 한다.

**11** 〈보기〉에 표현된 글쓴이의 생각과 가장 가까운 것은?

2015 기상직 9급

[보기]

처음 공부할 때에는 먼저 들뜬 생각을 제거해야 한다. 그러나 들뜬 생각을 억지로 배제할 수는 없다. 억지로 배제하려고 하면 이로 인해 도리어 한 가지 생각을 더 첨가시켜 마침내 정신적인 교란만을 더 하게 된다. 어깨와 등을 꼿꼿이 세우고, 뜻을 높여 한 글자 한 구절에 마음과 입이 상응하게 되면, 뜬 생각이 자신도 모르는 사이에 없어지게 된다.

뜬생각이란, 하루아침에 깨끗이 없어질 수는 없다. 오직 수시로 정신을 맑게 하는 방법을 잊어버리지 않는 것이 중요하다. 혹 심기가 불편하여 꽉 얽매여 없어지지 않으면, 묵묵히 앉아서 눈을 감고 마음을 배꼽 근처에 집중시킬 때 신명이 제자리로 돌아오고, 뜬생각은 사라지게 된다. 과연 이러한 방법을 잘 실행한다면, 얼마 안 가서 공부하는 것이 점점 익숙해지고 효험이 점차 늘어나 오직 학식만이 날로 진척될 뿐 아니라, 마음이 편안하고 기운이 화평하여 일을 함에 있어서 오로지 하나에만 힘쓰고 정밀하게 된다. 위로 이치에 통달하는 학문도 이에서 벗어나지 않는다.

― 홍대용, 〈매헌에게 주는 글〉

① 세상살이의 기본 원리는 지극히 단순한 것이다.
② 진리를 깨우치는 과정은 언어를 통해 설명하기 어렵다.
③ 일정한 형식을 갖춘 후에야 일정한 내용이 형성되는 법이다.
④ 다양한 지식이 논리적인 판단에는 오히려 방해가 될 수 있다.

**01** 다음 글의 주된 주장으로 가장 적절한 것은?

현대인들은 과학 기술의 진보가 인간 생활의 질을 크게 높이고 있다고 생각한다. 기계화로 인한 생산의 증가와 교통, 통신의 발달은 우리 생활의 질을 지난 세기에 비해 비약적으로 높인 것처럼 보인다. 우리는 기계의 빠른 일처리 덕분에 여가생활을 할 수 있는 시간을 확보할 수 있게 되었다고 생각한다.

그러나 현대인들은 그 어떤 시대의 사람들보다도 시간 부족에 허덕이고 있다. 역설적으로, 빨리 일하여 시간을 확보할수록 우리는 시간을 덜 갖게 된다. 이는 우리가 확보한 시간을 뉴미디어*에 빼앗기기 때문이다. 우리는 스마트폰 기기로 인해 언제 어디서나 많은 사람과 연결되어 있고, 새로운 정보를 실시간으로 습득한다. 이러한 생활 방식은 온전히 혼자만의 시간을 보내는 것을 방해하며, 결과적으로 자신의 시간에 대한 지배력을 상실하게 만든다.

* 뉴미디어 : 과학 기술의 발전에 따라 생겨난 새로운 전달 매체, 고속 통신망을 중심으로 각 기업 및 가정에 설치된 유무선 디지털 단말기를 통해 정보를 얻거나 전달 및 교환하는 기술

① 과학 기술의 발전은 인간을 시간으로부터 해방되게 하지 않았다.
② 과학 기술이 발전하면 여가생활을 즐길 시간을 확보할 수 있다.
③ 과학 기술이 진보할수록 일처리를 빠르게 할 수 있다.
④ 현대인들은 혼자만의 시간을 보내고 싶은 욕구가 커지고 있다.

**02** 각 문단의 중심 내용으로 가장 적절하지 않은 것은?

열용량의 개념 정립 이전에는 동일 질량의 온도가 같은 모든 물체의 열용량은 같다고 봤다. 물체의 온도를 물체에 포함된 열소의 양, 즉 열량으로 간주했기 때문이다. 그러나 물체의 온도와 열량은 다르다. 서로 다른 물질의 두 물체는 같은 온도여도 두 물체가 가진 열량, 즉 에너지의 양은 서로 다르다. 왜냐하면 두 물체의 열용량이 다르기 때문이다.

18세기 초 파렌하이트는 수은과 물을 사용한 실험을 통해 열용량의 개념을 도입했다. 같은 질량과 온도에서 물이 수은보다 많은 열을 포함하고 있다는 결과를 통해 물의 열용량이 수은보다 크다는 것을 밝혀냈다. 당시 과학자들은 물질의 온도를 올릴 때 필요한 열량을 같은 양의 물을 같은 온도로 올리는 데 필요한 열량과 비교해서 나타냈다.

열용량이란 용어는 18세기 중엽 블랙이 처음 사용했다. 그는 같은 온도의 물체라도 서로 다른 양의 열을 지니고 있다고 보아 온도와 열량을 구별하고, 물체가 지닌 열의 양을 열용량이라 표현했다. 그 이후에 물체의 온도는 물체의 원자나 분자의 운동 에너지의 정도를 나타내고, 물체가 지닌 열은 그 에너지의 크기라는 사실이 밝혀지면서 열용량이라는 용어는 문제가 있다는 사실이 밝혀졌지만, 이 용어는 그대로 사용되고 있다.

한편 몰 열용량은 열용량을 정의할 수 있는 기준 중 물질 1몰을 기준으로 필요한 열량을 뜻한다. 어떤 물질 1몰에 열량 Q가 전달되어 온도 변화 $\Delta T$가 수반되었을 때 Q를 $\Delta T$로 나눈 값으로 정의된다. 물질에 열이 전달되는 과정은 기체의 부피를 일정하게 유지하는 등적 과정과 기체의 압력을 일정하게 유지하는 등압 과정 두 가지로 나뉜다. 등적 과정에서는 부피가 일정한 상태에서 갇혀 있는 기체의 압력이 증가하며 온도도 증가한다. 반면 등압 과정에서는 기체의 압력은 일정하게 유지되지만 그 부피가 증가하면서 온도가 올라간다. 두 경우의 몰 열용량은 서로 다르게 정의가 되며 각각을 등적 열용량, 등압 열용량이라 한다.

① 1문단 : 열용량에 따른 물체의 온도와 열량의 차이
② 2문단 : 열용량의 개념을 도입한 파렌하이트의 실험
③ 3문단 : 열용량 용어의 탄생과 소멸의 시대적 배경
④ 4문단 : 몰 열용량의 정의 및 등적 열용량과 등압 열용량

## 03 각 문단의 중심 내용으로 적절하지 않은 것은?

[가] 융의 분석 심리학은 인간의 심층적인 무의식 세계를 인간의 행동과 정신의 상호 작용에 초점을 두고 설명했다. 그는 무의식의 내용을 의식으로 가져오는지의 여부에 따라 건강한 삶과 건강하지 못한 삶이 결정된다고 보았다. 분석적 심리 치료의 핵심은 다양한 기법으로 내담자가 무의식의 소리에 주의를 기울여 자기를 실현하도록 돕는 것이다.

[나] 융은 인간의 마음을 의식과 무의식으로 구분하고 무의식의 내용을 의식으로 가져옴으로써 의식의 성장을 이룰 수 있다고 했다. 개인이 타인과 구별되는 고유한 존재로 성장하는 것을 개성화라고 하는데, 자아가 무의식의 의식화를 허용하는 내에서 개성화를 이룰 수 있다고 보았다.

[다] 융은 의식에 영향을 주는 무의식을 개인 무의식과 집단 무의식으로 세분화하였다. 개인 무의식은 자아에게 인정받지 못한 경험, 사고, 감정, 지각, 기억으로 꿈을 만들어 내는 역할을 한다. 반면 집단 무의식은 인간에게 전해 내려온 보편적인 경향성이다. 인간은 유사한 생리 구조와 환경 요소를 공유하므로 개인은 세상에 대해 보편적인 방식으로 반응한다. 개인의 경험과 인식이 아닌 개개인에게 내재하는 인류의 보편적인 심리적 성향과 구조가 집단 무의식이다.

[라] 융의 분석 심리학은 무의식 세계의 심층적 구조를 이해하는 데 크게 기여했고, 분석적 심리 치료는 내담자가 문제와 증상의 해결을 넘어서 개성화를 통해 자아실현을 돕는 방법을 제시했다. 또한 심층 심리에 대한 체계적 이론을 제시해 종교, 예술, 문학 등에 많은 영향을 미치고 있다.

① [가]: 분석 심리학의 개념과 분석적 심리 치료의 핵심
② [나]: 무의식의 의식화를 통해 이루어지는 개성화의 특징
③ [다]: 개인 무의식과 집단 무의식의 개념과 특징
④ [라]: 분석 심리학의 의의와 한계

## 04 '공포증'에 대한 글쓴이의 관점으로 가장 적절한 것은?

2013 3월 모의

와이너에 의하면, 큰 개에게 물렸지만 공포증에 시달리지 않는 사람들은 개에게 물린 상황에 대해 '내 대처 방식이 잘못되었어.'라며 내부적이고 가변적으로 해석한다. 이것은 나의 대처방식에 따라 상황이 충분히 바뀔 수 있다고 생각하는 것이므로 이들은 개와 마주치는 상황을 굳이 피하지 않는다. 그 후 개에게 물리지 않는 상황이 반복되면 '나도 어떤 경우라도 개를 감당할 수 있어.'라며 내부적이고 고정적으로 해석하는 단계로 나아가게 된다.

반면에 공포증을 겪는 사람들은 개에 물린 상황에 대해 '나는 약해서 개를 감당하지 못해.'라며 내부적이고 고정적으로 해석하거나 '개는 위험한 동물이야.'라며 외부적이고 고정적으로 해석한다. 자신의 힘이 개보다 약하다고 생각하거나 개를 맹수로 여기는 것이므로 이들은 자신이 개에게 물린 것을 당연한 일로 받아들인다. 하지만 공포증에 시달리지 않는 사람들처럼 상황을 해석하고 개를 피하지 않는 노력을 기울이면 공포증에서 벗어날 수 있다.

① 공포증은 시간이 지나면 자연스럽게 사라진다.
② 자신의 의지와 노력으로 공포증을 통제할 수 있다.
③ 감정을 숨김없이 발산시킬 때 공포증을 극복할 수 있다.
④ 주변 사람의 도움이 있어야만 공포증에서 벗어날 수 있다.

# 내용 추론 긍정 발문

관련교재
⑦ 출좋포 독해·문학 p.126~133

## ▶ 대표 출좋포 발문 체크

다음 글을 이해한 내용으로 가장 적절한 것은?

다음 글에서 추론한 내용으로 가장 적절한 것은?

다음 글에 서술된 '나이브 아트'에 대한 설명으로 적절한 것만을 〈보기〉에서 모두 고르면?

## ▶ 대표 출좋포 개관

제시문의 내용을 추론하는 것으로 적절한 것을 고르는 문제는

항상 출제 0순위인 유형입니다.

인사혁신처 1차 샘플에는 2문제, 인사혁신처 2차 샘플에는 4문제가 나왔으니

꼭 정복해야 하는 유형임을 알 수 있습니다.

이 유형은 큼직큼직하게 푸는 것보다는 지엽적으로 풀어야 하는 유형이기 때문에

반드시 시간을 투자해야 하는 유형에 해당됩니다.

## 출좋포 독해 이론  출제자들이 좋아하는 오답 패턴

**1 주체 혼동(객체 혼동)의 오류(대조 구문 多)**

예 에어버스의 조종사는 항공기 운항에서 자동조종시스템을 통제하고 조작한다. – 2023 국가직 9급
　　→ 보잉의 조종사

예 프톨레마이오스의 주전원은 지동설을 지지하고자 만든 개념이다. – 2023 국가직 9급
　　　　　　→ 천동설

**2 비교의 오류**

예 17세기보다 나중 시기의 몽유록에서는 몽유자가 현실을 비판하는 경향이 강하게 나타난다. – 2023 국가직 9급
　　→ 나중 시기의 몽유록보다 17세기의 몽유록에서는

**3 인과의 오류 : 어떤 현상에 대한 원인을 잘못 파악한 경우**

예 최초의 IQ 검사는 학습 능력이 우수한 아이를 고르기 위해 시행되었다. – 2023 지방직 9급
　　→ IQ 검사의 도입 목적은 지적장애아 및 학습부진아를 가려내기 위한 것임을 1문단에서 서술하였다.

**4** **반대의 오류**

예 디지털 트윈의 데이터 모델은 현실 세계의 각종 실험 모델보다 경제성이 낮다. – 2023 국가직 9급
→ 높다

예 루아르강 하구로부터 크림반도와 조지아를 잇는 선은 이탈리아보다 남쪽에 있을 것이다. – 2021 지방직 9급
→ 북쪽

**5** **미언급의 오류**

예 디지털 트윈을 활용함에 따라 글로벌 기업들의 고용률이 향상되었다. – 2023 국가직 9급
→ 관련 시장이 확대되고 있다는 서술은 있지만, 고용률에 대한 언급은 없다.

예 한문은 한국어 문장보다 문장성분이 복잡하다. – 2023 지방직 9급
→ 한자는 문맥에 따라 같은 글자가 다른 문장성분으로 사용될 수 있다고 나와 있지만 이것이 한국어 문장보다 문장 성분이 복잡함을 의미하는 것은 아니다.

**6** **극단의 오류**

'항상', '모두', '오직', '뿐', '만'과 같이 극단적인 내용

예 유엔에서 근무하는 외교관들은 유엔의 공용어를 다 구사하지 않으면 안 된다. – 2021 지방직 9급
→ 유엔에서 근무하는 외교관들은 유엔의 공용어를 다 구사하지 않아도 되었다.

예 고급 포도주는 모두 너무 덥지도 춥지도 않은 곳에서 재배된 포도로 만들어졌다. – 2021 지방직 9급
→ 백포도주는 뜨거운 여름 날씨가 지속하는 곳에서 명품이 만들어진다고 했으므로 적절하지 않다.

**7** **기준의 오류**

예 루카치는 각기 다른 기준에 따라 그리스 세계를 세 시대로 구분하였다. – 2023 국가직 9급
→ 총체성

## 기존 출제 유지 2024 버전

빨리 푸는 亦功 전략

**1단계**

선지의 길이 확인하기
너무 길면 제시문으로
가기

짧으면 선지를 읽되
선지에서 전체적인 느낌
파악하기

**2단계**

제시문을 혜선 쌤이
수업에서 알려준
야매꼼수
방식으로 읽기

**3단계**

제시문을 읽을 때
선지의 초점어가
나타나면
더욱 집중해서 읽고
선지의 참 거짓을
판별하기

내용 추론 긍정 발문

**01 다음 글을 이해한 내용으로 가장 적절한 것은?** 2023 국가직 9급

전 세계를 대표하는 항공기인 보잉과 에어버스의 중요한 차이점은 자동조종시스템의 활용 정도에 있다. 보잉의 경우, 조종사가 대개 항공기를 조종간으로 직접 통제한다. 조종간은 비행기의 날개와 물리적으로 연결되어 있어서 어떤 상황에서도 조종사가 조작한 대로 반응한다. 이와 다르게 에어버스는 조종간 대신 사이드스틱을 설치하여 컴퓨터가 조종사의 행동을 제한하거나 조종에 개입할 수 있게 설계되었다. 보잉에서는 조종사가 항공기를 통제할 수 있는 전권을 가지지만 에어버스에서는 컴퓨터가 조종사의 조작을 감시하고 제한한다.

보잉과 에어버스의 이러한 차이는 기계를 다루는 인간을 바라보는 관점이 서로 다른 데서 비롯된다. 보잉사를 창립한 윌리엄 보잉의 철학은 "비행기를 통제하는 최종 권한은 언제나 조종사에게 있다."이다. 시스템은 불안정하고 완벽하지 않기 때문에 컴퓨터가 조종사의 판단보다 우선시될 수 없다는 것이다. 반면 에어버스의 아버지라고 불리는 베테유는 "인간은 실수할 수 있는 존재"라고 전제한다. 베테유는 이런 자신의 신념을 토대로 에어버스를 설계함으로써 조종사의 모든 조작을 컴퓨터가 모니터링하고 제한하게 만든 것이다.

① 보잉은 시스템의 불완전성을, 에어버스는 인간의 실수 가능성을 고려하여 설계되었다.
② 베테유는 인간이 실수할 수 있는 존재라고 보지만 윌리엄 보잉은 그렇지 않다고 본다.
③ 에어버스의 조종사는 항공기 운항에서 자동조종시스템을 통제하고 조작한다.
④ 보잉의 조종사는 자동조종시스템을 사용하지 않고 항공기를 조종한다.

**내용 추론 긍정 발문**

**02  다음 글에서 추론한 내용으로 가장 적절한 것은?** 2025 인사혁신처 2차 샘플

『성경』에 따르면 예수는 죽은 지 사흘 만에 부활했다. 사흘이라고 하면 시간상 72시간을 의미하는데, 예수는 금요일 오후에 죽어서 일요일 새벽에 부활했으니 구체적인 시간을 따진다면 48시간이 채 되지 않는다. 그렇다면 『성경』에서 3일이라고 한 것은 예수의 신성성을 부각하기 위한 것일까?

여기에는 수를 세는 방식의 차이가 개입되어 있다. 구체적으로 말하면 우리가 사용하는 현대의 수에는 '0' 개념이 깔려 있지만, 『성경』이 기록될 당시에는 해당 개념이 없었다. '0' 개념은 13세기가 되어서야 유럽으로 들어왔으니, '0' 개념이 들어오기 전 시간의 길이는 '1'부터 셈했다. 다시 말해 시간의 시작점 역시 '1'로 셈했다는 것인데, 금요일부터 다음 금요일까지는 7일이 되지만, 시작하는 금요일까지 날로 셈해서 다음 금요일은 8일이 되는 식이다.

이와 같은 셈법의 흔적을 현대 언어에서도 찾을 수 있다. 오늘날 그리스 사람들은 올림픽이 열리는 주기에 해당하는 4년을 'pentaeteris'라고 부르는데, 이 말의 어원은 '5년'을 뜻한다. '2주'를 의미하는 용도로 사용되는 현대 프랑스어 'quinze jours'는 어원을 따지자면 '15일'을 가리키는데, 시간적으로는 동일한 기간이지만 시간을 셈하는 방식에 따라 마지막 날과 해가 달라진 것이다.

① '0' 개념은 13세기에 유럽에서 발명되었다.
② 『성경』에서는 예수의 신성성을 부각하기 위해 그의 부활 시점을 활용하였다.
③ 프랑스어 'quinze jours'에는 '0' 개념이 들어오기 전 셈법의 흔적이 남아 있다.
④ 'pentaeteris'라는 말이 생겨났을 때에 비해 오늘날의 올림픽이 열리는 주기는 짧아졌다.

**1단계**

선지의 길이 확인하기
너무 길면 제시문으로
가기

짧으면 선지를 읽되
선지에서 전체적인 느낌
파악하기

**2단계**

제시문을 혜선 쌤이
수업에서 알려준
야매꼼수
방식으로 읽기

**3단계**

제시문을 읽을 때
선지의 초점어가
나타나면
더욱 집중해서 읽고
선지의 참 거짓을
판별하기

**01 다음 글을 이해한 내용으로 가장 적절한 것은?**

2025 인사혁신처 2차 샘플

언어의 형식적 요소에는 '음운', '형태', '통사'가 있으며, 언어의 내용적 요소에는 '의미'가 있다. 음운, 형태, 통사 그리고 의미 요소를 중심으로 그 성격, 조직, 기능을 탐구하는 학문 분야를 각각 '음운론', '문법론'(형태론 및 통사론 포괄), 그리고 '의미론'이라고 한다. 그 가운데서 음운론과 문법론은 언어의 형식을 중심으로 그 체계와 기능을 탐구하는 반면, 의미론은 언어의 내용을 중심으로 체계와 작용 방식을 탐구한다.

이처럼 언어학은 크게 말소리 탐구, 문법 탐구, 의미 탐구로 나눌 수 있는데, 이때 각각에 해당하는 음운론, 문법론, 의미론은 서로 관련된다. 이를 발화의 전달 과정에서 살펴보자. 화자의 측면에서 언어를 발신하는 경우에는 의미론에서 문법론을 거쳐 음운론의 방향으로, 청자의 측면에서 언어를 수신하는 경우에는 반대의 방향으로 작용한다. 의사소통의 과정상 발신자의 측면에서는 의미론에, 수신자의 측면에서는 음운론에 초점이 놓인다. 의사소통은 화자의 생각, 느낌, 주장 등을 청자와 주고받는 행위이므로, 언어 표현의 내용에 해당하는 의미는 이 과정에서 중심적 요소가 된다.

① 언어는 형식적 요소가 내용적 요소보다 다양하다.
② 언어의 형태 탐구는 의미 탐구와 관련되지 않는다.
③ 의사소통의 첫 단계는 언어의 형식을 소리로 전환하는 것이다.
④ 언어를 발신하고 수신하는 과정에서 통사론은 활용되지 않는다.

**02 다음 글을 이해한 내용으로 가장 적절한 것은?**

2023 국가직 9급

루카치는 그리스 세계를 신과 인간의 결합 정도를 가리키는 '총체성' 개념을 기준으로 세 시대로 구분하였다. 첫 번째 시대에서 후대로 갈수록 총체성의 정도는 낮아진다. 첫째는 총체성이 완전히 구현되어 있는 '서사시의 시대'이다. 호메로스의 『일리아드』와 『오디세이아』에서는 신과 인간의 세계가 하나로 얽혀 있다. 인간들이 그리스와 트로이 두 패로 나뉘어 전쟁을 벌일 때 신들도 인간의 모습을 하고 두 패로 나뉘어 전쟁에 참여했다. 둘째는 '비극의 시대'이다. 소포클레스나 에우리피데스의 비극에서는 총체성이 흔들려 신과 인간의 세계가 분리된다. 하지만 두 세계가 완전히 분리되지는 않고 신탁이라는 약한 통로로 이어져 있다. 비극에서 신은 인간의 행위에 직접 개입하지 않고 신탁을 통해서 자신의 뜻을 그저 전달하는 존재로 바뀐다. 셋째는 플라톤으로 대표되는 '철학의 시대'이다. 이 시대는 이미 계몽된 세계여서 신탁 같은 것은 신뢰할 수 없게 되었다. 신과 인간의 세계가 완전히 분리됨으로써 신의 세계는 인격적 성격을 상실하여 '이데아'라는 추상성의 세계로 바뀐다. 신의 세계와 인간의 세계는 그 사이에 어떤 통로도 존재할 수 없는, 절대적으로 분리된 세계가 되었다.

① 계몽사상은 서사시의 시대에서 철학의 시대로의 전환을 이끌었다.
② 플라톤의 이데아는 신탁이 사라진 시대의 비극적 세계를 표현한다.
③ 루카치는 각기 다른 기준에 따라 그리스 세계를 세 시대로 구분하였다.
④ 에우리피데스의 비극에 비해 『오디세이아』에서는 신과 인간의 결합 정도가 높다.

**03** 다음 글을 이해한 내용으로 적절한 것은?

2023 국가직 9급

디지털 트윈은 현실 세계와 똑같은 가상의 세계이다. 최근 주목받고 있는 메타버스와 개념은 유사하지만 활용 목적의 측면에서 구별된다. 메타버스는 가상 세계와 현실 세계가 융합된 플랫폼으로 이용자들에게 새로운 경제·사회·문화적 경험을 제공하는 데 목적을 둔다. 반면 디지털 트윈은 현실 세계에 존재하는 사물, 공간, 환경, 공정 등을 컴퓨터상에 디지털 데이터 모델로 표현하여 똑같이 복제하고 실시간으로 서로 반응할 수 있도록 한다. 그래서 디지털 트윈의 이용자는 가상 세계에서의 시뮬레이션을 통해 미래 상황을 예측할 수 있게 된다. 디지털 트윈에 대한 수요가 증가하면서 관련 시장도 확대되고 있으며, 국내외의 글로벌 기업들은 여러 산업 분야에서 디지털 트윈을 도입하여 사전에 위험 요소를 제거하고 수익 모델의 효율성을 높이고 있다. 디지털 트윈이 이렇게 주목받는 이유는 안정성과 경제성 때문인데 현실 세계를 그대로 옮겨 놓은 가상 세계에 데이터를 전송, 취합, 분석, 이해, 실행하는 과정은 실제 실험보다 매우 **빠르고** 정밀하며 안전할 뿐 아니라 비용도 적게 든다.

① 디지털 트윈을 활용함에 따라 글로벌 기업들의 고용률이 향상되었다.
② 디지털 트윈의 데이터 모델은 현실 세계의 각종 실험 모델보다 경제성이 낮다.
③ 디지털 트윈에서의 시뮬레이션으로 현실 세계의 위험 요소를 찾아내고 방지할 수 있다.
④ 디지털 트윈은 현실 세계의 이용자에게 새로운 문화적 경험을 제공하는 데 목적이 있다.

**04** 다음 글에 대한 이해로 적절한 것은?

2023 국회직 8급

표현적 글쓰기는 왜 그렇게 효과가 있을까? 우리가 흔히 경시하는 고통스러운 감정을 마주해야 되기 때문이다. 우리는 자수성가를 칭송하고 강인한 사람을 미화하는 세상에 살고 있다. 이 문화적 메시지와 그것이 우리에게 가하는 모든 압박 때문에 우리는 우리의 욕구를 간과하도록 배운다. 심지어 나약하다는 느낌을 갖거나 힘든 감정을 품었다고 스스로를 혐오하기도 한다. 표현적 글쓰기는 종일 꾹꾹 참고 발설하지 않은 취약한 측면을 찾아내고 그것에 대해 경청할 기회를 주기 때문에 효과가 있는 것이다.

또한 글쓰기 과정이 다른 사람을 염두에 두지 않았다는 점도 매우 중요하다. 우리는 보통 타인이 볼 글을 쓸 때, 스스로 검열하고 글이 충분히 좋은지에 관심을 두게 된다. 그러나 표현적 글쓰기는 그렇지 않다. 두서없고, 누가 읽기에도 적합하지 않은 글을 쓴 후 버리면 된다. 이것은 자신이 가진 모든 감정과 교감하는 데 도움을 줄 수 있다.

① 표현적 글쓰기는 고통스러운 감정을 피하는 데 효과가 있다.
② 표현적 글쓰기는 자수성가를 칭송하고 강인한 사람을 미화하는 데 필요하다.
③ 표현적 글쓰기는 타인을 의식하여 스스로 검열하는 특징을 지닌다.
④ 표현적 글쓰기는 참고 발설하지 않은 것에 대해 경청할 기회를 준다.
⑤ 표현적 글쓰기는 두서없이 편하게 써서 간직하도록 고안되었다.

**05** 다음 글에 서술된 '나이브 아트'에 대한 설명으로 적절한 것만을 〈보기〉에서 모두 고르면? 2023 국회직 8급

정규 미술 교육을 받지 않고, 어떤 화파에도 영향을 받지 않은 예술 경향을 나이브 아트라고 한다. 우리말로 소박파라고도 불리지만 특정한 유파를 가리키기보다 작가의 경향을 가리키는 말이다.

나이브 아트는 개인적인 즐거움을 주제로 형식에 얽매이지 않는 특징을 보인다. 우리에게 잘 알려진 나이브 아트 예술가로는 앙리 루소, 앙드레 보샹, 모리스 허쉬필드, 루이 비뱅, 그랜마 모지스 등이 있다. 이들은 서양 미술의 기본 규칙인 원근법, 명암법, 구도 등에 구속되지 않는 평면적 화면, 단순하지만 강렬한 색채, 자세한 묘사 등을 특징으로 보여 준다.

전업 화가가 아닌 본업이 따로 있어 낮은 취급을 받던 아웃사이더 예술이었지만, 독일 출신의 컬렉터이자 비평가 빌헬름 우데가 루소, 보샹 등의 화가들을 발굴하며 하나의 예술 영역으로 자리 잡는다. 이후 나이브 아트는 피카소와 같은 기존 미술의 권위와 전통에 반하는 그림을 그리려는 화가들의 주목을 받으며 현대미술의 탄생에도 적지 않은 영향을 끼쳤다.

─〔보기〕─
ㄱ. 나이브 아트에 속하는 화가로 루소, 보샹 등이 있다.
ㄴ. 나이브 아트는 특정한 유파를 가리킨다.
ㄷ. 나이브 아트 작가들은 서양 미술의 기본 규칙을 따르고자 한다.
ㄹ. 현대미술은 나이브 아트의 탄생에 결정적인 영향을 끼쳤다.

① ㄱ
② ㄷ
③ ㄱ, ㄴ
④ ㄴ, ㄷ
⑤ ㄱ, ㄷ, ㄹ

**06** 다음 글에 대한 이해로 적절한 것은? 2023 지역인재 9급

재물은 비유하자면 우물이다. 우물에서 물을 퍼 내면 물이 가득 차지만, 길어 내지 않으면 물이 말라 버린다. 마찬가지로 비단옷을 입지 않으므로 나라에는 비단을 짜는 사람이 없고, 그 결과로 베를 짜는 여인의 모습을 볼 수 없게 되었다. 조잡한 그릇을 트집 잡지 않고 물건을 만드는 기교를 숭상하지 않기에 나라는 공장과 도공, 풀무장이가 할 일이 사라졌고, 그 결과 기술이 사라졌다. 나아가 농업은 황폐해져 농사짓는 방법이 형편없고, 상업을 박대하므로 상업 자체가 실종되었다. 사농공상 네 부류의 백성이 누구나 할 것 없이 다 가난하게 살기 때문에 서로를 구제할 길이 없다. 나라 안에 보물이 있어도 쓰지 않아 다른 나라로 흘러간다.

─ 박제가, 〈시장과 우물〉

① 농업의 성행과 비교하여 상업의 위축을 경고하고 있다.
② 상품 공급 부족으로 소비가 줄어드는 현상을 설명하고 있다.
③ 독자의 이해를 돕기 위해 경제 활동을 일상생활에 비유하고 있다.
④ 다른 나라와 교류하지 않아 기술이 실종되고 있음을 분석하고 있다.

**01** 다음 글에서 추론할 수 있는 내용으로 적절한 것은?

사회계약론자 로크는 사회계약을 '신탁계약'으로 보았다. 인간은 정치사회를 가지기 전부터 생명, 자유, 재산에 대한 자연권을 가지고 있다. 인간들은 규칙을 통해 자연권을 안정적으로 보장받기 위해 공동체를 형성하고 입법권과 집행권을 공동체에 양도한다. 하지만 이러한 권리들은 인민의 목적을 위해 단지 '신탁'된 것이기 때문에 주권은 여전히 국민에게 있다. 따라서 국가의 권리 행사에는 여러 제한이 따른다. 또한 입법부가 목적을 소홀히 하거나 위반할 경우 신탁은 필연적으로 철회되며 인민은 다시 주권을 행사하여 입법부를 원래대로 회복시킬 권리를 가진다. 뿐만 아니라 자연권 보장이라는 업무가 무력에 의해 방해받을 경우, 인민은 그것을 무력을 통해 제거할 권리도 가진다.

이처럼 로크가 말하는 저항권은 비폭력적인 시민 불복종에서 그치는 것이 아니라 폭력적 저항까지도 포함하고 있다는 점에서 급진적이다. 하지만 로크는 사회의 해체와 정부의 해체를 명확히 구분함으로써 정부의 해체가 자연상태로의 복귀가 아니라는 점을 분명히 하였다. 따라서 로크의 주장은 사회의 해체가 아니라 정부의 해체를 초래하는 저항을 권리로서 인정한다는 점에서 무질서와 혼란을 야기하는 주장은 아니다.

① 로크에 따르면 인민의 생명, 자유, 재산에 대한 권리는 국가가 부여하는 권리이다.
② 로크에 따르면 정부가 자연권의 보호를 소홀히 한 경우, 인민이 저항권을 행사하여 정부를 해체해야 비로소 신탁이 철회된다.
③ 로크에 따르면 입법부가 무력을 통해 인민의 재산권을 침해한다면, 인민은 폭력적 방법을 통해 기존의 사회를 해체하고 새로운 사회를 형성할 수 있다.
④ 로크의 저항권은 폭력적으로 저항할 권리도 포함한다.

**02** 다음 글의 내용에 대한 이해로 적절한 것은?

최근 소셜미디어 이용 행태와 관련하여 매우 흥미로운 연구 결과가 발표되었다. 스웨덴의 한 대학에 따르면 최근 10년 사이 노스텔지어(지난 시절에 대한 그리움)를 느끼기 위해 소셜미디어를 사용하는 경우가 증가했다는 것이다. 1세대 소셜미디어라고 할 수 있는 페이스북이 세상에 나온 지도 벌써 20년 가까이가 되었다. 주 연령층도 함께 나이가 들었다는 뜻이다. 대학생 시절 페이스북을 사용했던 사람들에게 페이스북은 젊은 날의 추억이 쌓인 일기나 앨범 같은 역할을 한다. 소셜미디어에 기록되어 있는 과거의 추억들을 돌아보고 당시 친구들, 가족들과 행복한 시간을 보냈던 기억을 떠올리는 것이다.

페이스북은 '과거의 오늘' 기능을 통해 사용자들이 과거의 같은 날짜에 어떤 활동을 했는지 보여준다. 그런데 이렇듯 소셜미디어에서 노스텔지어를 찾는 사람이 느는 것은 활발하게 활동하는 이용자가 줄어드는 것을 의미하기도 한다. 과거에 열심히 글을 올리던 이들이 '기억의 수단'으로만 소셜미디어를 활용하게 되면 기업에게 광고를 제공하며 수익을 창출하던 기존의 소셜미디어 비즈니스는 흔들릴 수밖에 없다.

① 소셜미디어가 노스텔지어의 수단으로 활용되면서 사용자들의 활동량이 감소할 수 있다.
② 페이스북 사용자들의 연령 증가는 자연스럽게 신규 사용자 유입을 감소시킨다.
③ 소셜미디어의 사용 패턴 변화는 주로 기술적인 진보에 의해 주도된다.
④ 노스텔지어를 추구하는 사용자들은 소셜미디어의 새로운 기능에 관심이 없다.

## 03 다음 글에서 추론한 내용으로 가장 적절한 것은?

기대효용이론에 따르면, 사람은 기대효용에 따라 의사결정을 내리는 합리적인 존재이다. 기대효용이란 어떤 사람이 이익과 위험에 대해 지니는 선호의 기댓값을 의미한다. 따라서 기대효용이론이 옳다면, 이익과 위험이 동일한 상황에서 사람들은 일관성 있는 선택을 해야 한다. 다음 주식 A와 주식 B 중 하나를 선택하는 두 가지 상황을 생각해보자.

(가) 당신은 A을 보유하고 있다. A를 매도하고, 그 돈으로 B를 매수할까 고민하다가 계속 보유하기로 정했다. 그런데 B를 매수했다면, 1,200달러의 이익을 얻을 수 있었다는 사실을 알게 되었다.

(나) 당신은 B를 보유하고 있다. B를 매도하고, 그 돈으로 A를 매수했다. 그런데 B를 계속 보유했으면, 1,200달러의 이익을 얻을 수 있었다는 사실을 알게 되었다.

위의 두 가지 상황 중 어느 상황이 더 후회가 크냐는 질문에, 응답자의 92%가 (나)를 선택했다. 두 상황에 차이가 없다는 응답자는 8%에 불과했다. (가)와 (나)는 기대효용이 동일한 상황이기 때문에 기대효용이론에 따르면 두 상황에는 차이가 없어야 한다. 행동경제학자들에 따르면, 대다수 사람은 이처럼 이익과 위험이 동일한 상황에서 일관성 없는 선택을 한다. 행동경제학자들은, 이처럼 사람들은 같은 결과를 맞이하게 되어도, 원인이 되는 행동을 하지 않은 경우보다 한 경우를 더 후회하는 경우가 일반적이라고 주장한다. 즉 그들에게 인간은 비합리적인 존재인 것이다.

① 기대효용이론에 따르면 사람들은 모든 경우에 일관성 있는 선택을 하는 합리적 존재이다.
② 기대효용이론에 따르면 사람들이 (나)를 선택한 이유는 (가)보다 기대효용이 크기 때문이다.
③ 행동경제학자들에 따르면 (가)보다 (나)를 더 후회하는 것은 합리적인 행동이다.
④ 행동경제학자들에 따르면 기대효용이론은 옳지 않다.

## 04 다음 글에서 추론할 수 있는 내용으로 적절한 것은?

인간 운전자를 대체하는 '자율주행시스템'을 개발하고 운전 자동화 단계로 나아가는 방안이 적극적으로 논의되어 왔으나, 최근 들어 '차량 단독의 자율주행 기능'에 대한 회의적 시각이 대두되고 있다. 도심지 일반도로에서 완전한 자율주행을 구현하기는 어렵다는 의견이 나타나고 있는데 주된 근거는 소프트웨어적 장애요인의 가능성을 배제할 수 없다는 것이다. 아직 자율주행차 사고는 희소하기 때문에 자율주행기술 개발을 위한 기계학습용 데이터가 절대적으로 부족한 실정이다. 또한 사물 중복으로 인해 인식 및 판단 장애도 여전히 해결되지 않고 있다. 완전한 자율주행차를 개발하기 위해서는 코딩 복잡성을 해결해야 하는데, 소프트웨어 복잡성 해소를 위해서는 높은 소프트웨어 유지관리 비용이 필요하다. 따라서 최근 차량 중심의 자율주행기술 대신 '인프라'를 활용한 자율주행기술 개념이 대두되고 있다. 이에 따르면 차량의 자율주행 기능과 도시 인프라의 자율주행 기능을 융합한 기술이 가장 현실적인 대안으로 주목받고 있다. 대표적 사례로 스웨덴의 대중교통공사 Scania는 5G 기반 통합관제센터를 활용하여 원격으로 버스를 운행하고 조종하는 실험을 진행하고 있다.

① 차량 자율주행 기술과 접목할 수 있는 기술이 존재한다.
② 도심지 일반도로 완전자율주행이 어려운 이유는 차량 물리 구조의 한계 때문이다.
③ 자율주행 사고 사례 기계학습을 할 수 있는 수준의 기술력이 없다.
④ 인프라 자율주행기술은 이론 설계 단계에 있다.

**05** 다음 글에서 추론한 내용으로 적절한 것은?

20세기 전까지 예술은 일상적인 것을 벗어나는 초월적인 것이었다. 그러나 20세기에 접어들면서 초월적 세계가 아닌 일상 속의 예술을 구현하고자 하는 움직임이 나타났다. 이들은 통념을 파괴하고 새로운 미적 기준을 제시함으로써 감상자에게 충격을 주고자 했다. 이러한 예술 유파를 '아방가르드'라고 한다.

대표적 아방가르드 작가인 뒤샹은 소변기를 구입해 서명한 뒤, <샘>이라고 이름 붙여 그대로 출품하였다. 뒤샹은 이를 통해 예술가의 과제가 재료의 선택에 있다는 점을 강조하고자 했으며, 예술 작품이 예전처럼 예술가의 의지를 반영하기만 하는 수동적 대상이 아니라는 것을 보여주고자 했다. 존 하트필드는 출처가 다른 부분들을 조합해서 새로운 전체를 창조하는 '포토몽타주' 기법을 선보였다. 기존 사진이 가지고 있는 본래의 의미를 파괴하고 이를 재료로 새로운 작품을 만드는 것은 기존 예술가의 권위에 대한 도전이기도 했다.

아방가르드 예술가들은 기존 예술이 추구했던 미덕과 미적 기준에 반기를 들면서, 오브제의 독창적 활용으로 관습에 도전하고자 했다. 그러나 아방가르드가 의도한 충격은 대중에게 그리 달갑지 않은 것이었다. 대중이 예술로부터 얻고자 하는 위안과 즐거움에 더 부합하는 것은 기존의 예술관이었기 때문이다.

① 아방가르드 유파는 일상 속의 예술을 구현하는 것보다 대중에게 충격을 주는 것을 중요시했을 것이다.

② 20세기의 대중은 예술 작품이 주는 위안보다 기존 예술가의 권위에 대한 도전이 주는 쾌감을 추구했을 것이다.

③ 뒤샹과 존 하트필드는 예술이 일상적인 것과는 다른 것이라고 생각했을 것이다.

④ 20세기 이전의 예술가들은 예술 작품의 재료보다 예술가의 의지가 중요한 것이라고 생각했을 것이다.

**06** 다음 글에 대한 이해로 가장 적절한 것은?

1960~1970년대에 제작된 포로수용소 영화는 전쟁이 끝난 지 오래되지 않은 시점에서 제작된 것이기 때문에 반공의 메시지를 답습하는 것이었다. 냉전 시대의 반공 영화들은 특히 당시 국방부의 후원을 받았기 때문이다. 1990년대 소련 연방이 무너지고 이념의 대립 구도가 종식되면서 영화에 평화의 메시지가 대두되기 시작하였지만, 이 시기에 만들어진 영화들도 여전히 반공의 메시지를 담고 있었다. 2000년대에 들어서며 한국형 블록버스터를 표방하는 <흑수선>이 등장했으나 이 역시 수용소를 스펙터클하게 보여주는 기능 이상을 넘어서지 못했다. 비교적 최근에 제작된 <스윙키즈> 역시 기존의 역사적 담론에서 자유롭지 못한 한계를 보인다. 원작에서 로기수는 자신의 꿈을 찾아 나가는 적극적이고 진취적인 인물로 묘사되지만, 영화는 포로 댄스단 자체에 주목하고 전쟁의 비극을 기억하자는 메시지로 마무리한다. 즉, 1990년대 이후의 작품들도 여전히 관객에게 교훈을 전해야 한다는 의무감에서 벗어나지 못하고 있다.

하지만 여전히 한국형 블록버스터 영화와 드라마들은 분단 상황을 모티프로 한 다양한 창작물들을 만들어내고 있다. 비록 탈냉전시대의 포로수용소를 그려낸 영화들이 기존의 문법을 넘어서지는 못했지만, 이후 등장하는 영화들은 다른 방식으로 한국전쟁을 기억할 수 있을 것이다.

① 1990년대 소련 연방이 무너진 이후의 영화에는 반공 메시지만 담겨 있었다.

② <스윙키즈>는 기존의 역사적 담론을 극복한 의의가 있는 작품이었다.

③ 2000년대에 들어서 만들어진 전쟁 관련 영화들은 국방부의 후원을 받았다.

④ 냉전 시대의 반공 영화들에는 관객에게 교훈을 전해야 하는 메시지가 들어 있었다.

Chapter
**07**

# 내용 추론 부정 발문

관련교재
**가** 출좋포 독해·문학 p.134~142

▶ **대표 출좋포 발문 체크**

다음 글을 이해한 내용으로 적절하지 않은 것은?

다음 글에서 추론한 내용으로 적절하지 않은 것은?

다음 글의 내용과 부합하지 않는 것은?

다음 글에서 알 수 있는 내용이 아닌 것은?

▶ **대표 출좋포 개관**

제시문의 내용을 추론하는 것으로 적절하지 않은 것을 고르는 문제는
항상 출제 0순위인 유형입니다.
인사혁신처 1차 샘플에는 2문제, 인사혁신처 2차 샘플에는 1문제가 나왔으니
꼭 정복해야 하는 유형임을 알 수 있습니다.
이 유형은 큼직큼직하게 푸는 것보다는 지엽적으로 풀어야 하는 유형이기 때문에
반드시 시간을 투자해야 하는 유형에 해당됩니다.

**출좋포 독해 이론** **출제자들이 좋아하는 오답 패턴**

**1 주체 혼동(객체 혼동)의 오류(대조 구문 多)**

예 에어버스의 조종사는 항공기 운항에서 자동조종시스템을 통제하고 조작한다. – 2023 국가직 9급
→ 보잉의 조종사

예 프톨레마이오스의 주전원은 지동설을 지지하고자 만든 개념이다. – 2023 국가직 9급
　　　　　　　→ 천동설

**2 비교의 오류**

예 17세기보다 나중 시기의 몽유록에서는 몽유자가 현실을 비판하는 경향이 강하게 나타난다. – 2023 국가직 9급
→ 나중 시기의 몽유록보다 17세기의 몽유록에서는

**3 인과의 오류 : 어떤 현상에 대한 원인을 잘못 파악한 경우**

예 최초의 IQ 검사는 학습 능력이 우수한 아이를 고르기 위해 시행되었다. – 2023 지방직 9급
→ IQ 검사의 도입 목적은 지적장애아 및 학습부진아를 가려내기 위한 것임을 1문단에서 서술하였다.

## 4 반대의 오류

예 디지털 트윈의 데이터 모델은 현실 세계의 각종 실험 모델보다 경제성이 낮다. - 2023 국가직 9급
→ 높다

예 루아르강 하구로부터 크림반도와 조지아를 잇는 선은 이탈리아보다 남쪽에 있을 것이다. - 2021 지방직 9급
→ 북쪽

## 5 미언급의 오류

예 디지털 트윈을 활용함에 따라 글로벌 기업들의 고용률이 향상되었다. - 2023 국가직 9급
→ 관련 시장이 확대되고 있다는 서술은 있지만, 고용률에 대한 언급은 없다.

예 한문은 한국어 문장보다 문장성분이 복잡하다. - 2023 지방직 9급
→ 한자는 문맥에 따라 같은 글자가 다른 문장성분으로 사용될 수 있다고 나와 있지만 이것이 한국어 문장보다 문장 성분이 복잡함을 의미하는 것은 아니다.

## 6 극단의 오류

'항상', '모두', '오직', '뿐', '만'과 같이 극단적인 내용

예 유엔에서 근무하는 외교관들은 유엔의 공용어를 다 구사하지 않으면 안 된다. - 2021 지방직 9급
→ 유엔에서 근무하는 외교관들은 유엔의 공용어를 다 구사하지 않아도 되었다.

예 고급 포도주는 모두 너무 덥지도 춥지도 않은 곳에서 재배된 포도로 만들어졌다. - 2021 지방직 9급
→ 백포도주는 뜨거운 여름 날씨가 지속하는 곳에서 명품이 만들어진다고 했으므로 적절하지 않다.

## 7 기준의 오류

예 루카치는 각기 다른 기준에 따라 그리스 세계를 세 시대로 구분하였다. - 2023 국가직 9급
→ 총체성

# 亦功 콤단문 독해 PIN POINT

## 기존 출제 유지 2024 버전

내용 추론 부정 발문

**01  다음 글의 내용과 부합하지 않는 것은?** 2023 국가직 9급

> 과학 혁명 이전 아리스토텔레스 철학은 로마 가톨릭교의 정통 교리와 결합되어 있었기 때문에 오랜 시간 동안 지배적인 영향력을 발휘하였다. 천문 분야 또한 예외는 아니었다. 아리스토텔레스의 세계관을 따라 우주의 중심은 지구이며, 모든 천체는 원운동을 하면서 지구의 주위를 공전한다는 천동설이 정설로 자리 잡고 있었다. 프톨레마이오스가 천체들의 공전 궤도를 관찰하던 도중, 행성들이 주기적으로 종전의 운동과는 반대 방향으로 움직인다는 관찰 결과를 얻었을 때 그는 이를 행성의 역행 운동을 허용하지 않는 천동설로 설명하고자 하였다. 그래서 지구를 중심으로 공전하는 원 궤도에 중심을 두고 있는 원, 즉 주전원(周轉圓)을 따라 공전 궤도를 그리면서 행성들이 운동한다고 주장하였다.
>
> 과학과 아리스토텔레스 철학의 결별은 서서히 일어났다. 그 과정에서 일어난 가장 중요한 사건은 1543년 코페르니쿠스가 행성들의 운동 이론에 관한 책을 발간한 일이다. 코페르니쿠스는 천체의 중심에 지구 대신 태양을 놓고 지구가 태양의 주위를 공전한다고 주장하였다. 태양을 우주의 중심에 둔 코페르니쿠스의 지동설은 행성들의 운동에 대해 프톨레마이오스보다 수학적으로 단순하게 설명하였다.

① 과학 혁명 이전 시기에는 천동설이 정설로 받아들여졌다.
② 프톨레마이오스의 주전원은 지동설을 지지하고자 만든 개념이다.
③ 천동설과 지동설은 우주의 중심을 어디에 두느냐에 따라 구분된다.
④ 행성의 공전에 대한 프톨레마이오스의 설명은 코페르니쿠스의 설명보다 수학적으로 복잡하였다.

# 신유형 2025 버전

내용 추론 부정 발문

**02** 다음 글에서 추론한 내용으로 적절하지 않은 것은? 2024 지방직 9급

모든 문화가 감정에 관한 동일한 개념적 자원을 발전시켜 온 것은 아니다. 이를테면 미국인들은 보통 당혹감, 수치심, 죄책감, 수줍음을 구별하지만 자바 사람들은 이러한 감정을 하나의 단어로 표현한다. 감정 어휘들은 문화마다 다를 뿐만 아니라 역사적으로도 다르다. 중세 시대에는 우울감이 '검은 담즙(melan chole)'으로 인해 발생한다고 생각했기에 우울증을 '멜랑콜리(melancholy)'라고 불렀지만 오늘날 그렇게 생각하는 사람은 거의 없다. 또한 인터넷의 발명과 함께 감정 어휘는 이메일 보내기, 문자 보내기, 트위터하기에 스며든 관습에 의해서도 형성된다. 이제는 내 감정을 말로 기술하기보다 이모티콘이나 글자의 일부를 따서 표현하기도 한다. 이러한 기술 주도적인 상징의 창조와 확산은, 사람들이 자신의 감정을 묘사하기 위한 새로운 선택지를 만든다는 점에서 또 다른 역사의 발전일 것이다.

① 감정에 대한 개념적 자원은 문화에 따라 달리 형성된다.
② 동일한 감정이라도 그것을 표현하는 방식은 시대에 따라 다를 수 있다.
③ 감정 어휘를 풍부하게 갖고 있는 집단은 그렇지 않은 집단보다 기술 발전에 더 유연한 태도를 보인다.
④ 오늘날 인터넷에서 이모티콘을 사용하는 것과 같이 과거에는 없었던 감정 표현 방식이 활용되기도 한다.

---

**빠르게 푸는 亦功 전략**

**1단계**

선지의 길이 확인하기
너무 길면 제시문으로
가기

짧으면 선지를 읽되
선지에서 전체적인 느낌
파악하기

**2단계**

제시문을 혜선 쌤이
수업에서 알려준
야매꼼수
방식으로 읽기

**3단계**

제시문을 읽을 때
선지의 초점어가
나타나면
더욱 집중해서 읽고
선지의 참 거짓을
판별하기

**01** 다음 글을 이해한 내용으로 적절하지 않은 것은?

2024 지방직 9급

몸의 곳곳에 분포한 통점이 자극을 받아서 통각 신경을 통해 뇌로 통증 신호를 전달할 때 통증을 느낀다. 통점을 구성하는 세포의 세포막에는 통로라는 구조가 있다. 이 통로를 통해 세포의 안과 밖으로 여러 물질들이 오가면서 세포 사이에 다양한 신호를 전달한다.

통점의 세포에서 인식한 통증 신호는 통각 신경을 통해 뇌로 전달된다. 재미있는 사실은 통각 신경이 다른 감각 신경에 비해서 매우 가늘어 신호를 느리게 전달한다는 것이다. 예를 들어 몸길이가 30m인 흰긴수염고래는 꼬리에 통증이 생기면 최대 1분 후에 아픔을 느낀다.

통각 신경이 다른 감각 신경에 비해 가는 이유는 더 많이 배치되기 위해서다. 피부에는 $1cm^2$당 약 200개의 통점이 빽빽이 분포하는데, 통각 신경이 굵다면 이렇게 많은 수의 통점이 배치될 수 없다. 이렇게 통점이 빽빽이 배치되어야 아픈 부위를 정확하게 알 수 있다. 반면 내장 기관에는 통점이 $1cm^2$당 4개에 불과해 아픈 부위를 정확하게 알기 어렵다. 폐암과 간암이 늦게 발견되는 것도 폐와 간에 통점이 거의 없기 때문이다.

① 통로는 여러 물질들이 세포의 안팎으로 오가며 신호를 전달하는 구조이다.
② 통증을 느끼지 못하게 되면, 치명적인 질병에 걸려도 질병의 발견이 늦을 수 있다.
③ 통각 신경은 다른 감각 신경에 비해서 매우 가늘기 때문에, 신호의 전달이 빠르다.
④ 아픈 부위가 어디인지를 정확하게 알기 위해서는, 통점이 빽빽하게 배치되어야 한다.

**02** 다음 글에서 알 수 있는 내용이 아닌 것은?

2024 지방직 9급

'저작권'이란 인간의 사상이나 감정을 창의적으로 표현한 저작물을 보호하기 위해 저작자에게 부여한 권리를 말한다. 저작물은 '인간의 사상 또는 감정을 표현한 창작물'이며 저작자란 '저작 행위를 통해 저작물을 창작해 낸 사람'을 가리킨다. 그러므로 숨겨져 있던 다른 사람의 저작물을 발견했거나 발굴해 낸 사람, 저작물 작성을 의뢰한 사람, 저작에 관한 아이디어나 조언을 한 사람, 저작을 하는 동안 옆에서 도와주었거나 자료를 제공한 사람 등은 저작자가 될 수 없다. 저작물에는 1차적 저작물뿐만 아니라 2차적 저작물과 편집 저작물도 포함되어 있으므로 2차적 저작물 또는 편집 저작물의 작성자 또한 저작자가 된다.

저작권 보호와 관련하여 "거인의 어깨 위 난쟁이는 거인보다 멀리 볼 수 있다."라는 말이 있다. '거인'이란 현재의 저작자들보다 앞서 창작 활동을 통해 저작물을 남긴 선배 저작자를 가리키는 것인데, 이 말은 창작자는 다른 사람이 만들어 놓은 저작물을 모방하거나 인용할 수밖에 없다는 점을 강조한 것이다. 다만, 난쟁이가 거인의 어깨 위에 올라서는 특권을 누리기 위해서는 거인으로부터 허락을 받아야 하거나 거인에게 그에 따르는 대가를 지불해야 한다는 뜻도 내포하고 있다는 사실을 잊지 말아야 할 것이다.

창작물을 저작한 사람에게 저작권이라는 권리를 부여해서 보호하는 이유는 '저작물은 문화 발전의 원동력이 되므로 좋은 저작물이 많이 나와야 그 사회가 문화적으로 풍요로워질 수 있기 때문'이라고 할 수 있다. 그런데 만일 저작자에게 아무런 권리를 부여하지 않는다면 저작자가 장기간 노력해서 창작한 저작물을 누구든지 아무런 대가를 치르지 않고도 마음대로 이용하게 될 것이므로, 저작자로서는 창작 행위를 계속하지 않을 가능성이 높다.

① 저작물의 개념과 저작자의 정의
② 1차적 저작물과 2차적 저작물의 차이
③ 저작물에 대해 창작자가 지녀야 할 태도
④ 저작권을 보호해야 하는 이유

## 03 다음 글을 이해한 내용으로 적절하지 않은 것은?

2023 국가직 9급

사람의 '지각과 생각'은 항상 어떤 맥락, 관점 혹은 어떤 평가 기준이나 가정하에서 일어난다. 이러한 맥락, 관점, 평가 기준, 가정을 프레임이라고 한다. 지각과 생각은 인간의 모든 정신 활동을 뜻한다. 따라서 우리의 모든 정신 활동은 진공 상태에서 일어나는 것이 아니라, 어떤 맥락이나 가정하에서 일어난다. 한마디로 우리가 프레임이라는 안경을 쓰고 세상을 보고 있음을 의미한다. 간혹 어떤 사람이 자신은 어떤 프레임의 지배도 받지 않고 세상을 있는 그대로, 객관적으로 본다고 주장한다면, 그 주장은 진실이 아닐 것이다.

① 인간의 정신 활동은 프레임 없이 일어나지 않는다.
② 프레임은 인간이 세상을 바라볼 때 어떤 편향성을 가지게 한다.
③ 인간의 지각과 사고를 확장하는 과정에서 프레임은 극복해야 할 대상이다.
④ 프레임은 인간의 정신 활동에 영향을 미치는 어떤 맥락이나 평가 기준이다.

## 04 다음 글의 내용과 부합하지 않는 것은?

2023 국가직 9급

몽유록(夢遊錄)은 '꿈에서 놀다 온 기록'이라는 뜻으로, 어떤 인물이 꿈에서 과거의 역사적 인물을 만나 특정 사건에 대한 견해를 듣고 현실로 돌아온다는 특징이 있다. 이때 꿈을 꾼 인물인 몽유자의 역할에 따라 몽유록을 참여자형과 방관자형으로 구분할 수 있다. 참여자형에서는 몽유자가 꿈에서 만난 인물들의 모임에 초대를 받고 토론과 시연에 직접 참여한다. 방관자형에서는 몽유자가 인물들의 모임을 엿볼 뿐 직접 그 모임에 참여하지는 않는다. 16~17세기에 창작되었던 몽유록에는 참여자형이 많다. 참여자형에서는 몽유자와 꿈속 인물들이 동질적인 이념을 공유하고 현실의 고통스러운 문제에 대해 의견을 나누며 비판적 목소리를 낸다. 그러나 주로 17세기 이후에 창작된 방관자형에서는 몽유자가 꿈속 인물들과 함께 현실을 비판하는 것이 아니라 구경꾼의 위치에 서 있다. 이 시기의 몽유록이 통속적이고 허구적인 성격으로 변모하는 것은 몽유자의 역할 변화와 무관하지 않다.

① 몽유자가 꿈속 인물들의 모임에 직접 참여하는지, 참여하지 않는지에 따라 몽유록의 유형을 나눌 수 있다.
② 17세기보다 나중 시기의 몽유록에서는 몽유자가 현실을 비판하는 경향이 강하게 나타난다.
③ 몽유자가 모임의 구경꾼 역할을 하는 몽유록은 통속적이고 허구적인 성격이 강하다.
④ 몽유자가 꿈속 인물들과 함께 현실을 비판하는 몽유록은 참여자형에 해당한다.

**05 다음 글에서 추론한 내용으로 적절하지 않은 것은?**

2023 지방직 9급

우리는 개별적으로 고립된 채 살아가는 존재일 수 없다. 사회 속에서 여럿이 모여 '복수(複數)'의 상태로 살아갈 수밖에 없는 존재라는 것이다. 복수의 상태로 살아가는 우리는 종(種)적인 차원에서 보면 보편적이고 동등한 존재이다. 그러나 우리는 각각 유일무이성을 지닌 '단수(單數)'이기도 하다. 즉 모든 인간은 개인으로서 고유한 인격체라는 특수성을 지닌다. 사회 속에서 우리는 보편적 복수성과 특수한 단수성을 겸비한 채 살아가고 있는 셈이다. 바로 이러한 이유로 우리는 다원적 존재이다. 이러한 존재들로 구성된 다원적 사회에서는 어떠한 획일화도 시도되어서는 안 된다. 우리가 이 같은 사회에서 살아가기 위해서는 타인을 포용하는 공존의 태도가 필요하다. 공동체 정화 등을 목적으로 개별적 유일무이성을 제거하는 것은 우리가 살아가는 사회의 다원성을 파괴하는 일이다.

① 우리는 고립된 상태에서 '단수'로 살아가는 존재가 아니다.
② 우리는 다원성을 지닌 존재로서 포용적으로 공존해야 한다.
③ 개인의 유일무이성을 보존하려는 제도는 개인의 보편적 복수성을 침해한다.
④ 개인의 특수한 단수성을 제거하려는 시도는 사회의 다원성을 파괴하는 결과로 이어질 수 있다.

**06 다음 글을 이해한 내용으로 적절하지 않은 것은?**

2023 지방직 9급

고소설의 유통 방식은 '구연에 의한 유통'과 '문헌에 의한 유통'으로 나눌 수 있다. 구연에 의한 유통은 구연자가 소설을 사람들에게 읽어 주는 방식으로, 글을 모르는 사람들과 글을 읽을 수 있지만 남이 읽어 주는 것을 선호하는 이들을 대상으로 이루어졌다. 구연자는 '전기수'로 불렸으며, 소설 구연을 통해 돈을 벌던 전문적 직업인이었다. 하지만 이 방식은 문헌에 의한 유통에 비해 시간과 공간의 제약이 많아서 유통 범위를 넓히는 데 뚜렷한 한계가 있었다.

문헌에 의한 유통은 차람, 구매, 상업적 대여로 나눌 수 있다. 차람은 소설을 소유하고 있는 사람에게 직접 빌려서 보는 것으로, 알고 지내던 개인들 사이에서 이루어졌다. 구매는 서적 중개인에게 돈을 지불하고 책을 사는 것인데, 책값이 상당히 비쌌기 때문에 소설을 구매할 수 있는 사람은 그리 많지 않았다. 상업적 대여는 세책가에 돈을 지불하고 일정 기간 동안 소설을 빌려 보는 것이다. 세책가에서는 소설을 구매하는 것보다 훨씬 적은 비용으로 빌려 볼 수 있었기 때문에 경제적으로 넉넉하지 않은 사람도 소설을 쉽게 접할 수 있었다. 이로 인해 조선 후기 사회에서 세책가가 성행하게 되었다.

① 전기수는 글을 모르는 사람들에게 소설을 구연하였다.
② 차람은 알고 지내던 사람에게 대가를 지불하고 책을 빌려 보는 방식이다.
③ 문헌에 의한 유통은 구연에 의한 유통에 비해 시간과 공간의 제약이 적었다.
④ 조선 후기에 세책가가 성행한 원인은 소설을 구매하는 비용보다 세책가에서 빌리는 비용이 적다는 데 있다.

## 07 다음 글에서 추론한 내용으로 적절하지 않은 것은?

2023 지방직 9급

프랑스에서 의무교육 제도를 실시하면서 정규학교에 입학하기 어려운 지적장애아, 학습부진아를 가려내고자 하였다. 이에 기초 학습 능력 평가를 목적으로, 1905년 최초의 IQ 검사가 이루어졌다. 이 검사를 통해 비로소 인간의 지능을 구체적으로 수치화하고 객관적으로 비교할 수 있게 되었다.

이후 오랫동안 IQ가 높으면 똑똑한 사람, 그렇지 않으면 머리가 좋지 않고 학습에도 부진한 사람으로 판단했다. 물론 IQ가 높은 아이는 그렇지 않은 아이에 비해 읽기나 계산 등 사고 기능과 관련된 과목에서 높은 성취도를 보이는 경우가 많다. 이는 IQ 검사가 기초 학습에 필요한 최소 능력인 언어 이해력, 어휘력, 수리력 등을 측정하기 때문이다. 학습의 기초 능력을 측정하는 IQ 검사에서 높은 점수를 받은 아이는 동일한 능력을 측정하는 학업 평가에서도 높은 점수를 받을 가능성이 크다. 하지만 문제는 IQ 검사가 인간의 지능 중 일부만을 측정한다는 점이다.

① 최초의 IQ 검사는 학습 능력이 우수한 아이를 고르기 위해 시행되었다.
② IQ 검사가 만들어지기 전에는 인간의 지능을 수치로 비교할 수 없었다.
③ IQ가 높은 아이라도 전체 지능은 높지 않을 수 있다.
④ IQ가 높은 아이가 읽기 능력이 좋을 확률이 높다.

## 08 다음 글에서 추론한 내용으로 적절하지 않은 것은?

2023 지방직 9급

한글은 소리를 나타내는 표음문자여서 한국어 문장을 읽는 데 학습해야 할 글자가 적지만, 한자는 음과 상관없이 일정한 뜻을 나타내는 표의문자여서 한문을 읽는 데 익혀야 할 글자 수가 훨씬 많다. 이러한 번거로움에도 한글과 달리 한자가 갖는 장점이 있다. 한글에서는 동음이의어, 즉 형태와 음이 같은데 뜻이 다른 단어가 많아 글자만으로 의미를 파악하지 못하는 경우가 많다. 하지만 한자는 그렇지 않다. 예컨대, 한글로 '사고'라고만 쓰면 '뜻밖에 발생한 사건'인지 '생각하고 궁리함'인지 구별할 수 없다. 한자로 전자는 '事故', 후자는 '思考'로 표기한다. 그런데 한자는 문맥에 따라 같은 글자가 다른 뜻으로 쓰이지는 않지만 다른 문장성분으로 사용되기도 해 혼란을 야기한다. 가령 '愛人'은 문맥에 따라 '愛'가 '人'을 수식하는 관형어일 때도, '人'을 목적어로 삼는 서술어일 때도 있는 것이다.

① 한문은 한국어 문장보다 문장성분이 복잡하다.
② '淨水'가 문맥상 '깨끗하게 한 물'일 때 '淨'은 '水'를 수식한다.
③ '愛人'에서 '愛'의 문장성분이 바뀌더라도 '愛'는 동음이의어가 아니다.
④ '의사'만으로는 '병을 고치는 사람'인지 '의로운 지사'인지 구별할 수 없다.

## 09 다음 글에서 알 수 있는 내용으로 적절하지 않은 것은?

2023 지역인재 9급

편의점이 동네를, 도시를, 그리고 세상을 덮고 있다. 인구 대비 편의점 밀도를 따질 경우 편의점의 최초 발상지인 미국은 물론 편의점의 최대 발흥지였던 일본과 대만을 제치고 대한민국이 목하 세계 최고 수준이다. 우리나라는 편의점 1개당 일일 평균 방문객이 359명이라는데, 이는 하루 평균 880만 명 이상이 출입한다는 것을 의미한다. 전국 방방곡곡으로 편의점이 확산되는 가운데, 웬만한 길가나 건물에서 편의점을 만나기란 파출소나 우체국 찾기보다 훨씬 쉬워졌다. 시나브로 편의점이 우리 일상에 성큼 들어와 있는 것이다.

현재 우리나라에서 아파트가 국민 주택이라면 편의점은 국민 점포라 해도 과언이 아니다. 그런데 편의점은 결코 단순한 점포에 그치는 것이 아니다. 편의점의 시작은 분명히 소매 유통업이었지만, 그 끝이 어디일지는 누구도 장담하지 못하는 상태. 편의점은 일상에 필요한 대부분의 상품과 서비스를 판매하면서 주변 상권을 흡수 통일하고 있을 뿐 아니라 금융이나 치안, 복지 등에 관련된 공적 영역으로도 적극 진출하고 있다. 편의점이 자임하는 문화적 기능도 크게 확대되고 있다. 이제 일상 대화에서도 편의점 아르바이트나 편의점 창업이라는 말이 자연스럽게 오간다. 이처럼 언제부턴가 우리에게 편의점은 삶의 일부가 되었다.

① 편의점은 한국에서 일상에 가까운 시설이 되었다.
② 편의점은 한국에서 미국과 일본, 대만보다도 인구 대비 밀도가 높다.
③ 편의점은 한국에서 공적 영역으로 진출하면서 새로운 진입 장벽에 부딪혔다.
④ 편의점은 한국에서 일상 대화에서의 화제가 될 만큼 삶의 일부가 되었다.

## 10 다음 글에서 추론한 것으로 적절하지 않은 것은?

2023 지역인재 9급

도파민은 쾌락, 욕망, 동기 부여, 감정, 운동 조절 등에 영향을 미치는 뇌의 신경 전달 물질이다. 스웨덴 아르비드 칼손 박사는 도파민이 과다하면 조현병이 발생하고, 지나치게 적으면 우울증이 생기는 인간의 두뇌 현상을 의학적으로 규명한 바 있다. 도파민은 생명 유지에 필수적이지만, 끊임없이 더 많은 쾌락과 자극을 추구하게 하여 각종 중독과 병리적 현상을 유발하기도 한다. 어떤 행동을 할 때 일정한 감각적 자극을 받으면 도파민이 분비되면서 만족감을 느끼고, 그 행동이 습관화된다. 도파민에 휩싸인 뇌가 그 자극에 적응하면, 더 많은 자극을 요구하게 된다. 최근 미국에서는 소셜미디어나 게임 중독에서 벗어나기 위해 도파민 단식에 돌입하는 사람들이 나타났다. 인간의 심리적 본능과 취약점을 노린 디지털 서비스 이용 방식에 대한 성찰에서 출발한 도파민 단식 방법은 가능한 한 모든 감각적 자극을 최소화하기 위하여 디지털 기기의 사용은 물론 음악 감상이나 격렬한 운동 등의 활동을 전면 중단하고, 가벼운 독서와 간단한 스트레칭 그리고 실내 산책 등으로 소일하는 것이다.

① 도파민이 과다하면 우울증에 시달릴 수 있겠군.
② 도파민 단식 방법으로 격렬한 운동을 중단할 수도 있겠군.
③ 뇌가 감각적 자극에 적응하면 더 강력한 쾌락을 추구하겠군.
④ 디지털 서비스 이용 과정에서 인간의 심리적 본능과 취약점이 드러날 수도 있겠군.

**01** 다음 글에 대한 이해로 적절하지 않은 것은?

원시 사회에서는 부족과 어떤 동식물들이 특별한 관계가 있다고 여겨졌다. 이들을 토템, 이러한 토템을 숭배하는 신앙을 토테미즘이라고 한다. 원시 부족과 토템과의 특별한 관계는 혈연관계로 인식되는 경우가 많기에 대부분의 토테미즘에서는 해당 토템을 손상시키거나 죽이는 것을 금하는 '터부'가 존재한다. 우리나라의 단군 신화에는 대표적으로 곰과 호랑이를 숭배하던 토테미즘이 존재하며, 현대에 이르러 토템에 대한 숭배 자체는 약화되었으나, 민족과 대상과의 특별한 관계는 유지되어 토템이 국가의 상징으로 쓰이는 경우는 쉽게 찾아볼 수 있다.

반면 애니미즘은 해와 달, 별 등의 자연물에 신격을 부여하여 자연 현상을 이해하고자 하는 원시적인 종교의 형태이다. 다만 애니미즘은 대상이 되는 자연물 그 자체를 숭배하는 신앙은 아니다. 대상이 되는 자연물에는 신적 존재인 정령이 깃들어 있고, 깃들어 있는 정령을 숭배하는 것이 애니미즘의 본질이다. 우리나라의 설화에 자주 등장하는 산신령은 애니미즘을 상징하는 대표적인 존재라고 할 수 있다.

① 토테미즘을 숭배하는 원시 부족은 토템과 자신들의 부족이 혈연관계로 맺어져 있다고 믿는다.

② 애니미즘을 숭배하는 집단은 자연물에 신격을 부여하고 그 대상을 숭배함으로써 자연 현상을 이해하고자 한다.

③ 토테미즘 사상은 현대에 들어 약화되었으나 아직까지 토템이 국가의 상징으로 쓰이기도 한다.

④ 우리나라 설화에는 애니미즘과 관련된 존재들이 등장하기도 한다.

**02** 다음 글을 읽고 추론한 내용으로 적절하지 않은 것은?

친한 친구로부터 평소에 갖고 싶었던 물건을 선물 받는 상황을 상상해보자. 이때 느끼는 행복이라는 정서는 행복감이라는 감정적 요소와 '친구가 나에게 선물을 주었다.'라는 판단으로 이루어져 있다. 전자를 중심으로 정서를 정의하는 이론을 '감정 이론'이라 하고, 후자를 중심으로 정서를 정의하는 이론을 '인지주의적 이론'이라고 한다.

감정 이론에 의하면, 정서란 자신도 모르게 생기는 느낌이며, 이는 순전히 감정적인 요소를 통해서 이해할 수 있는 것이다. 즉, 주어진 상황에 대한 판단이나 믿음을 배제하고, 어떻게 느끼느냐를 이해함으로써 정서를 파악할 수 있다는 것이다. 감정 이론에서는 인지적 요소는 배제한 채, 선물을 받았을 때 행복이라는 우리의 정서를 행복감이라는 감정적 요소와 동일시할 뿐이다. 그런데 인지적 요소를 배제하고 감정적 요소만을 강조한다면 개별 정서의 차이를 구분하여 설명하지 못한다. 또, 그 정서가 윤리적으로 적절한지 즉, 당위적인 가치 기준에 부합하는지를 판단할 수 없게 된다.

한편, 인지주의적 이론에 의하면 비슷한 정서들을 판단 또는 믿음을 근거로 개별 정서로 분류할 수 있다. 이때 정서를 결정하는 판단과 믿음에는 당위적인 가치 기준이 개입될 수 있다. 다만 인지주의적 이론으로는 우리가 보편적으로 정서를 감정과 동일시하는 성향을 설명하기 어렵다. 이에 오늘날에는 두 이론을 종합하여 다양한 측면에서 정서를 이해하려는 연구가 행해지고 있다.

① 감정 이론은 인지주의적 이론보다 감정과 정서를 동일시하는 보편적 성향을 설명하기에 적절한 이론이다.

② 인지주의적 이론에서 정서란 자신도 모르게 생긴 것이 아니라 판단에 근거한 것이다.

③ 감정 이론을 따르면 판단이나 믿음을 배제하고도 개별 정서의 차이를 구분하여 설명할 수 있다.

④ 인지주의적 이론을 따르면 정서가 당위적인 가치 기준에 부합하는지도 판단할 수 있다.

**03** 다음 글에서 추론한 내용으로 적절하지 않은 것은?

한글은 소리를 나타내는 표음(表音)문자여서 문장을 읽기 위해 학습해야 하는 글자 수가 적은 편이지만, 문맥을 고려하지 않으면 정확한 뜻을 파악하기 어렵다는 한계가 있다. 이에 반해 한자는 표의(表儀)문자여서 익혀야 할 단어 수는 많지만 정확한 뜻을 파악하는 것이 용이하다는 장점을 가지고 있다. 이러한 특성 때문에 한국인의 언어생활에서 다양한 언어유희가 나타난다. 예를 들어, '과일 중에서 가장 뜨거운 과일을?'이라는 난센스 퀴즈의 답은 '천도복숭아'이다. 이는 1,000℃를 뜻하는 '천도'와, 선가(仙家)에서 하늘나라에 있는 복숭아라고 일컫는 '천도(天桃)'의 발음이 같다는 데에서 착안한 것이다. 따라서 한글로 표기한 단어의 뜻을 파악하기 위해서는 단어가 사용된 맥락을 고려하여 능동적으로 해석하는 자세가 필요하다.

① '급수'만으로는 '기술 따위의 우열에 따라 매긴 등급'인지 '물을 대어 줌'인지 구별할 수 없다.
② 한자를 병기할 경우 오독(誤讀) 가능성이 줄어들 수 있다.
③ 단어가 사용된 맥락을 확인하여 문맥상 의미를 파악하는 자세가 필요하다.
④ 한문으로 쓴 글을 읽을 때는 오독(誤讀)이 발생하지 않는다.

**04** 다음 글에서 추론할 수 있는 내용으로 적절하지 않은 것은?

일본의 후생노동성에서 발표한 바에 따르면 2019년 출생아는 86만 4천 명으로 전년 대비 5만 4천 명이 감소한 반면, 연간 사망자 수는 137만 6천 명으로 전년 대비 1만 4천 명이 증가하였다. 인구의 자연 감소가 처음으로 50만 명을 넘어선 것이다. 이러한 구조의 변동으로 젊은 세대의 불만은 나날이 커지고 있으며 일본의 세대 간 갈등은 그 어느 때보다 심각한 상황이다. 언론에서는 연일 저출산·초고령 사회의 심각성에 대해 논하고 있다. 하지만 이러한 언론보도 내용은 앞으로의 대책 마련보다는 고령인구 증가로 인한 부정적 결과를 중심으로 이루어져 있어 사회적 불안감은 더욱 가중되고 있다. 1947년에서 1949년 사이에 태어난 일본의 베이비 붐 세대인 '단카이 세대'가 후기 고령자로 진입하게 되면 심각한 수준의 의료 문제가 발생할 수 있다. 일본은 이를 "2025년 문제"라 정의하고 내과 전문의가 1만 4천 명, 간호 인력이 27만 3천 명, 간병 인력 34만 명이 부족할 것이라고 예측하고 있다.

① 일본의 자연 인구 감소는 출생아의 감소와 사망자의 증가라는 두 가지 요인이 복합적으로 작용한 것이다.
② 단카이 세대의 후기 고령자 진입은 일본 의료 시스템의 부담을 가중할 가능성이 높다.
③ 일본의 젊은 세대 중 일부는 현재의 인구구조에 불만을 품고 있을 것이다.
④ "2025년 문제"의 핵심은 일본의 경제성장률 하락이다.

## 05 다음 글에 대한 이해로 적절하지 않은 것은?

1970~1980년대 서울 도시개발사업이 강남 중심으로 이루어졌다면, 2000년대부터 시작된 뉴타운 사업은 상대적으로 낙후된 강북지역에서 집중적으로 실시되었다. 2000년대 서울 재개발은 진행 과정에서 거주민과 지자체 사이의 다양한 갈등을 야기했다. 특히 기존의 건물과 주택, 시설이 밀집한 지역에서 갈등이 집중적으로 관찰되었는데, 가장 핵심적인 갈등은 종교시설을 중심으로 야기되었다. 강북 뉴타운 사업 대상지에서는 종교시설의 존치와 이전, 청산 등의 문제를 두고 조합과 종교 간 상이한 입장을 보이면서 재개발사업 자체가 중단되거나 지연되기도 했다. 또한 재개발 과정에서 일부 종교시설은 이전보다 확장된 현대적 시설을 소유하게 되었으나, 어떤 종교시설은 기존의 부지와 구성원들을 잃어버리고 청산 작업에 들어가기도 했다. 종교가 도시재개발의 최대 수혜자가 되기도 했지만, 다른 한편으로는 도시재개발의 최대 피해자가 되는 이중적 현상이 나타난 것이다.

① 2000년대 강북은 상대적으로 낙후된 지역이었다.
② 도시 재개발은 거주민과 지자체 사이의 갈등을 유발했다.
③ 종교시설 문제는 재개발사업 중단의 원인이 되기도 했다.
④ 모든 종교시설은 재개발 과정에서 금전적 보상을 받았다.

## 06 다음 글에서 추론한 내용으로 적절하지 않은 것은?

챗GPT는 자아를 지닌 강인공지능의 범주에 속할 수 있는가? 챗GPT가 공개되고 난 뒤 대중들은 이것이 자아를 지닌 인공지능의 탄생인지를 의심할 수밖에 없었다. 기존의 인공지능과 달리 챗GPT는 인간의 언어를 명확하게 이해하는 듯했으며, 이것은 우리가 인공지능에서 기대하는 바를 현상적으로 보여 주기 때문이다.

그러나 챗GPT는 자연어 처리 및 생성 기술을 기반으로 한 대화형 인공지능에 불과하다. 자연어 처리 기술이란 컴퓨터가 인간의 언어를 알아들을 수 있게 만드는 기술로, 단지 알고리즘에 따라 정해진 답안을 제시할 뿐, 정말로 인간의 언어를 이해하고, 그에 대한 공감과 답변을 처리하는 것은 아니다. 다만 챗GPT는 자연어 처리 기술이 극에 달한 경우라고 할 수 있다.

어떤 인공지능이 강인공지능으로 분류되기 위해서는 이러한 알고리즘 수행의 한계를 벗어나야 한다. 이를 위해서는 인간이 가진 것과 비슷하거나 동일한 '의식'이 필수적이다. 강인공지능으로 분류되는 인공지능은 프로그래밍된 알고리즘은 물론이고, 이를 바탕으로 새로운 알고리즘을 창조하여 문제 해결이 가능해야 한다. 그러나 이에 대한 과학계의 반응은 회의적이다. 의식을 프로그램에 구현할 수 있는가는 미지수이며, 인간의 의식이 근본적으로 어디에서 기인하는가도 밝혀지지 않았을뿐더러 인간의 자유의지 여부마저 규명되지 않았기 때문이다.

① 자연어 처리 및 생성 기술의 발달이 극에 달하면 우리가 인공지능에서 기대하는 바가 충족된 것처럼 느낄 수 있다.
② 인공지능이 알고리즘 수행의 한계에 머물러 있더라도 의식을 가졌다면 이는 강인공지능의 탄생을 의미할 수 있다.
③ 인간이 지닌 의식에 대해 아직 충분히 밝혀진 바는 없으며, 이로 인해 강인공지능의 탄생에는 근본적인 한계가 있다고 할 수 있다.
④ 자연어 처리 및 생성 기술은 컴퓨터가 인간의 언어를 알아들을 수 있게 하지만 인공지능이 의식을 통해 이를 이해하는 것은 아니다.

# 밑줄 추론

▶ 대표 **출좋포** 발문 체크

다음 밑줄 친 부분의 의미를 풀어 쓴 것으로 적절한 것은?

밑줄 친 부분의 이유에 대한 필자의 견해로 볼 수 없는 것은?

㉠, ㉡의 주장에 대한 비판으로 적절하지 않은 것은?

㉠에 대한 설명으로 적절한 것은?

▶ 대표 **출좋포** 개관

제시문의 밑줄의 의미나 이유를 물어보는 추론 유형입니다.

이 유형은 인사혁신처 1, 2차 샘플에서 출제되지는 않았으나 충분히 나올 수 있는 유형이므로 학습해야 하며

지엽적인 정보보다도 핵심 정보를 추출해 내는 것이 중요한 유형입니다.

강의에서 알려 주는 방법을 써야 정확하게 문제를 풀 수 있으므로 반드시 1) 어느 부분을 독해해야 하는지

2) 어느 곳에 초점을 맞춰 밑줄을 그어야 하는지 학습해야 합니다.

## 기존 출제 유지 2024 버전

### 밑줄 추론

**01** ㉠, ㉡의 주장에 대한 비판으로 적절하지 않은 것은? 2021 지방직 7급

투표 제도에는 투표권 행사를 투표자의 자유의사에 맡기는 자유 투표제와 투표권 행사를 정당한 사유 없이 기권하면 법적 제재를 가하는 의무 투표제가 있다. 우리나라는 자유 투표제를 채택하고 있는데, ㉠의무 투표제를 도입하자는 측은 낮은 투표율로 투표 결과의 정당성이 확보되지 못하는 문제를 지적한다. 법적 제재는 분명 높은 투표율로 이어질 것이므로 의무 투표제가 낮은 투표율을 해결할 최선의 방안이라고 그들은 말한다. 나아가 더 많은 국민이 투표에 참여할수록 정치인들은 정책 경쟁력을 높이려 할 것이므로 정치 소외 계층에 대한 관심이 높아질 것이라고 기대한다.

반면 ㉡의무 투표제에 반대하는 측은 현재 우리나라의 투표율이 정치 지도자들의 대표성을 훼손할 만큼 심각하지는 않다고 본다. 또 시민 교육 등 다른 방식으로도 투표율 상승을 기대할 수 있다며 의무 투표제가 투표율을 높일 가장 효과적인 방안은 아니라고 말한다. 그리고 의무 투표제를 도입하면, 선출된 정치인들이 높은 투표율을 핑계로 안하무인의 태도를 취하는 부작용이 생겨 국민의 뜻이 오히려 왜곡될 수 있다는 우려의 목소리를 내고 있다.

① ㉠은 투표율의 증가가 후보들의 정책 경쟁으로 이어진다는 것에 대한 근거를 제시해야 한다.
② ㉠은 정당한 사유 없는 기권에 대한 법적 제재가 투표율 상승으로 이어진다는 것을 뒷받침할 자료를 제시해야 한다.
③ ㉡은 선출된 정치인들이 높은 투표율을 핑계로 안하무인의 태도를 취하는 부작용에 대한 대책을 제시해야 한다.
④ ㉡은 현재 우리나라의 투표율이 정치 지도자들의 대표성을 훼손할 만큼 심각하지 않다는 것에 대한 근거를 제시해야 한다.

### 빨리 푸는 亦功 전략

**1단계**

밑줄 추론의 경우에는 선지보다는 제시문을 먼저 읽기

**2단계**

밑줄 추론 제시문은 핵심 부분에 밑줄을 긋는 것이 생명!

**3단계**

㉠ 핵심 내용을 읽고 ①, ②를 판단하고

㉡ 핵심 내용을 읽고 ③, ④를 판단하기

PART 02

## 01 ㉠에 대한 설명으로 적절한 것은?

2023 국회직 8급

일본 문학의 세계가 여자들에게 열려 있긴 했어도 ㉠헤이안 시대의 여성들은 그 시대 대부분의 책에서는 자신들의 목소리를 발견할 수 없었을 것이다. 그리하여 한편으로는 읽을거리를 늘리기 위해, 그리고 다른 한편으로는 그들만의 독특한 취향에 상응하는 읽을거리를 손에 넣기 위해 여성들은 그들만의 고유한 문학을 창조해 냈다. 그 문학을 기록하기 위해 여성들은 그들에게 허용된 언어를 음성으로 옮긴 가나분카쿠를 개발하기에 이르렀는데, 이 언어는 한자 구조가 거의 배제된 것이 특징이다. 이는 여성들에게만 국한되어 쓰이면서 '여성들의 글자'로 알려지게 되었다.

발터 벤야민은 "책을 획득하는 방법 중에서도 책을 직접 쓰는 것이야말로 가장 칭송할 만한 방법으로 평가받을 수 있다"라고 논평했던 적이 있다. 헤이안 시대의 여자들도 깨달았듯이 어떤 경우에는 책을 직접 쓰는 방법만이 유일한 길일 수가 있다. 헤이안 시대의 여자들은 그들만의 새로운 언어로 일본 문학사에서, 아마도 전 시대를 통틀어 가장 중요한 작품 몇 편을 남겼다. 무라사키 부인이 쓴 「겐지 이야기」와 작가 세이 쇼나곤의 「마쿠라노소시」가 그 예이다.

「겐지 이야기」, 「마쿠라노소시」 같은 책에서는 남자와 여자의 문화적·사회적 삶이 소상하게 나타나지만, 그 당시 궁정의 남자 관리들이 대부분 시간을 할애했던 정치적 술책에 대해서는 거의 관심을 보이지 않는다. 언어와 정치 현장으로부터 유리되어 있었기 때문에 세이 쇼나곤과 무라사키 부인조차도 이런 활동에 대해서는 풍문 이상으로 묘사할 수 없었다. 어떤 예이든 이런 여성들은 근본적으로 그들 자신을 위해 글을 쓰고 있었다. 다시 말해 그들 자신의 삶을 향해 거울을 받쳐 들고 있었던 셈이다.

① 읽을거리에 대한 열망을 문학 창작의 동력으로 삼았다.
② 창작 국면에서 자신들의 언어를 작품에 그대로 담아 내지 못했다.
③ 궁정에서 일어나는 정치적 행위에 대하여 치밀하게 묘사하였다.
④ 한문학에 대한 지식을 바탕으로 문학 창작에 참여하였다.
⑤ 문필 활동은 남성의 전유물이었기 때문에 남성적 취향의 문학 독서를 수행하였다.

## 02 다음 밑줄 친 부분의 의미를 풀어 쓴 것으로 적절한 것은?

2020 지방직 9급

2004년 1월 태국에서는 한 소년이 극심한 폐렴 증세로 사망했다. 소년의 폐는 완전히 망가져 흐물흐물해져 있었다. 분석 결과, 이전까지 인간이 감염된 적이 없는 인플루엔자 바이러스가 원인으로 밝혀졌다. 소년은 공식적으로 고병원성 조류 인플루엔자 바이러스, H5N1의 첫 사망자가 되었다. 계절 독감으로 익숙한 인플루엔자 바이러스가 이렇게 치명적일 수 있었던 것은 인간의 면역 반응 때문이다. 인류 역사상 단 한 번도 만나본 적이 없는 새로운 바이러스가 침입하자 면역계가 과민 반응을 일으켜 도리어 인체에 해를 끼친 것이다. 이런 현상을 '사이토카인 폭풍'이라 부른다. 사이토카인 폭풍은 면역 능력이 강한 젊은 층일수록 더 세게 일어난다.

만약 집에 ㉠좀도둑이 들었다면 작은 손해를 각오하고 인기척을 내 도둑 스스로 도망가게 하는 것이 상책이다. 그런데 만약 ㉡몽둥이를 들고 도둑과 싸우려 든다면 도둑은 ㉢강도로 돌변한다. 인체가 H5N1에 감염되면 똑같은 일이 벌어진다. 처음에 새가 아닌 다른 숙주 몸속에 들어온 바이러스는 과민 반응한 면역계와 죽기 살기로 싸운다. 그 결과 50%가 넘는 승률로 바이러스가 승리한다. 그러나 ㉣승리의 대가는 비싸다. 숙주가 죽어 버렸기 때문에 바이러스 역시 함께 죽어야만 한다. 이것이 바로 악명을 떨치면서도 조류 독감의 사망 환자 수가 전 세계에서 400명을 넘기지 않는 이유다. 이 질병이 아직 사람 사이에서 감염되는 사례가 나타나지 않은 이유도 바이러스가 인체라는 새로운 숙주에 적응하지 못했기 때문으로 추정할 수 있다.

① ㉠: 면역계의 과민 반응
② ㉡: 계절 독감
③ ㉢: 치명적 바이러스
④ ㉣: 극심한 폐렴 증세

**03** 밑줄 친 부분의 이유에 대한 필자의 견해로 볼 수 없는 것은?

2018 지방직 9급

관리가 본디부터 간악한 것이 아니다. 그들을 간악하게 만드는 것은 법이다. 간악함이 생기는 이유는 이루 다 열거할 수 없다. 대체로 직책은 하찮은데도 재주가 넘치면 간악하게 되며, 지위는 낮은데도 아는 것이 많으면 간악하게 되며, 노력을 조금 들였는데도 효과가 신속하면 간악하게 되며, 자신은 그 자리에 오랫동안 있는데 자신을 감독하는 사람이 자주 교체되면 간악하게 되며, 자신을 감독하는 사람의 행동이 또한 정도에서 나오지 않으면 간악하게 되며, 아래에 자신의 무리는 많은데 윗사람이 외롭고 어리석으면 간악하게 되며, 자신을 미워하는 사람이 자신보다 약하여 두려워하면서 잘못을 밝히지 않으면 간악하게 되며, 자신이 꺼리는 사람이 같이 죄를 범하였는데도 서로 버티면서 죄를 밝히지 않으면 간악하게 되며, 형벌에 원칙이 없고 염치가 확립되지 않으면 간악하게 된다. …… 간악함의 일어나기 쉬운 것이 대체로 이러하다.

① 노력은 적게 들이고 성과를 빨리 얻는다.
② 자신이 범한 과오를 감추고 남의 잘못을 드러낸다.
③ 자신은 같은 자리에 있으나 감독자가 자주 교체된다.
④ 자신의 세력이 밑에서 강한 반면 상부는 외롭고 우매하다.

**04** ㉠에 해당하는 것과 ㉡에 해당하는 것을 문맥적 의미를 고려하여 짝지을 때 적절하지 않은 것은?

2018 국가직 7급

내 집에 당장 쓰러져 가는 행랑채가 세 칸이나 되어 할 수 없이 전부 수리하였다. 그중 두 칸은 이전 장마에 비가 새면서 기울어진 지 오래된 것을 알고도 이리저리 미루고 수리하지 못한 것이고 한 칸은 한 번 비가 새자 곧 기와를 바꿨던 것이다. 이번 수리할 때에 기울어진 지 오래였던 두 칸은 들보와 서까래들이 다 썩어서 다시 쓰지 못하게 되어 수리하는 비용도 더 들었으나, 비가 한 번 새었던 한 칸은 재목이 다 성하여 다시 썼기 때문에 비용도 덜 들었다. 나는 ㉠의 경험을 통해 ㉡깨달음을 얻었다. 이러한 것은 사람에게도 있는 일이다. 자기 과오를 알고 곧 고치지 않으면 나무가 썩어서 다시 쓰지 못하는 것과 같고, 과오를 알고 고치기를 서슴지 않으면 다시 착한 사람이 되기 어렵지 않으니 집 재목을 다시 쓰는 이로움과 같은 것이다. 다만 한 사람만이 아니라 한 나라의 정치도 또한 이와 같아서 백성의 이익을 침해하는 일이 심하여도 그럭저럭 지내고 고치지 않다가 백성이 떠나가고 나라가 위태롭게 된 뒤에는 갑자기 고치려고 해도 바로잡기가 대단히 어려우니 삼가지 않아서야 되겠는가?

— 이규보, 〈이옥설〉

| | ㉠ | ㉡ |
|---|---|---|
| ① | 기와를 바꾸다. | 과오를 고치다. |
| ② | 미루고 수리하지 않다. | 과오를 알고도 곧 고치지 않다. |
| ③ | 들보와 서까래가 다 썩다. | 나라를 바로잡을 방도가 없다. |
| ④ | 비가 새서 기울어진 상태 | 자기 과오 |

**01** '다른 사람의 마음 문제에서 ㉠~㉢에 해당하는 내용은?

다른 사람의 아픔을 아는 방식은 현상, 행동, 말을 통해 추론하는 것이다. 이와 비슷하게 내가 가지고 있는 마음을 다른 사람도 가졌는지 의심하는 철학적 문제를 '다른 사람의 마음 문제'라고 부른다. 여기서 다른 사람이 아프다는 것을 직접 알지 못한다는 것은 다른 사람이 거짓 행동을 한다는 뜻이 아니라, 다른 사람도 나와 같은 방식으로 생각하고 느끼고 의식한다는 것을, 곧 마음을 갖는다는 것을 의심하는 것이다. 이 의심은, 세계에 대한 우리의 앎을 믿을 수 있느냐는 '인식적 회의론', 과거를 근거로 미래를 예측하는 귀납 추론이 정당화되느냐는 '귀납의 문제'와 함께 철학에서 대표적인 회의론으로 꼽는다.

다른 사람의 마음 문제는 유비 논증으로 확인할 수 있다. 유비 논증은 만일 한 대상이 다른 대상과 ㉠몇 가지 점에서 비슷하다고 했을 때, ㉡첫 번째 대상이 가지고 있는 ㉢추가적인 특성을 두 번째 대상도 마찬가지로 가지고 있으리라 추론하는 것이다. 인간은 모두 동일한 종의 구성원이기에 신체나 행동이 매우 비슷하다. 따라서 내 손가락이 베였을 때 내가 고통을 느끼는 것을 근거로 다른 사람도 손가락이 베였을 때 나와 똑같이 고통을 느끼리라 추론하는 것이다.

| | ㉠ | ㉡ | ㉢ |
|---|---|---|---|
| ① | 마음 | 나 | 신체나 행동 |
| ② | 신체나 행동 | 나 | 마음 |
| ③ | 신체나 행동 | 다른 사람 | 마음 |
| ④ | 마음 | 다른 사람 | 신체나 행동 |

**02** ㉠의 이유로 가장 적절한 것은?

과거 금세공업자들은 금을 맡긴 사람들이 한꺼번에 몰려와 금을 찾지 않는다는 것을 알게 되어 보관증만큼의 금을 반드시 보유할 필요가 없음을 깨달았다. 그래서 여유분을 필요한 사람에게 빌려 주며 수수료를 받아 이윤을 얻었다. 그 과정에서 많이 빌려 가는 사람에게는 사례를 했다.

이것이 바로 은행의 두 가지 기능이다. 첫째, 여윳돈이 있는 사람으로부터 자금을 조성해 이를 필요로 하는 사람에게 융통해 주는 금융 중개 기능이다. 이를 통해 금융 시장의 거래비용을 낮추고, 조성된 자금이 효율적으로 활용되도록 자금의 흐름을 조정하는 역할을 한다. 또한 조성된 자금이 더 건전하고 수익성 높은 곳으로 투자되도록 유도하기도 한다. 둘째, 화폐를 창출하는 예금창조 기능이다. 이 기능은 예금의 일부만을 지급준비금으로 보유하는 지급준비제도에서 비롯되는 것이다. 은행은 예금의 일부만 보유하고 나머지를 대출해 주면서 예금통화라는 화폐를 창출하게 되고, 대출 받은 사람들은 재화와 서비스를 구입할 수 있는 능력이 커지게 된다. 그러나 새롭게 만들어진 예금은 누군가가 빌려서 생긴 빚이기 때문에 사람들이 갚아야 할 빚도 그만큼 늘어난 상황으로 볼 수 있다. 이러한 과정이 이루어지면 ㉠교환의 매개수단으로 쓰이는 화폐의 양이 늘어 경제의 유동성은 증가하지만, 경제가 전보다 부유해지는 것은 아니다.

① 은행이 돈을 대출해 준 만큼 통화량은 줄어들기 때문이다.

② 대출금으로 투자를 해 손실이 발생할 수 있기 때문이다.

③ 대출을 통해 재화와 서비스 구입 능력이 커진 만큼 부채도 늘어나기 때문이다.

④ 유통되는 화폐의 양이 늘어나면 은행의 금융 중개 기능이 약화되기 때문이다.

## 03 다음 밑줄 친 부분의 근거로 적절하지 않은 것은?

우리는 한 분의 조상으로부터 퍼져 나온 단일 민족일까? 고대부터 고려 초에 이르기까지 대규모로 인구가 유입된 사례는 수 없이 많다. 또 거란, 몽골, 일본, 만주족 등의 대대적인 외침 역시 무시할 수 없다.

고조선의 건국 시조로서의 단군을 인정할 수는 있지만, 한민족 전체의 공통 조상으로서의 단군을 받드는 것은 옳지 않다. 각 성씨의 족보를 보더라도 자기 조상이 중국으로부터 도래했다고 주장하는 귀화 성씨가 적지 않다. 또 한국의 토착 성씨인 김 씨나 박 씨를 보더라도 그 시조는 알에서 태어났지 단군의 후손임을 표방하지는 않는다. 이는 대부분의 족보가 처음 편찬된 조선 중기나 후기까지는 적어도 '단군'이라는 공통의 조상을 모신 단일 민족이라는 의식이 별로 없었다는 증거가 된다. 또 엄격한 신분제가 유지된 전통 사회에서 천민과 지배층이 같은 할아버지의 자손이라는 의식은 존재할 여지가 없다.

① 토착 성씨들도 단군의 조상임을 표방하지 않기 때문에
② 자기 조상이 중국으로부터 도래했다는 성씨가 많기 때문에
③ 조선족은 동포인데도 국내에서 차별을 받기 때문에
④ 조선 사회에서 천민과 지배층이 같은 조상의 후손이라는 의식이 없었기 때문에

# 설명 방식

## ▶ 대표 출졸포 발문 체크

다음 글의 글쓰기 방식에 대한 설명으로 가장 적절한 것은?

다음 글의 주된 서술 방식은?

다음 글의 설명 방식으로 적절하지 않은 것은?

다음에서 제시한 글의 전개 방식의 예로 가장 적절한 것은?

## ▶ 대표 출졸포 개관

서술 방식( = 설명 방식, 내용 전개 방식)이란

글쓴이가 자신의 주제를 효과적으로 전달하기 위해 사용하는 서술 방식을 의미합니다.

이 유형은 인사혁신처의 1차, 2차 샘플 모두에 출제되지는 않았으나

매년 매 직렬 무조건 나오는 0순위 최빈출 유형이었으므로

1) 먼저 각각의 서술 방식의 개념을 아주 명확하게 자신의 것으로 만들고 2) 이를 적용할 수 있어야 합니다.

## 1 정태적 전개 방식

### (1) 정의와 지정

| | |
|---|---|
| 정의(定義) | 어떤 관점이나 현상에 대한 개념(뜻)을 설명하는 서술 방식<br><br>▶ A란 ~이다. ~이라는 의미가 있다. 이를 ~A라 한다.<br><br>예 소설이란 사실 또는 작가의 상상력에 바탕을 두고 허구적으로 이야기를 꾸며 나간 산문체의 문학 양식을 의미한다.<br>다음 세대에 자신의 모어(母語)를 전달하지 않고자 하는 행위를 '언어 자살(language suicide)'이라고 한다.<br>학문을 하는 목적이 자신의 내면적 성찰과 수양을 위한 것임을 강조하는 위기지학(爲己之學)은 주자(朱子)가 강조하였다. |
| 지정(指定) | 손가락으로 가리키듯, 확실하게 가리켜 정하는 것<br><br>예 저 책이 내가 말한 정말 재미있다는 소설책이야. |

### (2) 비교와 대조

| | |
|---|---|
| 비교(比較) | 두 대상의 공통점을 서술<br><br>예 3차 흡연은 본인이 직접 담배를 피우지 않고도 흡연 효과를 갖는다는 점에서 2차 흡연과 같다. |
| 대조(對照) | 두 대상의 차이점을 서술<br><br>예 1809년에 발표된 라마르크의 진화론은 생물체가 단순한 형태에서 복잡한 형태로 진화한다고 했다. 여기에는 다윈의 진화론과 달리 선택 개념이 없다. |

### (3) 분류와 분석

| | | |
|---|---|---|
| 분류<br>(分類) | 구분<br>(區分) | (종류) 상위 항목을 하위 항목으로 나누는 서술 방식<br><br>예 자동차에는 크기에 따라 소형차, 중형차, 대형차가 있다.<br>미술 작품에 등장하는 동물은 그 성격에 따라 나누어 보면 종교적·주술적인 동물, 신을 위한 동물, 인간을 위한 동물로 구분할 수 있다. |
| | 분류<br>(分類) | (종류) 하위 항목을 상위 항목으로 묶는 서술 방식<br><br>예 시, 소설, 수필 등을 문학이라고 한다. |
| 분석(分析) | | (구성이나 구조) 전체를 부분으로 나누어 설명하는 것<br><br>예 자동차는 타이어, 핸들, 차체 등으로 구성되어 있다.<br>곤충은 머리, 가슴, 배로 나눌 수 있다. |

## (4) 유추

| 유추(類推) | 유사한 점에 기초하여 다른 개념을 더 쉽게 설명함.<br><br>▶ 처럼, 듯이, 인 양, −같다, 마찬가지이다.<br><br>예 이성을 이해하는 것은 배를 항해하는 것과 같습니다. 바다 위를 떠다니는 배는 목적지에 도착하기 위해 방향을 제대로 잡아야 하고, 그 방향을 유지하는 데에는 나침반이 필수적입니다. 이성은 우리 마음의 나침반과도 같아서, 우리가 어떤 상황에서든 올바른 판단을 내리고 그 판단에 따라 행동할 수 있게 도와줍니다. |
|---|---|

## (5) 예시

| 예시(例示) | 어떤 내용에 구체적인 예를 드는 서술 방식<br><br>예 주자학에는 태극 이론, 음양(陰陽), 이기(理氣), 심성론(心性論) 등 어려운 용어가 많이 나온다.<br><br>예 어떤 사물을 역사적 인물처럼 의인화하여 그 가계와 생애 및 개인적 성품, 공과(功過)를 기록하는 전기(傳記) 형식의 글을 가전이라고 한다. 거북·대나무·지팡이·술·돈 따위의 동물이나 식물, 생활에 필요한 물건 같은 사물을 의인화해 그 생애를 서술한다. |
|---|---|

## (6) 묘사

| 묘사(描寫) | 어떤 대상을 시각, 청각, 촉각 등을 사용하여 있는 그대로 생생하게 그림을 그리듯이 서술하는 방식<br><br>예 이지러는 졌으나 보름을 가제 지난 달은 부드러운 빛을 흐붓이 흘리고 있다. 대화까지는 칠십 리의 밤길. 고개를 둘이나 넘고 개울을 하나 건너고, 벌판과 산길을 걸어야 된다. 길은 지금 긴 산허리에 걸려 있다. 밤중을 지난 무렵인지 죽은 듯이 고요한 속에서 짐승 같은 달의 숨소리가 손에 잡힐 듯이 들리며, 콩 포기와 옥수수 잎새가 한층 달에 푸르게 젖었다. −2022 지방직 9급 |
|---|---|

## (7) 문답

| 문답(問答) | 중심 대상에 대해 질문하고 그에 대한 답을 서술하는 방식<br><br>예 그러면 말과 생각이 얼마만큼 깊은 관계를 가지고 있을까? 이 문제를 놓고 사람들은 오랫동안 여러 가지 생각을 하였다. 그 가운데 가장 두드러진 것이 두 가지 있다. 그 하나는 말과 생각이 서로 꼭 달라붙은 쌍둥이인데 한 놈은 생각이 되어 속에 감추어져 있고 다른 한 놈은 말이 되어 사람 귀에 들리는 것이라는 생각이다. 다른 하나는 생각이 큰 그릇이고 말은 생각 속에 들어가는 작은 그릇이어서 생각에는 말 이외에도 다른 것이 더 있다는 생각이다. |
|---|---|

## (8) 문제 해결

| 문제 해결<br>(問題 解決) | 어떤 현상에 대한 문제점의 원인을 파악하고 문제를 해결하는 서술 방식 |
|---|---|

## ☑ 동태적 전개 방식

### (1) 서사

| 서사(敍事) | 시간의 흐름에 따라 어떤 사건이나 일을 서술하는 방식<br>보통 소설에서 많이 보인다.<br><br>예 다음날도 찬호는 학교 담을 따라 돌았다. 그리고 고무신을 벗어 한 손에 한 짝씩 쥐고는 고양이 걸음으로 보초의 뒤를 빠져 팽이처럼 교문 안으로 뛰어들었다. |
| --- | --- |

### (2) 인과

| 인과(因果) | 원인과 결과를 서술하는 설명 방식<br><br>예 한국의 자연환경은 사계(四季)의 구분이 뚜렷한 전형적인 온대지역이며, 지형 또한 노년기의 완만한 구릉 지대여서 선율적이고 곡선이 많다. 따라서 자연에 도전하기보다는 자연의 질서에 순응하며 살아왔으며, 이러한 자연환경은 한국인의 자연에 대한 애호와 순응성을 기르는 데 도움을 주었고, 성품 형성에 크게 작용하였다. |
| --- | --- |

### (3) 과정

| 과정(過程) | 일련의 행동, 변화, 기능, 단계, 작용 등에 초점을 두는 서술 방식<br><br>예 먼저 물을 담고 물을 끓인다. 물이 끓으면 스프를 넣는다. 그 다음 면을 넣는다. |
| --- | --- |

다음 지문들의 서술 방식으로 옳은 것을 쓰시오.

01 책장에는 수많은 책이 꽂혀 있는데, 각각의 책은 우리가 경험한 순간과 감정을 담고 있다. 어떤 책은 자주 열어보며 기억 속에 생생하게 남아 있지만, 또 어떤 책은 먼지가 쌓여 오랫동안 잊힌 채 남아 있다. 기억을 떠올린다는 것은 책장 속에서 그 책을 꺼내 다시 펼치는 것과 같다.

(        )

02 비빔국수를 만들기 위해 애호박, 당근, 양파, 오이는 채를 썰어 준비하고, 달걀은 얇게 부친 후 채를 썹니다. 양념장 재료를 잘 섞어 양념장을 만들고, 국수를 삶은 후 찬물에 헹구어 물기를 뺍니다. 준비된 재료를 고루 무쳐서 고명을 얹으면 비빔국수가 완성됩니다.

(        )

03 의사결정이란 주어진 문제나 상황에서 다양한 대안 중 하나를 선택하여 실행하는 과정이다. 이는 개인 또는 조직이 목표를 달성하거나 문제를 해결하기 위해 필수적으로 수행하는 행위로, 정보의 수집, 분석, 평가를 바탕으로 이루어진다.

(        )

04 기억은 두 가지 방식으로 작용한다. 명확한 기억은 우리가 특정 사건이나 사실을 정확하게 떠올릴 수 있을 때 나타난다. 이때 기억은 구체적이고, 비교적 정확하다. 반면, 흐릿한 기억은 시간이 지나면서 점차 희미해지거나 왜곡된 형태로 남는다.

(        )

05 세책가에서는 소설을 구매하는 것보다 훨씬 적은 비용으로 빌려 볼 수 있었기 때문에 경제적으로 넉넉하지 않은 사람도 소설을 쉽게 접할 수 있었다. 이로 인해 조선 후기 사회에서 세책가가 성행하게 되었다.

(        )

| 정답 | | | | |
|---|---|---|---|---|
| 01 유추 | 02 과정 | 03 정의 | 04 대조 | 05 인과 |

**06**

고소설의 유통 방식은 '구연에 의한 유통'과 '문헌에 의한 유통'으로 나눌 수 있다.

(        )

**07**

『삼국사기』는 본기 28권, 지 9권, 표 3권, 열전 10권의 체제로 되어 있다.

(        )

**08**

해변에 서면 파도가 밀려와 발끝을 감싸는 순간이 있다. 바닷물은 차갑고 부드러우며, 금방이라도 다시 바다로 돌아갈 듯 얇게 퍼져나가다 사라진다.

(        )

**09**

스마트폰 이후 글로벌 주도 산업은 무엇일까. 첫손가락에 꼽히는 것은 페이스북, 아마존, 넷플릭스, 구글을 뜻하는 '팡(FANG)'이다.

(        )

**10**

과거의 경험과 감정을 현재로 소환하여 되살리는 정신적 과정인 기억은 우리 삶 속에서 겪은 사건들, 배운 것들, 느낀 감정들을 저장하고, 필요할 때 이를 다시 떠올려 활용하는 능력이다.

(        )

정답

| 06 구분 | 07 분석 | 08 묘사 | 09 예시, 문답 | 10 정의 |
|---|---|---|---|---|

## 기존 출제 유지 2024 버전 1

빨리 푸는 亦功 전략

설명 방식

**01  다음 글의 글쓰기 방식에 대한 설명으로 가장 적절한 것은?** 2024 지방직 9급

> 인간을 움직이게 하는 두 축은 당근과 채찍, 즉 보상과 처벌이다. 우리가 의욕을 갖는 것은 당근 때문이다. 채찍을 피하기 위해서 살아가는 것도 한 방법일 테지만, 그건 너무 가혹할 것이다. 가끔이라도 웃음을 주고 피로를 풀어 주는 당근, 즉 긍정적 보상물이 있기에 고단한 일상을 감수한다. 어떤 부모에게는 아이가 꾹꾹 눌러 쓴 "엄마 아빠, 사랑해요."라는 카드가 당근이다. 어떤 직장인에게는 주말마다 떠나는 여행이 당근이다.

① 예시를 사용하여 독자의 이해를 돕고 있다.
② 전문가의 의견을 인용하여 글의 신뢰성을 높이고 있다.
③ 묻고 답하는 형식을 사용해 독자의 관심을 끌고 있다.
④ 비유를 사용하여 문제의 심각성을 강조하고 있다.

1단계

설명 방식 문제는
선지를 먼저 보기
(단, 선지가 복잡하면
제시문 먼저 보기)

2단계

혜선 쌤이 수업에서
알려준 야매 꼼수를
꼭 적용해서 문제 풀기!

3단계

야매꼼수로
빨리 풀어야 하는
시간 절약 유형임을 알기

## 기존 출제 유지 **2024 버전 2**

주된 서술 방식

**02  다음 글에 나타나는 서술 방식은?** 2023 지역인재 9급

우리는 웹을 더 이상 주체적으로 서핑하지 않는다. 웹에 올라탄 이들을 특정 방향으로 휩쓰는 어떤 조류에 올라탔을 뿐이다. 그 조류의 이름은 개인화 추천 알고리즘이다. 페이스북뿐만 아니라 우리가 대부분의 시간을 보내는 유튜브, 아마존, 인스타그램, 트위터 같은 인터넷 사이트는 우리가 누구인지를 읽어내고, 그것에 맞춰 특정한 방향으로 우리를 계속해서 끌고 간다.

① 예시                    ② 대조
③ 서사                    ④ 인용

빨리 푸는 **亦功** 전략

**1단계**

설명 방식 문제는
선지를 먼저 보기
(단, 선지가 복잡하면
제시문 먼저 보기)

**2단계**

혜선 쌤이 수업에서
알려준 야매 꼼수를
꼭 적용해서 문제 풀기!

**3단계**

야매꼼수로
빨리 풀어야 하는
시간 절약 유형임을 알기

PART
02

**01** 다음 글의 설명 방식에 해당하는 것을 〈보기〉에서 골라 가장 바르게 묶은 것은?

2023 군무원 7급

주자학이란 무엇일까? 주자학은 한마디로 주자(朱子, 1130~1200)가 새롭게 해석한 유학이라 할 수 있다. 공자와 맹자의 말씀은 "자신을 누르고 예의에 맞게 행동하라[극기복례(克己復禮)].", "사람들에게 진심으로 대하고 늘 배려하라 [충서(忠恕)]." 처럼, 도덕 교과서에나 나올 법한 소박한 가르침에 지나지 않았다. 주자는 이를 철학적으로 훨씬 더 세련되게 다듬었다. 주자학에는 태극 이론, 음양(陰陽), 이기(理氣), 심성론(心性論) 등 어려운 용어가 많이 나온다. 이를 여기서 조목조목 풀어 설명할 필요는 없을 듯하다. 단지 주자가 이런 이론들을 만든 이유는 "자연 과학과 심리학의 도움으로 도덕 이론을 더 정확하게 설명하기 위해서"였다는 정도만 이해하면 될 것이다.

주자의 가르침 가운데 신진 사대부들의 마음을 사로잡았던 구절은 크게 두 가지다. 첫째는 위기지학(爲己之學)의 이념이다. 공부의 목적은 성인(聖人)이 되는 데 있지, 출세하여 부귀영화를 누리기 위함이 아니라는 뜻이다. 이러한 위기지학 정신은 신진 사대부들에게 큰 힘을 주었다. 음서(蔭敍)로 권력을 얻던 귀족 자제들과 달리, 그들은 피나는 '공부'를 거쳐 관직에 들어선 자들이다. 위기지학의 이념에 따르면, 이들이야말로 자신의 인품을 갈고닦은 사람들이 아닌가!

둘째는 주자가 강조한 격물치지(格物致知) 정신이다. 인격 수양을 위해서는 먼저 사물을 연구하고 [격물(格物)] 세상 만물의 이치를 깨달아[치지(致知)] 무엇이 진정 옳고 그른지 명확히 알아야 한다. 이때 사물을 연구한다는 것은 사실을 잘 관찰하고 분석한다는 의미가 아니다. 이미 공자와 맹자 같은 옛 성현들이 이런 작업을 완벽하게 해 놓았으므로, 후대 사람들은 이들이 남긴 글을 깊이 되새기기만 하면 된다.

그렇다면 공자의 말씀을 가장 깊고 넓게 알고 있었던 사람들은 누구일까? 다름 아닌 신진 사대부로, 이들은 과거를 보기 위해 공자의 말씀을 새기고 또 새겼다. 결국 격물치지란 바로 신진 사대부들이 우월한 자들임을 보여 주는 핵심 이론이 되는 셈이다. 주자의 가르침은 이처럼 유학 사상으로 무장한 신진 사대부들이 사회 지도층이 되어야 함을 입증하는 강력한 근거가 되었다.

─〔보기〕─
ㄱ. 유추의 방법으로 대상의 특징을 밝히고 있다.
ㄴ. 묻고 답하는 방식을 통해 논의를 전개하고 있다.
ㄷ. 어려운 용어를 풀어 써서 독자의 이해를 돕고 있다.
ㄹ. 은유와 상징을 통해 자신의 생각을 드러내고 있다.

① ㄱ, ㄷ
② ㄱ, ㄹ
③ ㄴ, ㄷ
④ ㄴ, ㄹ

## 02 다음 글의 주된 서술 방식은?

2022 지방직 9급

이지러는 졌으나 보름을 가제 지난 달은 부드러운 빛을 흐붓이 흘리고 있다. 대화까지는 칠십 리의 밤길. 고개를 둘이나 넘고 개울을 하나 건너고, 벌판과 산길을 걸어야 된다. 길은 지금 긴 산허리에 걸려 있다. 밤중을 지난 무렵인지 죽은 듯이 고요한 속에서 짐승 같은 달의 숨소리가 손에 잡힐 듯이 들리며, 콩 포기와 옥수수 잎새가 한층 달에 푸르게 젖었다.

① 묘사
② 설명
③ 유추
④ 분석

## 03 아래의 글에 나타나지 않는 설명 방식은?

2022 군무원 9급

텔레비전에서는 여러 종류의 자막이 쓰인다. 뉴스의 경우, 앵커가 기사를 소개할 때에는 앵커의 왼쪽 위에 기사 전체의 내용을 요약하거나 핵심을 추려 제목 자막을 쓴다. 보도 중간에는 화면의 하단에 기사의 제목이나 소제목을 자막으로 보여준다. 그리고 보도 내용을 이해하는 데 꼭 필요한 핵심적인 내용이나 세부 자료도 자막으로 보여준다.

관객이나 시청자가 읽을 수 있도록 화면에 보여주는 글자라는 점에서 영화에서 쓰이는 자막도 텔레비전 자막과 비슷하게 활용된다. 그런데 영화의 자막은 타이틀과 엔딩 크레디트 그리고 번역 대사가 전부이다. 이는 모두 영화 제작과 관련된 정보를 알려주는 제한된 용도로만 사용된다. 번역 대사는 더빙하지 않은 외국영화의 대사를 보여주기 위한 수단으로 사용된다.

텔레비전에서는 영화에서 쓰는 자막을 모두 사용할 뿐 아니라 각종 제목과 요약 내용을 나타내기도 하고 시청자의 흥미를 돋우기 위해 말과 감탄사를 표현하기도 한다. 음성으로 전달할 수 없는 다양한 정보를 제작자의 의도에 맞게끔 자막을 활용하여 제공하는 것이다.

① 정의
② 유추
③ 예시
④ 대조

**04** 다음 글에 사용된 서술 방식으로 적절하지 않은 것은?

2022 간호직 8급

최근 3차 흡연에 대한 관심이 높아지고 있다. 3차 흡연이란 담배 연기를 직접 맡지 않고도 몸이나 옷, 카펫, 커튼 등에 묻은 담배 유해 물질을 통해 흡연 효과를 나타내는 것을 말하는데, 본인이 직접 담배를 피우지 않고도 흡연 효과를 갖는다는 점에서 2차 흡연과 같지만 흡연자에게 근접해 있어 담배 연기를 함께 맡는 2차 흡연과는 다르다.

3차 흡연도 심각한 피해를 낳는다. 3차 흡연 물질에 노출된 생쥐에게 비알코올성 지방간이 증가하고, 폐에서는 과도한 콜라겐이 생성되었으며, 사이토카인 염증 반응이 나타났다. 이런 증상은 간경변과 간암, 폐기종, 천식 등을 일으킨다. 또 3차 흡연 환경에 노출된 생쥐들의 경우 상처가 생겼을 때, 치유되는 시간이 더 오래 걸리고 과잉 행동 장애가 나타났다.

① 개념 정의
② 인과
③ 열거
④ 문제 해결

**05** 다음 글의 주된 서술 방식은?

2021 국가직 9급

변지의가 천 리 길을 마다하지 않고 나를 찾아왔다. 내가 그 뜻을 물었더니, 문장 공부를 하기 위해 나를 찾아왔다고 했다. 때마침 이날 우리 아이들이 나무를 심었기에 그 나무를 가리켜 이렇게 말해 주었다.

"사람이 글을 쓰는 것은 나무에 꽃이 피는 것과 같다. 나무를 심는 사람은 가장 먼저 뿌리를 북돋우고 줄기를 바로잡는 일에 힘써야 한다. …(중략)… 나무의 뿌리를 북돋아 주듯 진실한 마음으로 온갖 정성을 쏟고, 줄기를 바로잡듯 부지런히 실천하며 수양하고, 진액이 오르듯 독서에 힘쓰고, 가지와 잎이 돋아나듯 널리 보고 들으며 두루 돌아다녀야 한다. 그렇게 해서 깨달은 것을 헤아려 표현한다면 그것이 바로 좋은 글이요, 사람들이 칭찬을 아끼지 않는 훌륭한 문장이 된다. 이것이야말로 참다운 문장이라고 할 수 있다."

① 서사
② 분류
③ 비유
④ 대조

**06 다음 글의 설명 방식으로 적절하지 않은 것은?**

2021 국가직 9급

> 빛 공해란 인공조명의 과도한 빛이나 조명 영역 밖으로 누출되는 빛이 인간의 건강하고 쾌적한 생활을 방해하거나 환경에 피해를 주는 상태를 말한다. 국제 과학 저널인 『사이언스 어드밴스』의 '전 세계 빛 공해 지도'에 따르면, 우리나라는 빛 공해가 심각한 국가이다. 빛 공해는 멜라토닌 부족을 초래해 인간에게 수면 부족과 면역력 저하 등의 문제를 유발하고, 농작물의 생산량 저하, 생태계 교란 등의 문제를 일으킨다.

① 빛 공해의 정의를 제시하고 있다.
② 빛 공해의 주요 요인인 인공조명의 누출 원인을 제시하고 있다.
③ 자료를 인용하여 빛 공해가 심각한 국가로 우리나라를 제시하고 있다.
④ 사례를 들어 빛 공해의 악영향을 제시하고 있다.

**07 ㉠을 설명한 방식으로 적절한 것은?**

2021 지방직 7급

> 담배가 해로운데도 ㉠담배를 피우는 이유는 무엇일까? 첫째, 담배 피우는 모습이 멋있고 어른스럽다고 생각하는 것이다. 요즘은 담배를 마약과 같이 부정적으로 보는 시각이 크지만 과거에는 담배에 대해 긍정적인 인식이 있었다.
>
> 둘째, 담배를 피우면 정신이 안정되어 집중이 잘 된다고 생각하는 점도 있다. 이것은 담배를 피움으로써 니코틴 금단 증상이 해소되기 때문인 것으로, 담배를 안 피우는 사람에 비해 더 안정되거나 집중이 잘되는 것은 아니다.
>
> 셋째, 담배를 피우는 이유는 니코틴 의존에도 있다. 체내에 니코틴이 없어지면 여러 가지 금단 증상으로 불안하고 초조해지는 등 고통스럽고, 이 고통 때문에 담배를 끊기 어렵다.
>
> 넷째, 담배를 피우는 이유에는 습관도 있다. 주위에 재떨이, 라이터, 꽁초 등이 눈에 보이면 자기도 모르게 담배에 손이 가고, 식후나 술을 마실 때도 습관적으로 담배 생각이 나서 피우게 된다.

① 정의
② 분석
③ 서사
④ 비교

## 08 (가)와 (나)의 공통점으로 적절하지 않은 것은?

2021 지방직 7급

> (가) 월영암에 사는 탁대사가 냇물에 몸을 씻고 바위 위에 앉아 좌선을 하고 있었다. 이때 하루 종일 먹이를 얻지 못하고 굶은 호랑이가 무슨 먹잇감이 없나 하고 찾다가, 알몸의 사람이 오뚝하게 앉아 있는 것을 보고 너무 먹음직스러워 감격했다. 그래서 이런 좋은 것을 그대로 먹으면 감동이 적다고 생각하고, 산 뒤편의 숲 속으로 들어갔다. 호랑이는 기분이 좋아 머리를 들어 공중을 향해 크게 웃기도 하고, 앞발을 들어 허공에 휘젓기도 하고, 고개를 좌우로 돌려 소리쳐 웃기도 했다. 한참 동안 이러고 나오니, 이미 날이 저물고 반석 위의 중은 벌써 돌아가고 없었다. 호랑이의 웃음이여, 정말로 웃음거리가 되고 말았구나.
>
> (나) 봉황(鳳凰)의 생일잔치에 온갖 새들이 다 와서 축하하는데, 박쥐는 오지 않았다. 그래서 봉황이 박쥐를 꾸짖어 말하기를, "너는 내 밑에 있는 새이면서 왜 그렇게 방자하냐?" 하고 문책했다. 이에 박쥐는 "나는 발로 기어 다니는 짐승 무리이니 어찌 새인 당신에게 하례를 하겠습니까?"라고 말했다. 뒤에 기린(麒麟)의 생일잔치에 모든 짐승이 와서 하례했는데, 역시 박쥐는 나타나지 않았다. 그래서 기린이 불러 꾸짖으니 박쥐는, "나는 날개가 있어 새의 무리이니 짐승인 당신에게 어찌 축하하러 가겠습니까?" 하고 말하였다. 세상에서 일을 피해 교묘하게 면하는 사람이여, 참으로 '박쥐의 일'이라 하겠구나.

① 화자의 말을 통해 대상을 조소하고 있다.
② 일화를 통해 대상의 성격을 드러내고 있다.
③ 반어적 표현을 통해 대상을 비판하고 있다.
④ 우화적 설정을 통해 대상을 인격화하고 있다.

## 09 다음에서 제시한 글의 전개 방식의 예로 가장 적절한 것은?

2020 국가직 9급

> '인과'는 원인과 결과를 서술하는 전개 방식이다. 어떤 현상이나 결과가 나타나게 된 원인이나 힘을 제시하고 그로 말미암아 초래된 결과를 나타내는 서술 방식이다.

① 온실 효과로 지구의 기온이 상승할 때 가장 심각한 영향은 해수면의 상승이다. 이러한 현상은 바다와 육지의 비율을 변화시켜 엄청난 기후 변화를 유발하며, 게다가 섬나라나 저지대는 온통 물에 잠기게 된다.
② 이 사회의 경제는 모두가 제로섬 요소로 구성되어 있다. 제로섬(zero-sum)이란 어떤 수를 합해서 제로가 된다는 뜻이다. 어떤 운동 경기를 한다고 할 때 이기는 사람이 있으면 반드시 지는 사람이 있게 마련이다.
③ 다음날도 찬호는 학교 담을 따라 돌았다. 그리고 고무신을 벗어 한 손에 한 짝씩 쥐고는 고양이 걸음으로 보초의 뒤를 빠져 팽이처럼 교문 안으로 뛰어들었다.
④ 벼랑 아래는 빽빽한 소나무 숲에 가려 보이지 않았다. 새털구름이 흩어진 하늘 아래 저 멀리 논과 밭, 강을 선물 세트처럼 끼고 들어앉은 소읍의 전경은 적막해 보였다.

**10** 〈보기〉의 주된 설명 방식이 사용된 것으로 가장 옳은 것은?

2020 서울시 9급

┌─[보기]─
　　우리는 좋지 않은 사람을 곧잘 동물에 비유한다. 욕에 동물이 많이 등장하는 것도 동물을 나쁘게 보기 때문이다. 하지만 정말 인간이 동물보다 좋은(선한) 것일까? 베르그는 오히려 "나는 인간을 알기 때문에 동물을 사랑한다."고 말하며 이를 부정한다. 인간은 인간을 속이지만 동물은 인간을 속이지 않는다는 것을 알고 인간에게 실망한 사람들이 동물에게 더 많은 애정을 보인다. 인간보다 더 잔인한 동물이 없다는 것은 인간의 역사가 증명하고 있다. 필요 없이 다른 동물을 죽이는 일을 인간 외 어느 동물이 한단 말인가?
└─

① 교사의 자기계발, 학부모의 응원, 교육 당국의 지원 등이 어우러져야 좋은 교육이 가능해진다. 이는 신선한 재료, 적절한 조리법, 요리사의 정성이 합쳐져 맛있는 음식이 만들어지는 것과 같다.

② 의미를 지닌 부호를 체계적으로 배열한 것을 기호라고 한다. 수학, 신호등, 언어 등이 모두 여기에 속한다. 꿀이 있음을 알리는 벌들의 춤사위도 기호라고 할 수 있는 것이다.

③ 바이러스는 세균에 비해 크기가 작으며 핵과 이를 둘러싼 단백질이 전부여서 세포라고 할 수 없다. 먹이가 있는 곳이라면 어디에서라도 증식할 수 있는 세균과 달리, 바이러스는 살아있는 생명체를 숙주로 삼아야만 번식을 할 수 있다.

④ 나물로 즐겨 먹는 고사리는 꽃도 피지 않고 씨앗도 만들지 않는다. 고사리는 홀씨라고도 하는 포자로 번식한다. 고사리와 고비 등을 양치식물이라 하는데 생김새가 양(羊)의 이빨과 비슷하다고 하여 붙은 이름이다.

**11** (가)와 (나)의 표현상 특징을 이해한 것으로 적절하지 않은 것은?

2020 국가직 7급

(가) 한국 아이스하키가 북한을 제압, 동메달을 추가했다. 한국 팀은 13일 쓰키사무 실내 링크에서 벌어진 동계 아시안게임 아이스하키 최종 경기에서 북한을 6 대 5로 제치고 1승 2패를 마크, 일본 중국에 이어 3위에 입상했다. 당초 열세가 예상됐던 한국 팀은 이날 필승의 정신력으로 똘똘 뭉쳐 1피리어드 초반부터 파상적인 공격을 펴던 중 3분쯤 첫 골을 성공시키면서 기세를 높였다.

(나) 아이스하키 남북 대결에서 한국이 예상을 뒤엎고 6 대 5로 승리, 동계 아시안게임 동메달을 획득했다. 한국 팀은 13일 삿포로 쓰키사무 실내 링크에서 열린 북한 팀과의 경기에서 초반 수비 치중에 기습 공격 작전이 적중하면서 승세를 타기 시작, 한 차례의 동점도 허용하지 않고 경기를 끝냈다. 한국 팀은 이로써 북한 팀과의 대표 대결에서 3승 1패로 앞섰다.

① (가)는 '제압', (나)는 '승리'라는 말을 사용한 것으로 보아 (나)는 (가)보다 경기 결과를 객관적인 태도로 표현했어.

② (가)는 '필승의 정신력으로 똘똘 뭉쳐', (나)는 '수비 치중에 기습 공격 작전이 적중하면서'라는 말을 사용한 것으로 보아 (가)는 (나)보다 선수들의 의욕을 강조했어.

③ (가)는 '당초 열세가 예상됐던', (나)는 '예상을 뒤엎고'라는 말을 사용한 것으로 보아 (가)와 (나) 모두 경기 전에 한국 팀의 실력이 북한 팀의 실력보다 낮게 평가되었음을 표현했어.

④ (가)는 '3위에 입상했다', (나)는 '동메달을 획득했다'라는 말을 사용한 것으로 보아 (가)와 (나) 모두 아쉬운 경기 결과였음을 강조했어.

**01 다음 글의 내용 전개 방식으로 적절한 것은?**

피츠너는 연주자가 작품을 변형하는 것은 예술성을 해치는 것이라 비판하였고, 연주의 정확성만이 기술적으로나 미학적으로 성공한 연주의 조건이 된다고 보았다.

그런데 이런 연주론을 비판하며 음악 작품이 작곡가로부터 분리되어 다양하게 재구성될 수 있다고 주장한 것이 파울 베커이다. 그는 순간적인 울림을 통해서만 음악의 진정한 의미를 얻을 수 있다고 보았다. 이를 바탕으로 그는 이상적 연주를 '즉흥 연주'로 보고, '재생산적 연주'를 비판했다. 베커는 악보로 기보된 것은 미완성이고 연주 활동은 미완성을 완성으로 이끄는 작업이라 보았다. 그에게 진정한 연주란 연주자의 상상력이 보장될 때 나오는 즉흥 연주이다. 이 관점은 연주자가 작곡가와 동등한 위치에 서게 해주었다.

다누저는 분석적 해석론이란 개념으로 작품 해석의 이론적 측면과 작품 연주의 실제적 측면을 연결시키려 했다. 그는 분석이나 이론적 고찰로 작품을 이해하려는 작업뿐 아니라, 음향학적으로 재현하는 연주 작업도 해석이라고 보았다. 즉, 개별 작품에 대한 이론적 분석을 통해 해당 작품의 연주를 위한 최선의 방법을 모색하는 것을 목적으로 삼았다.

① 다양한 연주론이 등장한 시대적 배경을 고찰하고 있다.
② 작곡의 중요성과 연주의 중요성을 비교·대조하고 있다.
③ 음악 연주를 바라보는 이론가들의 견해를 설명하고 있다.
④ 음악의 연주론이 현대 음악에 미친 영향과 그 전망을 소개하고 있다.

**02 다음 글의 전개 방식으로 적절하지 않은 것은?**

심폐 소생술은 심폐의 기능이 정지하거나 호흡이 멎었을 때 사용하는 응급 처치다. 심장이 멈추고 숨을 쉬지 않는 사람을 발견했다면, 우선 주변에 위험물이 있는지 확인하여 심폐 소생술을 행하는 사람의 안전을 확보해야 한다. 이후 평평하고 딱딱한 바닥에 환자를 반듯하게 눕혀 목을 뒤로 젖히고 가슴 압박을 실시한다. 다음에는 주변에 도움을 요청하고, 119에 신고하여 상황을 알린다. 그 후, 양손을 위아래로 겹쳐 깍지를 끼고 아래쪽 손가락을 위로 젖힌 상태에서 가슴뼈의 아래쪽 절반 부위에 깍지를 낀 두 손의 손바닥 뒤꿈치를 댄다. 이 상태에서 가슴 중앙을 5~6cm 깊이, 분당 100~120회의 속도로 30회 압박하되, 손가락 끝이 몸에 닿지 않도록 한다. 이는 흉곽의 절반 이상이 함몰될 정도의 기준으로, 초심자에게는 결코 쉽지 않다. 그러므로 심폐 소생술을 시행하는 사람은 반드시 2분마다 교대되어야 하는데, 이때 가슴 압박을 중단하는 시간은 10초를 넘기면 안 된다.

① 심폐 소생술이 무엇인지 정의한 뒤 심폐 소생술 방법을 설명하고 있다.
② 심폐 소생술 방법을 과정의 방식에 따라 설명하고 있다.
③ 구체적인 수치를 제시하여 심폐 소생술 방법을 명확하게 설명하고 있다.
④ 실제 사례를 들어 심폐 소생술을 시행해야 하는 상황과 방법을 설명하고 있다.

**03 다음 글의 전개 방식으로 적절한 것은?**

개미집단 최적화 알고리즘은 1992년 Marco Dorigo가 논문을 통해 발표하면서 세상에 알려지게 되었다. 이 논문의 목적은 개미들이 목표지점 사이에서 경로를 탐색하는 행동을 토대로 그래프에서 최적의 경로를 찾는 방법을 탐색한 것이다. 즉, 자연에서의 개미의 행동을 분석하여 만든 알고리즘이다. 장애물이 처음 나타났을 때에 장애물을 돌아가는 양쪽 길 중 하나를 같은 확률로 선택한다고 가정할 경우, 개미들은 더 짧은 경로로 더 많이 통과하고 이 길에 더 많은 페로몬이 누적된다. 시간이 흐르면서 긴 경로의 페로몬 증발량이 누적량보다 많아지면서 긴 경로를 택하는 개미는 줄어들고 결국 개미들은 짧은 경로만 선택하게 된다. 개미는 에이전트, 먹이는 노드, 페로몬은 경로 선택의 가중치로 대응되어 프로그래밍이 가능하다. 실제 개미 시스템에서 페로몬 증발의 영향력은 명확하게 밝혀지지 않았지만, 프로그래밍에서 이와 같은 아이디어는 유용하게 활용될 수 있다. 이러한 알고리즘의 기본 이론과 관련된 연구들이 활발해지면서 여러 산업 분야에 적용되고 있다.

① 자연현상이 기술 발전에 활용되는 사례를 소개하고 있다.
② 자연현상과 프로그래밍의 차이점을 드러내고 있다.
③ 구체적 예시를 통하여 특정 이론이 활용되는 실제 사례를 소개하고 있다.
④ 알고리즘의 단점을 열거하고 개선 방안을 제시하고 있다.

**04 다음 논증의 짜임새를 옳게 분석한 것은?**

㉠ 두 가지 언어가 문화적으로 대등한 관계에 놓여 있지 않아서, 한 언어가 다른 언어로부터 여러 가지 어휘를 차용하는 일은 반드시 나쁜 일만은 아니다. ㉡ 국어만으로는 충족될 수 없는 여러 가지 표현을 외래어를 활용하여 이루어 낼 수 있고, 외래어의 유입으로 국어의 어휘는 더욱 풍부해질 수 있다. ㉢ 그런데 일어계 외래어는 모어(母語)인 국어를 쓰지 못하는 상황에서 외국어인 일본어만을 쓰도록 강요당한 결과로 익히게 된 어휘들이다. ㉣ 우리가 같은 외래어라고 하더라도 하루바삐 일어계 외래어를 될 수 있는 대로 쓰지 않도록 노력해야 된다고 주장하는 근거가 여기에 있다.

① ㉠과 ㉡은 ㉢의 근거이다.
② ㉠은 ㉣의 일반적 진술이다.
③ ㉡은 ㉢의 근거이다.
④ ㉢은 ㉣의 근거이다.

박혜선 국어
**콤단문** 독해

PART ─03

빈칸 추론

# Chapter 10

## 단수 빈칸 추론

▶ 대표 출좋포 발문 체크

빈칸에 들어갈 내용으로 가장 적절한 것은?

〈보기〉에 이어질 내용으로 가장 적절한 것은?

▶ 대표 출좋포 개관

빈칸 추론 유형은 상시 나올 유형으로

이제는 빈칸이 1개뿐만 아니라 2-3개까지 뚫리는 식으로 나올 예정입니다.

제시문의 중간 혹은 맨 뒤에 빈칸을 뚫어 놓고 빈칸에 어떠한 내용이 들어갈지 추론해야 하는 유형으로

인사혁신처 1차, 2차 샘플에 모두 나온 0순위 최빈출 유형입니다.

빈칸 추론은 밑줄 싸움이니 어느 곳에 초점을 맞춰 밑줄을 그어야 하는지 학습해야 합니다.

# 亦功 콤단문 독해 PIN POINT

## 기존 출제 유지 2024 버전

### 단수 빈칸 추론

**01  빈칸에 들어갈 내용으로 가장 적절한 것은?** 2024 지방직 9급

프랑스에서 포도주는 간단한 식사에서 축제까지, 작은 카페의 대화에서 연회장의 교제에 이르기까지 언제 어디서나 함께한다. 포도주는 계절에 따른 어떤 날씨에도 분위기를 고양시킬 수 있어 추운 계절이 되면 따뜻한 분위기를 연출하고 한여름이 되면 서늘하거나 시원한 그늘을 떠올리는 분위기를 조성한다. 또한 배고프거나 지칠 때, 지루하거나 답답할 때, 심리적으로 불안할 때나 육체적으로 힘든 그 어느 경우에도 프랑스인들은 포도주가 절실하다고 느낀다. 프랑스에서 포도주는 장소와 시간, 상황에 관계없이 음식과 결부될 수 있는 모든 곳에 등장한다.

포도주가 일상의 세세한 부분에까지 결부된 탓에 프랑스 국민은 이제 포도주가 있어야 할 곳에 포도주가 없다는 사실만으로도 충격을 받는다. 르네 코티는 대통령 임기가 시작될 때 사적인 자리에서 사진을 찍은 적이 있는데 그 사진 속 탁자에는 포도주 대신 다른 술이 놓여 있었다. 이 때문에 온 국민이 들끓고 일어났다. 프랑스 국민에게 그들 자신과도 같은 포도주가 보이지 않는다는 사실은 참을 수 없는 일이었다. 결국 프랑스인에게 포도주란

①  심신을 치유하는 신성한 물질과 같다.
②  자신들의 정체성을 나타내는 상징과도 같다.
③  국가의 주요 행사에서 가장 주목받는 음료다.
④  어느 계절에나 쉽게 분위기를 고양시킬 수 있는 음료다.

**빨리 푸는 亦功 전략**

**1단계**

빈칸의 위치를 파악하기

**2단계**

빈칸을 추론할 수 있는 핵심 정보에 밑줄을 긋기

**3단계**

핵심 정보를 통해 빈칸을 스스로 예측한 후 가장 비슷한 내용을 가진 선지를 고르기

# 신유형 **2025 버전**

빠르게 푸는 **亦功** 전략

**1단계**

빈칸의 위치를
파악하기

**2단계**

빈칸을 추론할 수
있는 핵심 정보에
밑줄을 긋기

**3단계**

핵심 정보를 통해
빈칸을 스스로
예측한 후
가장 비슷한 내용을
가진 선지를 고르기

---

단수 빈칸 추론

---

**02  다음 빈칸에 들어갈 말로 가장 적절한 것은?** 2025 인사혁신처 2차 샘플

> 로빈후드는 14세기 후반인 1377년경에 인기를 끈 작품 <농부 피어즈>에 최초로 등장한다. 로빈후드 이야기는 주로 숲을 배경으로 전개된다. 숲에 사는 로빈후드 무리는 사슴고기를 중요시하는데 당시 숲은 왕의 영지였고 사슴 밀렵은 범죄였다. 왕의 영지에 있는 사슴에 대한 밀렵을 금지하는 법은 11세기 후반 잉글랜드를 정복한 윌리엄 왕이 제정한 것이므로 아마도 로빈후드 이야기가 그 이전 시기로까지 거슬러 올라가지는 않을 것이다. 또한 이야기에서 셔우드 숲을 한 바퀴 돌고 로빈후드를 만났다고 하는 국왕 에드워드는 1307년에 즉위하여 20년간 재위한 2세일 가능성이 있다. 1세에서 3세까지의 에드워드 국왕 가운데 이 지역의 순행 기록이 있는 사람은 에드워드 2세뿐이다. 이러한 근거를 토대로 추론할 때, 로빈후드 이야기의 시대 배경은 아마도 [      ]일 가능성이 가장 크다.

① 11세기 후반
② 14세기 이전
③ 14세기 전반
④ 14세기 후반

**01** 다음 글의 맥락을 고려할 때 빈칸에 들어갈 내용으로 가장 적절한 것은?

2023 지방직 7급

사람들은 법을 자유와 대립하는 것으로 착각하여 법을 혐오하는 경향이 있다. 그러나 모든 국민이 법 없이 최대의 자유를 누리는 이상적인 사회질서를 주장했던 자유 지상주의는 환상에 지나지 않는다. 몽테스키외는 인간이 법과 동시에 자유를 가졌다고 말했다. 또한 인간이 법 밖에서 자유를 찾으려 한다면, 주인의 집을 도망쳐 나온 정처 없는 노예처럼 된다고 하였다. 자유는 정당한 행위를 할 수 있는 상태를 의미한다. 그렇다면 자유는 정의를 실현하는 올바른 사회질서에 의해서만 보장될 수 있다. 따라서 법이 없다면 자유도 없다고 할 수 있다. 왜냐하면 _____ 때문이다. 결국 자유와 법은 대립하는 것이 아니다.

① 법은 정당한 행위를 할 수 있는 상태의 실현 가능성을 높이기
② 자유가 없다면 정의를 실현하는 올바른 사회질서도 확립될 수 없기
③ 정의를 실현하는 올바른 사회질서는 법에 의해서만 확립될 수 있기
④ 법과 자유가 있다면 정의를 실현하는 올바른 사회질서가 확립될 수 있기

**02** ㉠에 들어갈 내용으로 적절한 것은?

2023 국회직 8급

신석기 시대에 들어 농사가 시작되면서 여성의 역할은 더욱 증대되었다. 농사는 야생 곡물이 밀집한 지역에서 이를 인위적으로 재생산함으로써 시작되었다. 이처럼 농사는 채집 활동의 연장선상에서 발생하였기 때문에 처음에는 주로 여성이 담당하였다. 더욱이 당시 농업 기술은 보잘것없었고, 이를 극복할 별다른 방법도 없었다. 이러한 단계에서 인간들이 풍요로운 생활을 누리기 위해서는 종족 번식, 곧 여성의 출산력이 무엇보다 중요하였다.

그러나 신석기 시대 중후반에는 농경이 본격적으로 발전하면서 광활한 대지의 개간이나 밭갈이에는 엄청난 노동력과 강한 근력이 요구되었다. 농사는 더 이상 여성의 섬세함만으로 해낼 수 없는 아주 고된 일로 바뀌었다. 마침 이 무렵, 집짐승 기르기가 시작되면서 남성들은 더 이상 사냥감을 찾아 산야를 헤맬 필요가 없게 되었다. 사냥 활동에서 벗어난 남성들은 생산 활동의 새로운 주인공이 되었다. 그리고 여성들은 보조자로 밀려나서 주로 집안일이나 육아를 담당하게 되었다. 이로써 남성이 주요 생산 활동을 담당하게 되고, ( ㉠ )

① 남성과 여성의 사회적 위상과 역할이 달라지게 되었다.
② 여성은 생산 활동에서 완전히 배제되기 시작하였다.
③ 남성이 남성으로서의 제 역할을 하게 되었다.
④ 남성은 여성을 씨족 공동체의 일원으로 인정하지 않게 되었다.
⑤ 사냥 활동에서 여성이 남성의 역할을 대체하게 되었다.

**03** 다음 기사의 ( ㉠ ) 안에 들어갈 말로 가장 적절한 것은?

2023 군무원 7급

> 탄소중립을 실천하기 위해 우리가 할 수 있는 일은 무엇일까? 에너지 절약부터 친환경 제품 사용, 이면지 사용, 일회용품 사용하지 않기 등 다양한 방법들이 있다. 하지만 또 다른 방법이 있다고 산림청은 전한다. 먼저 우리 주변 나무를 잘 사용하는 것이다. 나무를 목재로 사용하면 된다. 목재 가공은 철강 생산보다 에너지를 85배 절감할 수 있다고 한다. …(중략)…
>
> 그렇다고 나무를 다 베어서는 안 된다는 우려도 존재한다. 하지만 걱정할 필요가 없다고 산림청은 말한다. ( ㉠ ) 특히 우리나라는 OECD 국가 중 산림비율이 4위일 정도로 풍성한 숲을 보유하고 있다. 이를 잘 활용해서 환경 보호에 적극적으로 사용해야 하는 것이다.

① 목재를 보전하는 숲과 수확하는 숲을 따로 관리한다는 것이다.
② 나무가 잘 자라는 열대지역에서 목재를 수입한다는 것이다.
③ 버려지는 폐목재를 가공하여 재사용한다는 것이다.
④ 나무를 베지 않고 숲의 공간을 활용하여 주택을 짓는다는 것이다.

**04** 다음 글의 빈칸에 들어갈 말로 옳은 것은?

2023 국회직 9급

> 지구 온난화를 주장하는 이들은 지구가 계속 더워질 경우 해수면이 즉각적이고 아주 높게 상승하는 것이 피할 수 없는 일이라 가정하는 것처럼 보인다. 그러나 해수면의 상승은 여러가지 힘들이 맞부딪혀서 나온 산물이다.
>
> 더운 온도로 물의 부피는 상승한다. 더운 온도로 더 많은 빙하들이 녹는다. 그러나 더운 온도는 해양과 호수로부터 더 많은 수분을 증발시킨다. 구름이 증발한 수분을 세계의 빙하와 만년설에 옮기고 _____ 빙하와 만년설은 더 커지게 될 것이다.
>
> 시간 또한 중요한 요소이다. 얼음은 천천히 녹는다. 빙하와 만년설은 매우 많은 양의 태양열을 표면으로 반사하기 때문에 녹으려면 수천 년이 걸린다. 워싱턴 대학의 존 스톤에 따르면, 이것이 서남극의 빙판이 빙하기가 끝나고 10,000년이 지났음에도 완전히 녹으려면 아직 7,000년의 기간을 필요로 하는 이유이기도 하다. 스톤 박사와 연구 팀은 얼음이 밀려나면서 남극 대륙의 포드 산맥에 남겨진 암석의 화학 성분을 조사하였다. 이 조사에 따르면 과거 지구의 역사를 고려할 때 서남극의 빙판이 사라지기 전에 또 다른 한랭기가 끼어들 확률이 크다.

① 충분한 시간이 확보되면
② 물의 부피가 계속해서 상승하면
③ 암석에 의해 얼음이 밀려나지 않으면
④ 해수면이 즉각적으로 상승하지 않으면
⑤ 그 지역의 온도가 얼음을 녹일 정도가 아니면

**05** 글의 통일성을 고려할 때 (가)에 들어갈 말로 가장 적절한 것은?

2021 지방직 9급

혼정신성(昏定晨省)이란 저녁에는 부모님의 잠자리를 봐 드리고 아침에는 문안을 드린다는 뜻으로 자식이 아침저녁으로 부모의 안부를 물어 살핌을 뜻하는 말로 '예기(禮記)'의 '곡례편(曲禮篇)'에 나오는 말이다. 아랫목 요에 손을 넣어 방 안 온도를 살피면서 부모님께 문안을 드리던 우리의 옛 전통은 온돌을 통한 난방 방식과 관련 깊다. 온돌을 통한 난방 방식은 방바닥에 깔려 있는 돌이 열기로 인해 뜨거워지고, 뜨거워진 돌의 열기로 방바닥이 뜨거워지면 방 전체에 복사열이 전달되는 방법이다. 방바닥 쪽의 차가운 공기는 온돌에 의해 따뜻하게 데워지므로 위로 올라가고, 위로 올라간 공기가 다시 식으면 아래로 내려와 다시 데워져 위로 올라가는 대류 현상으로 인해 결국 방 전체가 따뜻해진다. 벽난로를 통한 서양식의 난방 방식은 복사열을 이용하여 상체와 위쪽 공기를 데우는 방식인데, 대류 현상으로 바닥 바로 위 공기까지는 따뜻해지지 않는다. 그 이유는 □□□□□ (가) □□□□□.

① 벽난로에 의한 난방은 방바닥의 따뜻한 공기가 위로 올라가 식으면 복사열로 위쪽의 공기만을 따뜻하게 하기 때문이다

② 벽난로에 의한 난방이 복사열에 의한 난방에서 대류 현상으로 인한 난방이라는 순서로 이루어졌기 때문이다

③ 대류 현상을 통한 난방 방식은 상체와 위쪽의 공기만 따뜻하게 하기 때문이다

④ 상체와 위쪽의 따뜻한 공기는 차가운 바닥으로 내려오지 않기 때문이다

**06** ㉠에 들어갈 말로 적절한 것은?

2021 국회직 8급

우리가 이용하는 디지털화된 정보들은 대다수가 아날로그 기반에서 생성된 것이다. 온라인에서 보는 텍스트 정보, 사진, 동영상 대부분이 기존의 종이 매체나 필름에 기록된 것들이다. 온라인 게임을 정보 통신 시대의 독특한 문화양상이라고 하지만, 인기를 끌고 있는 많은 게임은 오래전부터 독자들로부터 사랑받던 판타지 문학에서 유래했다.

아날로그가 디지털과 결합해 더욱 활성화되기도 한다. 동양의 전통 놀이 중 하나인 바둑과 장기도 그렇다. 전형적인 아날로그 문화의 산물인 바둑이 인터넷 바둑 사이트 덕분에 더욱 대중화된 놀이가 되었다. 예전에는 바둑을 두기 위해 친구와 약속을 잡거나 기원을 찾아야 했지만, 지금은 인터넷에 접속하면 언제든 대국을 즐길 수 있다.

따라서 ( ㉠ )

① 디지털 문화와 아날로그 문화를 수직적인 것으로 파악하는 것은 본질과 거리가 멀다.

② 디지털 문화와 아날로그 문화를 수평적인 것으로 파악하는 것은 본질과 거리가 멀다.

③ 디지털 문화와 아날로그 문화를 상호 보완적인 것으로 파악하는 것은 본질과 거리가 멀다.

④ 디지털 문화와 아날로그 문화를 입체적인 것으로 파악하는 것은 본질과 거리가 멀다.

⑤ 디지털 문화와 아날로그 문화를 대립적인 것으로 파악하는 것은 본질과 거리가 멀다.

## 07 〈보기〉에 이어질 내용으로 가장 적절한 것은?

2019 서울시 7급

┌─[보기]─────────────────────────┐
│ 미디어의 첫 혁명이라고 불릴 수 있는 인쇄술의
│ 발전은 지식 제도 면에서 몇 가지 중요한 변화를 가
│ 져왔다. 그 가운데 가장 현저한 변화는 학교와 교사
│ 의 기능에서 생겨났다. 다시 말해서, 학교와 교사 없
│ 이도 독학을 할 수 있는 '책'이 나왔던 것이다. 독서
│ 에 의한 학습이 이루어짐으로써 학교 제도, 또는 기
│ 억이라는 개인의 습관에 대한 의존도가 낮아지게
│ 되었다. 기억의 관습에 가한 변화는 인쇄술 발달이
│ 가져온 중요한 업적이다.
│ 인쇄술의 발달로 당연히 책이 양산되고 책값 역
│ 시 저렴해졌을 뿐 아니라, 주해자/주석자의 중요성
│ 은 반감된 채 다양한 책들이 서점과 서가에 등장하
│ 게 되었다. 그 결과 여러 텍스트를 대조하고 비교할
│ 수 있는 기회가 많아졌으며, 자연스레 지식 사회에
│ 대한 비판과 검증이 가능해졌다.
└────────────────────────────────┘

① 독점적인 학설이나 학파의 전횡도 줄어들 수밖에 없
   었고, 특정 학설의 권위주의적인 행보도 긴 생명을
   가질 수 없게 되었다.
② 교사의 권위는 책의 내용을 쉽게 설명해줌으로써 독
   서를 용이하게 해주는 방식으로 더욱 공고해졌다.
③ 독서 대중의 비판과 검증에 대응하기 위해 지식 사
   회는 지식의 독점과 권력화에 매진하게 되었다.
④ 저자의 권위가 높아짐으로써 책의 내용을 있는 그대
   로 받아들이는 수동적인 독서 대중이 탄생하였다.

## 08 다음 밑줄 친 ㉠에 들어갈 표현으로 가장 적절한 것은?

2019 경찰 1차

┌────────────────────────────────┐
│ 말을 하고 글을 쓰는 표현 행위는 사고 활동과
│ 분리해서 생각할 수 없다. 창의적이고 생산적인 활
│ 동에는 당연히 사고 작용이 따르기 때문이다. 역으
│ 로, 말을 하고 난 뒤에나 글을 쓰고 난 뒤에 그 과정
│ 을 되돌아보면서 새로운 생각을 하거나 발전된 생
│ 각을 얻기도 한다. 또한 청자나 독자의 반응을 통해
│ 자신의 생각을 바꾸거나 확신을 가지기도 한다. 이
│ 처럼 사고와 표현 활동은 지속적으로 상호 작용을
│ 하게 된다.
│     ㉠ _____는
│ 점을 적극적으로 고려할 필요가 있다. 머릿속에서
│ 이루어진 사고 활동의 내용을 구체적으로 말이나
│ 글로 표현해 보면 부족하거나 개선할 점들을 찾을
│ 수 있게 되고 이후에 좀 더 조직적으로 사고하는 습
│ 관도 생긴다. 한편 표현 활동을 하다 보면 어휘 선
│ 택, 내용 조직 등의 과정에서 어려움을 느끼게 된다.
│ 이러한 어려움을 해결하기 위해 그에 대해 논리적
│ 이고 체계적으로 생각해 보게 되고 이를 통해 표현
│ 능력이 향상된다. 이렇게 사고력과 표현력은 상호
│ 협력의 밀접한 연관을 맺고 있다.
│ 흔히 좋은 글을 쓰기 위한 조건으로 '다독(多讀),
│ 다작(多作), 다상량(多商量)'을 들기도 하는데, 많이
│ 읽고, 많이 써 보고, 많이 생각하다 보면 좋은 글을
│ 쓸 수 있다는 뜻이다. 여기에서 '다상량'은 충분한
│ 사고 활동을 의미한다. 이는 물론 말하기에도 적용
│ 되는 것으로 표현 활동과 사고 활동의 관련성을 잘
│ 말해 주고 있다.
└────────────────────────────────┘

① 충분한 사고 활동 후에 이루어지는 표현 활동은 세
   련되게 된다
② 사고한 내용을 구체적으로 표현해 보면 사고력을 향
   상시킬 수 있다
③ 사고와 표현 활동은 상호 작용을 하면서 각각의 능
   력을 상승시킨다
④ 말하기보다 글쓰기가 상대적으로 사고 활동과 깊은
   관련을 맺고 있다

**01** ㉠에 들어갈 말을 추론한 것으로 적절하지 않은 것은?

'반덤핑관세'란 정상 가격보다 일정 수준 이상 낮은 가격으로 물품을 수출하여 수입국의 산업이 피해를 입었을 때, 수입국 정부가 정상가격과 부당 염가의 차액만큼 관세를 부과하는 것을 말한다. WTO의 회원국들은 반덤핑 협정에 따라 덤핑 물품 수입으로 산업에 피해를 입을 경우, 해당 수입품에 반덤핑관세를 부과할 수 있다.

덤핑 물품과 동종 물품을 생산하는 수입국 생산자가 자국 기관에 덤핑 조사를 신청하면, 조사 기관은 자국 해당 물품 생산자들의 덤핑 조사 찬반 의사를 확인한 뒤 조사를 진행한다. 덤핑 조사 결과 덤핑 마진율이 2% 이상, 덤핑 물품의 수입량이 수입국의 동종 물품 총수입량의 3% 이상이면 덤핑 사실이 확정된다.

덤핑 사실이 확정되면 조사 기관은 자국 산업의 피해 여부를 확인하고, 피해 사실이 있다고 판단되면 반덤핑관세를 부과한다는 최종 판결을 내린다. 이때 반덤핑 관세율은 일반적으로 덤핑 마진율 수준으로 정해진다.

그런데 2022년 11월, 일본 정부가 5년간 한국산 용융아연도금철선에 9.8~24.5%의 반덤핑관세를 부과한다고 발표했다. 이를 통해 추론해보면, (   ㉠   )

① 한국산 용융아연도금철선은 일본의 용융아연도금철선 총수입량의 3% 이상이었을 것이다.

② 일본의 용융아연도금철선 생산자는 한국 기관에 덤핑 조사를 신청했을 것이다.

③ 일본에서 한국산 용융아연도금철선의 덤핑 마진율은 2%를 넘었을 것이다.

④ 한국산 용융아연도금철선은 일본의 용융아연도금철선의 통상적인 거래 가격보다 저가로 수출되었을 것이다.

**02** 다음 중 빈칸 ㉠에 들어갈 내용으로 가장 적절한 것은?

정치 철학자 롤스는 사회 구성원들이 자신과 타인의 성별, 인종, 종교, 재능, 재산 등 개별적 특성을 모르는 상태에서 사회 계약을 맺는 상황을 가정했다. 이때 개인들은 자신이나 타인이 어떤 개별적 특성을 가질지 모르는 상태이므로, 사회 내에서 특권이나 차별로 적용될 수 있는 요소를 제거하려 할 것이다. 그 결과 최소 수혜자가 최대한 많은 부를 가질 수 있는 사회 운영 원칙이 세워질 것이다. 롤스는 이를 통해 사회 정의가 실현될 수 있다고 보았다.

이에 센델은 ㉠_____
롤스의 이론을 비판하였다. 현실에는 자신의 인종이나 성별처럼 고유한 특성까지 모르는 개인이 존재하지 않으므로, 사회적 합의는 롤스가 가정한 것과 다른 상황에서 이루어진다는 것이다. 이에 롤스의 사회 계약 이론은 공정한 정치 규범을 형성하는 데 그 실효성을 의심받게 되었다.

① 사회 운영 원칙은 구성원들의 사회적 합의에 의해 형성되는 것이 아니라며

② 최소 수혜자가 최대한 많은 부를 가지는 사회 운영 원칙 또한 공정하지 않다며

③ 자신과 타인을 구별하는 것이 불합리한 사회 운영 원칙을 형성할 수 있다며

④ 현실의 사회적 합의 과정은 롤스가 가정한 상황에서 이루어질 수 없다며

## 03 (가)에 들어갈 말로 가장 적절한 것은?

식습관과 운동 빈도가 성인의 수면의 질과 어떤 관계가 있을까? A는 성인 1200명을 대상으로 식습관과 운동 빈도를 조사하였다. 그 결과 건강한 식습관을 가진 사람들, 규칙적으로 운동하는 사람들, 그리고 두 조건 모두를 충족하는 사람들이 고르게 분포되었다. 그 후 참가자들의 수면의 질을 평가하였다. 그 결과, 건강한 식습관을 가진 사람들 모두가 그렇지 않은 사람들에 비해 수면의 질이 더 좋은 것으로 나타났다. 그리고 전자 중 규칙적으로 운동하는 사람들이 그렇지 않은 사람들에 비해 수면의 질이 유의미하게 더 좋았다. A는 이를 토대로 _____ (가) _____ 고 추정하였다.

① 건강한 식습관은 수면의 질에 긍정적 영향을 주기도 하고 부정적 영향을 주기도 한다
② 건강한 식습관이 수면의 질에 긍정적 영향을 주는 경우, 규칙적인 운동은 부정적 영향을 준다
③ 건강한 식습관만 가진 사람은 규칙적으로 운동하기만 하는 사람에 비해 수면의 질이 더 좋다
④ 규칙적으로 운동하기만 하는 사람은 건강한 식습관만 가진 사람에 비해 수면의 질이 더 좋다

## 04 ㉠에 들어갈 내용으로 가장 적절한 것은?

1990년대 들어 세계 유일의 패권 국가로 자리 잡은 미국은 경제 번영을 위해 세계화를 택했다. 당시 미국은 국가 간 경제적 장벽을 철폐하고 자신들의 경제 질서를 전 세계로 확산하면 더 큰 이익을 얻을 것이라고 확신했다. 대공황 때 고립주의와 자국 중심주의를 택했던 것과는 정반대의 정책을 펴기 시작한 것이다. 미국은 주요 생산 설비를 중국으로 이전하였고 중국은 자국 기업들과 미국 기업들의 기술 격차를 좁혀나가며 전 세계에서 유례없이 빠른 성장을 보였다. 이 때문에 중국은 세계화로 가장 큰 혜택을 본 국가가 되었다. 하지만 정작 세계화를 추진한 미국은 그리 큰 이익을 거두지 못했다. 제2차 세계대전부터 1960년대까지 미국은 놀라운 번영 속에서 부유층만이 아니라 중산층이나 저소득층까지도 엄청난 소득 증가를 경험할 수 있었다. 하지만 1990년대 이후 세계화로 시작된 미국의 경제 회복세는 1960년대의 호황과 크게 달랐다. 세계화와 함께 시작된 미국 경제 회복은 ( ㉠ )

① 최상의 부유층과 서민들 모두에게 이익을 가져다주었다.
② 최상위 부유층에게만 혜택이 돌아갔고 중산층 이하 서민들은 소외되었다.
③ 중국과 미국의 경제 격차를 좁히는 결과를 낳았다.
④ 최상위 부유층의 자산을 서민들에게 분배하는 방식으로 이루어졌다.

# 복수 빈칸 추론

## ▶ 대표 출종포 발문 체크

(가)와 (나)에 들어갈 말로 가장 적절한 것은?

㉠, ㉡에 들어갈 내용으로 적절한 것은?

## ▶ 대표 출종포 개관

빈칸이 2개 이상 뚫리는 유형은 2023년부터 잘 나오는 유형에 속하게 되었습니다.

이번에 인사혁신처 1차 샘플에는 복수 빈칸 추론이 1문제 나왔으나 2차 샘플에서는 나오지 않았습니다.

그렇지만 최근에 출제자들이 선호하는 유형이 되었으므로 풀이 과정을 익혀야 합니다.

특히 혜선 쌤만의 빨리 푸는 전략이 있으니 그 부분을 꼭 익혀야 합니다.

## 신유형 **2025 버전**

빨리 푸는 **亦功** 전략

**1단계**

빈칸 (가)의 위치를
파악하고
빈칸 (가)를
스스로 예측하기

**2단계**

(가)의 빈칸을 추론할 수
있는 **핵심 정보**에
밑줄을 긋기

(가)에 알맞은 내용의
선택지는 살리고
맞지 않은 선지는
소거하기

**3단계**

살린 선지의 (나)를 먼저
보고 둘 중 어떤 내용이
둘째 빈칸에 맞는지
확인 후 답을 고르기

◆──── 복수 빈칸 추론 ────◆

**01** (가)와 (나)에 들어갈 말로 가장 적절한 것은? 2022 지방직 7급

> A는 다음과 같은 실험을 진행했다. 먼저, 검은색 옷과 흰색 옷을 입은 6명이 두 개의 농구공을 가지고 패스를 주고받는 동안 고릴라 복장의 사람을 지나가게 하고 그 장면을 동영상으로 촬영했다. 그리고 실험 참가자들에게 이 동영상을 보여 주면서 흰색 옷을 입은 사람들이 몇 번 패스를 주고받았는지 세어 달라고 요청했다. 이에 대해 참가자들은 패스 횟수에 대해서는 각자의 답을 말했는데, 동영상 중간 중간에 출현한 고릴라 복장의 사람에 대해서는 하나같이 보지 못했다고 답했다. 참가자들이 패스 횟수를 세는 데 집중하느라 1분이 채 안 되는 동영상 가운데 9초에 걸쳐 등장하는 고릴라 복장의 사람을 인지하지 못한 것이다. A는 이 실험을 통해 다음의 결론을 도출했다.    (가)    .
>
> 이 실험 결과를 우리의 일상에서도 확인해 볼 수 있다. 오토바이 운전자의 안전을 위해 눈에 잘 띄는 밝은색 옷을 입도록 권하는데, 밝은색 옷의 오토바이 운전자는 시각적으로 더 잘 보이고, 덕분에 더 쉽게 알아볼 수 있기 때문이다. 그렇다고 해도 모든 자동차 운전자가 밝은색 옷을 입은 오토바이 운전자를 다 알아보는 것은 아니다. 바라보는 행위는 인지의   (나)   없기 때문이다.

① (가): 인간의 인지는 시각과 밀접하게 관련되어 있다
　 (나): 충분조건일 수는 있어도 필요조건일 수는

② (가): 인간의 인지는 시각과 밀접하게 관련되어 있다
　 (나): 필요조건일 수는 있어도 충분조건일 수는

③ (가): 인간은 중요하다고 생각하는 것 위주로 주의를 기울인다
　 (나): 충분조건일 수는 있어도 필요조건일 수는

④ (가): 인간은 중요하다고 생각하는 것 위주로 주의를 기울인다
　 (나): 필요조건일 수는 있어도 충분조건일 수는

**01** (가)와 (나)에 들어갈 말로 가장 적절한 것은?

2023 국가직 9급

특정한 작업을 수행하기 위해 신체 근육의 특정 움직임을 조작하는 능력을 운동 능력이라고 한다. 언어에 관한 운동 능력은 '발음 능력'과 '필기 능력' 두 가지인데 모두 표현을 위한 능력이다.

말로 표현하기 위해서는 발음 능력이 필요한데, 이는 음성 기관을 움직여 원하는 음성을 만들어 내는 능력이다. 이 능력은 영·유아기에 수많은 시행착오와 꾸준한 훈련을 통해 습득된다. 이렇게 발음 능력을 습득하면 음성 기관의 움직임은 자동화되어 음성 기관의 어느 부분을 언제 어떻게 움직일지를 화자가 거의 의식하지 않는다. 우리가 모어에 없는 외국어 음성을 발음하기 어려운 이유는 ___(가)___ 있기 때문이다.

글로 표현하기 위해서는 필기 능력이 필요하다. 필기에서는 글자의 모양을 서로 구별되게 쓰는 것은 기본이고 그 수준을 넘어서서 쉽게 알아볼 수 있는 모양으로 잘 쓰는 것도 필요하다. 글씨를 쓰기 위해 손을 놀리는 것은 발음을 하기 위해 음성 기관을 움직이는 것에 비해 상당히 의식적이라 할 수 있다. 그렇지만 개인의 의지와 관계없이 필체가 꽤 일정하다는 사실은 손을 놀리는 데에 ___(나)___ 의미한다.

① (가): 음성 기관의 움직임이 모어의 음성에 맞게 자동화되어

　　(나): 무의식적이고 자동적인 면이 있음을

② (가): 낯선 음성은 무의식적으로 발음하도록 훈련되어

　　(나): 유아기에 수행한 훈련이 효과적이지 않음을

③ (가): 음성 기관의 움직임이 모어의 음성에 맞게 자동화되어

　　(나): 유아기에 수행한 훈련이 효과적이지 않음을

④ (가): 낯선 음성은 무의식적으로 발음하도록 훈련되어

　　(나): 무의식적이고 자동적인 면이 있음을

**02** 다음 글의 맥락을 고려할 때 (가)와 (나)에 들어갈 내용으로 가장 적절한 것은?

2023 지방직 7급

육각형의 벌집 모양은 자연이 만든 경이로운 디자인이다. 이 벌집의 과학적인 구조는 역사적으로 경탄의 대상이었는데, 다윈은 벌집을 경이롭고 완벽한 과학이라고 평가했다. 벌집의 정육각형 구조는 구멍과 구멍 사이의 간격을 최소화하면서 공간을 최대화할 수 있는 가장 안정적인 형태이다. 이 구조는 ___(가)___ 는 이점이 있다. 벌이 밀랍 1온스를 만들려면 약 8온스의 꿀을 먹어야 한다. 공간이 최적화됨으로써 필요한 밀랍의 양이 줄어, 벌집을 짓는 데 드는 노력과 에너지가 최소화된다. 이처럼 벌집은 과학적으로 탄탄하고 기술적으로 효율적인 디자인이다. 게다가 예술적으로 아름다운 것은 두말할 필요 없다. 견고하고 가볍고 실용적이면서 아름답기까지 한 이 구조를 닮은 건축양식이나 각종 생활용품을 흔히 발견할 수 있다. 이는 ___(나)___ 는 뜻이다.

① (가): 벌집을 짓는 데 소요되는 노동량을 최대화한다

　　(나): 자연의 구조인 벌집이 인간의 창조 활동에 영감을 주었다

② (가): 벌집을 짓는 데 소요되는 노동량을 최대화한다

　　(나): 인간이 만든 디자인은 자연이 만든 디자인보다 뛰어날 수 없다

③ (가): 벌집을 짓기 위해 필요한 밀랍의 양이 적게 든다

　　(나): 자연의 구조인 벌집이 인간의 창조 활동에 영감을 주었다

④ (가): 벌집을 짓기 위해 필요한 밀랍의 양이 적게 든다

　　(나): 인간이 만든 디자인은 자연이 만든 디자인보다 뛰어날 수 없다

**03** ㉠, ㉡에 들어갈 내용으로 적절한 것은?

2023 국회직 8급

　　최후통첩 게임에서 두 참가자는 일정한 액수의 돈을 어떻게 분배할지를 놓고 각각 나름의 결정을 내리게 된다. 먼저 A에게 1,000원짜리 100장을 모두 준 다음 그 돈을 다른 한 사람인 B와 나누라고 지시한다. 이때 A는 자기가 제안하는 액수를 받아들일지 말지 결정할 권리가 B에게 있다는 사실을 알고 있다. 만약 B가 그 제안을 수용하면, 두 사람은 A가 제안한 액수만큼 각각 받는다. 만약 B가 그 제안을 거절하면, 아무도 그 돈을 받지 못한다. 이는 일회적 상호작용으로서, 결정할 수 있는 기회는 단 한 번뿐이고 두 사람은 서로에 대해서 전혀 모르는 사이이다. 그들은 어떤 결정을 내릴 것인가? 만약 두 사람이 모두 자기 이익에 충실한 개인들이라면, A는 아주 적은 액수의 돈을 제안하고 B는 그 제안을 받아들일 것이다. A가 단 1,000원만 제안하더라도, B는 그 제안을 받아들여야 한다. 왜냐하면 B는 ( ㉠ ) 둘 중 하나를 선택해야 하기 때문이다. 만약 상대방이 합리적 자기 이익에 충실하다고 확신한다면, A는 결코 1,000원 이상을 제안하지 않을 것이다. 그 이상을 제안하는 일은 상대방의 이익을 배려한 것으로 자신의 이익을 불필요하게 줄이기 때문이다. 이것이 이기적인 개인들에게서 일어날 상황이다.

　　하지만 현실에서는 이런 상황은 절대 일어나지 않는다. 실험결과에 따르면, 사람들은 낮은 액수의 제안을 받으면 거절하는 경향이 있다. 이 연구에서 나타난 명백한 결과에 따르면 총액의 25% 미만을 제안할 경우 그 제안은 거절당할 가능성이 상당히 높다. 비록 자기의 이익이 최대화되지 않더라도 제안이 불공평하다고 생각하면 거절하는 것으로 보인다. 액수를 반반으로 나누고자 하는 사람이 제일 많다는 점은 이를 지지해 준다. 결과적으로 이 실험은 ( ㉡ )는 것을 보여 준다.

① ㉠: 제안한 1,000원을 받든가, 한 푼도 받지 못하든가
　㉡: 인간의 행동이 경제적 이득에 의해서 움직인다
② ㉠: 1,000원보다 더 적은 금액을 받든가, 제안한 1,000원을 받든가
　㉡: 인간이 공정성과 상호 이득을 염두에 두고 행동한다
③ ㉠: 제안한 1,000원을 받든가, 한 푼도 받지 못하든가
　㉡: 인간의 행동이 경제적 이득에 의해서만 움직이지 않는다
④ ㉠: 1,000원보다 더 적은 금액을 받든가, 제안한 1,000원을 받든가
　㉡: 인간의 행동이 경제적 이득에 의해서만 움직이지 않는다
⑤ ㉠: 제안한 1,000원을 받든가, 한 푼도 받지 못하든가
　㉡: 인간이 공정성과 상호 이득을 염두에 두고 행동하지 않는다

## 04 ㉠~㉣에 들어갈 말로 가장 적절한 것은?

2016 국가직 7급

인간 본성이 이기적이냐 혹은 이타적이냐 하는 이분법적 질문은 흑백 논리를 지양하고 ( ㉠ )을 강조하는 오늘날에는 그저 지적 호사가들의 관심이나 끌 법한 낡은 질문으로 다가오는 것이 사실이다. 나아가 인간에게 내재된 본성 같은 게 실제로 있기나 한 것인지 근본적인 ( ㉡ )을/를 품어볼 수도 있다. 인류 역사에서 이러한 생각은 비교적 최근까지도 전통적인 형이상학의 영역에 속한다고 여겨 왔기 때문에 인간 본성에 대한 답변도 대체로 철학이나 종교의 영역이 맡아 왔다. 그 가운데에는 지혜의 원천으로서 인류의 삶에 훌륭한 ( ㉢ )이/가 되어온 것들이 적지 않다. 그러나 이들은 모두 인간 중심적 사고에 ( ㉣ )되었다는 근원적 한계를 갖는다.

|   | ㉠ | ㉡ | ㉢ | ㉣ |
|---|---|---|---|---|
| ① | 다원성 | 의문 | 전범 | 착종 |
| ② | 다양성 | 회의 | 지침 | 고착 |
| ③ | 중층성 | 질문 | 모범 | 연루 |
| ④ | 융합성 | 반문 | 통찰 | 편향 |

## 05 다음 글의 (가)와 (나)에 들어갈 적절한 말을 순서대로 바르게 짝지은 것은?

2023 군무원 9급

비즈니스 화법에서는 상사에게 보고할 때 결론부터 말하라고 한다. 이것도 맞는 말이다. 그렇지 않아도 바쁜데 주저리주저리 이야기를 길게 늘어놓으면 짜증이 난다. ___(가)___ 현실은 인간관계의 미묘한 심리가 복잡하게 얽혀 있는 비즈니스 사회다. 때로는 일부러 결론을 뒤로 미뤄 상대의 관심을 끌게 만들어야 할 때도 있다. 예를 들어, 회사에서의 라이벌 동료와의 관계처럼 자기와 상대의 힘의 균형이 미묘할 때이다.

당신과 상사, 당신과 부하라는 상하관계가 분명한 경우는 대응이 항상 사무적이 된다. 사무적인 관계에서는 쓸데없는 시간과 노력을 들이지 않아도 된다. ___(나)___ 같은 사내의 인간관계라도 라이벌 동료가 되면 일을 원활하게 해나가는 것만이 능사는 아니다. 권력 관계에서의 차이가 없는 만큼 미묘한 줄다리기가 필요하다. 이렇게 권력관계가 미묘한 상대와의 대화에서 탁월한 최면 효과를 발휘하는 것이 '클라이맥스 법'이다. 비즈니스 현장에서뿐만 아니라 미묘한 줄다리기를 요하는 연애 관계에서도 초기에는 클라이맥스 법이 그 위력을 발휘한다.

① 그러므로 – 그러므로
② 하지만 – 하지만
③ 하지만 – 그러므로
④ 그러므로 – 하지만

## 06 (가)~(라)에 들어갈 말로 가장 적절한 것은?

2021 국가직 9급

정철, 윤선도, 황진이, 이황, 이조년 그리고 무명씨. 우리말로 시조나 가사를 썼던 이들이다. 황진이는 말할 것도 없고 무명씨도 대부분 양반이 아니었겠지만 정철, 윤선도, 이황은 양반 중에 양반이었다. (가) 그들이 우리말로 작품을 썼던 걸 보면 양반들도 한글 쓰는 것을 즐겨 했다는 것을 부정할 수는 없다. (나) 허균이나 김만중은 한글로 소설까지 쓰지 않았던가. (다) 이들이 특별한 취향을 가진 소수의 양반이었다면 이야기는 달라진다. 우리말로 된 문학 작품을 만들겠다는 생각을 가진 특별한 양반들을 제외하고 대다수 양반들은 한문을 썼기 때문에 한글을 모를 수도 있었기 때문이다. 실학자 박지원이 당시 양반 사회를 풍자한 작품 「호질」은 한문으로 쓰여 있다. (라) 한 가지 분명한 것은 양반 대부분이 한글을 이해하지 못하는 상황이었다면 정철도 이황도 윤선도도 한글로 작품을 쓰지는 않았을 것이란 사실이다.

| | (가) | (나) | (다) | (라) |
|---|---|---|---|---|
| ① | 그런데 | 게다가 | 그렇지만 | 그러나 |
| ② | 그런데 | 그리고 | 그래서 | 또는 |
| ③ | 그리고 | 그러나 | 하지만 | 즉 |
| ④ | 그래서 | 더구나 | 따라서 | 하지만 |

## 07 ㉠~㉢에 들어갈 적절한 접속어를 순서대로 나열한 것은?

2017 국가직 9급 추가

역사의 연구는 개별성을 추구하는 것이라고 할 수가 있다. ( ㉠ ) 구체적인 과거의 사실 자체에 대해 구명(究明)을 꾀하는 것이 역사학인 것이다. ( ㉡ ) 고구려가 한족과 투쟁한 일을 고구려라든가 한족이라든가 하는 구체적인 요소들을 빼 버리고, 단지 "자주적 대제국이 침략자와 투쟁하였다."라고만 진술해 버리는 것은 한국사일 수가 없다. ( ㉢ ) 일정한 시대에 활약하던 특정한 인간 집단의 구체적인 활동을 서술하지 않는다면 그것을 역사라고 말할 수 없는 것이다.

| | ㉠ | ㉡ | ㉢ |
|---|---|---|---|
| ① | 즉 | 가령 | 요컨대 |
| ② | 가령 | 한편 | 역시 |
| ③ | 이를테면 | 역시 | 결국 |
| ④ | 다시 말해 | 만약 | 그런데 |

## 08 ⑦~ⓒ에 들어갈 말을 바르게 연결한 것은?

2017 지방직 9급 추가

많은 사람들에게 유일한 현실은 '타이타닉 호'라는 배뿐입니다. 타이타닉 호 속에는 판에 박은 일상사가 있습니다. ( ⑦ ) 선원은 엔진에 연료를 넣지 않으면 안 되고, 배가 전진하기 위해서는 온갖 기계를 확실히 관리하지 않으면 안 됩니다. 모두 각자 일상사를 가지고 있고 그것을 계속하는 사람이 현실주의자입니다.

누군가가 "엔진을 멈추어야 한다."라고 말하면, 그것은 비현실주의적입니다. 왜냐하면 타이타닉 호라는 배는 전진하도록 되어 있어서 전진하지 않으면 저마다의 일거리가 없어지기 때문입니다. 오늘날 세계 경제에 퍼져 있는 현실주의는 바로 그러한 현실주의라고 생각됩니다. 현실주의적인 경제학자가 타이타닉 호에 "전속력으로!"라는 명령을 하려고 합니다. 이것이 타이타닉 호의 논리입니다.

이 논리는 타이타닉 호가 전 세계라는 점을 전제로 성립합니다. 마찬가지로 경제학자의 논리도 세계 경제 시스템 이외에 아무런 현실이 없다고 한다면 합리적인 논리라고 할 수 있습니다. ( ⓒ ) 타이타닉 호의 바깥에는 바다가 있고 빙산이 있습니다. 세계 경제의 바깥에는 재난이 있습니다. 바로 이것이 문제입니다. 여기서 타이타닉 호의 비유가 갖는 한계를 알 수 있는데, 타이타닉 호의 경우는 하나의 빙산이 있고, 장래에 배가 거기에 부딪힌다는 것입니다.

그러나 우리들의 세계 경제 시스템은 장래에 빙산이 기다리고 있는 게 아닙니다. 재난은 이미 시작되었습니다. ( ⓒ ) 차례차례 빙산에 부딪히고 있는 중입니다.

| | ⑦ | ⓒ | ⓒ |
|---|---|---|---|
| ① | 그리고 | 그러면 | 만약 |
| ② | 그리고 | 그렇지만 | 만약 |
| ③ | 예를 들면 | 그러면 | 말하자면 |
| ④ | 예를 들면 | 그렇지만 | 말하자면 |

## 09 다음 글의 ⑦~ⓒ에 들어갈 접속 부사로 가장 적절한 것은?

2017 국회직 9급

공장에서 식품을 생산하여 가능한 한 많은 먹을거리를 안정적으로 공급받기 위해 사람들이 기울여 온 노력은 지구촌에 자본주의 시대가 열린 이후 지속적으로 이어져 온 지상과제 중 하나이다. ( ⑦ ) 오늘날 사람들은 우주시대에 어떻게 먹을거리를 해결할 것인가라는 문제에 대해 더욱 많은 관심을 보이기도 한다. ( ⓒ ) 21세기는 먹을거리에 관한 한 '풍요의 시대'가 될 것이라는 낙관적 입장이 주류를 이루는 듯하다. ( ⓒ ) 오늘날 우리의 현실은 풍요의 시대가 '약속된 하느님의 뜻'인 것 같지 않다. 일부에서는 유전자 조작에 의해 생산된 콩이나 돼지고기를 먹은 우리가 과연 온전할 것인가에 대한 의구심이 유전자 조작 식품에 대한 반발로 이어지고 있다.

| | ⑦ | ⓒ | ⓒ |
|---|---|---|---|
| ① | 그래서 | 그러나 | 그렇지만 |
| ② | 그런데 | 그리고 | 심지어 |
| ③ | 그러나 | 심지어 | 그리고 |
| ④ | 심지어 | 그래서 | 하지만 |
| ⑤ | 하지만 | 그래서 | 그러나 |

**10** ⊙~⊚에 들어갈 말로 가장 적절한 것은?

2015 국가직 7급

> 태평양전쟁이 격화되자 일제는 식민지 조선 내에서 황국 신민화정책을 강화함과 동시에 일본인으로서의 투철한 국가관과 '국민'의식을 주입하는 데 주력하게 되었다. ( ⊙ ) '국민'이란 말이 일본 내에서 실체적인 함의를 지니게 된 것은 청일전쟁 이후였다. ( ⓛ ) 이 경우 천황 아래 모두가 평등한 신민, 즉 일본의 '국민'으로서 재탄생하여야 한다는 당위적 명제는 다른 면에서는 '비국민'으로 낙인 찍힐지도 모른다는 불안감을 조장하는 일이기도 했다. ( ⓒ ) 이러한 사정은 식민지 조선 내에서도 마찬가지로 작용하였다. ( ⓔ ) '국민'의식의 강조는 이때까지만 해도 여전히 민족적인 이질감을 유지하고 있던 조선인들에게는 심리적인 포섭의 원리인 동시에 '비국민'으로서의 공포감을 동반한 강력한 배제의 원리로 작용하였던 셈이다.

|  | ⊙ | ⓛ | ⓒ | ⓔ |
|---|---|---|---|---|
| ① | 사실 | 그런데 | 그리고 | 요컨대 |
| ② | 사실 | 게다가 | 또한 | 그러므로 |
| ③ | 실제로 | 또한 | 게다가 | 요컨대 |
| ④ | 실제로 | 그러나 | 그리고 | 그러므로 |

**01** ㉠, ㉡에 들어갈 내용으로 적절한 것은?

로마가 그리스를 점령한 후 그리스 예술이 국제적으로 전파되었고, 그리스 예술은 서양 예술의 바탕이 되었다. 로마인들은 그리스 예술에 영향을 받았지만, 이를 실용적, 사실적으로 바꾸어 나갔다.

로마인들은 건물의 외양보다 내적 공간에 관심을 가졌고, 내적으로 더 큰 공간을 원했다. 넓은 건축 공간에 그리스의 양식을 그대로 차용하면 붕괴 위험이 있었다. 그래서 수직으로 작용하는 하중의 부담을 덜어서 넓은 공간을 조성할 수 있도록 로마인들은 아치를 고안해 냈다. 아치를 사용할 경우 기둥이 바깥쪽으로 휘려는 성질 때문에 반드시 기둥의 바깥벽이 지탱되어야 하는 부담감과 폭이 넓어지는 만큼 높이도 높아져야 한다는 단점도 있지만, ┌─── ㉠ ───┐

로마인들에게 아치는 로마인들이 세계로 나아갈 수 있는 발판을 마련해 주었다. 아치는 일반 건축물뿐만 아니라 다리와 수로에도 적극적으로 이용되었다. 로마 시대에는 수많은 다리가 세워졌는데, 이 다리는 로마의 길들을 연결해 주었다. 또한 목욕 문화에도 관심이 많았던 로마인들을 물을 끌어 들이기 위해 도시에 방대한 수로 시설을 갖추었고 이 수로 건축에도 아치형 기술을 이용했다.

┌─── ㉡ ───┐, 점차 도시라는 형태를 제대로 갖춰 나가며 로마 문명을 꽃피웠다.

① ㉠: 로마인들은 그리스 예술과 차별화를 두기 위해 인위적으로 다른 선택을 했던 것이다.
㉡: 로마는 아치형 기술을 원동력으로 삼아 통치력을 강화해 나갔고

② ㉠: 로마인들은 자신들이 원하는 공간을 얻기 위해 그리스인들과는 다른 선택을 했던 것이다.
㉡: 로마는 아치형 기술을 원동력으로 삼아 통치력을 강화해 나갔고

③ ㉠: 로마인들은 그리스 문화를 발전시키고 계승하기 위해 다른 선택을 했던 것이다.
㉡: 로마는 수로를 원동력으로 삼아 통치력을 강화해 나갔고

④ ㉠: 로마인들은 자신들이 원하는 공간을 얻기 위해 그리스인들과는 다른 선택을 했던 것이다.
㉡: 로마는 목욕문화의 발전으로 도시로 방대한 수로 시설을 설치함으로써

## 02 다음 글의 맥락을 고려할 때 빈칸에 들어갈 말로 가장 적절한 것은?

그린워싱이란 환경을 뜻하는 '그린'과 씻는다는 뜻의 '워싱'을 합친 말이다. 이는 기업이 실제로는 환경에 이롭지 않은 제품을 환경에 이로운 것처럼 홍보한다는 점에서 '위장환경주의'라고도 부른다. 소비자들의 윤리의식이 높아지고 　(가)　 친환경을 마케팅 수단으로 활용하는 '그린 마케팅'이 전 세계적인 트렌드가 되었다. 이러한 그린마케팅을 상징하는 대표적인 사례가 에코백과 텀블러이다. 그런데 이런 제품들이 과잉생산되면서 되려 환경에 부정적 영향을 주는 사례가 증가하고 있다. 수많은 브랜드들은 시즌마다 새로운 컨셉의 에코백과 텀블러를 출시한다. 이렇게 만들어진 제품은 또다시 과소비 문제를 유발한다. 에코백과 텀블러가 친환경적으로 쓰이기 위해서는 여러 번 사용하는 것이 필수적이지만 실제로는 그러지 못한다. 플라스틱 텀블러를 사용하는 것이 종이컵 사용보다 친환경적이기 위해서는 최소한 17회 이상 사용해야 한다. 그렇지만 현재의 상황은 환경보호를 위해 만들어진 제품이 　(나)　

① (가) : 환경에 대한 기업의 책임이 강조되면서
　(나) : 오히려 환경오염을 유발하는 형국이다.
② (가) : 환경에 대한 소비자의 책임이 강조되면서
　(나) : 큰 효과를 발휘하지 못하는 형국이다.
③ (가) : 환경에 대한 기업의 책임이 강조되면서
　(나) : 큰 효과를 발휘하지 못하는 형국이다.
④ (가) : 환경에 대한 소비자의 책임이 강조되면서
　(나) : 오히려 환경오염을 유발하는 형국이다.

## 03 ㉠~㉣에 들어갈 말로 적절하지 않은 것은?

최초로 인간의 삶을 사색적 삶과 활동적 삶으로 구분한 사람은 아리스토텔레스이다. 그는 진리, 즐거움, 고귀함을 추구하는 사색적 삶의 영역이 생계를 위한 활동적 삶의 영역보다 상위에 있다고 보았다. 이러한 인식은 근대 이전의 오랜 역사 속에서 사회 질서의 기본 원리로 자리 잡아 왔다.

근대에 접어들어 과학 혁명과 청교도 윤리의 등장으로 활동적 삶과 사색적 삶에 대한 인식은 달라지기 시작했다. 16, 17세기 과학 혁명으로 실험 정신과 경험적 지식이 중시되면서 사색적 삶의 영역에 속한 과학적 탐구와 활동적 삶의 영역에 속한 기술 사이의 거리가 　㉠　. 또한 직업을 신의 소명으로 이해하고, 근면과 검약에 의한 개인의 성공을 구원의 징표로 본 청교도 윤리는 생산 활동과 부의 축적에 대한 　㉡　 가 되었다. 이로써 활동적 삶과 사색적 삶이 대등한 위상을 갖게 된 것이다.

18, 19세기 산업 혁명을 계기로 활동적 삶은 사색적 삶보다 　㉢　 되었다. 생산 기술에 과학적 지식이 응용되고 기계의 사용이 본격화되면서 기계의 속도에 기초하여 노동 규율이 확립되었고, 인간의 삶은 시간적 규칙성을 따르도록 재조직되었다. 나아가 시간이 관리의 대상으로 부각되면서 시간-동작 연구를 통해 가장 효율적인 작업 동선(動線)을 모색했던 테일러의 과학적 관리론은 20세기 초부터 생산 활동을 합리적으로 조직하는 중요한 원리로 자리 잡았다. 이로써 두뇌에 의한 노동과 근육에 의한 노동이 분리되어 　㉣　 되는 결과가 초래되었다.

① ㉠ : 좁아졌다
② ㉡ : 부정적 인식을 불식하는 계기
③ ㉢ : 중요성이 더 커지게
④ ㉣ : 사색적인 삶이 고평가

**04** 다음 글의 맥락을 고려할 때 빈칸에 들어갈 말로 가장 적절한 것은?

> 우주 탐사는 인류의 과학적 성취 중 가장 혁신적인 분야 중 하나로 꼽힌다. 최초의 인류가 달에 착륙한 이래, 화성 탐사와 외계 생명체 탐사에 대한 관심이 점차 증가하고 있다. 특히 최근에는 민간 기업이 우주 탐사에 참여하면서, 우주 산업의 상업화가 급격히 진행되고 있다. 하지만 이러한 발전에도 불구하고, ___(가)___ 은/는 여전히 큰 도전 과제로 남아 있다. 우주 환경은 인간에게 매우 가혹하며, 장기간의 우주 체류는 건강에 치명적인 영향을 미칠 수 있기 때문이다.
>
> 또한, 우주 탐사의 상업화가 빠르게 진행됨에 따라 ___(나)___ 문제도 점차 대두되고 있다. 민간 기업의 참여가 본격화되고 있는 현실이지만, 우주 자원의 소유권과 이용권에 대한 국제적 규제책은 미흡한 상황이다. 이는 국가 간 갈등으로 이어질 가능성이 있어 우주 개발을 둘러싼 국제적 협력의 중요성은 더욱 커지고 있다. 따라서 우주 탐사의 상업적 성공만큼이나 지속 가능한 우주 개발을 위한 국제적 논의가 필요하다.

① (가): 우주 방사선의 위험성
   (나): 우주 자원 분배
② (가): 우주 환경에 맞는 의료기술 확보
   (나): 우주 자원의 법적 소유권
③ (가): 우주 탐사의 기술적 한계
   (나): 우주 탐사 비용 증가
④ (가): 우주 비행의 윤리적 문제
   (나): 국제 우주 조약의 개정

박혜선 국어
**콤단문** 독해

PART 04

강화, 약화

# 일반 강화, 약화

▶ 대표 출종포 발문 체크

윗글에 대해 평가한 내용으로 가장 적절한 것은?

다음 글의 (가)와 (나)의 주장에 대해 평가한 내용으로 가장 적절한 것은?

다음 글의 ㉠과 ㉡에 대한 평가로 올바른 것은?

▶ 대표 출종포 개관

'일반 강화, 약화' 문제는 전통적으로는 사례 추론 문제로 출제가 되었습니다.

기존 사례 추론 문제의 경우에는 밑줄 친 부분의 이론에 맞지 않는 사례를 찾는다거나

밑줄 친 부분의 이론에 맞는 사례를 찾는 문제가 많이 출제되었습니다.


이 유형이 발전되어 '강화, 약화' 추론 문제로 나오게 되었는데,

'일반 강화, 약화'의 경우에는 제시문에 적으면 2개, 많으면 4개 이상의 이론들이 나열된 후

그 이론을 뒷받침하면 강화,

그 이론의 반증 사례가 나타나면 약화,

그 이론과 관련이 없는 사례라면 강화하지도 약화하지 않는 것으로 보면 됩니다.


▶ 출·종·포 독해 이론

강화, 약화의 오답 패턴은 간단하다.

**1** 반대의 오류

(1) 해당 사례가 이론을 뒷받침하는 것임에도 약화한다고 언급하는 경우
(2) 해당 사례가 이론을 반증하는 것임에도 강화한다고 언급하는 경우


**2** 무관의 오류

이론과 아예 무관한 사례로 이론을 강화하지도, 약화하지도 않는 경우

# 亦功 콤단문 독해 PIN POINT

## 기존 출제 유지 2024 버전

◆ 사례 추론 부정 발문 ◆

**01** ㉠~㉣의 예를 추가할 때 가장 적절한 것은? 2018 국가직 9급

논리학에서 비형식적 오류 유형에는 우연의 오류, 애매어의 오류, 결합의 오류, 분해의 오류 등이 있다.

우선 ㉠우연의 오류란 거의 대부분의 경우에 적용되는 일반적인 원리나 규칙을 우연적인 상황으로 인해 생긴 예외적인 특수한 경우에까지도 무차별적으로 적용할 때 생기는 오류이다. 그 예로 "인간은 이성적인 동물이다. 중증 정신 질환자는 인간이다. 그러므로 중증 정신 질환자는 이성적인 동물이다."를 들 수 있다. ㉡애매어의 오류는 동일한 한 단어가 한 논증에서 맥락마다 서로 다른 의미를 지니는 것으로 사용될 때 생기는 오류를 말한다. "김 씨는 성격이 직선적이다. 직선적인 모든 것들은 길이를 지닌다. 고로 김 씨의 성격은 길이를 지닌다."가 그 예이다. 한편 각각의 원소들이 개별적으로 어떤 성질을 지니고 있다는 내용의 전제로부터 그 원소들을 결합한 집합 전체도 역시 그 성질을 지니고 있다는 결론을 도출하는 경우가 ㉢결합의 오류이고, 반대로 집합이 어떤 성질을 지니고 있다는 내용의 전제로부터 그 집합의 각각의 원소들 역시 개별적으로 그 성질을 지니고 있다는 결론을 도출하는 경우가 ㉣분해의 오류이다. 전자의 예로는 "그 연극단 단원들 하나하나가 다 훌륭하다. 고로 그 연극단은 훌륭하다."를, 후자의 예로는 "그 연극단은 일류급이다. 박 씨는 그 연극단 일원이다. 그러므로 박 씨는 일류급이다."를 들 수 있다.

① ㉠: 모든 사람은 죽는다. 소크라테스는 사람이다. 그러므로 소크라테스는 죽는다.

② ㉡: 부패하기 쉬운 것들은 냉동 보관해야 한다. 세상은 부패하기 쉽다. 고로 세상은 냉동 보관해야 한다.

③ ㉢: 미국 아이스하키 선수단이 이번 올림픽에서 금메달을 차지했다. 그러므로 미국 선수 각자는 세계 최고 기량을 갖고 있다.

④ ㉣: 그 학생의 논술 시험 답안은 탁월하다. 그의 답안에 있는 문장 하나하나가 탁월하기 때문이다.

**빨리 푸는 亦功 전략**

**1단계**

사례에 적용해야 하는 '원리'를 먼저 추출하기

**2단계**

㉠을 보고 ㉡을 보고 ㉢을 보고 ㉣을 보기

**3단계**

만약, '적용되어서는 안 되는 원리'가 있으면 이를 따로 정리하기

PART 04

## 신유형 **2025 버전 1**

### 빨리 푸는 *亦功* 전략

**1단계**

선지를 먼저 읽고
힌트를 얻기
[(가)의 주장,
(나)의 주장]

**2단계**

'(가), (나)의 주장'을
설명한 대조 구조의
제시문 읽기
(단, 일정한 기준에
따라 차이점을
정리하면서 읽기)

**3단계**

선택지를 2파트로 나누고

① 특정 사례가
이 이론을 뒷받침하면
강화,

② 반대로 뒷받침하면
약화

③ 특정 사례가 이론과
관련이 없는 경우에
'강화, 약화'라고 판단을
내리는 것은 잘못된
것임에 유의하기

**02  다음 글의 (가)와 (나)의 주장에 대해 평가한 내용으로 가장 적절한 것은?**

2025 인사혁신처 2차 샘플

일반적으로 한 나라의 문학, 즉 '국문학'은 "그 나라의 말과 글로 된 문학"을 지칭한다. 그래서 우리나라에서 국문학에 대한 근대적 논의가 처음 시작될 무렵에는 (가) 국문학에서 한문으로 쓰인 문학을 배제하자는 주장이 있었다. 국문학 연구가 점차 전문화되면서, 한문문학 배제론자와 달리 한문문학을 배제하는 데 있어 신축성을 두는 절충론자의 입장이 힘을 얻었다. 절충론자들은 국문학의 범위를 획정하는 데 있어 (나) 종래의 국문학의 정의를 기본 전제로 하되, 일부 한문문학을 국문학으로 인정하자고 주장했다. 즉 한문으로 쓰여진 문학을 국문학에서 완전히 배제하지 않고, ㉠ 전자 중 일부를 ㉡ 후자의 주변부에 위치시키는 것으로 국문학의 영역을 구성한 것이다. 이에 따라 국문학을 지칭할 때에는 '순(純)국문학'과 '준(準)국문학'으로 구별하게 되었다. 작품에 사용된 문자의 범주에 따라서 ㉢ 전자는 '좁은 의미의 국문학', ㉣ 후자는 '넓은 의미의 국문학'이라고도 칭할 수 있다.

하지만 이런 절충안을 취하더라도 순국문학과 준국문학을 구분하는 데에는 논자마다 차이가 있다. 어떤 이는 국문으로 된 것은 ㉤ 전자에, 한문으로 된 것은 ㉥ 후자에 귀속시켰다. 다른 이는 훈민정음 창제 이전과 이후로 나누어 국문학의 영역을 구분하였다. 훈민정음 창제 이전의 문학은 차자표기건 한문표기건 모두 국문학으로 인정하고, 창제 이후의 문학은 국문문학만을 순국문학으로 규정하고 한문문학 중 '국문학적 가치'가 있는 것을 준국문학에 귀속시켰다.

① 국문으로 쓴 작품보다 한문으로 쓴 작품이 해외에서 문학적 가치를 더 인정받는다면 (가)의 주장은 강화된다.

② 국문학의 정의를 '그 나라 사람들의 사상과 정서를 그 나라 말과 글로 표현한 문학'으로 수정하면 (가)의 주장은 약화된다.

③ 표기문자와 상관없이 그 나라의 문화를 잘 표현한 문학을 자국문학으로 인정하는 것이 보편적인 관례라면 (나)의 주장은 강화된다.

④ 훈민정음 창제 이후에도 차자표기로 된 문학작품이 다수 발견된다면 (나)의 주장은 약화된다.

## 신유형 2025 버전 2

일반 강화·약화

빨리 푸는 亦功 전략

**1단계**

밑줄 친 ㉠을 읽고
①, ②를 판단하고

밑줄 친 ㉡을 읽고
③, ④를 판단하기

PART
04

**03  다음 글의 ㉠과 ㉡에 대한 평가로 올바른 것은?** 2025 인사혁신처 2차 샘플

> 기업의 마케팅 프로젝트를 평가할 때는 유행지각, 깊은 사고, 협업을 살펴본다. 유행지각은 유행과 같은 새로운 정보를 반영했느냐, 깊은 사고는 마케팅 데이터의 상관관계를 분석해서 최적의 해결책을 찾아내었느냐, 협업은 일하는 사람들이 해결책을 공유하며 성과를 창출했느냐를 따진다. ㉠이 세 요소 모두에서 목표를 달성하는 것은 마케팅 프로젝트가 성공적이기 위해 필수적이다. 하지만 ㉡이 세 요소 모두에서 목표를 달성했다고 해서 마케팅 프로젝트가 성공한 것은 아니다.

① 지금까지 성공한 프로젝트가 유행지각, 깊은 사고 그리고 협업 모두에서 목표를 달성했다면, ㉠은 강화된다.

② 성공하지 못한 프로젝트 중 유행지각, 깊은 사고 그리고 협업 중 하나 이상에서 목표를 달성하는 데 실패한 사례가 있다면, ㉠은 약화된다.

③ 유행지각, 깊은 사고 그리고 협업 중 하나 이상에서 목표를 달성하는 데 실패했지만 성공한 프로젝트가 있다면, ㉡은 강화된다.

④ 유행지각, 깊은 사고 그리고 협업 모두에서 목표를 달성했지만 성공하지 못한 프로젝트가 있다면, ㉡은 약화된다.

**2단계**

선택지를 2파트로 나누고

① 특정 사례가
이 이론을 뒷받침하면
강화,

② 반대로 뒷받침하면
약화

③ 특정 사례가 이론과
관련이 없는 경우에
'강화, 약화'라고 판단을
내리는 것은 잘못된
것임에 유의하기

**01** 다음 글의 '동기화 단계 조직'에 따라 (가)~(마)를 배열한 것으로 가장 적절한 것은?

2022 국가직 9급

> 설득하는 말하기의 메시지를 조직하는 방법으로 '동기화 단계 조직'이 있다. 이 방법의 세부 단계는 다음과 같다.
>
> 1단계: 주제에 대한 청자의 주의나 관심을 환기한다.
> 2단계: 특정 문제를 청자와 관련지어 설명함으로써 청자의 요구나 기대를 자극한다.
> 3단계: 해결 방안을 제시하여 청자의 이해와 만족을 유도한다.
> 4단계: 해결 방안이 청자에게 어떤 도움이 되는지 구체화한다.
> 5단계: 구체적인 행동의 내용과 방법을 제시하여 특정 행동을 요구한다.

> (가) 지난주 제 친구는 일을 마친 후 자전거를 타고 집으로 돌아오다가 사고를 당해 머리를 다쳤습니다.
> (나) 여러분이 자전거를 탈 때 헬멧을 착용하면 머리를 보호할 수 있습니다.
> (다) 아마 여러분도 가끔 자전거를 타는 경우가 있을 것입니다. 그런데 매년 2천여 명이 자전거를 타다가 머리를 다쳐 고생한다고 합니다.
> (라) 만약 자전거를 타는 모든 사람이 헬멧을 착용한다면 자전거 사고를 당해도 뇌손상을 비롯한 신체 피해를 75% 줄일 수 있습니다. 또 자전거 타기가 주는 즐거움과 편리함을 안전하게 누릴 수 있습니다.
> (마) 자전거를 탈 때는 안전을 위해서 반드시 헬멧을 착용하시기 바랍니다.

① (가) - (나) - (다) - (라) - (마)
② (가) - (다) - (나) - (라) - (마)
③ (가) - (다) - (라) - (나) - (마)
④ (가) - (라) - (다) - (나) - (마)

**02** 다음 글을 바탕으로 추론한 생각 중 적절하지 않은 것은?

2018 국가직 7급

> 소쉬르는 언어를, 기호의 형식에 상응하는 기표(記標)와 기호의 의미에 상응하는 기의(記意)의 기호적 조합이라고 전제한다. 예를 들어 '흑연과 점토의 혼합물을 구워 만든 가느다란 심을 속에 넣고, 겉은 나무로 둘러싸서 만든 필기도구'라는 의미를 표시하는 기표는 한국어에서 '연필'이다. 그런데 '연필'의 기의에 대응되는 영어 기표는 'pencil'이다. 각기 다른 기표가 동일한 기의를 표현한 것이다. 소쉬르는 이처럼 하나의 기의가 서로 다른 기표에 대응되는 것을 두고 기호적 관계가 자의적이라고 주장하는 한편, 이러한 자의성은 사회적 약속과 문화적 약호(code)에 따라 조율된다고 보았다.

① 표준어로 '부추'에 상응하는 표현이 지역에 따라 달리 나타나는 현상에서 기호의 자의성을 엿볼 수 있겠군.
② 어떤 개념을 새롭게 표현한 단어가 널리 쓰이려면 그 개념을 쓰는 사회 성원들의 공통된 합의가 필요하겠군.
③ 같은 종교를 믿으면서 문화적 약호가 유사한 지역에서는 같은 기표에 대응되는 개념이 비슷할 가능성이 높겠군.
④ 사랑이나 진리와 같이 사회 문화적으로 보편적인 개념을 지시하는 각각의 기표들에서 유사한 형식을 도출할 수 있겠군.

**03** 밑줄 친 부분과 가장 유사한 속성을 지닌 현대인의 삶의 태도는?

2016 지방직 9급

근대 이후 인간들은 불안감과 고독감에서 벗어나기 위해 <u>자신에게 주어진 자유로부터 도피하려는 경향</u>을 보인다. 그중 하나가 복종을 전제로 하는 권위주의적 양태이다. 이는 개인적 자아의 독립을 포기하고 자기 이외의 어떤 존재에 종속되고자 하는 것으로, 사라진 제1차적 속박 대신에 새로운 제2차적 속박을 추구하는 양상을 띤다. 이것은 때로 상대방을 자신에게 복종시킴으로써 심리적 안정과 만족을 얻으려는 형태로 나타나기도 한다. 일견 대립적으로 보이는 이 두 형태는 불안감과 고독감으로부터 벗어나기 위한 권위주의적 양상이라는 점에서는 동일한 것이다.

① 소속된 집단의 이익이나 정의보다는 개인의 이익이나 행복만을 추구하는 태도
② 집안에서 어떤 일을 결정할 때 부모나 어른의 의견보다는 아이들의 요구를 먼저 고려하는 태도
③ 어떤 상황에 대해 자신의 견해를 가지기보다는 언론 매체의 의견을 무비판적으로 수용하는 태도
④ 직업을 통해서 얻는 삶의 만족보다는 취미 활동을 통해서 얻는 삶의 즐거움을 더 중시하는 태도

**04** 다음 발화가 사용되는 상황을 추론한 것으로 가장 적절한 것은?

2015 국가직 7급

"우리나라도 경기도 말, 충청도 말, 강원도 말, 전라도 말, 경상도 말, 제주도 말 등 각 지역마다 특색이 있는 지역어(地域語)가 존재하는데, 이는 해당 지역의 지리적, 정치적, 사회적 요소 및 구성 집단의 기질과 성격 등이 오랜 세월을 거치면서 반영되고 변모되어 온 것입니다. 따라서 각 지역어는 해당 지역과 그 구성원의 정체성과도 깊이 관련되어 있기 마련입니다. 따라서 우리나라의 각 지역어가 가진 특성과 기능을 무시한 채 한 지역의 말만을 사용케 한다면 이는 타 지역의 정체성을 부인하는 것이고, 타 지역어를 사용하는 사회 구성원들의 원활한 소통 수단을 박탈하는 것입니다. 나아가 국민을 차별할 수 있으며, 심지어 타 지역의 구성원에게 정서적 갈등과 고통을 안겨 줄 수 있습니다."

① 우리말의 올바른 용법을 강조하는 강연에서
② 사고와 언어의 관계를 주장하는 학술 발표 대회에서
③ 지역어의 종류와 그 특징을 소개하는 라디오 프로그램에서
④ 표준어 정책에 반대하고 지역어의 가치를 주장하는 변론에서

**01** 다음 글을 읽고 평가한 것으로 적절하지 않은 것은?

다수결 민주주의는 정책 결정 과정에서 다수의 의견을 존중하는 원칙을 기반으로 하며 다수의 지지를 받는 정책이 가장 합법적이고 정당하다고 본다. 대의민주주의 체제에서 다수결은 국민의 다양한 의견을 반영하는 효율적인 방법으로 여겨진다. 다수결을 지지하는 사람들은 다수의 결정이 모든 시민을 위한 최선의 선택을 반영한다고 믿고, 소수의 의견은 존중하지만 결국 다수의 뜻이 우선시되어야 한다고 주장한다. 이들은 다수결이 국가를 통합하고, 공공의 이익을 극대화하는 효과적인 도구라고 본다.

합의제 민주주의는 이와 달리 다수결이 항상 정당한 결과를 보장하지는 않으며, 특히 소수 집단의 권리를 침해할 가능성이 있다고 본다. 이들은 정치적 결정이 다수결보다는 충분한 논의와 합의를 통해 이루어져야 한다고 주장하며, 다수의 의견만이 아닌 다양한 사회 집단의 목소리를 포괄하는 정책 결정 과정을 강조한다. 합의제 민주주의자들은 다수결이 불필요한 분열을 초래할 수 있다고 비판하며, 합의를 통해서 더 포용적이고 안정적인 사회를 만들 수 있다고 주장한다.

① 정책 결정 과정에서 소수 집단의 권리가 지속적으로 무시된다면, 이는 합의제 민주주의의 정당성을 강화한다.

② 다수결이 소수 집단의 목소리를 충분히 반영하지 못해 사회적 갈등이 심화된다면, 이는 다수결 민주주의의 정당성을 약화한다.

③ 다수에 의해 이루어진 정치적 결정이 모든 시민에게 최선의 결과를 제공한다면, 이는 합의제 민주주의의 정당성을 약화한다.

④ 다수결이 공공의 이익을 극대화할 수 있음이 입증된다면, 이는 합의제 민주주의의 정당성을 강화한다.

**02** 다음 글을 읽고 평가한 것으로 적절하지 않은 것은?

과학적 실재론은 과학 이론이 실제 세계를 정확하게 설명하고 기술한다고 보는 이론이다. 실재론자들은 과학적 이론이 관찰 가능한 현상뿐만 아니라, 전자나 중성자와 같은 관찰할 수 없는 실재를 설명하는 데에도 유효하다고 본다. 이들은 과학 이론이 세계의 본질을 반영하고 있으며, 과학적 지식이 점차적으로 진리에 가까워지고 있다고 믿는다. 실재론에 따르면, 과학 이론이 성공적으로 적용되는 이유는 그것이 실제로 세계의 구조를 반영하기 때문이다.

반면, 도구주의는 과학 이론이 세계의 본질을 설명하는 것이 아니라, 단지 현상을 예측하고 설명하는 유용한 도구일 뿐이라고 보는 이론이다. 도구주의자들은 과학 이론의 경험적 성공이 그것이 실재를 정확히 반영한다는 근거가 될 수 없다고 본다. 도구주의 관점에서는 과학 이론의 참거짓 여부는 중요하지 않으며, 실용적이고 예측력이 있다면 그것으로 충분하다고 본다.

① 과학 이론이 관찰할 수 없는 현상에 대해서도 성공적으로 설명할 수 있다면, 과학적 실재론을 강화한다.

② 같은 현상을 서로 다른 방식으로 설명하는 다수의 과학 이론이 존재한다면, 도구주의를 약화한다.

③ 과학 이론이 실재의 참거짓 여부와 상관없이 예측력을 가지고 있다면, 도구주의를 강화한다.

④ 과학 이론이 성공적으로 적용되었으나, 후에 이 이론이 실제 세계와 전혀 다른 방식으로 작동했다는 것이 밝혀진다면, 이는 과학적 실재론을 약화한다.

**03** 다음 중 결과주의의 주장을 약화하는 근거로 적절한 것은?

> 결과주의는 행동의 도덕성을 그 결과에 따라 판단해야 한다고 주장하는 윤리 이론이다. 이 이론에 따르면, 어떤 행동이 긍정적인 결과를 낳는다면 그 행동은 도덕적으로 옳다고 간주된다. 결과주의자들은 행동의 동기나 의도가 아니라, 실제로 나타나는 결과 자체가 도덕적 판단의 기준이 되어야 한다고 믿는다. 이들은 도덕적 결정을 내릴 때, 그 행동이 사회적 유익을 극대화하는지 여부를 가장 중요한 판단 기준으로 삼는다. 따라서 결과주의는 공리주의와도 밀접한 관련이 있으며, 최대 다수의 최대 행복을 추구하는 것이 도덕적으로 옳은 행동이라고 본다.
>
> 반면, 의무론자들은 행동의 결과보다는 그 행동이 도덕적 원칙에 부합하는지 여부가 중요하다고 주장한다. 그들은 어떤 행동이 설령 긍정적인 결과를 낳더라도, 그 행동 자체가 도덕적으로 옳지 않다면 정당화될 수 없다고 본다. 예를 들어, 의무론자들은 거짓말이 나쁜 결과를 방지할 수 있더라도, 거짓말 자체가 도덕적으로 옳지 않기 때문에 허용될 수 없다고 주장한다. 결과주의와 의무론의 이 대립은 도덕적 판단의 근거가 무엇이어야 하는지에 대한 근본적인 질문으로 이어질 수 있다.

① 긴급 상황에서 인질을 구하기 위해 경찰이 범인에게 거짓 정보를 제공했으나, 인질 구조 후 거짓말이 밝혀지면서 경찰의 신뢰도가 심각하게 훼손되었다는 사례가 보고되었다.

② 특정 행동이 장기적으로 예상하지 못한 부정적인 결과를 초래했을 때, 그 행동의 도덕성을 재평가해야 한다는 주장이 나왔다.

③ 의무론을 따르는 정책이 소수에게는 이익을 주었으나, 다수에게 큰 피해를 입혔다는 비판이 제기되었다.

④ 긍정적인 결과를 얻기 위해 의도적으로 거짓말을 했지만, 그 거짓말이 도덕적으로 정당하다고 받아들여진 사례가 보고되었다.

**04** ㉠의 입장을 강화하는 근거로 적절한 것은?

> 알고리즘 편향이란 데이터 기반의 알고리즘이 특정 집단에 불리한 결과를 반복적으로 산출하는 현상이다. 알고리즘은 주로 과거 데이터를 학습하여 의사결정을 내리는데 이때 데이터에 포함된 편향이나 불균형이 그대로 반영될 수 있다. 예를 들어, 채용 알고리즘이 과거의 인사 데이터를 학습하는 과정에서 특정 성별이나 인종에 대한 차별적인 패턴을 미래의 채용 결정에 반영하는 경우가 발생할 수 있다. 사람들은 알고리즘이 공정하고 객관적이라고 생각하지만, 학습 데이터의 편향을 있는 그대로 학습한다면 과거의 불평등을 답습할 여지가 있는 것이다. 이러한 ㉠알고리즘 편향 문제를 비판하는 사람들은 이러한 시스템이 사회적 불평등을 강화할 수 있다고 경고한다. 이들은 알고리즘이 과거의 잘못된 관행을 반복하거나, 그로 인해 발생한 편견을 더욱 확산시킬 수 있다고 본다. 또한 알고리즘이 편향된 결정을 내릴 경우, 이에 대한 책임 소재를 명확히 하기 어렵다는 문제도 간과할 수 없다고 주장한다.

① 알고리즘이 특정 인종 그룹에 대해 일관되게 높은 대출 거절률을 보인 사례가 발견되었다.

② 알고리즘이 과거의 데이터 오류를 학습하지 않고, 새로운 데이터로 공정하게 의사 결정을 내린 사례가 증가하였다.

③ 알고리즘이 다양한 사회적 배경을 반영한 데이터를 사용하여 편향 문제를 개선한 사례가 증가하였다.

④ 알고리즘이 다양한 성별과 인종에 대해 동일한 기회와 결과를 제공하도록 개선되었다는 연구 결과가 발표되었다.

## Chapter 13

# 〈보기〉 강화, 약화

관련교재

ᄀ) 출좋포 독해·문학 p.162~168

ᐳ **대표 출좋포 발문 체크**

㉠을 평가한 내용으로 적절한 것만을 〈보기〉에서 모두 고르면?

다음 글의 ㉠을 강화하는 것만을 〈보기〉에서 모두 고르면?

㉠ 주장을 약화하는 근거로 적절한 것을 〈보기〉에서 모두 고르면?

ᐳ **대표 출좋포 개관**

'<보기> 강화, 약화' 문제는 전통적으로는 사례 추론 문제로 출제가 되었습니다.

기존 사례 추론 문제의 경우에는 밑줄 친 부분의 이론에 맞지 않는 사례를 찾는다거나

밑줄 친 부분의 이론에 맞는 사례를 찾는 문제가 많이 출제되었습니다.

이 유형이 발전되어 '<보기> 강화, 약화' 추론 문제로 나오게 되었는데,

'<보기> 강화, 약화'의 경우에는 제시문에 1개의 이론이 나와서

그 이론을 뒷받침하면 강화,

그 이론의 반증 사례가 나타나면 약화,

그 이론과 관련이 없는 사례라면 강화하지도 약화하지 않는 것으로 보면 됩니다.

ᐳ **출좋포 독해 이론**

〈보기〉 강화, 약화의 오답 패턴은 간단하다.

**1 반대의 오류**

(1) 해당 사례가 이론을 뒷받침하는 것임에도 약화한다고 언급하는 경우

(2) 해당 사례가 이론을 반증하는 것임에도 강화한다고 언급하는 경우

**2 무관의 오류**

이론과 아예 무관한 사례로 이론을 강화하지도, 약화하지도 않는 경우

# 亦功 콤단문 독해 PIN POINT

정답 및 해설 p.282

## 신유형 2025 버전

### ＜보기＞ 강화·약화

**01  다음 글의 ㉠을 강화하는 것만을 ＜보기＞에서 모두 고르면?** 2025 인사혁신처 2차 샘플

신석기시대에 들어 인류는 제대로 된 주거 공간을 만들게 되었다. 인류의 초기 주거 유형은 특히 바닥을 어떻게 만드느냐에 따라 구분된다. 이는 지면을 다지거나 조금 파고 내려가 바닥을 만드는 '움집형'과 지면에서 떨어뜨려 바닥을 설치하는 '고상(高床)식'으로 나뉜다. 중국의 고대 문헌에 등장하는 '혈거'와 '소거'가 각각 움집형과 고상식 건축이다. 움집이 지붕으로 상부를 막고 아랫부분은 지면을 그대로 활용하는 지붕 중심 건축이라면, 고상식 건축은 지면에서 오는 각종 침해에 대비해 바닥을 높이 들어 올린 바닥 중심 건축이라 할 수 있다. 인류의 주거 양식은 혈거에서 소거로 진전되었다는 가설이 오랫동안 지배했다. 바닥을 지면보다 높게 만드는 것이 번거롭고 어렵다고 여겼기 때문이다. 그런데 1970년대에 중국의 허무두에서 고상식 건축의 유적이 발굴되면서 새로운 ㉠주장이 제기되었다. 그것은 혈거와 소거가 기후에 따라 다른 자연환경에 적응해 발생했다는 것이다.

──〔보기〕──
ㄱ. 우기에 비가 넘치는 산간 지역에서는 고상식 주거 건축물 유적만 발견되었다.
ㄴ. 움집형 집과 고상식 집이 공존해 있는 주거 양식을 보여 주는 집단의 유적지가 발견되었다.
ㄷ. 여름에는 고상식 건축물에서, 겨울에는 움집형 건축물에서 생활한 집단의 유적이 발견되었다.

① ㄱ, ㄴ　　　　　　　　　② ㄱ, ㄷ
③ ㄴ, ㄷ　　　　　　　　　④ ㄱ, ㄴ, ㄷ

빨리 푸는 亦功 전략

**1단계**

발문에 밑줄 친 ㉠이 무엇인지 확인하고 제시문의 ㉠의 핵심 정보에 밑줄 긋기

**2단계**

㉠의 핵심 정보에서 강화하는 원리에 번호를 매기기

**3단계**

번호 매긴 조건들을 잘 지킨 것을 ＜보기＞에서 찾기

PART
04

亦功 <보기> 강화, 약화 **문제 훈련**

**01** 다음 글의 ⑦을 강화하는 것만을 <보기>에서 모두 고르면?

　⑦<u>집단사고의 오류</u>는 중대한 의사 결정을 내리는 집단에서 발생하는 집단적인 착각 현상을 일컫는다. 이는 미국의 심리학자 어빙 제니스가 최초로 제시한 개념으로, 집단의 공동체의식이 강하거나 리더에 의해 주도되는 경우, 집단 구성원이 다양한 경험을 하지 않고 이론적 지식만을 신뢰할 때 자주 나타난다. 대표적인 사례로는 미국의 피그만 침공 사건이 있다. 1961년 4월 17일 미국은 쿠바의 카스트로 정권을 몰아내고 친미 정부를 수립하기 위해 1,400명의 무장 군인들을 쿠바 남부의 해안 피그만으로 침투시켰다. 그렇지만 여러 위험 요인들을 고려하지 않았던 탓에 이 작전은 실패하였고 1,200명에 가까운 사람들이 죽거나 체포되었으며 미국은 포로들의 몸값으로 5,000만 달러 상당의 식량과 의약품을 지불해야만 했다. 집단사고는 대안이 부족하거나 비판적 사고가 억제되는 경우, 대안에 대한 논의가 부족할 경우 주로 나타난다. 이러한 오류는 조직의 운명을 좌우할 수 있으며 비판적 재검토를 어렵게 만든다.

[보기]
ㄱ. 엔론의 경영진이 기업규모를 부풀리기 위해 직원들에게는 알리지 않고 부정 회계를 하고 있다.
ㄴ. 세계2차대전 당시 독재자 히틀러의 독일군이 유대인을 학살하였다.
ㄷ. NASA에서 전문 엔지니어의 경고를 무시하고 챌린저호를 발사했다가 폭발하였다.

① ㄱ, ㄴ　　② ㄱ, ㄷ
③ ㄴ, ㄷ　　④ ㄱ, ㄴ, ㄷ

**02** ⑦ 주장을 약화하는 근거로 적절한 것을 <보기>에서 모두 고르면? 2021년 민경채 언어논리 10번 변형

　⑦<u>성공적인 과학 연구를 위해 공공 자원을 배분하는 기준으로는 무엇보다 연구 성과가 우선되어야 한다.</u> 객관적으로 드러난 연구 성과가 가장 우수한 연구자에게 자원을 우선 배분하는 것이 공정성에도 부합할 뿐 아니라, 투자의 사회적 효율성도 높일 수 있다. 우수한 연구에 자원을 집중하는 것이 효율성 측면에서 바람직하다. 최근의 과학 연구에서는 연구비 규모가 큰 과제일수록 더 우수한 성과를 얻는 경향이 강해지고 있기 때문이다. 과학의 발전을 위해서 성과가 저조한 연구자들이 난립하는 것보다 우수한 연구자에게 자원을 집중적으로 투입하는 것이 낫다.

[보기]
ㄱ. 노벨상을 받은 주류 연구에 자원이 편성되어 비주류 연구가 쇠퇴하였다.
ㄴ. 공공 자원을 연구 성과에 따라 배분하지 않으면 도덕적 해이가 발생할 가능성이 커진다.
ㄷ. 성과를 기준으로 연구자들을 차등 대우하면 연구자들의 사기가 저하된다.

① ㄱ　　② ㄴ
③ ㄷ　　④ ㄱ, ㄷ

**03** ㉠을 평가한 내용으로 적절한 것만을 〈보기〉에서 모두 고르면?

> 18세기 독일 ㉠철학자 칸트는 올바른 행동의 기준으로 '세상 모든 사람이 나와 똑같이 행동하면 어떨지'를 생각하라고 권장했다. 이는 보편화 가능성을 기준으로 행동에 대한 이성적 판단을 내리는 것을 의미한다. 칸트는 감정이나 직관뿐만 아니라 인간의 고귀한 특성인 이성을 사용하라고 강조했다. 그는 모든 인간의 내면에 절대적 도덕성이 존재하며, 누구나 이 도덕성을 드러낼 능력과 특권이 있다고 믿었다. 칸트는 이기주의와 이타주의를 모두 긍정적으로 인정했다. 자신이 중심이 되어야 하지만, 사회가 제대로 작동하기 위해서는 서로 돕고 노동력을 제공해야 하므로 타인을 단지 수단으로만 대하지 않고 조건적으로 이타적이어야 한다는 것이다. 칸트의 개념에 따르면, 인간관계에서 타인에 대한 행동을 결정할 때 '나는 이 사람을 인간적으로 존중하고 있는가, 아니면 오직 도구로 취급하며 이용하고 있나?'의 물음을 스스로에게 던져보는 것이 중요하다.

> **[보기]**
> ㄱ. 인간이 이성을 통해 도덕적 결정을 내릴 수 있다면, 이는 ㉠을 강화한다.
> ㄴ. 도덕적 판단이 문화나 사회에 따라 달라진다면, 이는 ㉠을 약화한다.
> ㄷ. 사람들이 도덕적 책임을 인식하고 행동한다면, 이는 ㉠을 약화한다.

① ㄱ, ㄴ        ② ㄱ, ㄷ
③ ㄴ, ㄷ        ④ ㄱ, ㄴ, ㄷ

**04** 다음 ㉠과 ㉡을 평가한 내용으로 적절한 것만을 〈보기〉에서 모두 고르면?

> 로봇세는 기계나 소프트웨어가 수행하는 일에 대해 부과되는 세금으로, 마이크로소프트 창업자인 빌 게이츠가 언급하면서 주목받았다. ㉠로봇세 도입에 대한 찬성과 ㉡반대 입장은 뜨거운 논쟁을 불러일으켰다.
> 찬성 입장에서는 로봇세가 기업의 로봇 도입을 억제하여 인간의 일자리를 보호할 수 있다고 주장한다. 로봇이 인간의 일자리를 대체하면서 정부의 소득세 수입이 감소할 수 있지만, 로봇세는 이를 보완할 수 있다. 또한 로봇세 수입은 교육과 사회 복지 등 공공 서비스에 사용되어 자동화 기술로 인한 사회적 변화를 대비할 수 있다. 나아가 로봇세는 기술 발전 속도를 늦추어 사회가 새로운 기술에 적응하는 데 필요한 시간을 확보하여 경제가 안정적으로 성장하게 한다.
> 반면 반대 입장에서는 로봇세가 기업의 혁신을 저해할 수 있다고 주장한다. 로봇을 통한 기술 발전은 경제 성장의 주요 원동력인데, 로봇세로 이를 방해하면 경제에 부정적인 영향을 미칠 수 있다. 또한 새로운 기술이 일자리를 대체하면서도 새로운 일자리를 창출하는데, 로봇세는 이러한 긍정적인 영향을 과소평가할 수 있다. 로봇의 정의와 범위가 불명확해 세금 부과 기준을 정하는 데 어려움이 있으며, 로봇세는 기업들에게 추가적인 세금 부담을 부과하여 비즈니스 환경을 악화시킬 수 있다는 우려도 있다.

> **[보기]**
> ㄱ. 로봇세로 인해 기업의 혁신이 저해되어 경제 성장에 부정적 영향을 미친다면, 이는 ㉠을 약화한다.
> ㄴ. 로봇 도입이 억제되어 인간의 고용 안정성이 보장될 수 있다면, 이는 ㉠을 강화한다.
> ㄷ. 로봇세로 정부의 세금 수입을 보완하여 경제에 긍정적인 영향을 미칠 수 있다면, 이는 ㉡을 약화한다.

① ㄱ        ② ㄱ, ㄴ
③ ㄴ, ㄷ        ④ ㄱ, ㄴ, ㄷ

05 ㉠을 평가한 내용으로 적절한 것만을 〈보기〉에서 모두 고르면?

> 교육학자들은 전자책과 종이책이 학습 효과에 미치는 영향을 조사하기 위해 연구를 진행하였다. 이 연구에서는 전자책과 종이책을 통해 학습한 학생들의 이해도와 기억력을 비교 분석하였다. 연구팀은 실험 참가자들에게 전자책과 종이책으로 동일한 내용을 학습하게 하고, 이후 시험을 통해 이들의 학습 성과를 평가하였다. 실험 결과, 종이책을 통해 학습한 학생들이 전자책을 통해 학습한 학생들에 비해 더 높은 이해도와 기억력을 보였다. 특히, 종이책은 시각적 피로를 줄이고, 더 깊이 있는 학습을 가능하게 하는 것으로 나타났다. 연구팀은 종이책이 물리적 감각 상호작용을 통해 학습 내용을 더 잘 기억하게 한다고 결론지었다. ㉠이 연구는 종이책이 전자책보다 학습 효과가 뛰어나다는 주장에 근거를 제공하고 있다.

──〔보기〕──
ㄱ. 종이책이 시각적 피로를 줄여 내용 기억과 이해에 더 효과적이라는 연구 결과는 ㉠을 강화한다.
ㄴ. 전자책이 시신경에 강한 자극을 주어 시각적 피로를 심화한다는 연구 결과는 ㉠을 약화한다.
ㄷ. 종이책이 감각을 자극하여 학습 내용을 더 잘 기억하게 한다는 연구 결과는 ㉠을 강화한다.

① ㄴ                      ② ㄱ, ㄷ
③ ㄴ, ㄷ                  ④ ㄱ, ㄴ, ㄷ

06 ㉠을 평가한 내용으로 적절한 것만을 〈보기〉에서 모두 고르면?

> 인사 관리 전문가들은 재택근무가 직무 만족도에 미치는 영향을 조사하기 위해 연구를 진행하였다. 이 연구에서는 재택근무와 사무실 근무 환경이 직원들의 직무 만족도와 업무 성과에 어떻게 영향을 미치는지를 분석하였다. 연구팀은 여러 기업에서 재택근무를 시행한 직원들과 사무실 근무를 하는 직원들을 비교 분석하였다. 실험 결과, 재택근무를 하는 직원들이 사무실 근무를 하는 직원들에 비해 더 높은 직무 만족도를 보였다. 특히, 재택근무는 업무의 자율성과 유연성을 증가시켜 직원들의 스트레스 수준을 낮추는 데 기여하였다. 연구팀은 재택근무가 시간 관리 능력을 향상하고, 개인 생활과 업무의 균형을 맞출 수 있도록 돕는다고 결론지었다. ㉠이 연구는 재택근무가 직원들의 직무 만족도를 높이는 데 긍정적인 영향을 미친다는 주장에 힘을 실어주고 있다.

──〔보기〕──
ㄱ. 재택근무를 하는 직원들이 업무의 자율성이 높아 스트레스를 상대적으로 덜 받는다는 연구 결과는 ㉠을 강화한다.
ㄴ. 재택근무가 정해진 근무시간이 없어 직원들의 시간 관리 능력을 퇴행시킨다는 연구 결과는 ㉠을 약화한다.
ㄷ. 사무실 근무 환경이 직무 만족도에 미치는 영향을 조사한 연구 결과는 ㉠을 강화한다.

① ㄱ                      ② ㄴ
③ ㄱ, ㄴ                  ④ ㄴ, ㄷ

박혜선 국어
**콤단문** 독해

PART 05

순서 배열

Chapter
**14**

# 순서 배열

관련교재

⑦ 출좋포 독해·문학 p.170~178

## ▶ 대표 출좋포 발문 체크

(가)~(다)를 맥락에 맞게 순서대로 나열한 것은?
(가)~(라)를 맥락에 따라 가장 자연스럽게 배열한 것은?
(가)~(라)의 전개 순서로 가장 자연스러운 것은?

## ▶ 대표 출좋포 개관

(가)~(라)의 문장이나 문단을 배열하는 문제 유형으로
2024년 이전은 물론이고 2025년에도 살아남은 0순위 최빈출 유형입니다.
2025년 인사혁신처 1차 샘플에서 1문제, 2차 샘플에도 1문제씩 출제가 되었습니다.
순서 배열 문제에서 기억할 점은
자의적이고 주관적인 방법으로 풀어서는 안 된다는 것입니다.
실제로 일상적인 글들을 여러 글 구조를 가지지만
순서 배열에서는 출제자가 원하는 문제 풀이 방식을 따라야 합니다.
출제자가 원하는 문제 풀이 방식이 다른 유형보다 훨씬 더 고정되어 있는 유형이므로
무조건 혜선 쌤이 알려주는 순서 배열 방식을 암기하고 여러 번 반복적으로 적용해야 합니다.

## 출좋포 독해 이론

**1** 첫 문단을 먼저 찾는 힌트를 얻기 위해 먼저 선택지를 봅니다. 그럼 첫 문단이 2-3개로 줄어들어 이득입니다.

① (가) − (나) − (다) − (라)　　　　② (나) − (가) − (라) − (다)
③ (나) − (라) − (가) − (다)　　　　④ (라) − (나) − (다) − (가)

**2** 혜선 쌤의 첫 문단 찾는 방법 야매 꼼수

> 처음부터 글이 접속어나 지시어로 시작할 가능성은 낮으므로 그러한 문단은 첫 문단이 되기 힘듭니다.

**3** 첫 문단을 찾을 때에 주의할 점!

첫 문단이 확실하면 그대로 배열하면 되지만
확실하지 않으면 선택지를 소거해서는 안 됩니다.
하나 정해서 뒤의 것을 배열하되, 이상함을 발견하면 첫 번째 배열을 달리해야 합니다.

**4 표면적 연결**

① 같은 단어가 있는 문단이 바로 뒤에 배열됩니다.

> ㉠ 폭설, 즉 대설이란 많은 눈이 시간적, 공간적으로 집중되어 내리는 현상을 말한다.
> ㉡ 또한, 경보는 24시간 신적설이 20cm 이상 예상될 때이다.
> ㉢ 다만, 산지는 24시간 신적설이 30cm 이상 예상될 때 발령된다.
> ㉣ 이때 대설의 기준으로 주의보는 24시간 새로 쌓인 눈이 5cm 이상이 예상될 때이다.
>
> 2021 국가직 9급

② 앞의 대상을 받는 지시어가 바로 뒤에 배열됩니다.

> 독서는 아이들의 전반적인 뇌 발달에 큰 영향을 미친다.
> (가) 그에 따르면 뇌의 전두엽은 상상력을 관장하는데, 책을 읽으면 상상력이 자극되어 전두엽을 많이 사용하게 된다.
> (나) A교수는 책을 읽을 때와 읽지 않을 때의 뇌 변화를 연구해서 세계적인 명성을 얻었다.
> (다) 이처럼 책을 많이 읽으면 전두엽이 훈련되어 전반적인 뇌 발달의 가능성이 높아지는데, 그 결과는 교육 현장에서 실증된 바 있다.
> 독서를 많이 한 아이는 학교에서 더 좋은 성적을 낼 뿐 아니라 언어 능력도 발달한다는 사실이 밝혀진 것이다.
>
> 2023 지방직 9급

③ 접속어가 있는 문단이 바로 뒤에 배열됩니다.

> (가) 그러나 사람들은 소유에서 오는 행복은 소중히 여기면서 정신적 창조와 인격적 성장에서 오는 행복은 모르고 사는 경우가 많다.
> (나) 소유에서 오는 행복은 낮은 차원의 것이지만 성장과 창조적 활동에서 얻는 행복은 비교할 수 없이 고상한 것이다.
> (다) 부자가 되어야 행복해진다고 생각하는 사람은 스스로 부자라고 만족할 때까지는 행복해지지 못한다.
> (라) 하지만 최소한의 경제적 여건에 자족하면서 정신적 창조와 인격적 성장을 꾀하는 사람은 얼마든지 차원 높은 행복을 누릴 수 있다.
> (마) 자기보다 더 큰 부자가 있다고 생각될 때는 여전히 불만과 불행에 사로잡히기 때문이다.
>
> 2017 지방직 9급 추가

**5 이면적으로 연결되는 경우**

① 시간의 흐름
② 일반적 진술 – 구체적인 부연, 상술
③ 소개 – 구체적 설명
④ 일반적 원리 – 구체적인 사례
⑤ 문제점 – 해결 방안
⑥ 실험 과정 – 실험 결과

## 기존 출제 유지 2024 버전

**빨리 푸는 亦功 전략**

**1단계**

'다음 문장'을
분석하는 것에
몰빵하기

**2단계**

'다음 문장'을
분석할 때에는
혜선 쌤이 알려주는
야매 꼼수를 적극적으로
활용하기

**3단계**

'다음 문장' 앞에 들어갈
내용이 무엇인지 예측한
후에 정답 선지를 고르기

문장 삽입

**01  다음 문장이 들어가기에 가장 적절한 곳을 (가)~(라)에서 고르면?** 2024 국가직 9급

> 나라에 위기가 닥쳤을 때 제 몸을 희생해 가며 나라 지키기에 나섰으되 역사책에 이름 한 줄 남기지 못한 이들이 이순신의 일기에는 뚜렷하게 기록된 것이다.

> 『난중일기』의 진면목은 7년 동안 전란을 치렀던 이순신의 인간적 고뇌가 가감 없이 드러나 있다는 데 있다.  (가)  왜군이라는 외부의 적은 물론이고 임금과 조정의 끊임없는 경계와 의심이라는 내부의 적과도 싸우며, 영웅이기 이전에 한 사람의 인간으로서 느낀 극심한 심리적 고통이 잘 나타나 있다.  (나)  전란 중 겪은 원균과의 갈등도 적나라하게 드러나 있어 그가 완벽한 인간이 아니라 감정에 휘둘리는 보통의 인간이었음을 보여 준다.  (다)  그뿐만 아니라 이순신은 『난중일기』에서 사랑하는 가족의 이름과 함께 휘하 장수에서부터 병졸들과 하인, 백성들의 이름까지도 언급하고 있다.  (라)  『난중일기』의 위대함은 바로 여기에 있다.

① (가)             ② (나)

③ (다)             ④ (라)

## 신유형 2025 버전

순서 배열

**02 (가)~(다)를 맥락에 맞게 순서대로 나열한 것은?** 2025 인사혁신처 2차 샘플

　　북방에 사는 매는 덩치가 크고 사냥도 잘한다. 그래서 아시아에서는 몽골 고원과 연해주 지역에 사는 매들이 인기가 있었다.

(가) 조선과 일본의 단절된 관계는 1609년 기유조약이 체결되면서 회복되었다. 하지만 이때는 조선과 일본이 서로를 직접 상대했던 것이 아니라 두 나라 사이에 끼어 있는 대마도를 매개로 했다. 대마도는 막부로부터 조선의 외교·무역권을 위임받았고, 조선은 그러한 대마도에게 시혜를 베풀어줌으로써 일본과의 교린 체계를 유지해 나가려고 했다.

(나) 일본에서 이 북방의 매에 접근할 수 있는 길은 한반도를 통하는 것 외에는 없었다. 그래서 한반도와 일본 간의 교류에 매가 중요한 물품으로 자리 잡았던 것이다. 하지만 임진왜란으로 인하여 교류는 단절되었다.

(다) 이러한 외교관계에 매 교역이 자리하고 있었다. 대마도는 조선과의 공식적, 비공식적 무역을 통해서도 상당한 이익을 취했다. 따라서 조선후기에 이루어진 매 교역은 경제적인 측면과 정치·외교적인 성격이 강했다.

① (가) - (다) - (나)　　　　　　② (나) - (가) - (다)
③ (나) - (다) - (가)　　　　　　④ (다) - (나) - (가)

빨리 푸는 亦功 전략

**1단계**

선지에서
첫 문단에 올 가능성이 있는
문단을 확인하기
(가) 혹은 (나) 혹은 (다)

**2단계**

첫 문단을 찾았으면
표면적 연결,
이면적 연결을
확인하면서
문단을 배열하기

**3단계**

자의적이거나
주관적인 방법이 아니라
반드시 혜선 쌤이
일러 준 방법을 사용하기

PART
**05**

**01** (가)~(라)를 맥락에 따라 가장 자연스럽게 배열한 것은?

2024 국가직 9급

약물은 질병을 치료하거나 예방할 목적으로 사용되는 의약품이다. 우리 주변에는 약물이 오남용되는 경우가 있다.

(가) 더구나 약물은 내성이 있어 이전보다 더 많은 양을 사용하기 마련이므로 피해는 점점 커지게 된다.

(나) 오남용은 오용과 남용을 합친 말로서 오용은 본래 용도와 다르게 사용하는 일, 남용은 함부로 지나치게 사용하는 일을 가리킨다.

(다) 그러므로 약물을 사용할 때는 반드시 의사나 약사와 상의하고 설명서를 확인하여 목적에 맞게 적정량을 사용해야 한다.

(라) 약물을 오남용하면 신체적 피해는 물론 정신적 피해를 입을 수 있다.

① (나) − (다) − (라) − (가)
② (나) − (라) − (가) − (다)
③ (라) − (가) − (나) − (다)
④ (라) − (다) − (나) − (가)

**02** (가)~(라)의 전개 순서로 가장 자연스러운 것은?

2024 지방직 9급

청소년 노동자를 바라보는 시각에는 양극단이 존재한다. '경제적으로 어려운 아이들'이라는 시각과 '지나치게 돈을 좋아하는 아이들'이라는 시각이 그것이다.

(가) 이런 시각은 비행만을 강조하기에 청소년들이 스스로 노동하고 있다는 사실을 부끄러워하거나 다른 사람들에게 숨기는 경우도 많이 발생한다.

(나) 전자는 청소년이 노동을 선택하는 이유를 '생계비 마련' 하나만으로 축소해 버리고 피해자로만 바라본다는 점에서 문제가 있다.

(다) 그러다 보니 생활비 마련뿐만 아니라 의미 있는 시간 활용, 부모의 눈치를 보지 않는 독립적인 생활, 진로 탐색 등 노동을 선택하는 복합적인 이유가 삭제돼 버린다.

(라) 후자의 시각은 청소년 노동을 학생의 본분을 저버린 그릇된 행위로 만들어 버림으로써, 문제의 원인을 노동 현장의 구조적 문제가 아니라 '청소년이 노동하고 있다는 사실' 자체로 돌려 버린다.

두 시각 모두 도달하게 되는 결론은 청소년을 노동에서 빨리 구원해야 한다는 것이다.

① (나) − (가) − (다) − (라)
② (나) − (가) − (라) − (다)
③ (나) − (다) − (라) − (가)
④ (나) − (라) − (다) − (가)

**03** 다음 글에서 (가)~(다)의 순서를 자연스럽게 배열한 것은?

2023 국가직 9급

> 빅데이터가 부각된다는 것은 기업들이 빅데이터의 가치를 받아들이기 시작했다는 뜻이다. 여기에는 기업들이 데이터를 바라보는 시각이 변한 측면도 있다.
>
> (가) 기업들은 고객이 판촉 활동에 어떻게 반응하고 평소에 어떻게 행동하며 사물에 대해 어떤 태도를 보이는지 알기 위해 많은 돈을 투자해 마케팅 조사를 해 왔다.
>
> (나) 그런 상황에서 기업들은 SNS나 스마트폰 등 새로운 데이터 소스로부터 그러한 궁금증과 답답함을 해결할 수 있다는 것을 알게 되었다. 페이스북에 올리는 광고에 친구가 '좋아요'를 한 것에서 기업들은 궁금증과 답답함을 해결할 수 있다.
>
> (다) 그런데 기업들의 그런 노력이 효과가 있는 경우도 있었으나 아쉬운 점도 많았다. 쉬운 예로, 기업들은 많은 광고비를 쓰지만 그 돈이 구체적으로 어느 부분에서 효과를 내는지는 알지 못했다.
>
> 결국 데이터가 있는 곳에서 기업들은 점점 더 고객의 취향에 집중할 수 있게 되었으며, 이에 따라 기업들은 소셜 미디어의 빅데이터를 중요한 경영 수단으로 수용하기 시작한 것이다.

① (가) - (나) - (다)
② (가) - (다) - (나)
③ (나) - (가) - (다)
④ (다) - (나) - (가)

**04** (가)~(라)를 논리적 순서에 맞게 나열한 것은?

2023 국회직 8급

> (가) 아동 정신의학자 존 볼비는 엄마와 아이 사이의 애착을 연구하면서 처음으로 이 현상에 관심을 갖게 되었다. 그가 처음 연구를 시작할 때만 해도 아이가 엄마와 계속 붙어 있으려고 하는 이유는 먹을 것을 얻기 위해서라는 생각이 지배적이었다.
>
> (나) 아동 정신의학자로 활동하며 연구를 이어간 끝에, 볼비는 엄마와의 애착관계가 불안정한 아이는 정서 발달과 행동발달에 큰 문제가 생길 수 있음을 알게 됐다. 또한 아이가 애착을 느끼는 대상이 아이를 세심하게 돌보고 보살필 때 아이는 보호받는 기분, 안전함, 편안함을 느끼고, 이는 아이가 건강하게 발달해서 생존할 확률을 높이는 요소라는 사실을 밝혀냈다.
>
> (다) 애착이란 시간이 흐르고 멀리 떨어져 있어도 유지되는 강력한 정서적 유대감으로 정의할 수 있다. 특정한 사람과 어떻게든 가까이 있고 싶은 감정이 애착의 핵심이지만 상대가 반드시 똑같이 느껴야 하는 것은 아니다.
>
> (라) 하지만 볼비는 아이가 엄마와 분리되면 엄청나게 괴로워하며, 다른 사람이 돌봐 주거나 먹을 것을 줘도 그러한 고통이 해소되지 않는다는 사실을 발견했다. 엄마와 아이의 유대에 뭔가 특별한 것이 있다는 의미였다.

① (가) - (나) - (다) - (라)
② (가) - (다) - (나) - (라)
③ (나) - (가) - (다) - (라)
④ (다) - (가) - (라) - (나)
⑤ (다) - (라) - (가) - (나)

## 05 다음 (가)~(마)를 논리적 순서대로 바르게 나열한 것은?

2023 국회직 9급

(가) 최근 여성가족부 통계를 보면 여성 고용률은 20대에 가장 높다가 30대에 추락하는 'M자형' 곡선을 그린다. 변곡점은 결혼과 출산이다. 여성이 출산과 함께 육아 부담을 떠안으면서 다니던 직장을 그만두는 것이다.

(나) 직장 여성이 출산과 육아로 인해 노동시장에서 이탈하는 경력단절, 이른바 '경단녀' 현상은 코로나19 사태를 거치면서 악화된 것으로 나타났다. 코로나19 3년간 여성이 직장을 그만둔 경력단절 경험 비율은 35.0%에서 42.6%로 뛰었고, 재취업까지 걸리는 기간은 7.8년에서 8.9년으로 늘어났다.

(다) 경단녀가 어렵게 구한 새 일자리는 전 직장에 비해 임금과 고용 안정성이 떨어지는 것으로 나타났다. 사업주가 경단녀 고용을 꺼리는 게 그 이유일 것이다.

(라) 한국의 성별 격차가 큰 것은 국가와 사회가 여성에게 계속 일할 수 있는 환경을 제공하지 못하기 때문이다.

(마) 현실이 이러니 임금이 낮아도 육아를 병행할 수 있는 시간제 근로자 등 비정규직 업종으로 여성이 몰리고, 일터로 복귀하더라도 저임금 탓에 직장을 관두는 상황으로 이어진다.

① (가) ⇨ (나) ⇨ (다) ⇨ (라) ⇨ (마)
② (가) ⇨ (나) ⇨ (다) ⇨ (마) ⇨ (라)
③ (가) ⇨ (라) ⇨ (나) ⇨ (다) ⇨ (마)
④ (라) ⇨ (가) ⇨ (나) ⇨ (다) ⇨ (마)
⑤ (라) ⇨ (가) ⇨ (다) ⇨ (나) ⇨ (마)

## 06 다음 (가)~(마)를 논리적 순서대로 바르게 나열한 것은?

2023 국회직 9급

한 사회가 공동체로서 유지되고 발전하는 데 필요한 것 중 하나가 사회 구성원 간의 의사소통이다.

(가) 그래서 언어는 지역이나 연령, 성별, 사회 집단 등에 따른 사회적 특성이 드러난다. 하지만 한국인이 사용하는 한국어라고 해서 모두 똑같은 것이 아니다.

(나) 예를 들어, '팽이'는 지역에 따라 '패이(강원)', '핑갱이(경북)', '팽데기(경남)', '도로기(제주도)', '뺑도리(전북)', '팽구래미(충북)', '세루(평안)', '뽀애(함경)' 등으로 불린다. 같은 '팽이'임에도 지역에 따라 그 형태가 조금씩 다르다.

(다) 또 같은 사회에 속한 사람들은 같은 말을 사용함으로써 공동체 의식을 강화하는 효과를 얻는다. 즉, 언어는 사회와 유기적인 관계를 맺고 있는 것이다.

(라) 언어는 이러한 의사소통의 수단이다. 인간은 언어를 사용하여 사회적인 관계를 형성하고 유지하며 사회를 발전시킨다.

(마) 또 지역이 같더라도 연령, 성별, 사회 집단 등의 차이로 인해 같은 뜻을 지닌 언어가 형태를 달리하는 예도 있다. 이는 개인의 언어 속에 그가 속한 공동체의 특성이 담겨 있기 때문이다. 같은 말을 사용하는 사람들은 같은 사회의 구성원이라는 공동체 의식을 공유한다.

① (가) ⇨ (나) ⇨ (라) ⇨ (다) ⇨ (마)
② (가) ⇨ (다) ⇨ (마) ⇨ (나) ⇨ (라)
③ (나) ⇨ (가) ⇨ (마) ⇨ (다) ⇨ (라)
④ (라) ⇨ (가) ⇨ (나) ⇨ (다) ⇨ (마)
⑤ (라) ⇨ (가) ⇨ (나) ⇨ (마) ⇨ (다)

## 07 (가)~(라)의 전개 순서로 가장 자연스러운 것은?

2023 지역인재 9급

> (가) 자기 재물을 혼자서 쓰는 것은 형체가 있는 재물을 형체가 있는 것으로 쓰는 것이요, 남에게 재물을 베푸는 것은 형체가 있는 재물을 형체가 없는 마음으로 쓰는 것이다.
>
> (나) 그렇다면 형체가 있는 것을 마음껏 쓰면서도 닳아 없어지지 않게 하는 방법으로는 남에게 베푸는 것만 한 것이 없을 테니, 이는 어째서인가?
>
> (다) 그런데 형체가 있는 것을 형체로 쓰면 다 닳아 없어지기에 이르나, 형체가 있는 것을 마음으로 쓰면 변하거나 없어지는 법이 없다.
>
> (라) 형체가 있는 것이 이미 다른 사람의 집에 있으니 도둑이 훔쳐갈까 염려하지도 않고, 불에 타 없어질까 걱정하지도 않으며, 소나 말에 실어 운반해야 하는 수고로움도 없다.
>
> 재물을 씀으로써 얻는 아름다운 이름은 죽고 난 뒤에도 없어지지 않고 천년토록 전해질 것이니, 천하에 이같이 큰 이익은 없다.

① (가) - (나) - (다) - (라)
② (가) - (다) - (나) - (라)
③ (라) - (가) - (나) - (다)
④ (라) - (나) - (가) - (다)

## 08 다음 글의 전개 순서로 가장 자연스러운 것은?

2022 지방직 9급

> (가) 과거에는 고통만을 안겨 주었던 지정학적 조건이 이제는 희망의 조건이 되고 있습니다. 이제 한반도는 사람과 물자가 모여드는 동북아 물류와 금융, 비즈니스의 중심지가 될 것입니다. 우리가 주도해서 평화와 번영의 동북아 시대를 열어 나가야 합니다.
>
> (나) 100년 전 우리는 수난과 비극의 역사를 겪었습니다. 해양으로 나가려는 세력과 대륙으로 진출하려는 세력이 한반도를 가운데 놓고 싸움을 벌였습니다. 마침내 우리는 국권을 상실하는 아픔을 감수해야 했습니다.
>
> (다) 지금은 무력이 아니라 경제력이 국력을 좌우하는 시대입니다. 우리나라는 전쟁의 폐허를 극복하고 세계적인 경제 강국을 건설하고 있습니다. 우수한 인력과 세계 선두권의 정보화 기반을 갖추고 있습니다. 바다와 하늘과 땅을 연결하는 물류 기반도 손색이 없습니다.
>
> (라) 그 아픔은 분단으로 이어져서 오늘에 이르고 있습니다. 그 과정에서는 정의가 패배하고 기회주의가 득세하는 불행한 역사를 겪었습니다. 그러나 이제 우리에게도 새로운 희망의 시대가 열리고 있습니다. 세계의 변방으로 머물러 왔던 동북아시아가 북미·유럽 지역과 함께 세계 경제의 3대 축으로 떠오르고 있습니다.

① (가) - (나) - (다) - (라)
② (가) - (라) - (나) - (다)
③ (나) - (가) - (라) - (다)
④ (나) - (라) - (다) - (가)

**09** 〈보기 1〉을 〈보기 2〉에 삽입하려고 할 때 문맥상 가장 적절한 곳은?

2023 서울시 9급

─〔보기 1〕─

왜냐하면 학문의 세계에서는 하나의 객관적 진실이 백일 하에 드러나 모든 다른 견해를 하나로 귀결시키는 일은 일어나지 않기 때문이다.

─〔보기 2〕─

민족이 하나로 된다면 소위 "민족의 역사"가 하나로 통합되는 것은 너무나 당연한 일이라고 생각할 수 있다. ( ㉠ ) 그러나 좀 더 곰곰이 생각해 보면 역사학을 포함한 학문의 세계에서 통합이란 말은 성립되기 어렵다. ( ㉡ ) 학문의 세계에서는 진실에 이르기 위한 수많은 대안이 제기되고 서로 경쟁하면서 발전이 이루어진다. ( ㉢ ) 따라서 그 다양한 대안들을 하나로 통합한다는 것은 학문을 말살하는 것이나 다름없다. ( ㉣ ) 학문의 세계에서는 통합이 아니라 다양성이 더 중요한 덕목인 것이다.

① ㉠      ② ㉡

③ ㉢      ④ ㉣

**10** 아래 내용을 위 글의 (가)~(라)에 넣을 때 가장 적절한 위치는?

2023 군무원 9급

( 가 ) 공감은 상대방의 생각과 느낌을 자신의 생각과 느낌처럼 받아들이고 이해하는 것이다. ( 나 ) 상대방이 나를 분석하거나 판단하지 않고, 있는 그대로 나의 감정을 이해하고 있다고 느끼게 될 때 사람들은 그 상대방을 나를 이해하는 사람, 나를 알아주는 사람으로 여기게 된다. 판단 기준과 가치관이 다른 사람의 생각과 느낌을 공감을 하면서 이해하는 것은 여간 어려운 일이 아니다. ( 다 ) 사람은 누구나 자신의 느낌과 생각을 바탕으로 말하고 판단하고 일을 결정하게 되므로, 상대방의 입장을 헤아리고 그의 느낌과 생각을 내가 그렇게 생각하고 느끼는 것처럼 이해하기가 어렵다. ( 라 ) 상대방의 말투, 표정, 자세를 관찰하면서 그와 같은 관점, 심정, 분위기 또는 태도로 맞추는 것도 공감에 도움이 된다.

공감의 출발은 상대방의 이야기를 경청하면서 상대방의 감정과 느낌이 어떠했을까를 헤아리며 그것을 이해하도록 노력하는 것이다. 그리고 상대방의 입장을 이해한다는 것을 언어적, 비언어적으로 표현하는 것이 중요하다.

① (가)      ② (나)

③ (다)      ④ (라)

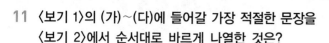
**11** 〈보기 1〉의 (가)~(다)에 들어갈 가장 적절한 문장을 〈보기 2〉에서 순서대로 바르게 나열한 것은?

2023 서울시 9급

─〔보기 1〕─

생존을 위해 진화한 우리 뇌는 본능적으로 생존에 이롭고 해로운 대상을 구분하는 능력이 있다. 단맛을 내는 음식은 영양분이 많을 가능성이 높고 역겨운 냄새가 나는 음식은 부패했거나 몸에 해로울 가능성이 높다. 딱히 배우지 않아도 우리는 자연적으로 선호하거나 혐오하는 반응을 보인다. ＿＿＿(가)＿＿＿

초콜릿 케이크를 한 번도 먹어보지 못한 사람이 있다고 해보자. 처음 그에게 초콜릿 케이크의 냄새나 색은 전혀 '맛있음'과 연관이 없을 것이다. 하지만 일단 맛을 본 사람은 케이크 자체만이 아니라 케이크의 냄새, 색, 촉감 등도 무의식적으로 선호하게 된다. 그러면 밸런타인데이와 같이 초콜릿을 떠올릴 수 있는 신호만으로도 강한 반응을 이끌어 낼 수 있다. ＿＿＿(나)＿＿＿

인공지능과 달리 동물은 생존과 번식에 대한 생물학적 조건을 기반으로 진화했다. 생물은 생존을 위해 에너지를 구하고 환경에 반응하며 유전자를 남기기 위해 번식을 한다. 이런 본능적인 목적을 달성하기 위한 여러 종류의 세부 목표가 있다. 유념할 점은 한 기능적 영역에서 좋은 것(목적 달성에 유용한 행동과 자극)이 다른 영역에서는 전혀 도움이 되지 않고 오히려 해로울 수 있다는 사실이다. 한 여우가 있다. 왼편에는 어린 새끼들이 금세 강물에 빠질 듯 위험하게 놀고 있고 오른쪽에는 토끼 한 마리가 뛰고 있다. 새끼도 보호해야 하고 먹이도 구해야 하는 여우는 어떤 선택을 해야 할까. ＿＿＿(다)＿＿＿ 우리는 그 과정을 의사결정이라고 한다. 우리는 의사 결정을 의식적으로 한다고 생각하지만 실제로는 선택지에 대한 계산의 상당 부분이 무의식적으로 빠르게 일어나기 때문에 다행히도 행동을 하는 데 어려움이나 갈등을 많이 느끼지 않는다. 그래서 위와 같은 상황에서 여우는 두 선택지의 중요도가 비슷하더라도 중간에 멍하니 서 있지 않고 재빨리 반응한다. 그래야 순간적인 위험을 피하고 기회를 잡을 수 있다.

─〔보기 2〕─

ㄱ. 이와 더불어 동물은 경험에 따라 좋고 나쁜 것을 학습하는 능력을 가지고 있다.

ㄴ. 뇌는 여러 세부적인 동기와 감정적, 인지적 반응을 합쳐서 선택지에 가치를 매긴다.

ㄷ. 이렇듯 우리는 타고난 기본 성향과 학습 능력을 통해 특정 대상에 대한 기호를 형성한다.

|   | (가) | (나) | (다) |
|---|------|------|------|
| ① | ㄱ | ㄴ | ㄷ |
| ② | ㄱ | ㄷ | ㄴ |
| ③ | ㄴ | ㄱ | ㄷ |
| ④ | ㄷ | ㄱ | ㄴ |

**12** ㉠~㉤ 중 〈보기〉의 문장이 들어가기에 가장 적절한 곳은?

2021 국회직 8급

( ㉠ ) 서구에서는 고대부터 인간을 정신과 신체로 양분하여 탐구하였다. 정신은 이성계로서 지식에 관여하는 반면, 신체는 경험계로서 행위에 관계되는 것으로 간주했다. ( ㉡ ) 플라톤은 정신계와 물질계를 본질계와 현상계로 구분한다. ( ㉢ ) 전자는 이데아계로서 이성적인 영역이고 후자는 경험계로서 감각적 영역이라고 보았다. ( ㉣ ) 그러나 그의 이데아론을 기반으로 신체를 경시하거나 배척하던 경향과는 달리, 최근에는 신체에 가치를 부여하여 그것을, 영혼을 보호하는 공간으로 인식하는 경향이 대두되었다. ( ㉤ )

─〔보기〕─

여기서 참된 실체는 이데아계로서 경험계가 추구해야 할 궁극적 대상이며, 경험계는 이데아의 그림자, 허상, 모사에 불과하다고 간주했다.

① ㉠          ② ㉡

③ ㉢          ④ ㉣

⑤ ㉤

**01** 다음 글의 전개 순서로 자연스러운 것은?

> 18세기의 화가들은 사람이나 자연, 도시의 풍경을 현실에 가깝게 표현하는 데 중점을 두었다. 그러나 19세기에 등장한 사진은 그 어떤 화가보다도 현실과 사물을 더 잘 모방할 수 있었다.
>
> ㄱ. 이에 위기를 맞은 듯했던 회화는 현실의 모방으로부터 멀어짐으로써 새로운 길을 모색하게 되었다.
>
> ㄴ. 그러나 사진을 소유할 수 있는 이상, 그것의 모방인 그림의 가치가 원본인 사진 이상의 가치를 갖기는 힘들 것이었다.
>
> ㄷ. 그 결과, 20세기에는 화가의 상상과 표현의 개성을 중시하는 추상 회화가 등장하였다.
>
> ㄹ. 화가들이 사물에 구속되지 않고 자신의 내면에 따라 사물을 표현할 수 있게 되면서 새로운 회화의 장이 열린 것이다.
>
> ㅁ. 이에 몇몇 인상파 화가들은 모델이나 풍경을 직접 보는 대신 사진을 사용하여 그림을 그리는 등 사진을 실용적으로 이용하기도 했다.

① ㄱ - ㅁ - ㄴ - ㄷ - ㄹ

② ㄱ - ㅁ - ㄴ - ㄹ - ㄷ

③ ㅁ - ㄴ - ㄱ - ㄷ - ㄹ

④ ㅁ - ㄴ - ㄱ - ㄹ - ㄷ

**02** 문맥에 따른 배열로 가장 적절한 것은?

> 적도는 남극과 북극을 기준으로 각각 동일한 거리에 있다고 설정한 가상의 선으로 위도 설정의 기준이다. 지구의 자전축은 23도 기울어져 있어 태양이 적도 북쪽 23도인 북회귀선, 적도 남쪽 23도인 남회귀선을 직각으로 비추는 지역이 생긴다. 이 지역이 북반구인가, 남반구인가에 따라 계절이 순환한다.
>
> (가) 남반구의 태양 에너지 수용 면적은 이에 반비례해 줄어들고 기온 역시 내려간다.
>
> (나) 이 지역의 지표는 1년 내내 가열되므로 계절이 바뀌지 않고 고온을 유지한다.
>
> (다) 한편 북회귀선과 남회귀선 사이의 지역은 1년 내내 태양이 직각으로 내리쬐는 지역이 생긴다.
>
> (라) 에너지 수용 면적이 늘어난 북반구는 여름이 오고 그렇지 못한 남반구는 겨울이 온다.
>
> (마) 북회귀선을 태양이 직각으로 비추면 북반구 태양에너지 수용 면적이 늘어난다.

① (다) - (나) - (가) - (라) - (마)

② (다) - (마) - (가) - (라) - (나)

③ (마) - (가) - (라) - (다) - (나)

④ (마) - (다) - (나) - (가) - (라)

## 03 다음 글의 전개 순서로 적절한 것은?

(가) 이에 비해 장난감 로봇이나 봉제 인형 등의 인간과 유사하되 인간과는 확연히 구별되는 구간에서는 인간에게 어느 정도의 호감을 유발한다. 그러나 인간과 굉장히 유사한 단계에 이르는 경우에는 오히려 불쾌감이 발생한다.

(나) 그러나 모리의 주장은 과학적으로 검증 가능한 보편적인 현상이라고 볼 수 있는지에 대해 비판이 제기되고 있다. 그가 쓴 원문에는 실험이나 측정 등을 통해 얻은 데이터가 제시되어 있지 않으며, 불쾌한 골짜기 효과가 인간에게 보편적으로 발생하는 정서라기보다는 감각 자극의 종류나 수용자의 문화적 배경에 따라 달라질 수 있는 것이기 때문이다.

(다) 이를테면 좀비와 같이 인간의 형상을 그대로 가지고 있지만 그것이 전혀 인간이 아니라고 인식될 때 인간은 불쾌감을 느낀다. 이는 장난감 로봇이나 봉제 인형보다도 더욱 인간과 가까운 이유로, 그러나 그것이 인간이 아니라는 이유로 느껴지는 무언가의 공포감이다.

(라) 불쾌한 골짜기 효과는 일본 도쿄공업대의 모리 마사히로가 주창한 것으로, 로봇이 인간과 어설프게 닮을수록 오히려 불쾌감이 증가한다는 것이다. 그에 따르면 인간과의 유사성이 '0'에 가까운 산업용 로봇은 인간에게 어떠한 호감도 유발하지 못한다.

① (라) − (가) − (다) − (나)
② (라) − (나) − (가) − (다)
③ (라) − (다) − (나) − (가)
④ (라) − (가) − (나) − (다)

## 04 다음 문장이 들어갈 곳으로 가장 적절한 것은?

이 연구에서 흥미로운 지점은 대부분 한국인은 아파트를 자본주의 사회의 필연적 주거 형태로 받아들이고 있다는 것이다.

프랑스의 인류학자 발레리 줄레조는 한국을 '아파트 공화국'으로 명명하였다. ( ㉠ ) 그는 「한국의 아파트 연구」에서 1960년대 길과 단독주택으로 이어져 있던 주거 공간이 아파트 단지로 변모하면서, 거주 주체들은 생활 전반에 다양한 변화를 겪게 되었다고 이야기하고 있다. ( ㉡ ) 이러한 무의식의 근원을 추적하기 위해서는 아파트라는 거주 형태가 탄생한 배경에 주목할 필요가 있다. ( ㉢ ) 일제 강점기부터 아파트가 건립되기는 하였으나 본격적으로 아파트가 건설된 것은 해방과 한국전쟁 이후 대량 생산 요구에 따라 근대적 주택 건설이 필요해졌기 때문이었다. ( ㉣ ) 아파트는 새로운 라이프 스타일과 편리함을 상징하는 요소로 자리 잡았고, 1970년대 들어 아파트에 들어간다는 것은 '새로운 도시 경관의 일원'이 되는 것이자 '도시 생활의 표준'에 속하는 것으로 간주되었다.

① ㉠
② ㉡
③ ㉢
④ ㉣

박혜선 국어
**콤단문** 독해

PART

06

세트형 독해

# 어휘 - 문맥적 의미 추론

관련교재
⑳ 출좋포 독해·문학 p.180~187

▶ 대표 **출종포** **발문 체크**

문맥상 ㉠의 의미와 가장 가까운 것은?

밑줄 친 표현이 문맥상 ㉠의 의미와 가장 가까운 것은?

▶ 대표 **출종포** **개관**

인사혁신처에서 2025년부터 단순 암기를 줄이겠다는 선언을 하였습니다.

이에 따라 어휘 문제는 단순 암기식이 아니라 문맥적인 의미를 추론할 수 있는 식으로 출제가 되고 있습니다.

이 어휘 유형은 단독으로 나오지는 않고, 세트형의 2번째 문제에 출제될 것입니다.

이번에 인사혁신처 1차 샘플은 물론이고 2차 샘플에도 어김없이 등장했기 때문에

반드시 정복해야 할 유형이 되었습니다.


문맥적 의미 추론 문제는 혜선 쌤 고유의 문제 풀이 방식을 그대로 적용한다면

틀리지 않을 수 있는 유형이므로 수업을 통해 방법을 암기하고 적용해야 합니다.

# 亦功 콤단문 독해 PIN POINT

## 신유형 2025 버전

### 세트형 독해 – 내용 추론 + 어휘의 문맥적 의미

**[01~02] 다음 글을 읽고 물음에 답하시오.**

방각본 출판은 책을 목판에 새겨 대량으로 찍어내는 방식이다. 이 경우 소수의 작품으로 많은 판매 부수를 올리는 것이 유리하다. 즉, 하나의 책으로 500부를 파는 것이 세 권의 책으로 합계 500부를 파는 것보다 이윤이 높다. 따라서 방각본 출판업자는 작품의 종류를 늘리기보다는 시장성이 좋은 작품을 집중적으로 출판하였다. 또한 작품의 규모가 커서 분량이 많은 경우에는 생산 비용이 ㉠올라가 책값이 비싸지기 때문에 자연스럽게 분량이 적은 작품을 선호하였다. 이에 따라 방각본 출판에서는 규모가 큰 작품을 기피하였으며, 일단 선택된 작품에도 종종 축약적 윤색이 가해지고는 하였다.

일종의 도서대여업인 세책업은 가능한 여러 종류의 작품을 가지고 있는 편이 유리하고, 한 작품의 규모가 큰 것도 환영할 만한 일이었다. 소설을 빌려 보는 독자들은 하나를 읽고 나서 대개 새 작품을 찾았으니, 보유한 작품의 종류가 많을수록 좋았다. 또한 한 작품의 분량이 많아서 여러 책으로 나뉘어 있으면 그만큼 세책료를 더 받을 수 있으니, 세책업자들은 스토리를 재미나게 부연하여 책의 권수를 늘리기도 했다. 따라서 세책업자들은 많은 종류의 작품을 모으는 데에 주력했고, 이 과정에서 원본의 확장 및 개작이 적잖이 이루어졌다.

**01  윗글에서 추론한 내용으로 가장 적절한 것은?** 2025 인사혁신처 2차 샘플

① 분량이 많은 작품은 책값이 비쌌기 때문에 세책가에서 취급하지 않았다.
② 세책업자는 구비할 책을 선정할 때 시장성이 좋은 작품보다 분량이 적은 작품을 우선하였다.
③ 방각본 출판업자들은 책의 판매 부수를 올리기 위해 원본의 내용을 부연하여 개작하기도 하였다.
④ 한 편의 작품이 여러 권의 책으로 나뉘어 있는 대규모 작품들은 방각본 출판업자들보다 세책업자들이 선호하였다.

**02  밑줄 친 표현이 문맥상 ㉠의 의미와 가장 가까운 것은?** 2025 인사혁신처 2차 샘플

① 습도가 올라가는 장마철에는 건강에 유의해야 한다.
② 내가 키우던 반려견이 하늘나라로 올라갔다.
③ 그녀는 승진해서 본사로 올라가게 되었다.
④ 그는 시험을 보러 서울로 올라갔다.

### 빠리 푸는 亦功 전략

**1단계**

어휘의 문맥적 의미를 추론하는 문제를 먼저 풀고 나서

내용 추론 문제를 풀기

**2단계**

어휘의 문맥적 의미 추론 문제는

㉠을 다른 어휘로 바꾸기

그 다른 어휘가 들어갈 수 있는 선지의 어휘를 찾기

필요하다면 선지의 밑줄도 다른 어휘로 바꾸기

**3단계**

㉠과 호응하는 단어의 성격과 비슷한 단어를 가진 것이 정답!

PART 06

**01** 다음은 다의어 '알다'의 뜻풀이 중 일부이다. ㉠~㉣의 예로 적절하지 않은 것은?  2024 국가직 9급

> ㉠ 어떤 일을 할 능력이나 소양이 있다.
> ㉡ 다른 사람과 사귐이 있거나 인연이 있다.
> ㉢ 어떤 일에 대하여 관여하거나 관심을 가지다.
> ㉣ 어떤 일을 어떻게 할지 스스로 정하거나 판단하다.

① ㉠: 그 외교관은 무려 7개 국어를 할 줄 안다.
② ㉡: 이 두 사람은 서로 알고 지낸 지 오래이다.
③ ㉢: 그 사람이 무엇을 하든 내가 알 바 아니다.
④ ㉣: 나는 그 팀이 이번 경기에서 질 줄 알았다.

**02** 밑줄 친 단어와 의미가 같은 것은?  2024 지방직 9급

> 아이가 말을 참 잘 듣는다.

① 이 약은 나에게 잘 듣는다.
② 학교에 가면 선생님 말씀을 잘 들어라.
③ 이번 학기에는 여섯 과목을 들을 계획이다.
④ 브레이크가 말을 듣지 않아 사고가 날 뻔했다.

**03** 밑줄 친 단어가 다의어 관계로 묶인 것은?  2022 지방직 7급

① 무를 강판에 갈아 즙을 내었다.
　고장 난 전등을 새것으로 갈아 끼웠다.
② 안개에 가려서 앞이 잘 안 보인다.
　음식을 가리지 말고 골고루 먹어야 한다.
③ 긴장이 되면 입술이 바짝바짝 탄다.
　벽난로에서 장작불이 활활 타고 있다.
④ 이 경기에서 지면 결승 진출이 좌절된다.
　모닥불이 지면 한기가 느껴지기 시작한다.

**04** 다음의 '기르다'와 같은 의미로 쓰인 것은?  2022 간호직 8급

> 인내심을 기르다.

① 그녀는 아이를 잘 기른다.
② 그는 취미로 화초를 기르고 있다.
③ 병을 기르면 치료하기 점점 어렵다.
④ 나는 체력을 기르기 위해 매일 운동한다.

**05** 밑줄 친 '보다'의 활용형이 지닌 의미가 나머지 셋과 다른 것은?  2022 군무원 9급

① 어쩐지 그의 행동을 실수로 볼 수가 없었다.
② 손해를 보면서 물건을 팔 사람은 없다.
③ 그는 상대를 만만하게 보는 나쁜 버릇이 있다.
④ 날씨가 좋을 것으로 보고 우산을 놓고 나왔다.

**06** 다음에 제시된 단어의 의미에 맞게 쓴 문장으로 적절하지 않은 것은? 2021 지방직 7급

| 단어 | 의미 | 문장 |
|---|---|---|
| 풀다 | 모르거나 복잡한 문제 따위를 알아내거나 해결하다. | ㉠ |
| | 어려운 것을 알기 쉽게 바꾸다. | ㉡ |
| | 긴장된 분위기나 표정 따위를 부드럽게 하다. | ㉢ |
| | 금지되거나 제한된 것을 할 수 있도록 터놓다. | ㉣ |

① ㉠: 나는 형이 낸 수수께끼를 <u>풀다가</u> 결국 포기하고 말았다.

② ㉡: 선생님은 난해한 말을 알아들을 수 있게 <u>풀어</u> 설명하셨다.

③ ㉢: 막내도 잘못을 뉘우치니, 아버지도 그만 얼굴을 <u>푸세요</u>.

④ ㉣: 경찰을 <u>풀어서</u> 행방불명자를 백방으로 찾으려 하였다.

**07** "이렇게 된 터에 더 이상 참을 수만은 없다."의 '터'와 같은 문맥적 의미로 쓰였다고 보기 가장 어려운 것은?

2017 서울시 7급

① 첫 출근 날이라 힘들었을 <u>터</u>이니 어서 쉬어.

② 자기 앞가림도 못하는 <u>터</u>에 남 걱정을 한다.

③ 이제야 후회한다고 해도 너무 늦은 <u>터</u>였다.

④ 이틀을 굶은 <u>터</u>에 찬밥 더운밥 가릴 겨를이 없다.

**08** 〈보기〉에서 밑줄 친 어휘의 의미가 유사한 것끼리 묶인 것은? 2021 국회직 8급

─〔보기〕─

ㄱ. 농촌 생활에 제법 <u>길</u>이 들었다.

ㄴ. 그 먼 <u>길</u>을 뚫고 고향으로 돌아가겠다고?

ㄷ. <u>길</u>이 많이 막혀서 대중교통을 이용하는 편이 빠르다.

ㄹ. 서랍은 <u>길</u>이 들지 않아 잘 열리지 않았다.

ㅁ. 통나무 굵기가 한 아름이 넘고, <u>길</u>이는 열 길이 넘었다.

① (ㄱ, ㄴ), (ㄷ, ㄹ, ㅁ)

② (ㄱ, ㄷ), (ㄴ, ㄹ, ㅁ)

③ (ㄱ, ㄷ), (ㄴ, ㄹ), (ㅁ)

④ (ㄱ, ㄹ), (ㄴ, ㄷ), (ㅁ)

⑤ (ㄱ, ㄹ), (ㄴ, ㅁ), (ㄷ)

**09** 밑줄 친 단어와 의미가 같은 것은? 2021 국회직 8급

> 그 녀석은 생긴 <u>품</u>이 제 아버지를 닮았다.

① 허름한 옷을 입은 여인의 <u>품</u>에는 두어 살 가량 난 애가 안겨 있었다.

② 겨울옷은 <u>품</u>이 넉넉해야 다른 옷을 껴입을 수 있다.

③ 이 마을의 모든 머슴들은 <u>품</u> 갚기를 함으로써 일을 줄여 나가고 싶어 한다.

④ 옷 입는 <u>품</u>을 보면 그 사람을 알 수 있다.

⑤ 어머니는 이 집 저 집에 <u>품</u>을 팔아 우리 가족의 생계를 꾸려 나가셨다.

**[01~02]** 다음 글을 읽고 물음에 답하시오.

대도시권으로의 청년층 인구이동은 우리나라뿐 아니라 외국에서도 큰 문제가 되고 있다. 이에 따라 특정 지역으로 인프라가 집중되고 지역 간 격차가 확대되는 중이다. 하지만 우리나라의 수도권 청년층 밀집 현상은 전 세계적으로도 매우 높은 수준이기 때문에 대책 마련이 절실하다. 지방 청년은 다양한 이유로 수도권으로 유출된다. 1차 유출은 고등학교를 졸업하면서 수도권의 대학에 진학하는 것이고 2차 유출은 대학까지 출신 지역에서 머무르다가 수도권으로 취업하는 것이다. 이렇게 연고지를 ㉠떠나는 청년은 평균 50% 정도에 달하는데 이러한 데이터는 지방청년유출 문제가 얼마나 심각한지 가늠하는 데이터가 될 수 있다. 그런데 청년의 입장에서 보면 수도권 이주는 당연한 선택일 수 있다. 임금을 비롯한 노동조건이 수도권이 훨씬 우수한 상황에서 지방에 남을 요인이 없는 것이다. 지방 청년들이 생각할 때 수도권은 세련된 도시문화와 일자리를 갖춘 곳이자 양질의 문화생활까지 즐길 수 있는 공간이다. 따라서 지방청년이 유출되는 요인을 하나로 특정하기는 어려우며 산업구조의 변화, 노동시장 구조, 교육 등 다양한 측면에서 해석해야 한다.

**01** 윗글에 대한 이해로 적절하지 않은 것은?

① 지방 청년들이 수도권으로 이동하는 이유는 경제적인 이유보다는 교육적인 이유가 크다.
② 한국의 수도권 청년층 밀집 현상은 다른 국가에 비해 높은 수준이다.
③ 대도시권으로의 청년층 인구이동은 한국뿐 아니라 외국에서도 문제가 되고 있다.
④ 지방 청년들은 수도권이 세련된 도시문화와 양질의 일자리가 있는 공간이라고 인식한다.

**02** 문맥상 ㉠의 의미와 가장 가까운 것은?

① 철수는 드디어 직장에서 떠났다.
② 남편은 출장을 떠나면서 집단속을 잘하라고 부탁했다.
③ 아들은 돈을 벌러 먼 길을 떠나면서 어머니의 손을 꼭 잡고 눈물을 흘렸다.
④ 그는 영희를 만나기 위해 고향을 떠났다.

## [03~04] 다음 글을 읽고 물음에 답하시오.

니체는 주체를 도덕의 중심에 두고자 하여 인간을 주인적 개인과 노예적 개인으로 구분하였다. 인간의 내면에는 다양한 욕구들이 존재하고 서로 충돌하게 된다. 인간의 행위는 그 결과에 의해 나타나게 되는데 주인적 개인은 강한 의지로 자기 내면의 욕구를 제어하고 욕구들 사이의 갈등을 조정할 수 있다. 니체는 주인적 개인이 이와 같이 자기 지배력을 지니고 자신이 세운 삶의 원칙에 따라 능동적으로 행동하는 것을 '좋음'이라고 평가하였다.

반면 노예적 개인은 주인적 개인과 대립적인 성향을 지니고 있다. 이들은 무리를 짓고 그에 의존하기 때문에 무리의 평균적 가치를 ㉠따르며 자기를 제어하는 의지가 없기 때문에 욕구를 지배할 수 없다. 이런 노예적 개인을 니체는 병들었다고 하였으며 이들의 행위를 '나쁨'이라고 평가하였다.

니체가 제시하는 도덕의 최종 목적은 도덕의 주체를 주인적 개인으로 육성하는 데에 있는데, 그러기 위해서는 노예적 개인이 양심을 회복하는 것이 필요하다. 니체는 양심을 건강한 주인적 개인에게 있는 것으로 외적 강제 없이 자신이 설정한 법칙에 따라 약속을 하고, 그 약속에 책임을 지는 것으로 보았다.

## 03 다음 중 니체의 관점에서 바람직한 인간에게 요구되는 성향은?

① 강한 의지로 타인의 욕구를 제어하고 사람들 사이의 갈등을 조정할 수 있어야 한다.
② 무리의 평균적 가치를 갈등 없이 따르며 자기를 제어할 수 있어야 한다.
③ 법이나 타인의 명령이 없어도 스스로가 정한 법칙에 따라 약속을 하고, 그 약속에 책임을 질 수 있어야 한다.
④ 내면에서 다양한 욕구들이 서로 충돌하는 것을 인정하고, 이를 인위적으로 제어하려 하지 않아야 한다.

## 04 문맥상 ㉠의 의미와 가장 가까운 것은?

① 정치 개혁에 대한 문제는 여론에 따르는 것이 좋겠다.
② 아무도 어머니의 음식 솜씨를 따를 수 없다.
③ 의원들이 모두 의장을 따라 자리에서 일어섰다.
④ 경찰이 범인의 뒤를 따랐다.

## [05~06] 다음 글을 읽고 물음에 답하시오.

유전자 치료는 유전 질환을 치료하는 데 획기적인 방법으로 ㉠떠오르고 있다. 생명공학자들은 유전자 치료가 특정 유전 질환을 가진 환자들에게 근본적인 해결책을 제공할 수 있다고 믿고 있다. 2020년대 초반, 유전자 편집 기술인 CRISPR-Cas9의 발전은 유전 질환 치료의 가능성을 크게 확대시켰다. 연구팀은 이 기술을 활용해 유전적 결함을 직접 수정하고, 이를 통해 질병의 진행을 막거나 치료할 수 있는 방법을 개발하였다. 특히, 혈우병, 낭포성 섬유증 등 특정 유전 질환에서 유전자 치료가 유의미한 성과를 보였다.

그러나 일부 의료인들은 유전자 치료의 장기적인 안전성과 윤리적 문제에 대해 우려를 표명했다. 그들은 유전자 치료가 예기치 않은 부작용을 초래할 수 있으며, 인간의 유전자를 조작하는 것이 윤리적으로 적절한지에 대한 논란이 있다고 주장했다. 이에 대해 생명공학자들은 유전자 치료가 점점 더 정밀해지고 있으며, 철저한 임상 시험을 통해 안전성과 효능을 입증할 수 있다고 반박했다.

그럼에도 불구하고, 유전자 치료의 실제 효과와 안전성은 여전히 논란의 여지가 있다. 유전자 치료가 모든 유전 질환을 완전히 치료할 수 있을지, 아니면 일부 질환에만 유리하게 작용할지는 아직 미지의 영역이다. 기술의 발전이 의료 윤리와 어떻게 조화를 이룰 수 있을지는 근본적인 질문으로 남아 있다.

**05** 윗글에 대해 평가한 내용으로 가장 적절하지 않은 것은?

① CRISPR-Cas9 기술을 이용한 유전자 치료가 유전 질환의 진행을 효과적으로 막았다는 연구 결과가 나오면, 생명공학자들의 주장이 강화될 것이다.

② 유전자 치료가 임상 시험 단계에서 예측하지 못한 부작용을 유발했다는 연구 결과가 나오면, 의료인들의 주장이 강화될 것이다.

③ 유전자 치료의 정밀성과 안전성이 임상 시험 단계에서 충분히 검증될 수 있다는 연구 결과가 나오면 의료인들의 주장이 약화될 것이다.

④ 유전자 치료가 모든 유전 질환에 대해 보편적으로 적용 가능하다는 연구 결과가 나오면 필자의 주장이 강화될 것이다.

**06** 문맥상 ㉠의 의미와 가장 가까운 것은?

① 석 달 만에 돌아온 아버지를 보자 어머니의 얼굴에는 반가운 빛이 떠올랐다.

② 신출귀몰한 탈주범에 대한 이야기가 장안의 화젯거리로 떠오르고 있다.

③ 곤란한 상황에서 마침 좋은 생각이 머리에 떠올랐다.

④ 오전 내내 생각해 봐도 그 사람의 이름이 떠오르지 않는다.

**[07~08] 다음 글을 읽고 물음에 답하시오.**

장 폴 사르트르는 대표적인 자유의지 옹호자 중 한 명이다. 그의 철학에서 자유의지는 인간 존재의 핵심적 특성이며, 사르트르는 '존재는 본질에 선행한다.'는 명제를 통해 이를 강조하였다. 사르트르에 따르면 인간은 자신의 본질을 스스로 결정할 수 있는 자유를 가지고 있으며, 이는 각 개인이 자신의 의지에 기반한 선택을 통해 스스로의 삶을 형성해 나간다는 것을 의미한다. 그는 인간이 자신의 행동과 이에 따른 책임을 완전히 자유롭게 선택할 수 있음을 주장하는 동시에, 자유는 깊은 책임감을 요구한다고 보았다. 스피노자는 결정론적 관점을 채택하여 자유의지에 반기를 들었던 인물이다. 스피노자는 모든 사건이 원인과 결과의 법칙에 따라 필연적으로 발생한다고 보았으며, 인간의 의지도 이러한 자연 법칙에서 자유로울 수 없다고 주장하였다. 그에 따르면 인간은 자신이 자유롭다고 느낄 수 있으나, 이는 모든 행위와 결정이 더 깊은 원인에 의해 결정되어 있다는 사실을 이해하지 못하기 때문이다. 스피노자는 인간이 자연의 일부로서 자연 법칙에 의해 결정된다고 ㉠보았으며, 진정한 자유는 필연성을 이해하고 그에 따라 살아가는 것에서 비롯된다고 보았다.

**07 윗글에 대해 평가한 내용으로 적절하지 않은 것은?**

① 사회의 제약을 극복하고 노예해방 등의 혁명을 이끈 개인들의 사례는 사르트르의 견해를 강화한다.

② 극심한 빈곤이나 열악한 교육환경으로 개인의 선택이 크게 제한되는 사례는 사르트르의 견해를 약화한다.

③ 극한의 기후 조건이나 자연재해가 인간의 생활 방식과 선택에 강제적인 변화를 초래하는 사례는 스피노자의 견해를 약화한다.

④ 사회적 계층, 경제적 상황, 문화적 규범이 개인의 선택을 실질적으로 제한하는 사례는 스피노자의 견해를 강화한다.

**08 문맥상 ㉠의 의미와 가장 가까운 것은?**

① 사람을 보고 결혼해야지 재산을 보고 결혼해서야 되겠니?

② 남의 단점을 보기는 쉬우나 자기의 단점을 보기는 어렵다.

③ 손해를 보면서 물건을 팔 사람은 없다.

④ 날씨가 좋을 것으로 보고 우산을 놓고 나왔다.

# Chapter 16

## 어휘 – 바꿔 쓸 수 있는 유사한 표현

관련교재
③ 출종포 독해·문학 p.188~197

▶ 대표 출종포 발문 체크

㉠~㉣과 바꿔 쓸 수 있는 유사한 표현으로 적절하지 않은 것은?

▶ 대표 출종포 개관

2025년에 이 유형은 20문제 중 무조건 1문제 나올 수 있는 0순위 최빈출 유형입니다.

보통은 밑줄 친 ㉠~㉣은 고유어(순우리말)로 나타나게 되고

이를 의미가 비슷한 한자어로 바꿀 수 있는가를 묻는 문제라고 볼 수 있습니다.

단독으로 나오지는 않고, 세트형의 2번째 문제에 출제될 가능성이 있습니다.

혹시 모르기 때문에 밑줄 친 ㉠~㉣은 한자어로 나타나게 되고

이를 의미가 비슷한 고유어(순우리말)로 바꿀 수 있는가를 묻는 문제 또한 실었습니다.

# 亦功 콤단문 독해 <sup>PIN</sup> POINT

정답 및 해설 p.290

## 기존 출제 유지 2024 버전

한자어 ⇨ 고유어로 바꾸어 쓰기

**01  밑줄 친 부분과 바꾸어 쓰기에 적절하지 않은 것은?** 2024 국가직 9급

① 나는 하루 종일 거리를 배회(徘徊)하였다. → 돌아다녔다

② 이 산의 광물 자원은 무진장(無盡藏)하다. → 여러 가지가 있다

③ 그분의 주장은 경청(傾聽)할 가치가 있다. → 귀를 기울여 들을

④ 공지문에서는 회의의 사유를 명기(明記)하지 않았다. → 밝혀 적지

---

**빨리 푸는 亦功 전략**

**1단계**

한자어 → 고유어로 바꾸는 문제 유형은 옆에 괄호의 한자를 잘 읽어내는 것이 핵심이다.

**2단계**

한자를 다 읽어낼 필요는 없고, 아는 한자 한 놈만 조진다!

PART 06

**01** 밑줄 친 부분을 풀어 쓴 것으로 적절하지 않은 것은?

2024 지방직 9급

① 선생님께서 수시(隨時)로 교실에 들어오셨다.
 – 아무 때나 늘
② 그는 세계 제일의 피아니스트라고 해도 과언(過言)
 이 아니다. – 지나친 말이
③ 문화 시설 대부분이 서울에 편재(偏在)해 있다.
 – 치우쳐
④ 누구나 착한 심성을 발현(發現)하는 것은 아니다.
 – 헤아려 보는

**02** ㉠~㉣과 바꿔 쓸 수 있는 유사한 표현으로 적절하지 않은 것은?

2023 지방직 9급

• 서구의 문화를 ㉠맹종하는 이들이 많다.
• 안일한 생활에서 ㉡탈피하여 어려운 일에 도전
 하고 싶다.
• 회사의 생산성을 ㉢제고하기 위해 노력하자.
• 연못 위를 ㉣부유하는 연잎을 바라보며 여유를
 즐겼다.

① ㉠: 무분별하게 따르는
② ㉡: 벗어나
③ ㉢: 끌어올리기
④ ㉣: 헤엄치는

**[01~02] 다음 글을 읽고 물음에 답하시오.**

> 하루 종일 일하는 것을 좋아하는 사람은 거의 없지만, 하루 종일 일하는 것이 필수라는 생각에서 ㉠벗어나기도 어려운 것이 현대인의 삶이다. 스마트폰과 통신 기술이 발달한 것은 일과 삶의 분리가 불가능하게 만들었다. 회사에서 발생하는 일의 대부분은 다음 날 아침에 출근해서 해결해도 큰 문제가 없는 것이 대부분이지만, 언제든 이메일을 확인할 수 있게 되면서 직원들은 퇴근 후에도 업무 연락을 확인하게 되었다. 고용 불안정성이 높아질수록 현대인들은 사무실에 마지막까지 남고 즉각 연락에 답하는 등의 방법으로 자신의 능력과 회사에 대한 충성도를 ㉡보여야 한다는 압박에 시달린다. 특히 밀레니얼 세대에게 더 오래 일하도록 강요하는 존재는 자기 자신이다. 일을 계속 잘 해낼 방법은 하루종일 일하는 것이라고 생각하기 때문이다. 하루 종일 일하는 것은 그 시간 내내 생산성을 유지한다는 의미가 아니지만, 끊임없이 ㉢만들고 있다는 자기만족적 서사 속에서 살아가는 것이 현대인의 삶이다. 인텔 엔지니어 멜리사 그렉은 해고에 대한 불안감 때문에 자신을 더욱 가치 있는 인물이라고 증명해야 한다고 느끼는 현상을 '생산성 광기'라고 ㉣밝혔다.

**01** 다음 글에 대한 이해로 적절한 것은?

① 스마트폰과 통신기술의 발달로 일과 삶의 분리가 과거보다 더 쉬워졌다.

② 밀레니얼 세대는 과거 세대보다 업무와 삶의 균형을 유지하는 데 뛰어날 것이다.

③ 현대인들이 자신의 능력과 회사에 대한 충성도를 증명하기 위해 노력하는 경향은 고용 불안정성과 관련이 있을 것이다.

④ 밀레니얼 세대는 해고에 대한 불안감을 극복하기 위해 다음 날 출근 후 답변을 하게 되었다.

**02** ㉠~㉣과 바꿔 쓸 수 있는 유사한 표현으로 적절하지 않은 것은?

① ㉠: 해방되기도  ② ㉡: 증명해야

③ ㉢: 제작하고  ④ ㉣: 정의하였다

**[03~04] 다음 글을 읽고 물음에 답하시오.**

> 1960년대 미국의 기상학자 로렌츠는 3개의 연립미분방정식으로 ㉠구성된 기후 모형 방정식을 만들어 기후변화 예측 모델을 연구하고 있었다. 연구 중 과거에 수행했던 계산을 ㉡검토하던 그는, 이전에 소수점 아래 여섯 자리까지 입력했던 초깃값을 반올림하여 소수점 아래 세 자리까지만 입력하였다. 그런데 1,000분의 1 정도의 미세한 오차를 허용한 그 반올림의 결과는 처음의 결과와 전혀 다른 값으로 나타났다. 이 오차는 당시의 컴퓨터 기술과 사고방식으로는 합리적인 수준이었다. 그러나 초깃값이 약간 다르면 결과도 약간 다를 것이라는 예상과는 달리, 그가 고안한 모형 방정식은 작은 오차를 갖는 초깃값에 매우 예민하게 반응하였다. 이를 통해 로렌츠는 출력이 입력과 선형적 관계를 갖지 않는 계의 혼돈에서는 작은 변화가 큰 차이를 불러올 수 있다는 것을 ㉢발견하였다. 이는 브라질에서의 나비의 날갯짓이 미국 텍사스 주에서 토네이도가 될 수 있다는 '나비효과'의 발견으로 이어졌고, 수학의 새로운 분야인 '카오스 이론'을 ㉣탄생시켰다.

**03** 윗글의 내용에 부합하지 않는 것은?

① '카오스 이론'의 탄생으로 이어진 로렌츠의 발견은 그가 예상하지 못한 것이었다.

② 1960년대의 컴퓨터 기술로는 1,000분의 1 정도의 오차는 합리적인 수준이었다.

③ 로렌츠가 고안한 모형 방정식은 출력이 입력과 선형적 관계를 갖지 않는 것이었다.

④ 로렌츠는 과거에 수행했던 계산을 검토하면서 이전과 크게 다른 값을 얻기 위해 초깃값을 반올림하여 입력하였다.

**04** ㉠~㉣과 바꿔 쓸 수 있는 유사한 표현으로 적절하지 않은 것은?

① ㉠: 짜인  ② ㉡: 따지던

③ ㉢: 만들어냈다.  ④ ㉣: 만들어냈다.

**[05~06] 다음 글을 읽고 물음에 답하시오.**

플라톤은 이상주의자로서 이데아 세계의 존재를 긍정하였다. 그에 따르면 우리가 경험하는 물리적 세계란 완벽하고 영원한 형상들의 불완전한 복사본에 불과하다. 이 형상들은 ⊙지각할 수 없는 것이고 변하지 않으며, 모든 물리적 사물들은 이데아계의 형상들을 ⓛ따라함으로써 존재의 의미를 갖게 된다. 예를 들어, 모든 말은 '말-이데아'의 불완전한 표현일 뿐이다. 이데아는 완벽한 형태의 말을 나타낸다. 플라톤은 진정한 지식이 이러한 형상들에 대한 이해를 통해 ⓒ얻어질 수 있다고 보았고 감각 경험을 통한 지식은 불완전하고 오류를 ⓔ안을 수 있음을 이야기하였다. 아리스토텔레스는 실재주의자로서 감각적 경험과 구체적 현실을 중시하였다. 그는 모든 형체와 정체성을 갖춘 실체란 실제로 존재하며, 이것들이 현실 세계의 근본을 이룬다고 주장하였다. 아리스토텔레스는 형상이란 각각의 개별 사물에 내재된 본성이라고 보았고 이 본성이 그 사물을 구체적으로 정의하고 기능을 가능케 한다고 이해하였다. 그의 관점에서 볼 때 진정한 지식은 감각을 통해 경험된 구체적인 사물들로부터 추론을 통하여 얻어질 수 있는 것이다. 아리스토텔레스에게는 이러한 구체적인 사물들을 연구하는 것이 철학적 탐구의 중심이었다.

**05** 다음 글에 대해 평가한 내용으로 적절하지 않은 것은?

① 수학에서 추상적인 개념들이 물리적 현실보다 더 정확하고 일관된 결과를 제공한다는 사실은 플라톤의 견해를 강화한다.

② 이상적인 형태나 완벽을 추구함으로써 높은 도덕적, 미학적 이상을 반영하려는 철학적 이상론은 플라톤의 견해를 약화한다.

③ 구체적 현실에 기반한 기술적 발명과 응용과학의 성공이 실제 문제 해결에 기여한 사례는 아리스토텔레스의 견해를 강화한다.

④ 인지과학에서 밝혀진 인간의 지각과 기억의 오류는 아리스토텔레스의 견해를 약화한다.

**06** ⊙~ⓔ과 바꿔 쓸 수 있는 유사한 표현으로 적절하지 않은 것은?

① ⊙: 추상적          ② ⓛ: 모방함

③ ⓒ: 입수될          ④ ⓔ: 내포할

**[07~08] 다음 글을 읽고 물음에 답하시오.**

사형제는 오랜 논란의 주제이다. 사형제 반대론자들은 생명권이 법적 평가를 통해 판단될 수 없다고 주장하며, 인간의 존엄성을 침해한다고 본다. 또한 사형이 오판될 경우 시정할 방법이 없다는 점에서 오판 가능성을 ㉠우려한다. 이들은 사형제보다 기본권을 덜 제한하는 종신형 등을 통해 범죄인을 영구히 사회에서 ㉡격리할 방법이 있으며, 생명은 절대적 가치이므로 ㉢박탈될 수 없음을 강조한다. 또한, 사형제 폐지는 인간의 존엄성을 지키기 위한 필수적인 조치라고 ㉣역설한다.

한편, 사형제 찬성론자들은 사형이 사회를 방어하는 공익적 목적이 크다고 본다. 찬성론자들은 사형은 범죄자에게 응분의 죗값을 치르게 하는 정의의 발로이며, 죽음에 대한 공포는 가석방 없는 종신형보다 더 강력한 억제력을 가진다고 주장한다. 또한, 사형으로 규정된 범죄는 흉악범죄에 한정되어 있고, 사형선고는 엄격한 요건 하에서 이루어지므로 사형제는 존속되어야 한다고 본다. 이들은 사형제도가 후진적이거나 야만적이라고 볼 수 없다고 반박하는 동시에, 오판 가능성은 사법제도의 한계이므로 관련 제도 개선을 통해 극복할 문제라고 주장. 또한, 극단적인 범죄는 계속 발생하며, 일반 시민의 생명권 보호가 최우선되어야 한다는 주장을 펼친다.

**07  윗글을 읽고 평가한 내용으로 적절한 것은?**

① 사형이 흉악범죄에 한정되어 집행된다면, 이는 찬성론자의 주장을 약화한다.
② 사형이 오판될 경우 돌이킬 수 없는 결과를 초래한다면, 이는 찬성론자의 주장을 강화한다
③ 사형제가 없는 국가들에서 지속적으로 범죄율이 감소하고 있다면, 이는 반대론자의 주장을 강화한다.
④ 사형의 오판 가능성을 줄이기 위한 제도 개선이 가능하다면, 이는 반대론자의 주장을 강화한다.

**08  ㉠~㉣과 바꿔 쓸 수 있는 유사한 표현으로 적절하지 않은 것은?**

① ㉠: 걱정한다       ② ㉡: 떼어 놓을
③ ㉢: 빼앗길         ④ ㉣: 본다

▶ **대표 출좋포 발문 체크**

문맥상 ㉠~㉣ 중 지시 대상이 같은 것만으로 묶인 것은?

㉠~㉣ 중 문맥상 (가)에 해당하는 의미로 사용되지 않은 것은?

윗글의 ㉠~㉫ 중 지시하는 바가 같은 것끼리 짝 지은 것은?

▶ **대표 출좋포 개관**

지시 대상 추론 유형은 추론 유형이 강조되면서 0순위 최빈출 유형이 되었습니다.

2025 인사 혁신처 1차 샘플에서는 1문제가 출제되었으나

2025 인사 혁신처 2차 샘플에서는 2문제가 출제되었습니다.

지시 대상 추론 유형을 출제자들이 굉장히 중시함이 방증된 것입니다.

지시 대상 추론 유형은 세트형의 2번째 문제에 출제될 예정인데,

제시문을 준 후에 단어나 어구에 밑줄을 친 후

1) 같은 지시 대상을 한 묶음으로 묶거나,

2) 범주가 같은 지시 대상을 추론하거나,

3) 밑줄 친 것과 같은 지시대상을 찾거나,

4) 지시 대상이 다른 하나를 고르는 문제가 출제될 예정입니다.

**출좋포 독해 이론**

**1** 지시어

문맥 내에서 주로 미리 언급된 앞말을 가리킬 때 쓰이는 말.

예 이, 그, 저 / 이것, 그것, 저것 / 이들, 그들, 저들

## 2 지시어 찾는 방법

앞뒤의 문맥을 잘 파악하며 객관적인 단서에 따라 앞의 어떤 말을 지시해주는지를 파악해야 한다.

### 01 문맥상 ㉠~㉣ 중 지시 대상이 같은 것만으로 묶인 것은? 2025 인사혁신처 1차 샘플

영국의 유명한 원형 석조물인 스톤헨지는 기원전 3,000년경 신석기시대에 세워졌다. 1960년대에 천문학자 호일이 스톤헨지가 일종의 연산장치라는 주장을 하였고, 이후 엔지니어인 톰은 태양과 달을 관찰하기 위한 정교한 기구라고 확신했다. 천문학자 호킨스는 스톤헨지의 모양이 태양과 달의 배열을 나타낸 것이라는 의견을 제시해 관심을 모았다.

그러나 고고학자 앳킨슨은 ㉠그들의 생각을 비난했다. 앳킨슨은 스톤헨지를 세운 사람들을 '야만인'으로 묘사하면서, ㉡이들은 호킨스의 주장과 달리 과학적 사고를 할 줄 모른다고 주장했다. 이에 호킨스를 옹호하는 학자들이 진화적 관점에서 앳킨슨을 비판하였다. ㉢이들은 신석기시대보다 훨씬 이전인 4만 년 전의 사람들도 신체적으로 우리와 동일했으며 지능 또한 우리보다 열등했다고 볼 근거가 없다고 주장했다.

하지만 스톤헨지의 건설자들이 포괄적인 의미에서 현대인과 같은 지능을 가졌다고 해도 과학적 사고와 기술적 지식을 가지지는 못했다. ㉣그들에게는 우리처럼 2,500년에 걸쳐 수학과 천문학의 지식이 보존되고 세대를 거쳐 전승되어 쌓인 방대하고 정교한 문자 기록이 없었다. 선사시대의 생각과 행동이 우리와 똑같은 식으로 전개되지 않았으리라는 점은 매우 중요하다. 지적 능력을 갖췄다고 해서 누구나 우리와 같은 동기와 관심, 개념적 틀을 가졌으리라고 생각하는 것은 잘못이다.

① ㉠, ㉢

② ㉡, ㉣

③ ㉠, ㉡, ㉢

④ ㉠, ㉡, ㉣

결국, ㉠은 호일, 톰, 호킨스
㉡은 스톤헨지를 세운 사람들
㉢은 호킨스를 옹호하는 학자들
㉣은 스톤헨지의 건설자들

∴ ㉡, ㉣의 대상이 같다.

# 亦功 콤단문 독해 PIN POINT

## 신유형 2025 버전 1

### 1단계

내용 추론 문제를
먼저 풀고 나서
지시 대상 문제를 풀거나

내용 추론 문제와
지시 대상 문제를
동시에 풀기

### 2단계

지시어를 기준으로
앞의 대상 중 어떤 대상을
가리키는 것인지
앞뒤 단서를 근거 삼아
확인하기

---

세트형 독해 : 내용 추론 + 같은 지시대상 찾기

**[01~02] 다음 글을 읽고 물음에 답하시오.**

생물은 자신의 종에 속하는 개체들과 의사소통을 한다. 꿀벌은 춤을 통해 식량의 위치를 같은 무리의 동료들에게 알려주며, 녹색원숭이는 포식자의 접근을 알리기 위해 소리를 지른다. 침팬지는 고통, 괴로움, 기쁨 등의 감정을 표현할 때 각각 다른 ⊙소리를 낸다.

말한다는 것을 단어에 대해 ⓛ소리 낸다는 의미로 보게 되면, 침팬지가 사람처럼 말하도록 하는 것은 불가능하다. 침팬지는 인간과 게놈의 98％를 공유하고 있지만, 발성 기관에 차이가 있다.

인간의 발성 기관은 아주 정교하게 작용하여 여러 ⓒ소리를 낼 수 있는데, 초당 십여 개의 (가)소리를 쉽게 만들어 낸다. 이는 성대, 후두, 혀, 입술, 입천장을 아주 정확하게 통제할 수 있기 때문에 가능한 것이다. 침팬지는 이만큼 정확하게 통제를 하지 못한다. 게다가 인간의 발성 기관은 유인원의 그것과 현저하게 다르다. 주요한 차이는 인두의 길이에 있다. 인두는 혀 뒷부분부터 식도에 이르는 통로로 음식물과 공기가 드나드는 길이다. 인간의 인두는 여섯 번째 목뼈에까지 이른다. 반면에 대부분의 포유류에서는 인두의 길이가 세 번째 목뼈를 넘지 않으며 개의 경우는 두 번째 목뼈를 넘지 않는다. 다른 동물의 인두에 비해 과도하게 긴 인간의 인두는 공명 상자 기능을 하여 세밀하게 통제되는 ⓒ소리를 만들어 낸다.

**01  윗글에서 추론한 내용으로 가장 적절한 것은?** 2025 인사혁신처 2차 샘플

① 개의 인두 길이는 인간의 인두 길이보다 짧다.
② 침팬지의 인두는 인간의 인두와 98％ 유사하다.
③ 녹색원숭이는 침팬지와 의사소통을 할 수 있다.
④ 침팬지는 초당 십여 개의 소리를 만들어 낼 수 있다.

**02  ⊙~ⓒ 중 문맥상 (가)에 해당하는 의미로 사용되지 않은 것은?** 2025 인사혁신처 2차 샘플

① ⊙          ② ⓛ
③ ⓒ          ④ ⓒ

# 신유형 2025 버전 2

세트형 독해 : 강화·약화 + 같은 범주 묶기

빨리 푸는 亦功 전략

**1단계**

일반 강화 약화 문제를
먼저 풀고 나서
지시 대상 문제를 풀거나

일반 강화 약화 문제와
지시 대상 문제를
동시에 풀기

**2단계**

지시어를 기준으로
앞의 대상 중 어떤 대상을
가리키는 것인지
앞뒤 단서를 근거 삼아
확인하기

**[03~04] 다음 글을 읽고 물음에 답하시오.**

　　일반적으로 한 나라의 문학, 즉 '국문학'은 "그 나라의 말과 글로 된 문학"을 지칭한다. 그래서 우리나라에서 국문학에 대한 근대적 논의가 처음 시작될 무렵에는 (가) 국문학에서 한문으로 쓰인 문학을 배제하자는 주장이 있었다. 국문학 연구가 점차 전문화되면서, 한문문학 배제론자와 달리 한문문학을 배제하는 데 있어 신축성을 두는 절충론자의 입장이 힘을 얻었다. 절충론자들은 국문학의 범위를 획정하는 데 있어 (나) 종래의 국문학의 정의를 기본 전제로 하되, 일부 한문문학을 국문학으로 인정하자고 주장했다. 즉 한문으로 쓰여진 문학을 국문학에서 완전히 배제하지 않고, ㉠전자 중 일부를 ㉡후자의 주변부에 위치시키는 것으로 국문학의 영역을 구성한 것이다. 이에 따라 국문학을 지칭할 때에는 '순(純)국문학'과 '준(準)국문학'으로 구별하게 되었다. 작품에 사용된 문자의 범주에 따라서 ㉢전자는 '좁은 의미의 국문학', ㉣후자는 '넓은 의미의 국문학'이라고도 칭할 수 있다.

　　하지만 이런 절충안을 취하더라도 순국문학과 준국문학을 구분하는 데에는 논자마다 차이가 있다. 어떤 이는 국문으로 된 것은 ㉤전자에, 한문으로 된 것은 ㉥후자에 귀속시켰다. 다른 이는 훈민정음 창제 이전과 이후로 나누어 국문학의 영역을 구분하였다. 훈민정음 창제 이전의 문학은 차자표기건 한문표기건 모두 국문학으로 인정하고, 창제 이후의 문학은 국문문학만을 순국문학으로 규정하고 한문문학 중 '국문학적 가치'가 있는 것을 준국문학에 귀속시켰다.

**03  윗글의 (가)와 (나)의 주장에 대해 평가한 내용으로 가장 적절한 것은?**

2025 인사혁신처 2차 샘플

① 국문으로 쓴 작품보다 한문으로 쓴 작품이 해외에서 문학적 가치를 더 인정받는다면 (가)의 주장은 강화된다.

② 국문학의 정의를 '그 나라 사람들의 사상과 정서를 그 나라 말과 글로 표현한 문학'으로 수정하면 (가)의 주장은 약화된다.

③ 표기문자와 상관없이 그 나라의 문화를 잘 표현한 문학을 자국문학으로 인정하는 것이 보편적인 관례라면 (나)의 주장은 강화된다.

④ 훈민정음 창제 이후에도 차자표기로 된 문학작품이 다수 발견된다면 (나)의 주장은 약화된다.

**04  윗글의 ㉠~㉥ 중 지시하는 바가 같은 것끼리 짝 지은 것은?** 2025 인사혁신처 2차 샘플

① ㉠, ㉢
② ㉡, ㉣
③ ㉡, ㉥
④ ㉢, ㉤

# 亦功 지시 대상 추론 기출 훈련

## 01 ㉠~㉣ 중 지시하는 대상이 다른 하나는?

2023 지역인재 9급

이때 전우치가 구름 속에서 도술을 행하여 몸을 왕연희로 바꾸고 궐문을 나오니, 하인들이 마부와 말을 대령했다가 모시고 왕연희의 집으로 돌아갔다. ㉠그는 바로 내당으로 들어가 왕연희의 부인과 말을 주고받았으나, 집안 사람 누구도 전우치인 줄 전혀 알지 못했다.

이때 진짜 왕연희가 궐에서 나와 하인을 찾았으나 아무도 없었다. 이상하게 여겨 동료의 말을 빌려 타고 집에 돌아오니 하인들이 문 앞에 있었다. 왕연희가 크게 화를 내면서 집에 와 있는 까닭을 묻자 하인들이 말하기를, "소인들이 아까 상공을 모셔왔는데 어찌 또 상공이 계십니까?" 하고 얼굴을 찬찬히 살펴보았다. …(중략)…

왕연희가 아무것도 모르고 침실로 들어가니, 과연 다른 왕연희가 부인과 이야기를 나누고 있었다. 왕연희가 크게 화를 내며 꾸짖어 말하기를, "㉡너는 어떤 놈이기에 감히 사대부 집에 들어와 내 부인과 말을 주고받고 있느냐?" 하고 종들에게 호령했다. "㉢저 놈을 빨리 결박하라!"

이에 전우치가 말하기를, "웬 놈이 내 얼굴을 하고 내당에 들어와 부인을 겁탈하려 하니, 이런 변이 어디 있느냐?" 하고 하인에게 호령하여, "㉣저 놈을 빨리 몰아 내쳐라."라고 하였다

① ㉠
② ㉡
③ ㉢
④ ㉣

## 02 다음 글의 밑줄 친 부분이 지시하는 대상이 다른 것은?

2021 지방직 9급

수박을 먹는 기쁨은 우선 식칼을 들고 이 검푸른 ㉠구형의 과일을 두 쪽으로 가르는 데 있다. 잘 익은 수박은 터질 듯이 팽팽해서, 식칼을 반쯤만 밀어 넣어도 나머지는 저절로 열린다. 수박은 천지개벽하듯이 갈라진다. 수박이 두 쪽으로 벌어지는 순간, '앗!' 소리를 지를 여유도 없이 초록은 ㉡빨강으로 바뀐다. 한 번의 칼질로 이처럼 선명하게도 세계를 전환시키는 사물은 이 세상에 오직 수박뿐이다. 초록의 껍질 속에서, ㉢새까만 씨앗들이 별처럼 박힌 선홍색의 바다가 펼쳐지고, 이 세상에 처음 퍼져나가는 비린 향기가 마루에 가득 찬다. 지금까지 존재하지 않던, ㉣한바탕의 완연한 아름다움의 세계가 칼 지나간 자리에서 홀연 나타나고, 나타나서 먹히기를 기다리고 있다. 돈과 밥이 나오지 않았다 하더라도, 이것은 필시 흥부의 박이다.

① ㉠
② ㉡
③ ㉢
④ ㉣

**03** 다음 시의 ㉠ ~㉣ 중 〈보기〉의 '경계적 시 공간' 관련된 시어를 모두 골라 옳게 묶은 것은?

2020 의무소방원

> 산산이 부서진 이름이여!
> 허공중에 헤어진 이름이여!
> 불러도 주인 없는 이름이여!
> 부르다가 내가 죽을 이름이여!
>
> 심중(心中)에 남아 있는 말 한마디는
> 끝끝내 마저 하지 못하였구나.
> 사랑하던 그 사람이여!
> 사랑하던 그 사람이여!
>
> ㉠붉은 해는 서산마루에 걸리었다.
> ㉡사슴의 무리도 슬피 운다.
> ㉢떨어져 나가 앉은 산 위에서
> 나는 그대의 이름을 부르노라.
>
> 설움에 겹도록 부르노라.
> 설움에 겹도록 부르노라.
> 부르는 소리는 비껴가지만
> 하늘과 땅 사이가 너무 넓구나.
>
> 선 채로 이 자리에 ㉣돌이 되어도
> 부르다가 내가 죽을 이름이여!
> 사랑하던 그 사람이여!
> 사랑하던 그 사람이여!
>
> – 김소월, 〈초혼〉

─[보기]─

일반적으로 시적 배경은 화자의 상황과 정서를 드러내는 데 효과적으로 기여한다. 이 시의 화자는 밝음(삶)과 어둠(죽음)의 경계, 땅(이승)과 하늘(저승)의 경계적 시·공간에서 임의 이름을 부르고 있으며, 이러한 시적 배경은 화자가 처해 있는 심리적 위치를 환기함과 동시에 그 자체로 소멸과 고독을 상징한다.

① ㉠, ㉢   ② ㉠, ㉣
③ ㉡, ㉢   ④ ㉡, ㉣

**04** 〈보기〉의 밑줄 친 어휘들 가운데 문맥적 의미가 다른 하나는?

2019 서울시 9급

불문곡직하는 직설은 사람을 찌른다. 깜짝 놀라게 해서 제압하는 방식이다. 거기 비해 완곡함은 뜸을 들이면서 에두른다. 듣고 읽는 이가 비켜갈 틈을 준다. 그렇다고 완곡함이 곡필인 것도 아니다. 잘못된 길로 접어들도록 하는 게 아니라 화자와 독자의 교행이 이루어지는 공간을 준다. 곱씹어볼 말이 사라지고 상상의 여지를 박탈하는 글이 군림하는 세상은 살풍경하다. 말과 글이 세상을 따라 갈진대 세상을 갈아엎지 않고 말과 글이 세상과 함께 아름답기는 난망한 일인가. 아마 아닐 것이다. 막힐수록 옛것을 더듬으라고 했다. 물태와 인정이 극으로 나뉘는 세상에서 다산은 선인들이 왜 산을 바라보며 즐기되 그 흥취의 반을 항상 남겨두는지 궁금했다. 그는 미인을 만났던 사람이 적어놓은 글에서 그 까닭을 발견했다. 그가 본 글은 이러했다. '얼굴은 아름다웠으나 그 자태는 기록하지 않았다.'

① 틈   ② 공간   ③ 여지   ④ 세상

**05** ㉠~㉣ 중 밑줄 친 문장에서 강조하는 내용과 의미가 가장 가까운 것은?

2017 서울시 사회복지직 9급

정보 통신 기술은 컴퓨터를 수단으로 하여 인간의 두뇌와 신경을 비약적으로 ㉠확장하였다. 정보 통신 기술의 발달은 전 세계적으로 정치, 경제, 산업, 교육, 의료, 생활 양식 등 사회 전반에 걸쳐 혁신적인 ㉡변화를 일으키고, 인간관계와 사고 방식, 가치관에까지 영향을 미칠 것이 틀림없다. 그러나 그 이면에는 불평등과 불균형을 불러올 위험성도 있다. 사회학자 드 세토(De Certeau)는 "기술은 문을 열 뿐이고, 그 문에 들어갈지 말지는 인간이 결정한다."라는 말을 했다. 정보 통신 기술은 우리의 모든 생활 영역에 ㉢영향을 미치고 있다. 이 시점에서 우리에게 중요한 것은 정보 통신 기술을 어떻게 활용하느냐이다. 정보 통신 기술이 우리 사회를 변화시키고 있지만, 그 기술의 가치를 이해하고 ㉣선택하는 주체는 바로 우리이기 때문이다.

① ㉠   ② ㉡   ③ ㉢   ④ ㉣

**[01~02] 다음 글을 읽고 물음에 답하시오.**

(가) 죄책감의 문화와 (나) 수치심의 문화는 각각 개인의 도덕적 감정과 행동을 형성하는 중요한 기준으로 작용한다. ㉠전자는 서구 사회에서 주로 나타나며, 도덕적 판단이 개인의 내면적인 자각을 기반으로 이루어진다는 특징을 가지고 있다. 여기에서 죄책감이란 자신의 행동이 도덕적 기준에 어긋날 때 느끼는 감정으로, 이는 타인의 평가와는 무관하게 발생할 수 있다. 죄책감은 개인이 자신의 잘못을 인지하고 이를 바로잡으려는 자발적 노력을 유발한다. 그런데 ㉡후자의 문화는 비서구 사회에서 주로 나타나며, 도덕적 판단이 타인의 시선과 공동체의 평가에 의해 좌우된다는 특징을 보인다. 이 문화에서 수치심이란 타인에게 부정적 평가를 받을 때 느끼는 감정으로, 공동체에서 자신이 인정받지 못하거나 비웃음거리가 될 때 발생한다. 수치심은 주로 외적인 강제력에 기인하여 행동의 동기로 작동하며, 타인의 평가를 피하려는 행동을 유발할 수 있다. 수치심의 문화에서는 개인이 스스로의 도덕적 기준을 따르기보다는 공동체가 기대하는 도덕적 기준에 맞추어 행동하려는 경향이 강해진다. 두 문화권의 이러한 차이는 ㉢'나는 나쁜 짓을 했다'와 ㉣'나는 나쁜 사람이다'라는 인식으로 다시 구분될 수 있다. 전자는 잘못된 행동에 집중하여 자신의 행위를 반성하고 수정할 수 있는 동기가 된다. 후자는 행위자가 자신의 존재 자체에 대해 부정적인 평가를 내릴 수 있게 한다는 위험성을 내포하고 있다. 하지만 이것이 서구 사회의 기준은 옳은 것이고 비서구 사회의 기준은 틀렸다는 이분법적인 논거로 이어져서는 안 된다.

**01** 윗글을 읽고 평가한 내용으로 적절하지 않은 것은?

① 타인의 평가와 상관없이 개인이 잘못을 자각하고 스스로 수정하려는 경향이 더 높은 사회가 범죄율 감소를 보인다면, 이는 (가)의 적절성을 강화한다.

② 죄책감을 느낀 사람들이 스스로를 지나치게 비난하여 무기력과 우울감을 겪게 된다는 사례가 보고된다면, 이는 (가)의 적절성을 약화한다.

③ 타인의 평가를 중시하는 사회에서 규율 위반율이 현저히 낮아졌다는 연구 결과가 발표된다면, 이는 (나)의 적절성을 강화한다.

④ 공동체의 규범을 유지하고, 타인의 평가에 신경을 쓰는 문화가 사회적 협동과 신뢰를 증진한다는 연구 결과는 (나)의 적절성을 약화한다.

**02** 문맥상 ㉠~㉣ 중 함축하는 의미가 유사한 것만으로 묶인 것은?

① ㉠, ㉡ / ㉢, ㉣

② ㉠, ㉡, ㉢ / ㉣

③ ㉠, ㉢, ㉣ / ㉡

④ ㉠, ㉢ / ㉡, ㉣

**[03~04] 다음 글을 읽고 물음에 답하시오.**

이타주의는 개인이 자신의 이익을 희생하면서도 타인에게 이익을 주고자 하는 행동이나 태도를 의미한다. 전통적으로 이타주의는 ㉠<u>인간의 도덕적 이상</u>으로 여겨졌으며, (가)<u>많은 철학자들과 윤리학자들</u>은 이타주의를 인류 공동체의 유지를 위한 필수적인 덕목으로 간주해 왔다. 이타적인 행위는 서로에 대한 배려와 협력을 강조하며, 이를 통해 개인뿐 아니라 사회 전체가 조화롭게 발전할 수 있다는 이상이 그 기저에 있다.

하지만 현대 자본주의 사회에서는 이타주의의 역할과 유효성에 대한 논쟁이 활발히 일어나고 있다. (나)<u>현대 경제 이론</u>에서는 이기심을 사회 발전의 동력으로 바라보는 경향이 있다. 시장 경제에서 사람들은 ㉡<u>타인의 이익을 위해 희생</u>하는 것이 아니라 궁극적으로 자신만의 이익을 추구하며, 이러한 ㉢<u>개인의 이익 추구</u>가 전체 사회의 효율성과 복지를 증대시킬 수 있다는 주장이다. 이 견해에 따르면, 자본주의적 경쟁 속에서 인간의 이기심은 일종의 보이지 않는 손처럼 작용하여 사회적 이익을 창출하는 원동력이 된다. 예를 들어, 생산자는 ㉣<u>자신의 이익을 위해</u> 제품을 생산하지만, 결과적으로 소비자는 그 제품을 사용함으로써 혜택을 본다. 이는 시장에서 개개인이 자신만을 위해 행동해도, 결과적으로 사회 전체가 협력 체계를 형성하게 된다는 것이다.

**03 윗글을 읽고 평가한 내용으로 적절한 것은?**

① 이타적인 행동이 정신 건강에 긍정적 영향을 미치고, 개인의 내적 만족감을 증가시킨다면, 이는 (가)를 약화한다.

② 이타주의가 경쟁적 사회에서 비현실적 이상으로 비춰지고, 경제적 성장을 저해한다면, 이는 (가)를 강화한다.

③ 개인의 이익 추구가 결과적으로 사회적 협력을 촉진하고, 서로 이익을 주고받는 상호작용을 만들어낸다면, 이는 (나)를 강화한다.

④ 자본주의적 시장 메커니즘이 자원 배분을 효율적으로 하고, 사회 전체의 생산성을 증가시킨다면 (나)를 약화한다.

**04 문맥상 ㉠~㉣ 중 함축하는 의미가 유사한 것만으로 묶인 것은?**

① ㉠, ㉡ / ㉢, ㉣
② ㉠, ㉡, ㉢ / ㉣
③ ㉠, ㉢, ㉣ / ㉡
④ ㉠, ㉢ / ㉡, ㉣

**[05~06] 다음 글을 읽고 물음에 답하시오.**

최근 전 세계적으로 비만과 당뇨병 등의 만성 질환이 급증하는 가운데, 설탕세를 도입해야 한다는 목소리가 커지고 있다. 설탕세란 국민의 건강을 보호하기 위해 가당 음료와 같은 제품에 세금을 부과하는 제도를 의미한다. (가) 설탕세 도입을 지지하는 입장에서는 설탕이 다량 함유된 음식과 음료가 비만, 당뇨병 등 각종 만성 질환의 주요 원인임을 강조한다. ⊙이들은 설탕세를 도입하면 가당 제품의 가격을 높임으로써 소비를 억제할 수 있다고 본다. 또한 설탕세로 거둔 세수를 건강 증진 프로그램이나 질병 예방을 위한 공공 의료 사업에 재투자할 수 있다는 장점도 중요한 근거로 제시한다. 그런데 (나) 설탕세 도입을 반대하는 입장은 이 제도가 실효성이 떨어진다고 주장한다. ⓒ이들은 설탕세가 저소득층에게 더 큰 부담을 준다는 점을 들어 ⓒ반대측의 주장에 반박한다. 가당 음료와 같은 저렴한 음식을 주로 소비하는 계층에게는 설탕세가 생활비 부담 증가로 이어질 수 있다는 것이다. 또한 설탕세가 소비자들에게는 단순히 경제적 부담을 줄 뿐이며, 국민들의 장기적 식습관 개선에는 큰 효과가 없다는 것이 ⓔ이들의 주요 논거다.

**05** 윗글을 읽고 평가한 내용으로 적절하지 않은 것은?

① 설탕세 도입 후 가당 음료 소비는 줄었으나 비만과 당뇨병 발생률이 크게 변하지 않는다면 이는 (가)를 약화한다.

② 설탕세로 인한 소비 감소가 특정 소득계층에게만 영향을 미치고, 국민 전체의 건강 지표에는 큰 변화가 없다면 이는 (가)를 강화한다.

③ 설탕세 도입으로 거둔 세수가 공공의료 프로그램에 효과적으로 재투자된다면 이는 (나)를 약화한다.

④ 설탕세가 도입된 국가에서 만성 질환이 감소했다는 데이터가 나온다면, 이는 (나)를 약화한다.

**06** 문맥상 ⊙~ⓔ 중 지시 대상이 같은 것만으로 묶인 것은?

① ⊙ / ⓒ, ⓒ, ⓔ

② ⊙, ⓒ, ⓒ / ⓔ

③ ⊙, ⓒ / ⓒ, ⓔ

④ ⊙, ⓒ / ⓒ, ⓔ

**[07~08] 다음 글을 읽고 물음에 답하시오.**

철학적 논쟁에서 자아와 의식의 문제는 오랜 기간 동안 탐구되어 왔다. 그런데 최근 인공지능이 발달하면서 이 문제가 새로운 국면으로 접어들게 되었다. (가) 전통적인 철학자들은 자아는 인간 고유의 경험과 사고 과정에서 비롯된 것이며, 단순한 논리적 계산이나 정보 처리로는 설명될 수 없는 것이라고 주장하였다. 그들은 ㉠자아는 물리적으로 환원될 수 없는 특별한 '의식적 경험'을 필요로 한다고 보았다. 그런데 (나) 현대 철학자들은 AI가 점차 발전하면서 인간과 유사한 자아 개념을 갖출 수 있다고 주장한다. 이들은 ㉡자아란 특정한 물리적 구조에 국한되지 않으며, 충분히 복잡한 정보 처리 시스템이라면 자아가 구현될 수 있다고 주장한다. 이 논쟁에서 가장 중요한 쟁점은 '인공지능이 의식을 가질 수 있는가'라는 지점이다. 의식을 경험적, 주관적 요소로 정의하는 ㉢입장에서는 인간의 뇌가 아닌 기계에서 의식이 발생할 수 없다고 본다. 그러나 ㉣반대 측에서는 의식 역시 정보 처리의 결과물일 뿐이며, 이를 ㉤인간의 고유한 특성으로 한정할 필요는 없다고 주장한다. 이러한 논의는 과학 기술이 발전할수록 더욱 격화되고 있다. 만약 AI가 인간과 구분할 수 없을 정도의 복잡한 사고와 감정을 표출한다면 우리는 ㉥그것을 진정한 자아와 의식으로 인정해야 할까? 혹은 기계는 그저 시뮬레이션일 뿐, 자아와 의식이 없다고 보아야 할까? 이러한 철학적 질문은 오늘날의 과학 기술과 사회적 윤리 문제와도 밀접하게 연관된다.

**07  윗글을 읽고 평가한 내용으로 적절한 것은?**

① 인공지능은 복잡한 계산을 수행할 수 있지만, 인간이 경험하는 감정적 요소와 자아 인식을 가질 수 없음이 증명된다면 이는 (가)를 약화한다.

② 의식적 경험이 반드시 생물학적 기전에 의존하지 않으며, 충분히 복잡한 기계적 시스템에서도 구현될 수 있음이 증명된다면 이는 (가)를 약화한다.

③ 인공지능이 감정적 공감이나 자기 인식을 표현하지 못하고, 단순한 계산적 도구에 불과하다는 증거가 나온다면, 이는 (나)를 강화한다.

④ 자아는 인간만의 고유한 특성이 아니라, 복잡한 정보 처리 과정에서 발생하는 결과물이라는 철학적 주장이 입증된다면, 이는 (나)를 약화한다.

**08  문맥상 ㉠~㉥ 중 함축하는 의미가 유사한 것만으로 묶인 것은?**

① ㉠, ㉡, ㉢ / ㉣, ㉤, ㉥
② ㉠, ㉢, ㉤ / ㉡, ㉣, ㉥
③ ㉡, ㉢, ㉣ / ㉠, ㉤, ㉥
④ ㉡, ㉤, ㉥ / ㉠, ㉢, ㉣

박혜선 국어
**콤단문** 독해

PART

**07**

문학+독해
결합형

# Chapter 18 현대 운문, 현대 산문

관련교재
🔑 출좋포 독해·문학 p.208~215

---

▶ 대표 출좋포 발문 체크

다음 글을 이해한 내용으로 가장 적절한 것은?

윗글에서 추론한 내용으로 가장 적절한 것은?

윗글을 이해한 내용으로 적절하지 않은 것은?

윗글의 (가)와 (나)의 주장에 대해 평가한 내용으로 가장 적절한 것은?

---

▶ 대표 출좋포 개관

2025년에는 2024년처럼 현대 운문과 현대 산문의 작품 일부가 발췌되어

작품의 표현법을 묻거나, 작품에 대한 이해를 물어보는 문제가 출제되지 않을 확률이 큽니다.

대신 2025에는 문학 작품 그 자체가 아니라

유명 작가의 문학 작품, 비평, 문학 갈래, 문학 작품이 유통되는 과정, 국문학의 개념 등을

제재로 하는 독해 유형이 출제되고 있습니다.


이 문제 유형은 특히 '현대 운문과 현대 산문'에 관련된 제재로 비문학 제시문을 준 유형으로

1) 출좋포 문학에 나온 유명 작가의 작품, 문학 갈래를 이해하고

2) 이를 적용하여 풀 수 있는가를 물어봅니다.

## 신유형 **2025 버전**

────◆ 유명 작가의 작품과 특성 ◆────

**01** 다음 글을 읽고 추론한 내용으로 적절하지 않은 것은?

> 1920년대는 3 · 1 운동을 계기로 무단 통치에서 문화 통치로 식민지 통치 방식이 변화하던 시기였다. 이 시기 항일 민족 운동에 대한 감시와 탄압이 강화되면서 문화계 전반에서 강한 검열 작업이 이루어졌다. 시인이자 승려, 독립운동가였던 만해 한용운 선생은 저항 문학을 통해 식민지의 폭압적 현실을 비판했던 인물이다. 그는 <님의 침묵>을 창작하여 불교적 진리를 통해 임의 부재를 임의 침묵이라 여기며 극복하고자 하는 마음을 드러내는 동시에, 식민지 조국의 슬픔을 표현한 것으로 평가된다.
>
> 작품 속 화자는 이별의 상황에서 지극한 슬픔을 느끼면서도 슬픔을 희망으로 전환하고자 한다. 그리고 이 과정에서는 불교적 진리가 활용된다. '우리는 만날 때에 떠날 것을 염려하는 것과 같이, 떠날 때에 다시 만날 것을 믿습니다.'라는 구절은 만남이 있으면 헤어짐이 있고, 헤어진 사람은 언젠가 다시 돌아온다는 불교의 회자정리거자필반(會者定離去者必返)이 드러난 것이다. 이런 측면에서 볼 때 이 작품은 승려였던 작가가 종교적 깨달음의 고통스런 과정을 노래한 작품으로 해석할 수 있다. 한편으로는 사랑하는 임이 떠난 상황을 통해 조국을 상실한 아픔을 노래한 작품으로도 해석이 가능하다.

① 만해 한용운은 저항 문학보다는 개인적 슬픔을 주제로 한 시를 주로 창작하였다.
② 한용운의 작품은 종교적 깨달음을 통한 고통 극복의 과정을 담았다.
③ <님의 침묵>은 이별의 슬픔을 불교적 진리를 통해 희망으로 전환하려는 의도를 담은 작품이다.
④ 1920년대의 문화계 검열은 항일 민족 운동에 대한 감시와 탄압의 일환으로 이루어졌다.

1단계

선택지 길이를 보고 무엇을 먼저 볼 것인지 판단하기

2단계

선택지를 분석해서 참 거짓을 판별하기

PART
07

3단계

만약 확실히 모르겠다면 출제자들이 좋아하는 오답 패턴을 떠올려 보기

**01** 다음 글을 읽고 추론한 내용으로 적절하지 않은 것은?

김소월의 <진달래꽃>은 1922년 『개벽』에 발표된 이후 1925년 시집에 수록된 작품으로 한국인이 가장 좋아하는 시로도 선정된 바 있다. 이 작품에서 두드러지는 것은 정제된 형식을 통해 드러나는 리듬감이다. 『개벽』에 수록될 당시 <진달래꽃>은 '민요'라고 부기되었는데, 이를 통해 작품이 민요를 염두에 두고 창작되었음을 알 수 있다. '나보기가 역겨워 / 가실때에는 / 말업시 고히 보내드리우리다'에는 7·5조, 3음보의 민요조 형식이 드러난다. 김소월은 형식 미학과 전통적 민요조에 근거한 리듬을 효과적으로 활용하였다. 또한 작품의 1연과 4연은 임과의 이별 상황을 가정하고 그 상황에 당면하였을 때 화자가 취할 행위를 묘사하였다. 1연에서 임이 떠날 때 말없이 보내드리겠다고 했던 화자는, 4연에서 '죽어도 아니 눈물 흘리우리다'라는 표현으로 임이 떠날 때 매우 슬플 것이라는 마음을 반어적 표현으로 드러내고 있다. 또한 2연에서는 화자가 이별 상황에서 임이 가시는 길에 진달래 꽃을 뿌리겠다는 축복의 의미를, 3연에서는 임이 꽃을 사뿐히 즈려 밟고 가시라는 희생적 사랑의 자세를 보여주고 있다. 이 작품은 이별의 정한(情恨)을 그려낸 수작이기도 하지만, 민요풍시가 혼재되어 있던 상황에서 낭독되고 불리는 한국 서정시의 시대를 열었다는 평가를 받는다.

① <진달래꽃>의 2연과 3연에서 화자는 이별을 축복하고 임의 길을 꽃으로 덮으며 희생적인 사랑을 드러내고 있다.
② 반어적 표현은 임과의 이별이 매우 슬플 것이라는 마음을 드러내는 문학적 장치이다.
③ <진달래꽃>에서 주목할 부분은 7·5조, 3음보의 민요조 형식을 통해 드러난 리듬감이다.
④ <진달래꽃>은 이별의 정한을 직설적으로 드러낸 작품으로 평가받는다.

**02** 다음 글을 이해한 내용으로 가장 적절한 것은?

윤동주의 시 「서시」는 그의 내면세계와 고민을 잘 드러내는 작품으로, 깊은 사색과 섬세한 감정이 담겨 있다. 「서시」의 시작에서 윤동주는 자신의 고뇌와 시인으로서의 사명을 담백하고 겸손한 언어로 표현한다. 그는 "죽는 날까지 하늘을 우러러 한 점 부끄럼이 없기를,"이라고 읊조리며, 자신의 삶과 죽음을 성찰하는 동시에, 순수하고 겸허한 삶을 지향하는 시인의 정신을 드러낸다.

시의 중반부에서 윤동주는 자신의 약함과 한계, 그리고 이에 대한 반성을 이야기한다. "슬프고 아픈 것은 나의 부끄러움,"이라고 말하며, 개인적인 고뇌와 삶의 아픔을 솔직하게 털어놓는다. 이를 통해 시인은 인간적인 연민과 깊은 내적 성찰을 보여준다.

시의 마지막 부분에서 윤동주는 더 큰 세계와의 교감을 꿈꾸며, "별을 노래하는 마음으로 모든 죽어가는 것을 사랑해야지"라며 시를 마무리한다. 이는 시인이 처한 어려운 현실 속에서도 변치 않는 희망과 사랑, 그리고 인간과 우주에 대한 깊은 동경을 나타낸다. 윤동주의 「서시」는 그의 섬세한 정서와 깊은 사색이 돋보이는 작품으로, 어려운 시대 속에서도 빛나는 인간의 정신과 시인으로서의 숭고한 지향을 담고 있다.

① 윤동주의 「서시」는 어려운 시대 속에서 순수한 자연에 대한 동경을 시적으로 표현한 작품이다.
② 「서시」에서 윤동주는 현실의 어려움에도 불구하고, 내면의 풍요로움과 정신적 가치를 추구한다.
③ 윤동주는 「서시」에서 과거의 회상과 미래에 대한 불안을 교차시키며, 시간의 흐름에 대한 성찰을 드러낸다.
④ 「서시」는 윤동주가 외로움과 고립을 경험하며, 이를 통해 현실적 자아를 발견하는 과정을 서술한다.

**03 다음 글을 이해한 내용으로 적절한 것은?**

유치환의 시 「바위」는 시인의 내면적 소망과 삶에 대한 근본적인 태도를 반영한다. 시에서는 시인이 자신의 죽음 이후 바위가 되고자 하는 갈망을 표현하며, 이를 통해 인간 세상의 감정적 요동과 일시적인 삶의 모습에서 벗어나려는 욕망을 드러낸다. 바위는 변함없이 꿋꿋하고 단단한 존재로, 비와 바람에도 굴하지 않고, 심지어는 두 쪽으로 깨어지더라도 소리 한 번 내지 않는 비정함을 상징한다. 이는 시인이 추구하는 내면의 균형과 평화의 상태를 나타내며, 감정에 휘둘리지 않는 굳건함을 통해 자연의 일부로서 완전한 무감동과 침묵 속에서 영원을 지향하는 모습을 그린다. 시인의 바위가 되고자 하는 소망은 물질적이고 감정적인 세계를 초월하여, 영원히 변하지 않는 실체로 남고자 하는 깊은 철학적 사유를 담고 있다.

① 시는 인간의 감정과 동떨어진 바위의 무감동한 존재를 통해 인생의 무상함을 나타낸다.
② 시인은 자신이 죽은 후 바위처럼 되기를 원하며, 그 바위가 자연에 의해 조금씩 깎여가는 과정을 서술한다.
③ 시인은 바위가 되고자 하는 소망을 드러내며 인간적인 감정의 영향에서 벗어나고자 하는 의지를 표현한다.
④ 시는 바위가 되는 것을 통해 사회적 관계와 책임에서 벗어나고자 하는 시인의 탈출 욕구를 드러낸다.

**04 다음 글을 이해한 내용으로 적절한 것은?**

1920년대 초기 한국 시의 주류는 낭만주의 경향의 시들이었다. 이 시기 한국 문단에는 상징주의, 낭만주의, 퇴폐주의 등의 다양한 문예사조가 혼재했으나, 주를 이룬 것은 넓은 의미의 낭만주의였다. 낭만주의는 일반적으로 현실과 이상 세계의 이분법적 대립 구조를 바탕으로 하는 동경의 문학으로 설명된다. 낭만주의자들에게 현실은 인습과 허위가 지배하는 속악한 세계이며, 참된 삶의 의미는 찾을 수 없다. 따라서 그들은 현실의 속악함과 불모성을 거부하고 절대적이고 이상적인 세계를 지향하는 태도를 취한다. 시적 상상 속에서 현실에 대비되는 관념적인 이상 세계를 설정하고 이에 대한 그리움과 동경을 표출하는 것이다. 이 계열의 작품들은 낭만적 이분법을 바탕으로 현실에 대한 부정적인 인식을 드러내며, 시적 자아의 방황과 갈등하는 감정을 표현한다. 박종화의 <밀실로 돌아가다>, 박영희의 <꿈의 나라로>, 이상화의 <말세의 희탄>에서 이러한 이분법적 사고를 찾아볼 수 있다. 각 작품에서 사용된 '밀실', '죽음', '명부', '빛의 고개', '꿈의 나라', '동굴' 등은 낭만적 이분법 속에서 현실을 탈피하여 도달하고자 하는 이상적 세계를 상징한다. 그런데 시적 화자들이 동경하는 이상적인 세계는 퇴행과 죽음의 이미지와 맞닿아 있고 이들은 파멸과 하강의 몸짓을 보인다. 이러한 세계관은 부조리한 식민지 현실에 대한 절망적 인식이 극단적으로 표출된 표현이다.

① 낭만주의 작품에서 발견되는 허무와 비탄은 부조리한 식민지 현실에 대한 절망적 인식의 표현이다.
② 낭만주의 작품에서 시적 화자들이 동경하는 이상적인 세계는 주로 밝고 희망적인 이미지와 연결되어 있다.
③ 낭만주의자들은 현실의 속악함과 불모성을 수용하려 했다.
④ 낭만주의 작품에서는 현실의 문제를 해결하려는 구체적인 방안을 제시하는 것이 공통적이다.

**05 다음 글을 이해한 내용으로 적절한 것은?**

국내에서 국제적인 문학상을 수상하거나 후보에 오르는 것은 큰 화제가 된다. 도서 판매량이 줄어드는 시기에도 이러한 작품들은 베스트셀러가 되어 많은 독자의 선택을 받는다. 이러한 현상은 문학 연구에도 영향을 미치는데 주요 텍스트로서 가치가 더욱 발굴될 뿐만 아니라, 독서 인구는 가치 있는 작품을 읽는다는 의미를 가질 수 있다.

대표적인 예로는 맨부커상을 수상한 한강의 『채식주의자』를 들 수 있다. 작가는 이 작품이 다양한 해석을 가능하게 한다고 언급한다. 특히 여성주의와 생태주의는 『채식주의자』를 해석하기 위한 주요한 기제이다. 작품 속의 각 장에서 초점화자는 다르지만, 일관된 담론이 서사를 구성함을 알 수 있다. 주인공 영혜와 아버지의 관계는 '여성-자연-식물'과 '남성-문명-동물성'이라는 등식으로 설명된다. 또한 가부장제에서 소수자인 영혜의 행위가 용납되지 않자 이는 신체적 증상인 거식증으로 드러난다. 뿐만 아니라 형부와의 관계나 어머니를 상징하는 '대지'를 향해 나무가 되려는 행위, 속옷을 착용하지 않기로 하는 선택 등이 주요 비평 지점이 될 수 있다.

① 작가는 『채식주의자』는 단일 해석만 가능한 작품이라고 이야기한다.

② 『채식주의자』의 모든 장에서 동일한 초점화자가 등장한다.

③ 영혜의 행위는 가부장제에서 용납될 수 있는 소수자의 행위로 신체적 증상과는 무관하다.

④ 여성주의, 생태주의와 같은 관점은 『채식주의자』를 해석하는 근거로 쓰일 수 있다.

**06 다음 글을 읽고 추론한 내용으로 적절한 것은?**

이광수의 장편소설 「무정」에는 남녀 주인공의 선택과 통합 양상이 드러난다. 유교 가부장제의 혜택을 받은 당대 남성을 대변하는 형식 앞에는 여러 선택지가 주어졌고, 어떤 선택을 하더라도 유리한 미래가 펼쳐졌다. 그런데 형식은 다양한 선택지가 놓여있기 때문에 쉽게 결정을 내리지 못하는 모습을 보인다. 반면 가부장제 사회 속에서 수동적 삶을 살아왔으며 근대 교육을 받지 못한 영채에게는 형식과는 달리 선택의 기회조차 주어지지 않는다. 작가는 이러한 여성 인물을 위해서 우연 모티프를 적극적으로 활용하여 여성 주인공이 시련 앞에서도 삶을 지속하게 만드는 계기를 만들어 낸다. 작품에서 가장 중요한 서사 장치는 삼랑진 정거장의 강제 하차 사건이다. 강제 정차 이후 벌어지는 민중 구제와 자선음악회 개최는 병욱을 필두로 한 여성 인물이 주도하며, 남성 인물인 형식은 보조적 역할을 한다. 자선음악회를 보고 감동한 형식이 크게 변화하며 민족의 장래를 위한 담론을 설파하자 다른 여성들도 동조하게 되는데, 이 작품에서 주목할 만한 점은 여성 인물들이 주체가 되어서 남성 인물인 형식을 변화시켰다는 점이다. 이러한 점에서 「무정」은 남녀 관계의 역전과 화합을 담고 있는 작품으로 해석될 수 있다.

① 영채는 자발적 선택을 통해 주체적으로 삶을 이끌어가는 인물이다.

② 형식에게 여러 선택지가 주어졌던 상황은 유교 가부장제 사회에서 남성으로서의 특권을 반영한 것이다.

③ 형식은 자선음악회 이후에도 여전히 이전과 같은 태도를 견지하는 모습을 보인다.

④ 형식은 여러 선택에서 자신의 의지로 명확한 결정을 내리는 인물이다.

🚩 **대표 출종포 발문 체크**

윗글을 이해한 내용으로 적절하지 않은 것은?

윗글에서 추론한 내용으로 가장 적절한 것은?

🚩 **대표 출종포 개관**

2025년에는 2024년처럼 고전 운문과 고전 산문의 작품 일부가 발췌되어

작품의 표현법을 묻거나, 작품에 대한 이해를 물어보는 문제가 출제되지 않을 확률이 큽니다.

대신 2025에는 문학 작품 그 자체가 아니라

유명 작가의 문학 작품, 비평, 문학 갈래, 문학 작품이 유통되는 과정, 국문학의 개념 등을

제재로 하는 독해 유형이 출제되고 있습니다.

이 문제 유형은 특히 '고전 운문과 고전 산문'에 관련된 제재로 비문학 제시문을 준 유형으로

1) 출종포 문학에 나온 유명 작가의 작품, 문학 갈래를 이해하고

2) 이를 적용하여 풀 수 있는가를 물어봅니다.

# 亦功 콤단문 독해 PIN POINT

정답 및 해설 p.298

## 신유형 2025 버전

**빨리 푸는 亦功 전략**

**1단계**

선택지 길이를 보고 무엇을 먼저 볼 것인지 판단하기

**2단계**

선택지를 분석해서 참 거짓을 판별하기

**3단계**

만약 확실히 모르겠다면 출제자들이 좋아하는 오답 패턴을 떠올려 보기

고전 문학 작품이 유통되는 과정

**01 다음 글에서 추론한 내용으로 가장 적절한 것은?** 2025 인사혁신처 2차 샘플

방각본 출판은 책을 목판에 새겨 대량으로 찍어내는 방식이다. 이 경우 소수의 작품으로 많은 판매 부수를 올리는 것이 유리하다. 즉, 하나의 책으로 500부를 파는 것이 세 권의 책으로 합계 500부를 파는 것보다 이윤이 높다. 따라서 방각본 출판업자는 작품의 종류를 늘리기보다는 시장성이 좋은 작품을 집중적으로 출판하였다. 또한 작품의 규모가 커서 분량이 많은 경우에는 생산 비용이 올라가 책값이 비싸지기 때문에 자연스럽게 분량이 적은 작품을 선호하였다. 이에 따라 방각본 출판에서는 규모가 큰 작품을 기피하였으며, 일단 선택된 작품에도 종종 축약적 윤색이 가해지고는 하였다.

일종의 도서대여업인 세책업은 가능한 여러 종류의 작품을 가지고 있는 편이 유리하고, 한 작품의 규모가 큰 것도 환영할 만한 일이었다. 소설을 빌려 보는 독자들은 하나를 읽고 나서 대개 새 작품을 찾았으니, 보유한 작품의 종류가 많을수록 좋았다. 또한 한 작품의 분량이 많아서 여러 책으로 나뉘어 있으면 그만큼 세책료를 더 받을 수 있으니, 세책업자들은 스토리를 재미나게 부연하여 책의 권수를 늘리기도 했다. 따라서 세책업자들은 많은 종류의 작품을 모으는 데에 주력했고, 이 과정에서 원본의 확장 및 개작이 적잖이 이루어졌다.

① 분량이 많은 작품은 책값이 비쌌기 때문에 세책가에서 취급하지 않았다.
② 세책업자는 구비할 책을 선정할 때 시장성이 좋은 작품보다 분량이 적은 작품을 우선하였다.
③ 방각본 출판업자들은 책의 판매 부수를 올리기 위해 원본의 내용을 부연하여 개작하기도 하였다.
④ 한 편의 작품이 여러 권의 책으로 나뉘어 있는 대규모 작품들은 방각본 출판업자들보다 세책업자들이 선호하였다.

**01** 다음 글을 이해한 내용으로 적절한 것은?

고려가요 <가시리>는 대표적인 이별시가로 꼽힌다. 제작 시기에 대한 기록은 없지만, 국문학계에서는 고려 이전부터 불리던 민요가 고려시대에 궁중으로 편입된 것으로 본다. 이는 민요의 색채를 강하게 지니고 있으며, '위 증즐가 대평성대'와 같은 송도의 의미를 가진 후렴이 덧붙여져 있기 때문이다. 그런데 <가시리>는 악보로 전해짐에도 불구하고 어떤 노래인지, 어떻게 불러야 하는지는 밝혀지지 않았다. 악보는 오음약보로 음을 표기하고 정간보로 리듬을 표시하지만, 정간보의 리듬이 완전히 해석되지 못해 구체적인 노래 형식은 알 수 없다.

지금까지 음악학계에서는 고려가요의 음악 형식을 다루는 일부로써 <가시리>를 연구했지만, 그 음악적 내용을 명확히 밝히지는 못했다. 1950년대 말 이후 국악학계에서는 이혜구의 '한 정간 = 한 박' 이론을 고수하며 이를 '한 정간 = 일정한 길이'라는 이론으로 확대했다. 그러나 이 이론으로는 악보에서 리듬을 명확히 밝히지 못한다. 정간보의 구조에는 성리학적인 철학이 포함되어 있어 정간의 수가 그대로 음의 길이를 나타내지 않기 때문이다.

① 음악학계에서는 <가시리>의 음악 형식을 다루었으나, 그 음악적 내용을 명확히 밝히지는 못했다.
② 정간의 수는 그대로 음악의 길이를 나타내지만, 한 정간의 길이를 알 수 없어 리듬을 밝히지 못하였다.
③ <가시리>는 고려시대에 처음 만들어진 궁중 음악으로, 민요의 색채는 거의 없다.
④ 1950년대 말 이후 국악학계에서는 이혜구의 이론을 배제하고 다른 이론을 주로 적용했다.

**02** 다음 글을 이해한 내용으로 적절하지 않은 것은?

<한거십팔곡>은 권호문이 스승 이황의 <도산십이곡>을 계승하여 지은 육가 계열의 작품이다. 제1연은 서사로, 그 뒤 여섯 개의 연이 세 묶음으로 이어지는 구조를 가지고 있다. 육가란 여섯 수를 단위로 자연에 은거하는 자신의 삶의 태도를 밝히는 노래 양식인데 <한거십팔곡>은 내용상 육가의 전형을 따르고 있다. <도산십이곡>처럼 명시된 형식적 표지는 없지만, 내용의 단락이 인식의 변모에 따라 구획됨으로써 육가의 형식적 특성을 보인다. 따라서 권호문은 열아홉 수로 구성된 연시조의 제목을 '십팔곡'이라고 지어 스승의 '십이곡'을 발전적으로 계승하고자 했음을 알 수 있다.

권호문은 평생 처사로 살기를 자처하며 현실 정치의 공간에서 거리를 두고 강호의 공간에 머물기를 선택했다. 그러나 <한거십팔곡>에 나타난 강호의 공간이 출세하지 못한 패배자가 찾은 현실 도피의 공간이나 현실을 혐오하여 칩거한 폐쇄적이고 배타적인 공간은 아니다. <한거록>에서 말하는 '은구의 즐거움'은 강호에 은거하면서 명철보신(明哲保身)하는 것이며, 노장적 현실부정과는 구별되는 유학적 현실긍정이다. 즉, 자연에서 만물을 관통하는 이치를 깨닫고 현실과 강호의 공간 사이의 갈등을 극복한 것이다.

① <한거십팔곡>은 권호문이 스승 이황의 <도산십이곡>을 계승하여 자신의 사상을 담은 작품으로, 자연에 은거하는 삶의 태도를 드러내고 있다.
② 권호문의 <한거십팔곡>은 내용의 단락이 형식적으로 명시된 표지와 인식의 변모에 따라 구획되는 구조를 취함으로써 육가의 형식을 보여준다.
③ <한거십팔곡>에서 '은구의 즐거움'은 자연 속에서 깨달은 이치를 통해 현실과의 갈등을 극복하고자 하는 유학적 사상을 반영하고 있다.
④ <한거십팔곡>에서 권호문이 선택한 강호의 공간은 단순한 현실 도피가 아니라, 명철보신(明哲保身)을 통한 이상적 생활을 추구하는 장소이다.

## 03 다음 글을 이해한 내용으로 적절하지 않은 것은?

민요는 구전 전승된 작품을 창자가 구연하는 방식으로 재창조된다. 노래 부르는 행위는 전승 행위이자 창조 행위로, 불릴 때마다 새롭게 창조될 수 있다. 특히 노랫말이 전승의 중심이 되는 경우, 이러한 현상은 더욱 두드러진다. 여성민요 가운데 시집살이를 주제로 한 노래의 노랫말은 변화의 가능성이 더 크다. 시집살이라는 여성적 체험을 노래로 대신 표현하는 것이 <시집살이 노래>이기 때문이다. <시집살이 노래>는 부를 때마다 달라질 수 있다. 노래 부르기의 조건과 상황, 창자의 개별적 성향에 따라 달라지기 때문이다. 실제로 시집살이 노래의 화자는 다양하게 나타난다. 화자의 목소리가 창자의 목소리와 하나가 되었다가도 분리되어 일정한 거리를 유지하기도 한다. 서로 어긋나거나 충돌하는 감정을 열거하고, 열거된 감정을 아우르는 포용의 태도를 취하기도 한다. 이러한 다양한 양상은 시집살이 노래의 정서를 전달하는 데 효과적인 장치로 작동한다. 또한 시집살이 노래는 언제, 어디서, 누구와 부르느냐에 따라 달라질 수 있다. 그 때문에 현재 기록된 자료, 즉 채록된 민요는 한계를 지닐 수밖에 없다. 시집살이 노래는 그 어떤 노래보다도 폐쇄성이 강한 노래이기 때문이다. 따라서 채록된 노래로 시집살이 노래의 정서를 온전히 복원하기는 쉽지 않다.

① 시집살이 노래의 화자는 항상 창자의 목소리와 일치하며, 감정의 열거와 포용은 드물게 나타난다.
② <시집살이 노래>는 여성들의 시집살이라는 공통된 경험을 반영하지만, 개별 창자의 목소리에 따라 내용이 변형되어 각기 다른 정서를 담을 수 있다.
③ 시집살이 노래의 폐쇄성은 채록된 자료만으로는 그 본래의 정서를 완전히 이해하기 어렵게 만든다.
④ 민요의 전승 과정에서 창자가 구연하는 방식은 단순한 반복이 아니라 매번 새롭게 창조되는 행위로, 이는 전승과 창조의 경계가 모호함을 나타낸다.

## 04 다음 글을 읽고 추론한 내용으로 적절하지 않은 것은?

전설은 작품의 주요 제재나 증거물의 성격에 따라서 인물전설과 사물전설로 나누어진다. 인물전설은 역사적으로 이름을 떨친 인물에 관한 이야기가 주류를 이루는데 신라 말기의 문인이자 학자인 최치원, 고려 중기의 명신 강감찬, 조선시대의 대학자 서경덕 등의 이야기가 대표적인 인물전설이라고 할 수 있다.

강감찬 전설을 살펴보면 그는 태어나면서부터 귀신을 부릴 줄 알았고 신기한 재주를 많이 가지고 있었다는 비현실적인 이야기가 나온다. 고려시대 명신(名臣)이었던 강감찬은 귀주대첩에서 거란의 십만 대군을 물리친 역사적 인물이다. 그렇기 때문에 강감찬이 보통 사람과 다르다는 설정이 있다고 하더라도 허황된 과장이 당연시 받아들여졌던 것으로 보인다. 조선 후기의 암행어사 박문수의 이야기도 일상적 합리성보다는 전기적 요소가 강하게 드러난다. 죽은 사람의 혼령이 도와주어 어린 신랑을 죽여 시체를 연못에 던졌던 사건을 해결한다거나, 미륵이 인간으로 변신해서 사람들을 도와준 후 받은 사례금을 박문수에게 전해주는 것 등이 이에 해당한다.

사물전설은 자연물에 관한 전설과 인공물에 관한 전설로 나누어진다. 자연물은 해와 달이나 별 등의 천체 혹은 산이나 강 등을 포괄한다. 주로 신화나 역사 등 다양한 소재들과 얽혀 있는 경우가 많다. 이 외에도 사원, 석탑, 글씨, 조각 등 건축물이나 예술품 등과 관련된 이야기도 있다.

① 강감찬 전설에는 그가 태어나면서부터 귀신을 부릴 줄 알았다는 비현실적인 이야기가 포함되어 있다.
② 박문수의 이야기에는 죽은 사람의 혼령이 도와주는 등의 전기적 요소가 강하게 나타난다.
③ 인물전설과 사물전설은 서술 대상에서 차이가 있다.
④ 사물전설에서 자연물은 주로 일상생활과 관련된 이야기를 다루며, 신화나 역사와는 관계가 없다.

**05 다음 글을 이해한 내용으로 적절한 것은?**

판소리 문학은 음성 언어와 문자 언어가 공존한다. 장면의 다각화, 세세한 감정 표현, 반어법, 정치한 묘사 등이 나타나는 판소리 문학에서는 말과 글이 함께 어우러진다. 살아 움직이는 텍스트의 보고인 판소리 문학은 상호소통에 기반한 작자와 독자, 나아가 시대의 담론장을 형성하기에 좋은 자료이다. 미하엘 바흐친은 언어를 살아있는 생명체로 보고, 담론의 장을 통해 소설 언어의 생명력을 탐구했다. 그는 '끊임없이 변화하면서 사회적 음성적 다양성을 머금은 것이 소설의 언어'라고 언급했는데, 이는 판소리계 소설과 관련이 깊다.

판소리계 소설은 고정된 언어가 아닌 끊임없이 변화하는 생명체로서의 문학어를 담고 있다. <배비장전>은 다양한 계층의 시선이 교차하며 유동적 담론장을 형성하여 바흐친이 말하는 '언어들의 만남'을 보여준다. 또한, <배비장전>은 구활자본 형태로 남아 있어 담론의 권위와 구활자본화의 관계를 살펴볼 수 있는 유용한 자료이다. <배비장전>에서는 중상층을 보는 사회의 시선, 중상층이 사회를 보는 시선, 하층민이 상층민을 보는 시선 등 다양한 시선이 교차한다. 이러한 다채로운 시선은 담론장의 층위를 풍성하게 하고, 각 담론장은 독자에게서 역동적으로 재구성된다. 이러한 시선의 교차를 통해 <배비장전>을 사회적 담론이 펼쳐지는 독자 담론의 장으로 확장할 수 있다.

① <배비장전>이 구활자본 형태로 전하기는 하지만, 이것이 당시의 사회적 담론의 권위를 이해하는 데 도움이 되지는 않는다.
② <배비장전>은 단일한 시선만을 반영하여, 다양한 사회 계층의 시선 교차를 통해 담론장을 형성하지 않는다.
③ 판소리 문학은 음성 언어와 문자 언어가 완전히 독립되어 있으며, 이로 인해 장면의 다각화와 감정 표현이 제한된다.
④ 미하엘 바흐친의 언어 이론은 판소리계 소설에서 드러나는 언어적 특성과 맞닿아 있으며, 끊임없이 변화하면서 사회적 음성적 다양성을 머금은 언어의 생명력을 강조한다.

**06 다음 글을 이해한 내용으로 적절하지 않은 것은?**

<박씨전>은 병자호란의 패배를 뒤집어 민중의 참담한 심정을 위로하고 민족적 자존감을 높이는 작품이다. 주인공 박씨의 환상적인 모습은 독자들에게 대리만족을 주지만, 그의 옆에는 항상 다른 여성들이 함께 등장한다. 이들은 박씨에 가려져 보이지 않지만, 각자 중요한 역할을 하고 있다.

박씨와 항상 함께하는 계화는 주목할 만한 존재이다. 박씨와 계화는 동반자 개념으로, 함께 일을 성사시키지만, 신분과 능력의 차이로 활동 무대와 역할이 다르다. 박씨의 활동 무대는 집안의 '피화당'이라는 제한된 공간이지만, 계화는 왕, 적장 등 어디든지 자유롭게 이동하며 활동한다. 이는 양반집 부녀자와 시비라는 신분적 특성을 반영하지만, 작가의 의도적인 구성으로 보인다. 박씨는 자신의 능력을 무시하는 남편, 왕, 간신들 앞에 나서지 않는다. 이는 사실과 허구를 적절히 배치해 환상성을 가미한 것이다. 전쟁에서 왕과 지배층 남성들은 자신만 생각하고, 피해는 어린아이와 백성이 입었다. 박씨는 상층 인물들을 계몽하고, 계화는 박씨를 대신해 현장에서 활동한다. 이는 미물, 추녀였던 박씨가 상층 인물들을 반성하게 하고, 미천한 신분의 계화가 적극적으로 행동함으로써 환상 속에서나 일어날 법한 일을 실현하는 모습이다.

① 계화는 박씨와 동반자 관계로서 신분과 능력의 차이에 따라 활동 무대와 역할이 다르게 설정되었는데 이는 작가의 의도적인 구성으로 해석할 수 있다.
② 박씨와 계화의 역할 분담은 환상 속에서나 가능할 법한 일들을 실현하며, 이는 미물, 추녀였던 박씨와 미천한 신분의 계화가 적극적으로 행동하는 모습을 통해 나타난다.
③ <박씨전>은 사실성에 초점을 둔 이야기 전개를 통해 병자호란에서 패배한 민족을 위로하고자 하였다.
④ 박씨와 함께 등장하는 여성들은 겉으로는 박씨에 가려져 보이지 않지만, 각각 중요한 역할을 맡고 있어 작품의 서사 전개에 영향을 미친다.

박혜선 국어
**콤단문** 독해

PART **08**

문법+독해
결합형

# 문법 - 형태론

관련교재

출좋포 독해·문학 p.226~233
적중용 콤단문 문법 p.20~96

▶ 대표 출좋포 발문 체크

다음 글에서 추론한 내용으로 적절하지 않은 것은?

다음 글의 ㉠의 사례가 포함되어 있지 않은 것은?

▶ 대표 출좋포 개관

이 유형은 2025년 인사혁신처 1차 샘플에 출제되었던 '문법+독해 결합형'으로

2025 인사혁신처 2차 샘플에는 출제되지 않았습니다.

그래서 "문법은 아예 '공문서 문장 고쳐쓰기'만 하면 되는 거 아닌가?"라고 생각할 수 있겠지만

인사혁신처는 '2차 샘플'만 출제에 범위에 넣는 것이 아니라 '1차 샘플'도 포함이라는 입장을 견지하고 있으므로

문법+독해 결합형'을 아예 배제하기에는 위험성이 아직은 큽니다.

특히, 시간을 절약해서 풀어야 하는 것이 관건인 2025년 시험에는 '문법+독해 결합형'이 나온다면

'출좋포 문법 어휘, 적중용 콤단문 문법' 강의를 학습하여

선지를 보고 빠르게 문제를 풀 수 있게 되는 것이 중요해질 것입니다.

'적중용 콤단문 문법'이라는 강의는 특히 역대 최빈출 기출을 뽑아

나올 확률이 가장 큰 문법 예시들로 만들어진 문제집으로 문법 암기 양을 최소화하기에 좋은 교재입니다.

형태론에서 나올 수 있는 출제 포인트를 정리하면

1) 단어의 형성(단일어, 파생어, 합성어)

2) 품사(체언, 관계언, 수식언, 용언, 독립언) 등이 있습니다.

# 콤단문 亦功 퀴즈

## 1. 단어의 형성

### 01 모두 파생어인 것은?
2014 지방직 7급

① 톱질, 슬픔, 잡히다
② 접칼, 작은아버지, 치솟다
③ 헛고생, 김치찌개, 어른스럽다
④ 새해, 구경꾼, 돌보다

### 02 비통사적 합성어로만 묶은 것은?
2017 국가직 7급

① 힘들다, 작은집, 돌아오다
② 검붉다, 굳세다, 밤낮
③ 부슬비, 늦더위, 굶주리다
④ 빛나다, 보살피다, 오르내리다

### 03 밑줄 친 부분이 ㉠의 예에 해당하는 것은?
2019 국가직 7급

> 어근의 앞이나 뒤에 파생 접사가 결합된 것을 파생어라 한다. 파생 접사는 그 위치에 따라 접두사와 접미사로 나누는데 접두사는 어근의 품사를 바꿀 수 없지만, ㉠접미사는 어근의 품사를 바꾸기도 한다.

① 황금을 보기를 돌같이 하라.
② 세 자매가 정답게 앉아 있다.
③ 옥수수 알이 크기에는 안 좋은 날씨이다.
④ 그곳은 낚시질하기에 가장 좋은 자리였다.

### 04 다음 중 파생법으로 만들어진 단어가 아닌 것은?
2022 군무원 9급

① 교육자답다　　② 살펴보다
③ 탐스럽다　　　④ 순수하다

### 05 (　　) 안에 들어갈 말로 적절한 것은?
2015 국가직 9급

> '개살구', '잠', '새파랗다' 등은 어휘 형태소인 '살구', '자-', '파랗'에 '개 -', '-ㅁ' '새 -'와 같은 접사가 덧붙어서 파생된 단어들이다. 이처럼 직접 구성 요소 중 접사가 확인되는 단어들을 '파생어'라고 한다. 반면, (　　) 등은 각각 실질적 의미를 지닌 두 요소가 결합하여 한 단어가 된 경우인데, 이를 '파생어'와 구분하여 '합성어'라고 한다.

① 고추장, 놀이터, 손짓, 장군감
② 면도칼, 서릿발, 쉰둥이, 장난기
③ 깍두기, 선생님, 작은형, 핫바지
④ 김치찌개, 돌다리, 시나브로, 암탉

## 2. 품사

### 1) 체언

### 06 ㉠~㉢에 대한 설명으로 적절하지 않은 것은?
2017 지방직 9급

> • 형님은 ㉠자기 자신을 애국자라고 생각했다.
> • 형님은 ㉡당신 스스로 애국자라고 생각했다.
> • 형님은 ㉢그의 선물을 나에게 주었다.

① ㉠과 ㉡은 모두 형님을 가리킨다.
② ㉠은 1인칭이고 ㉡은 2인칭이다.
③ ㉡은 ㉠보다 높임 표현이다.
④ ㉢은 ㉠과 달리 형님 이외의 다른 대상을 가리킬 수 있다.

## 2) 용언

**07 밑줄 친 단어의 품사가 나머지 셋과 다른 것은?**

2017 국가직 7급 생활 안전 분야

① 노장은 결코 늙지 않는다는 말이 있다.
② 노인들은 꽃나무를 잘들 키우신다.
③ 곧 날이 밝으면 출발할 수 있다.
④ 노력했지만 아직 부족함이 많다.

**08 ㉠, ㉡의 사례로 옳은 것만을 짝 지은 것은?**

2021 국가직 9급

> 용언의 불규칙활용은 크게 ㉠어간만 불규칙하게 바뀌는 부류, ㉡어미만 불규칙하게 바뀌는 부류, 어간과 어미 둘 다 불규칙하게 바뀌는 부류로 나눌 수 있다.

|  | ㉠ | ㉡ |
|---|---|---|
| ① | 걸음이 빠름 | 꽃이 노람 |
| ② | 잔치를 치름 | 공부를 함 |
| ③ | 라면이 불음 | 합격을 바람 |
| ④ | 우물물을 품 | 목적지에 이름 |

**09 밑줄 친 말의 기본형이 옳지 않은 것은?**

2017 국가직 9급

① 무를 강판에 가니 즙이 나온다. (기본형 : 갈다)
② 오래되어 불은 국수는 맛이 없다. (기본형 : 불다)
③ 아이들에게 위험한 데서 놀지 말라고 일렀다.
  (기본형 : 이르다)
④ 퇴근하는 길에 포장마차에 들렀다가 친구를 만났다.
  (기본형 : 들르다)

**10 밑줄 친 단어의 형태가 옳지 않은 것은?**

2019 서울시 9급

① 멀리서 보기와 달리 산이 가팔라서 여러 번 쉬었다.
② 예산이 100만 원 이상 모잘라서 구입을 포기해야 했다.
③ 영혼을 불살라서 이룬 깨달음이니 더욱 소중하다.
④ 말이며 행동이 모두 올발라서 흠잡을 데 없는 사람이다.

## 3) 관계언

**11 〈보기〉의 밑줄 친 표현들 중에서 주어를 구성하는 주격 조사가 아닌 것은?**

2014 경찰 2차

> ─[보기]─
> ㉠ 철수는 학생이 아니다.
> ㉡ 정부에서 학생들에게 장학금을 주었다.
> ㉢ 영수가 물을 마신다.
> ㉣ 할아버지께서 집에 오셨다.

① ㉠의 '이'  ② ㉡의 '에서'
③ ㉢의 '가'  ④ ㉣의 '께서'

## 4) 수식언

**12 〈보기〉의 ㉠을 포함하고 있는 안은문장은?**

2022 서울시 9급

> ─[보기]─
> 관형사가 문장에 쓰이면 관형어로 기능한다. 그래서 관형사는 항상 관형어로 쓰인다. 즉 관형사는 문장에서 관형어로서 체언을 수식한다. 그런데 관형사만 관형어로 쓰이는 것이 아니라, ㉠관형사절이 관형어로 쓰이기도 한다. 즉 관형사절이 체언을 수식한다.

① 그는 갖은 양념으로 맛을 내었다.
② 꽃밭에는 예쁜 꽃이 활짝 피었다.
③ 오랜 가뭄 끝에 비가 내렸다.
④ 사무실 밖에서 여남은 명이 웅성대고 있었다.

**13** 밑줄 친 부사 중 기능상 분류가 나머지와 다른 하나는?

2019 국회직 8급

① 그 실력으로 <u>과연</u> 취직 시험에 합격할 수 있을까?
② 그 약이 <u>정말</u> 그렇게 효과가 있는지는 알 수 없다.
③ 오자마자 <u>바로</u> 떠난다니?
④ <u>응당</u> 해야 할 일을 했을 뿐입니다.
⑤ <u>제발</u> 비가 왔으면 좋겠다.

## 5) 명사형 어미 vs 명사 파생 접사

**14** 밑줄 친 부분에 해당하는 것은?

2017 지방직 9급 추가

'-ㅁ/-음'은 'ㄹ'을 제외한 받침 있는 용언의 어간이나 어미 '-었-', '-겠-' 뒤에 붙어, 그 말이 <u>명사 구실을 하게 하는</u> 어미로 쓰이는 경우와, 어간 말음이 자음인 용언 어간 뒤에 붙어 명사를 만드는 접미사로 쓰이는 경우가 있다.

① 그는 <u>수줍음</u>이 많은 사람이다.
② 그는 <u>죽음</u>을 각오하고 일에 매달렸다.
③ 태산이 <u>높음</u>을 사람들은 알지 못한다.
④ 나라를 위해 <u>젊음</u>을 바친 사람이 애국자다.

## 신유형 2025 버전 1

**빨리 푸는 亦功 전략**

**1단계**

일반 사례 추론은
제시문에서 다루는
문법 중심 화제가
무엇인지 정도만 체크

**2단계**

선지를 분석해서
참 거짓을
스스로 판별하기

**3단계**

만약 선지만으로
판단이 안 되는 경우에는
제시문으로 가서
해당 부분을 발췌하여
선지를 판단한다.

일반 사례 추론

**01  다음 글에서 추론한 내용으로 적절한 것은?**

파생접미사는 어근에 결합하여 새로운 단어를 만드는 접사로 어근의 의미를 확장하거나 변형하여 다양한 형태의 단어를 생성하는 역할을 한다. 파생접미사는 주로 단어의 품사를 변화시키거나, 기존 의미에 새로운 의미를 추가하는 데 사용된다. 파생접미사는 결합되는 어근의 품사와 새로 만들어지는 단어의 품사에 따라 다양한 형태로 나눌 수 있다. 먼저 명사 파생접미사는 어근에 결합하여 명사를 만드는 접미사이다. '-이', '-기', '-ㅁ/음', '-개'는 주로 동사나 형용사에 결합하여 명사를 만드는 접미사이다. 동사 파생접미사는 어근에 결합하여 동사를 만드는 접미사로 주로 명사에 결합하여 동사를 만드는 '-하다', 주로 부사나 형용사에 결합하여 동사를 만드는 '-거리다' 등이 있다. 형용사 파생접미사는 어근에 결합하여 형용사를 만드는 접미사로 주로 명사에 결합하여 형용사를 만드는 '-스럽다', '-답다' 등이 있다. 이렇게 파생접미사는 어근에 결합하여 새로운 단어를 형성하며 이 과정에서 어근의 품사를 변화시켜 새로운 품사의 단어를 만든다. 또한 어근의 기본 의미에 새로운 의미를 추가하거나 확장하기도 하며 어근에 특정 성질을 부여하기도 한다. 파생접미사의 활용은 국어 어휘의 의미 확장과 다양한 활용을 가능하게 하며 언어의 유연성을 높인다.

① '전등의 밝기를 조절할 수 있다.'에서 '밝기'는 동사 어간 '밝-'에 명사 파생접미사 '-기'가 결합하여 '밝은 정도'의 의미를 가지는 명사 '밝기'가 만들어진 것이다.

② '지우개를 빌려줘.'에서 '지우개'는 동사 어간 '지우-'에 명사 파생접미사 '-개'가 결합하여 '지우는 것'이라는 의미를 가지는 명사 '지우개'가 만들어진 것이다.

③ '저 별은 매우 반짝거린다.'에서 '반짝거린다'는 명사 '반짝'에 동사 파생접미사 '-거리다'가 결합하여 '반짝이는 행태를 나타낸다'는 뜻을 가지는 동사 '반짝거리다'가 만들어진 것이다.

④ '아기가 너무 사랑스럽다.'에서 '사랑스럽다'는 명사 '사랑'에 동사 파생접미사 '-스럽다'가 결합하여 생김새나 행동이 사랑을 느낄 만큼 좋다는 뜻을 가지는 동사 '사랑스럽다'가 만들어진 것이다.

## 신유형 2025 버전 2

**02** 다음 글의 ㉠의 사례에 대한 설명으로 적절하지 않은 것은?

용언은 활용을 한다. 활용이란 용언의 핵심적인 의미를 가지고 있으며 변하지 않는 부분인 어간에 다양한 형태의 어미가 결합하여 용언의 형태가 바뀌는 것을 말한다. 용언이 활용할 때는 어간과 어미가 형태가 바뀌지 않은 채 그대로 결합하는 경우도 있지만 결합하는 과정에서 어간의 형태가 변하거나 어미의 형태가 변하는 경우도 있다. 이때, 어간과 어미의 모습이 바뀌지 않거나 바뀌어도 일반적인 음운 규칙으로 설명이 가능한 경우를 '규칙 활용'이라고 하고 그렇지 않은 경우를 ㉠'불규칙 활용'이라고 한다. 불규칙 활용은 크게 세 가지 경우로 구분할 수 있다. 첫째, 어간이 바뀌는 불규칙 활용이다. '짓+어'가 '지어'가 되는 것과 같은 'ㅅ 불규칙 활용', '듣+어'가 '들어'가 되는 'ㄷ 불규칙 활용', '돕+아'가 '도와'가 되는 것과 같은 'ㅂ 불규칙 활용', '이르+어'가 '일러'가 되는 것과 같은 '르 불규칙 활용', '푸+어'가 '퍼'가 되는 것과 같은 '우 불규칙 활용'이 여기에 속한다. 둘째, 어미가 바뀌는 불규칙 활용이다. '하+어'가 '하여'가 되는 것과 같은 '-여 불규칙 활용', '푸르+어'가 '푸르러'가 되는 것과 같은 '-러 불규칙 활용', '달+아라'가 '다오'가 되는 것과 같은 '-오 불규칙 활용'이 여기에 속한다. 마지막으로 어간과 어미가 모두 바뀌는 불규칙 활용이 있다. '파랗+아'가 '파래'가 되는 것과 같은 'ㅎ 불규칙 활용'이 여기에 속한다. 이와 같이 용언이 일정한 규칙 없이 활용되는 경우를 불규칙 활용이라고 한다.

① 동사 어간 '긷-'에 어미 '-어'가 결합하여 '길어'로 활용하는 것은 어간이 바뀌는 불규칙 활용이다.

② 동사 어간 '치르-'에 어미 '-어'가 결합하여 '치러'로 활용하는 것은 어간이 바뀌는 불규칙 활용이다.

③ 동사 어간 '이르-'에 어미 '-어'가 결합하여 '이르러'로 활용하는 것은 어미가 바뀌는 불규칙 활용이다.

④ 형용사 어간 '까맣-'에 어미 '-아'가 결합하여 '까매'로 활용하는 것은 어간과 어미가 모두 바뀌는 불규칙 활용이다.

---

### 빨리 푸는 亦功 전략

**1단계**

밑줄 사례 추론은 제시문의 밑줄을 먼저 확인해서 문법 중심 화제가 무엇인지 정도만 체크

**2단계**

선지를 분석해서 참 거짓을 스스로 판별하기

**3단계**

만약 선지만으로 판단이 안 되는 경우에는 제시문으로 가서 해당 부분을 발췌하여 선지를 판단한다.

PART
08

**01** 다음 글에서 추론한 내용으로 적절한 것은?

> 의존형태소는 홀로 사용될 수 없고, 반드시 다른 형태소와 결합하여 사용되는 형태소이다. 이는 한국어 문법에서 중요한 역할을 하며, 문장의 구조와 의미를 형성하는 데 필수적이다. 의존형태소는 크게 조사, 용언의 어간과 어미, 파생 접사로 나눌 수 있다. 조사는 체언에 결합하여 문법적 관계를 나타내는 의존형태소이다. 조사는 주로 주격, 목적격, 부사격, 보격, 관형격, 접속 조사가 있다. 격조사는 체언에 결합하여 각각 주어, 목적어, 부사어, 보어, 관형어로 쓰일 수 있도록 하는 조사이며 접속 조사는 두 개 이상의 체언을 연결하는 조사이다. 용언의 어간은 동사나 형용사의 변하지 않는 부분으로 어미가 결합하여 다양한 형태로 활용된다. 용언의 어간 자체는 의존형태소로 어미와 결합하지 않으면 독립적으로 사용될 수 없다. 용언의 어미는 용언의 어간에 결합하여 다양한 문법적 의미를 부여하는 형태소이다. 어미는 크게 어말 어미와 선어말 어미로 나눌 수 있다. 파생 접사는 어근에 결합하여 새로운 단어를 만드는 형태소로 접두사와 접미사로 나눌 수 있다. 접두사는 어근 앞에 붙어 새로운 의미를 추가하는 기능을 하며 접미사는 어근 뒤에 붙어 새로운 단어를 형성한다.
>
> 의존형태소는 문장에서 독립적으로 사용될 수 없지만, 다른 형태소와 결합하여 문장의 의미와 구조를 형성하는 데 필수적인 역할을 한다. 예를 들어, 조사는 체언과 결합하여 문장의 문법적 관계를 명확히 하고, 어미는 용언과 결합하여 시제, 상, 존대 등의 문법적 의미를 부여한다. 파생 접사는 어근과 결합하여 새로운 단어를 만들고, 이를 통해 어휘의 다양성을 증가시킨다. 이처럼 의존형태소는 문장의 정확한 의미 전달과 문법적 구조 형성에 핵심적인 역할을 하며, 한국어의 문법 체계를 이해하는 데 중요한 요소이다. 의존형태소의 올바른 사용은 문장의 의미를 명확히 하고, 효과적으로 의사소통하는 데 큰 도움을 준다.

① '그는 커서 선생님이 되었다.'에서 '-이'는 명사 '선생님'에 결합하여 문장에서 주어로 쓰이도록 하는 주격 조사이다.

② '도서관에 읽을 책이 많다.'에서 '읽을'은 동사 어간 '읽-'에 목적격 조사 '-을'이 결합하여 목적어로 쓰이고 있다.

③ '풋사과'에서 '풋-'은 접두사로 명사인 '사과'에 결합하여 품사를 바꾸는 접두사이다.

④ '먹이'에서 '-이'는 동사 어간 '먹-'에 결합하여 품사를 바꾸는 접미사이다.

## 02 다음 글에서 추론한 내용으로 적절하지 않은 것은?

부사격 조사는 체언에 결합하여 체언이 문장에서 부사어의 자격을 가지도록 하는 격조사의 일종이다. 부사격 조사는 종류에 따라 문장에서 체언이 시간, 장소, 방향, 원인, 도구, 자격, 비교, 변화, 인용 등의 의미를 가지도록 한다. 처소 부사격 조사는 장소나 시간에 관련된 의미를 가지는 부사격 조사이다. 장소를 나타내는 '-에', '-에서', 시간을 나타내는 '-에', 상대를 나타내는 '-에(게)', '-한테', '-께', 출발점을 나타내는 '-에서', '-에게서', '-한테서', '-로부터', 방향을 나타내는 '-(으)로', '-에게로', '-한테로' 등이 있다. 도구 부사격 조사는 체언이 도구적 수단이나 방법임을 나타내는 부사격 조사로 '-로써'가 있다. 자격 부사격 조사는 체언이 특정 자격을 갖추었음을 나타내는 부사격 조사로 '-로서'가 있다. 또한 체언이 특정 사건의 원인이 됨을 나타내는 원인 부사격 조사로 '-에', '-(으)로'가 있으며 다른 대상과 비교를 하기 위해 쓰이는 비교 부사격 조사로 '-와/과', '-처럼', '-만큼', '-보다'도 있다. 그리고 특정 대상으로의 변화를 나타내기 위한 변성 부사격 조사로 '-로', 마지막으로 인용의 의미를 나타내기 위한 인용 부사격 조사 '-(라)고'도 있다. 이처럼 부사격 조사의 종류는 매우 다양하며 부사격 조사는 문장에서 체언이 다양한 의미를 가지며 부사어로 사용될 수 있도록 만들어 문장을 다채롭게 구성할 수 있도록 하여 국어의 다양한 표현을 가능하게 한다.

① '그가 12시에 도착하기로 했다.'에서 '-에'는 시간을 나타내는 처소 부사격 조사이다.

② '리더로서 소임을 다했다.'에서 '-로서'는 자격을 나타내는 자격 부사격 조사이다.

③ '선생님처럼 훌륭한 사람이 되고 싶다.'에서 '-처럼'은 비교를 나타내는 비교 부사격 조사이다.

④ '모든 길은 로마로 통한다.'에서 '-로'는 원인을 나타내는 원인 부사격 조사이다.

## 03 다음 글에서 추론한 내용으로 적절하지 않은 것은?

동사와 형용사는 국어에서 매우 중요한 품사로 둘 다 용언에 속하지만 그 기능과 의미는 다르다. 동사는 주로 동작이나 행위를 나타내며 시간의 흐름에 따라 변화할 수 있는 특징을 설명한다. 그리고 주로 주어와 연결되어 그 주어가 어떤 동작을 하는지를 나타낸다. 형용사는 주로 사물의 상태나 성질을 나타내며 시간의 흐름에 상관없이 지속되는 특징을 설명한다. 그리고 주로 주어와 연결되어 그 주어의 상태나 성질을 서술한다. 동사와 형용사는 이렇게 근본적인 특징이 다르지만 둘 다 활용을 하는 용언이라는 점에서 구분이 모호할 때가 있다. 이럴 때 동사와 형용사를 구분하는 방법으로 크게 세 가지가 있다. 첫째, 어간에 현재 시제 선어말 어미 '-는-', '-ㄴ-', 혹은 현재 시제를 나타내는 관형사형 전성 어미 '-는'이 결합할 수 있으면 동사, 결합할 수 없으면 형용사이다. 이는 동사가 시간의 흐름에 따라 변화할 수 있는 특징을, 형용사가 시간의 흐름에 상관없이 지속되는 특징을 설명한다는 점에서 기인한다. 둘째, 의도를 뜻하는 어미 '-려'나 목적을 뜻하는 어미 '-러'와 함께 쓰일 수 있으면 동사, 그렇지 못하면 형용사이다. 형용사는 사물의 상태나 성질을 나타내기 때문에 의도나 목적을 나타낼 수 없기 때문이다. 마지막으로 동사는 명령형 어미 '-어라/-아라'나 청유형 어미 '-자'와 결합할 수 있지만 형용사는 그렇지 않다. 이 또한 사물의 상태나 성질을 나타내는 형용사의 특징 때문이다. 이와 같이 동사와 형용사의 근본적인 성질의 차이로 인해 결합할 수 있는 어미의 종류가 달라지며 이를 통해 동사와 형용사를 구분하는 것이 가능하다.

① '아름답다'는 어간 '아름답-'에 명령형 어미 '-어라'를 결합하여 '아름다워라'로 활용할 수 없기 때문에 형용사이다.

② '예쁘다'는 어간 '예쁘-'에 관형사형 전성 어미 '-ㄴ'이 결합하여 '예쁜'으로 활용할 수 있기 때문에 동사이다.

③ '일어나다'는 어간 '일어나-'에 현재 시제 선어말 어미 '-ㄴ-'을 결합하여 '일어난다'로 활용할 수 있기 때문에 동사이다.

④ '착하다'는 어간 '착하-'에 의도를 뜻하는 어미 '-려'를 결합하여 '착하려'로 활용할 수 없기 때문에 형용사이다.

PART
08

**04** 다음 글의 ㉠의 사례가 포함된 것은?

> 한국어에서 ㉠3인칭 재귀대명사는 주로 3인칭 주어를 다시 가리키는 대명사로 사용된다. 재귀대명사 "저", "저희", "자기", "당신"을 예로 들 수 있다. 하지만 이들은 문맥에 따라 다른 인칭으로도 쓰일 수 있다. 예를 들어, '저와 저희'는 자신을 낮추어 표현할 때 사용되는 1인칭 대명사로 쓰이기도 한다. "저는 저를 믿습니다."와 "저는 저를 믿습니다."에서는 1인칭으로, "철수는 저를 보며 자기 행동을 반성했다."와 "그들은 저희가 잘했다고 생각했다."에서는 3인칭으로 쓰인다. "당신"은 상대방을 가리키는 2인칭 대명사로 쓰이기도 한다. "당신의 문제를 해결해야 합니다."에서는 2인칭으로 "할아버지는 당신의 유언을 남기셨다"에서는 높임의 3인칭으로 쓰이기도 한다.

① 저희는 이번 프로젝트를 성공적으로 마쳤습니다.
② 뭐? 당신? 얻다대고 당신이야?
③ 저는 오늘부터 새로운 계획을 시작합니다.
④ 회장님은 당신이 옳았다고 생각하며 스스로를 되돌아보았다.

**05** 다음 글의 ㉠의 사례가 포함되어 있지 않은 것은?

> 수사(數詞)와 수 관형사(數冠形詞)는 숫자를 나타내는 말이지만, 문장에서의 역할이 다르다. 수량이나 순서를 나타내는 말로, 체언의 일종인 수사는 조사와 결합이 가능하며 문장에서 주어, 목적어, 보어 등으로 쓰일 수 있다. 수량이나 순서를 나타내는 말로, 명사를 수식하는 역할을 하는 ㉠수 관형사는 조사와 결합이 안 되며 주로 명사 앞에서 명사를 수식하는 역할을 한다. 가령, "나는 둘을 선택했다."에서 '둘'은 수사이고, "나는 두 사람을 선택했다."에서 '두'는 수 관형사이다.

① 일곱 장의 종이를 준비했다.
② 여남은 명이 놀이터에서 놀고 있었다.
③ 나무가 서너 그루 서 있었다.
④ 책이 한둘 책상 위에 놓여 있었다.

**06** 다음 글의 ㉠의 사례가 포함되어 있지 않은 것은?

> 성분 부사와 ㉠문장 부사는 둘 다 부사이지만, 그 기능과 역할에서 차이가 있다. 성분 부사는 문장의 일부 성분(주로 동사, 형용사, 다른 부사 등)을 수식하여 그 성분의 뜻을 더욱 구체화하는 부사이다. 문장 부사는 문장 전체를 접속하거나 화자의 판단, 태도, 또는 문장의 분위기를 나타내어 문장 전체를 꾸미는 부사이다. 예를 들어 '그녀는 합격 소식에 빙그레 웃었다.'의 '빙그레'는 뒤의 '웃었다'라는 서술어만 꾸미므로 성분 부사이다. '솔직히 나는 이 영화가 별로다.'는 '나는 이 영화가 별로다.'라는 문장 전체를 '솔직히'가 꾸미므로 문장 부사이다.

① 철수는 가고 싶은 여행지의 사전 답사 및 연구를 하였다.

② 영희는 과연 합격하고자 하는 꿈을 실현할 수 있을 것인가?

③ 그녀는 가고 싶던 집에 바로 갔다.

④ 제발 혜선 쌤이 공깃밥 100 그릇을 먹었으면 좋겠다.

Chapter
21

# 문법 - 통사론

▶ 대표 출좋포 발문 체크

다음 글에서 추론한 내용으로 적절하지 않은 것은?

다음 글의 ㉠의 사례가 포함되어 있지 않은 것은?

▶ 대표 출좋포 개관

이 유형은 2025년 인사혁신처 1차 샘플에 출제되었던 '문법+독해 결합형'으로
2025 인사혁신처 2차 샘플에는 출제되지 않았습니다.

그래서 "문법은 아예 '공문서 문장 고쳐쓰기'만 하면 되는 거 아닌가?"라고 생각할 수 있겠지만
인사혁신처는 '2차 샘플'만 출제에 범위에 넣는 것이 아니라 '1차 샘플'도 포함이라는 입장을 견지하고 있으므로
문법+독해 결합형'을 아예 배제하기에는 위험성이 아직은 큽니다.

특히, 시간을 절약해서 풀어야 하는 것이 관건인 2025년 시험에는 '문법+독해 결합형'이 나온다면
'출좋포 문법 어휘, 적중용 콤단문 문법' 강의를 학습하여
선지를 보고 빠르게 문제를 풀 수 있게 되는 것이 중요해질 것입니다.

'적중용 콤단문 문법'이라는 강의는 특히 역대 최빈출 기출을 뽑아
나올 확률이 가장 큰 문법 예시들로 만들어진 문제집으로 문법 암기 양을 최소화하기에 좋은 교재입니다.

통사론에서 나올 수 있는 출제 포인트를 정리하면
1) 문장 성분(주어, 목적어, 보어, 서술어 / 관형어, 부사어 / 독립어)
2) 문장의 짜임새[홑문장 / 겹문장(이어진 문장, 안은문장)]
3) 높임 표현
4) 사동, 피동 등이 있습니다.

## 1. 문장 성분(주어, 목적어, 보어, 서술어 / 관형어, 부사어 / 독립어)

**01** 밑줄 친 부분이 주성분이 아닌 것은?

2015 교육행정직 9급

① 그는 나에게 <u>맹물만</u> 주었다.
② 그 사람 말은 <u>사실도</u> 아니었다.
③ 우리가 사고를 <u>미연에</u> 방지하지 못했다.
④ <u>정부에서</u> 그 일을 적극적으로 추진하고 있다.

## 2. 문장의 짜임새

[홑문장 / 겹문장(이어진문장, 안은문장)]

**02** 〈보기〉의 문장에 대한 설명으로 가장 적절하지 않은 것은?

2022 법원직 9급

┌─[보기]─────────────
• 나는 ㉠<u>동생이 산</u> 사탕을 먹었다.
• ㉡<u>철수가 산책했던</u> 공원은 부산에 있다.
• 민경이는 ㉢<u>숙소로 돌아가기</u>를 원한다.
• 지금은 ㉣<u>학교에 가기</u>에 늦은 시간이다.
└─────────────────────

① ㉠은 안은 문장의 목적어를 수식하는 관형절이다.
② ㉡은 안은 문장의 주어를 수식하는 부사절이다.
③ ㉢은 조사 '를'과 결합하여 안은 문장의 목적어로 쓰이고 있다.
④ ㉣은 조사 '에'와 결합하여 안은 문장의 부사어로 쓰이고 있다.

**03** 다음 밑줄 친 부분에 해당하는 예로 가장 적절하지 않은 것은?

2017 경찰 1차

┌─────────────────────────
문장은 홑문장과 겹문장으로 나뉘며, 겹문장은 다시 이어진문장과 안은문장으로 나뉜다. 이어진문장은 두 개의 홑문장이 대등한 자격으로 이어지는 ㉠<u>대등하게 이어진 문장</u>과 앞의 홑문장이 뒤의 홑문장에 종속적으로 연결되는 ㉡<u>종속적으로 이어진 문장</u>으로 나눌 수 있다. (이하 생략)
└─────────────────────────

① ㉠: 나는 밥을 먹고 학교에 갔다.
② ㉠: 어제는 눈이 왔고 오늘은 비가 온다.
③ ㉡: 가을이 되면 단풍이 든다.
④ ㉡: 공원에 갔는데 사람들이 많았다.

**04** ㉠에 해당하는 예를 포함하고 있는 문장으로 옳은 것은?

2021 의무소방원

┌─────────────────────────
다른 문장 속에 들어가 하나의 성분처럼 쓰이는 문장을 안긴문장이라고 하며, 안긴문장을 포함한 문장을 안은문장이라고 한다. 안긴문장은 하나의 '절'이 되는데, 이는 명사절, ㉠<u>관형절</u>, 부사절, 서술절, 인용절의 다섯 가지로 나뉜다.
└─────────────────────────

① 그 친구는 마음이 참 예쁘다.
② 나는 그 문제가 해결되었음에 기뻐했다.
③ 나는 그가 착한 사람이라는 생각이 들었다.
④ 그분은 나에게 희망을 가지라고 말씀하셨다.

## 3. 높임 표현

### 05 다음 글의 괄호 안에 들어갈 문장으로 적절한 것은?

2019 국가직 9급

> 국어의 높임법에는 말하는 이가 듣는 이에 대하여 높이거나 낮추어 말하는 상대 높임법, 서술어의 주체를 높이는 주체 높임법, 서술어의 객체를 높이는 객체 높임법 등이 있다. 이러한 높임 표현은 한 문장에서 복합적으로 실현되기도 하는데, (        )의 경우 대화의 상대, 서술어의 주체, 서술어의 객체를 모두 높인 표현이다.

① 아버지께서 할머니를 모시고 댁에 들어가셨다.
② 제가 어머니께 그렇게 말씀을 드리면 될까요?
③ 어머니께서 아주머니께 이 김치를 드리라고 하셨습니다.
④ 주민 여러분께서는 잠시만 제 이야기에 귀를 기울여 주시기 바랍니다.

### 06 "숙희야. 내가 선생님께 꽃다발을 드렸다."의 문장을 옳게 표시한 것은?

2017 지방직 9급

① [주체-] [객체+] [상대-]
② [주체+] [객체-] [상대+]
③ [주체+] [객체+] [상대+]
④ [주체+] [객체-] [상대-]

### 07 높임 표현에 대한 설명으로 가장 적절한 것은?

2019 국가직 7급

① "제 말씀 좀 들어 보세요."에서의 '말씀'은 '말'을 높여 이르는 단어이므로 '말'로 바꾸는 것이 바람직하다.
② "혜정아, 할아버지께서는 생전에 당신의 장서를 진짜 소중히 여기셨어."에서의 '당신'은 3인칭 '자기'를 아주 높여 이르는 말이다.
③ 남에게 말할 때는 자기와 관계된 부분을 낮추어 '저희 학과', '저희 학교', '저희 회사', '저희 나라' 등과 같이 표현해야 한다.
④ 요즈음 흔히 들을 수 있는 "그건 만 원이세요.", "품절이십니다."에서의 '-세요', '-십니다'는 객체를 높이는 새로운 표현 방식이다.

### 08 다음 문장 중, 높임법을 올바르게 구사하고 있는 것은?

2021 의무소방원

① 현재 이 적금의 이율이 제일 높으세요.
② 질문이 있으시면 손을 들고 말씀해 주세요.
③ 미나야, 선생님이 너 지금 바로 교무실로 오시래.
④ 사용 중에 불편한 점이 계시면 언제든 연락하십시오.

## 4. 사동, 피동

**09** 〈보기〉에서 밑줄 친 설명과 같은 문법 범주에 속하는 문장은? 2022 서울시 9급 2월

─〔보기〕─
(가) 온난화로 북극 빙하가 다 녹는다.
(나) 온난화가 북극 빙하를 다 녹인다.

  '온난화'라는 사태와 '북극 빙하가 녹는 사태' 간에는 의미적으로 인과 관계가 성립하는데, (가)에서는 이 인과 관계를 드러내는 표지로 부사격조사 '로'가 쓰였다. (나)는 '녹이다'라는 <u>사동사를 사용한 문장이다</u>. 주동문일 때 부사어 위치에 있던 '온난화'가 사동문에서는 주어 자리를 차지함으로써 '온난화'라는 현상이 '북극 빙하'라는 대상이 '녹도록' 힘을 가하는 의미로 읽힌다. 이로써 '북극 빙하가 녹는 사태'에 대하여 '온난화'가 온전히 책임을 져야 할 것처럼 보인다.

① 회사는 이것이 전파 인증을 받은 제품이라고 우긴다.
② 사장이 사장실을 넓히기 위해 직원 회의실을 좁힌다.
③ 온갖 공장에서 폐수를 정화하지도 않고 강에 버린다.
④ 이산화탄소가 적외선을 흡수하여 열이 대기에 모인다.

**10** 사동법의 특징을 고려할 때 밑줄 친 단어의 쓰임이 옳은 것은? 2018 지방직 9급

① 그는 김 교수에게 박 군을 <u>소개시켰다</u>.
② 돌아오는 길에 병원에 들러 아이를 <u>입원시켰다</u>.
③ 생각이 다른 타인을 <u>설득시킨다는</u> 건 참 힘든 일이다.
④ 우리는 토론을 거쳐 다양한 사회적 갈등을 <u>해소시킨다</u>.

**11** 밑줄 친 말이 가장 자연스러운 것은? 2015 국가직 7급

① <u>닫혀진</u> 마음을 열 길이 없구나.
② 저쪽 복도에 <u>놓여진</u> 화분은 엄청 예쁘구나.
③ 그 토의에서 궁극적으로 <u>받아들여진</u> 것이 결국 뭐지?
④ 장마로 인해 <u>끊겨진</u> 통신 선로가 드디어 복구되었군요.

**12** 밑줄 친 피동 표현이 옳지 않은 것은? 2023 국회직 8급

① 이 글은 두 문단으로 <u>나뉜다</u>.
② 들판이 온통 눈으로 <u>덮인</u> 광경이 장관이었다.
③ 벌목꾼에게 <u>베인</u> 나무가 여기저기에 쌓여 있다.
④ 아무리 생각해 보아도 <u>짚히는</u> 바가 없다.
⑤ 안개가 <u>걷히고</u> 파란 하늘이 나타났다.

# 亦功 콤단문 독해 PIN POINT

## 신유형 2025 버전 1

**빨리 푸는 亦功 전략**

**1단계**

일반 사례 추론은 제시문에서 다루는 문법 중심 화제가 무엇인지 정도만 체크

**2단계**

선지를 분석해서 참 거짓을 스스로 판별하기

**3단계**

만약 선지만으로 판단이 안 되는 경우에는 제시문으로 가서 해당 부분을 발췌하여 선지를 판단한다.

### 일반 사례 추론

**01 다음 글에서 추론한 내용으로 적절한 것은?**

관형어는 문장에서 명사를 꾸며주는 역할을 하는 문장 성분으로 체언을 수식하는 역할을 한다. 관형어를 만드는 방법에는 크게 관형사를 사용하는 방법, 용언 어간에 관형사형 전성어미를 결합하여 활용하는 방법, 그리고 체언에 관형격 조사를 사용하는 방법이 있다. 관형사는 체언 앞에 위치하여 그 체언을 직접적으로 수식하는 단어로 그 자체로 관형어의 역할을 하며 수식받는 체언의 특정한 의미를 강조하거나 한정한다. 관형사는 '새', '헌' 등과 같이 사물의 상태나 성질을 꾸며주는 성상관형사, '이', '그' 등과 같이 어떤 대상을 가리키는 지시관형사, '한', '두', '반' 등과 같이 수량이나 순서를 가리키는 수관형사로 구성된다.

관형사가 아닌 용언이 관형어로 사용되는 것도 가능한데, 이는 용언의 어간에 관형사형 전성 어미가 결합하여 관형사형으로 활용이 되는 경우이다. 예를 들어, '책을 읽는 학생이 도서관에 있다.'에서 '읽는'은 동사 어간 '읽-'에 관형사형 전성어미 '-는'이 결합하여 체언 '학생을 수식한다. 또한 체언에 관형격 조사가 결합하여 관형어로 쓰이는 것 또한 가능하다. 관형격 조사 '의'는 체언 뒤에 붙어 체언이 관형어로 쓰일 수 있도록 한다. 예를 들어, '저것은 나의 책이다.'에서 '나의'는 체언 '나'에 관형격 조사 '의'가 결합하여 관형어로 쓰이며 책을 수식하고 있다.

이처럼 관형어를 만드는 방법에는 관형사를 사용하는 방법, 용언에 관형사형 전성어미를 결합하는 방법, 그리고 체언에 관형격 조사를 사용하는 방법이 있다. 각각의 방법은 명사를 수식하여 문장의 의미를 보다 명확하고 풍부하게 만드는 역할을 한다.

① '내가 읽던 책은 유명한 책이다.'에서 '읽던'은 관형사가 관형어로 쓰인 것이다.
② '닭을 반 마리씩 나누어 팔고 있다.'에서 '반'은 용언이 활용하여 관형어로 쓰인 것이다.
③ '그녀의 고향은 시골이다.'에서 '그녀의'는 관형사가 관형어로 쓰인 것이다.
④ '작은 강아지가 더 사납다.'에서 '작은'은 용언이 활용하여 관형어로 쓰인 것이다.

## 신유형 2025 버전 2

일반 사례 추론

**02  다음 글을 읽고 추론한 내용으로 적절하지 않은 것은?**

> 높임법은 화자가 높이려는 대상에 따라서 주체 높임법, 상대 높임법, 객체 높임법으로 분류될 수 있다. 주체 높임법은 화자가 문장의 주체, 곧 주어가 지시하는 대상에 대해 높임의 태도를 나타내는 표현으로, 선어말 어미 '-시-', 조사 '께서'나 특수한 어휘 '계시다, 편찮으시다' 등을 통해 실현될 수 있다. 상대 높임은 화자가 청자, 곧 말을 듣는 상대에게 높임이나 낮춤의 태도를 나타내는 표현으로, 주로 종결 어미를 통해 실현된다. 또한 객체 높임은 화자가 문장의 객체, 곧 목적어나 부사어가 지시하는 대상에 대해 높임의 태도를 나타내는 표현으로, 조사 '-께'나 특수한 어휘 '모시다, 드리다, 여쭈다(여쭙다), 뵈다(뵙다)'를 통해 실현될 수 있다. 누나가 귀가하여 엄마께 '할머니는 집에 안 계신 건가요?'라고 물어보는 경우, 이는 주체 높임이자 상대 높임에 해당한다. 주어가 지시하는 대상인 '할머니'를 높이고 있으므로 주체 높임이고, 엄마께 존댓말을 하는 상황이기 때문에 상대 높임에도 해당한다. 또한 특수어휘 '계시다'가 사용되었으므로 특수어휘를 통해 높임표현이 실현된 예이기도 하다.

① '네가 선생님께 여쭈어보렴.'이라는 말은 객체 높임에 해당한다.
② '할아버지께서 진지를 잡수신다.'라는 표현에는 특수어휘가 사용되지 않았다.
③ '어머니를 모시고 강릉에 가자.'라는 말은 주체 높임이 아니다.
④ 학생이 선생님께 '선생님 덕분에 성적이 많이 올랐습니다.'라고 이야기할 경우 상대 높임에 해당한다.

빨리 푸는 **亦功** 전략

**1단계**

일반 사례 추론은 제시문에서 다루는 문법 중심 화제가 무엇인지 정도만 체크

**2단계**

선지를 분석해서 참 거짓을 스스로 판별하기

**3단계**

만약 선지만으로 판단이 안 되는 경우에는 제시문으로 가서 해당 부분을 발췌하여 선지를 판단한다.

PART 08

**01** 다음 글에서 추론한 내용으로 적절하지 않은 것은?

> 부사어는 주로 서술어를 수식하는 문장 성분의 하나로 대개 문장을 구성하는 데에 필수적인 것은 아니다. 하지만 어떤 서술어는 부사어를 필수적으로 요구하기도 하며 이때 부사어가 없으면 문장이 성립하지 않는다. 이러한 부사어를 '필수적 부사어'라고 한다. 부사어를 만드는 방법 중 하나로 체언에 부사격 조사를 결합하는 방법이 있는데 이렇게 만들어진 부사어 중 필수적 부사어도 있고 필수적 부사어가 아닌 것도 존재한다. 다음 문장들에서 나타난 밑줄 친 부사어가 필수적 부사어인지 아닌지를 서술어의 의미를 파악하여 판단할 수 있다.
>
> ㉠ 소행성이 <u>궤도에서</u> 이탈하였다.
> ㉡ 나는 <u>영화관에서</u> 친구를 만났다.
> ㉢ 한반도의 기후는 <u>벼농사에</u> 적합하다.
> ㉣ 나는 <u>오전에</u> 학교에 갔다.

① ㉠에서 어디로부터의 이탈인지에 대한 정보가 필수적이므로 '궤도에서'는 필수적 부사어이다.
② ㉡에서 친구를 만난 장소에 대한 정보가 필수적이므로 '영화관에서'는 필수적 부사어이다.
③ ㉢에서 무엇에 적합한지에 대한 정보가 필수적이므로 '벼농사에'는 필수적 부사어이다.
④ ㉣에서 언제 학교로 출발했는지에 대한 정보 없이도 문장이 성립하므로 '오전에'는 필수적 부사어가 아니다.

**02** 다음 글에서 추론한 내용으로 적절하지 않은 것은?

> 문장 성분은 크게 주성분, 부속 성분, 그리고 독립 성분으로 구성된다. 주성분이란 문장의 골격을 이루는 성분이며 주어, 서술어, 보어, 목적어가 이에 해당한다. 주어는 '무엇이'에 해당하는 말이며 서술어는 '어찌하다, 어떠하다, 무엇이다'에 해당하는 말이다. 그리고 보어는 '무언가'에 해당하는 말로 '되다', '아니다'라는 서술어 앞에서만 사용된다는 특징을 가진다. 목적어는 '무엇을'에 해당하는 말로 목적어가 필요한 타동사가 서술어로 온다는 특징을 가진다.
>
> 다음은 부속 성분이다. 부속 성분이란 문장의 골격을 구성하는 데 필수적인 성분은 아니지만 주성분의 내용을 꾸며 주는 성분이다. 관형어, 부사어가 여기 해당하며 관형어는 체언을 수식하며 부사어는 주로 용언이나 문장 전체를 수식한다.
>
> 마지막으로 독립 성분은 문장의 골격을 이루는 주성분, 주성분을 수식하는 부속 성분과 직접적인 관계없이 그 문장에서 따로 떨어진 성분으로 독립어가 여기에 해당한다. 독립어는 문장의 어느 성분과도 직접적인 관계가 없는 말이다. 이렇게 주성분, 부속 성분, 그리고 독립 성분이 조화롭게 어우러져 하나의 문장을 구성하게 된다.

① '철수는 의사가 되었다.'에서 '의사가'는 '의사가 되었다'라는 서술절에서 '무엇이'에 해당하는 주어이다.
② '글쎄, 그는 일찍 퇴근하지 않을 것 같아.'에서 '글쎄'는 문장의 어느 성분과도 직접적인 관련이 없는 독립어이다.
③ '드디어 기다리던 여행을 가게 되었구나.'에서 '드디어'는 문장 전체를 수식하는 부사어이다.
④ '맛있는 디저트를 먹었다.'에서 '맛있는'은 관형절이 관형어로 쓰여 '디저트'를 수식하고 있다.

**03** 다음 글에서 추론한 내용으로 적절하지 않은 것은?

국어 문장에서 서술어는 주어의 동작, 상태, 성질 등을 서술하는 문장 성분으로, 문장의 중심 역할을 한다. 서술어는 요구하는 필수 성분의 개수에 따라 분류할 수 있다. 서술어의 자릿수는 서술어가 몇 개의 필수 성분을 필요로 하는지를 나타내며 주로 한 자리, 두 자리, 세 자리 서술어로 분류된다.

한 자리 서술어는 주어 하나만으로 완전한 의미를 갖는 서술어이다. 이 서술어는 주어 외에 다른 성분을 필요로 하지 않는다. 예를 들어, '나는 건강하다.'에서 서술어 '건강하다'는 주어 '나는'만 있으면 문장을 완성할 수 있다. 두 자리 서술어는 주어와 함께 목적어, 보어 또는 부사어를 필요로 하는 서술어이다. 예를 들어, '철수가 책을 읽는다.'에서 '읽는다'는 주어 '철수'와 목적어 '책'이 함께 있어야 의미가 완성된다. 세 자리 서술어는 주어와 목적어, 그리고 부사어가 함께 있어야 의미가 완성되는 서술어이다. 이 서술어는 세 개의 필수 성분이 모두 있어야 한다. 예를 들어, '철수가 영희에게 책을 주었다'에서 '주었다'는 주어 '철수', 부사어 '영희에게', 목적어 '책을'이 함께 있어야 의미가 완성되는 세 자리 서술어이다. 서술어의 자릿수는 문장의 구조를 이해하는 데 중요한 역할을 하며 각 서술어가 요구하는 필수 성분들을 정확히 파악함으로써 문장의 의미를 명확히 할 수 있다.

① '철수는 철호와 닮았다.'에서 '닮았다'는 두 자리 서술어이다.
② '철수는 어른이 되었다.'에서 '되었다'는 두 자리 서술어이다.
③ '철수는 영희에게 커피를 주었다.'에서 '주었다'는 세 자리 서술어이다.
④ '철수는 산에서 멧돼지를 보았다.'에서 '보았다'는 세 자리 서술어이다.

**04** 다음 글에서 추론한 내용으로 적절하지 않은 것은?

연결 어미는 한국어에서 용언의 어간에 결합하여 다른 용언이나 문장 성분과 연결하는 역할을 하는 어미이다. 연결 어미는 문장을 이어주고, 문장 내의 여러 요소들을 연결하여 복잡한 의미를 전달하는 데 중요한 역할을 한다. 연결 어미는 크게 대등적 연결 어미와 종속적 연결 어미로 나눌 수 있다. 대등적 연결 어미는 두 개 이상의 절을 대등하게 연결하여 나열하거나 병렬적으로 연결할 때 사용된다. 주로 '-고', '-며', '-거나', '-지만' 등이 있다. '-고, -며'는 두 개 이상의 절을 대등하게 연결하는 의미를 나타낸다. '-거나'는 선택의 의미를 나타내며, 두 개 이상의 절 중 하나를 선택하는 경우에 사용된다. '-지만'은 두 개의 절을 대등하게 연결하되 앞뒤의 절이 대조되는 의미를 나타낸다. 이러한 어미들로 결합된 대등하게 이어진 문장은 앞뒤의 문장을 교체했을 때 의미의 변화가 없다.

종속적 연결 어미는 앞의 절이 뒤의 절에 종속되어 하나의 복합적인 의미를 형성할 때 사용된다. 주로 '-아서/어서', '-면', '-려고', '-니까', '-는데' 등이 있다. '-아서/어서'는 원인이나 이유를 나타내며, 앞의 절이 뒤의 절의 원인이나 이유가 될 때 사용된다. '-면'은 조건이나 가정의 뜻을 나타내며 앞의 절이 조건이 될 때 사용된다. '-려고'는 목적이나 의도를 나타내며 앞의 절이 뒤의 절의 목적이나 의도가 될 때 사용된다. '-니까'는 원인이나 이유를 나타내며 앞의 절이 뒤의 절의 원인이나 이유가 될 때 사용된다. '-는데'는 배경이나 상황을 설명하며, 앞의 절이 뒤의 절의 배경이나 상황을 설명할 때 사용된다. 이러한 어미들로 결합된 종속적으로 이어진 문장은 앞뒤의 문장을 교체했을 때 의미의 변화가 크다.

① '그는 책을 읽으며 음악을 듣는다.'에서 '-며'는 두 동작을 나열할 때 사용된 대등적 연결 어미이다.
② '내일 여유가 있으면 영화를 보자.'에서 '-면'은 앞의 절이 조건이 됨을 표현하기 위해 사용된 종속적 연결 어미이다.
③ '비가 오지만 출근은 해야 한다.'에서 '-지만'은 앞의 절이 뒤의 절과 대조되는 의미를 가지지 않으므로 종속적 연결 어미이다.
④ '운동을 하려고 일찍 일어났다.'에서 '-려고'는 앞의 절이 목적, 의도가 됨을 표현하기 위해 사용된 종속적 연결 어미이다.

**05** 다음 글을 이해한 내용으로 적절하지 않은 것은?

'안은문장'과 '안긴 문장'은 문장의 구조를 이해하는 데 중요한 개념이다. 안은 문장이란 다른 문장 속에 들어가 하나의 문장 성분으로 쓰이는 홑문장을 안고 있는 문장을 말한다. 이때 명사절을 가진 안은문장은 명사형 어미 '-(으)ㅁ, -기'가 붙어서 만들어지는 것으로 문장에서 주어, 목적어, 부사어 등의 기능을 한다. 예를 들어 '그가 범인임이 밝혀졌다.'라는 문장은 '그가 범인이다.'라는 문장이 명사절 형태로 안긴 문장이다. 관형절을 가진 안은문장은 관형사형 어미 '-(으)ㄴ, -는, -(으)ㄹ, -던'이 붙어서 만들어지며 문장에서 관형어의 역할을 한다. 부사절을 가진 안은문장은 부사형 어미 '-게, -도록, -(아/어)서' 등이 붙어서 만들어지는데 접미사 '-이'가 붙은 '없이, 같이, 달리, 듯이' 등도 포함하며 문장에서 부사어의 기능을 한다. '이 책은 내가 요즘 읽는 책이다.'라는 문장은 관형절을 안은 문장, '벚꽃이 예쁘게 피었다.'는 부사절을 안은 문장이다. 마지막으로 '라고'가 붙은 것을 직접 인용절을 안은문장, '고'가 붙은 것을 간접 인용절을 안은 문장이라고 한다.

① '나는 그가 오기를 기대했다.'는 명사절을 안은문장이다.
② '영자가 자주 먹던 과자가 품절되었다.'는 관형절을 안은문장이다.
③ '철수는 영희가 예쁘게 생김을 좋아했다.'는 명사절, 부사절을 안은문장이다.
④ '그가 밥이 맛있다고 하였다'는 직접 인용절을 안은 문장이다.

**06** 다음 글의 ㉠의 사례가 포함되어 있지 않은 것은?

㉠이중 피동은 피동 접미사나 "-아/어지다"를 한 번 사용한 후, 또다시 피동 접미사를 사용하여 피동 표현을 두 번 겹쳐서 만드는 것을 말한다. 이러한 표현은 비문법적으로 간주된다. '이 글자가 보여진다'에서 '보이다'는 이미 피동 표현이므로 "보여지다"는 이중 피동이 되어 비문법적이다. 또한 '내일 날씨가 흐릴 것으로 예상되어집니다'에서 '예상되다'는 이미 피동 표현이므로 "예상됭지다"는 이중 피동이 되어 비문법적이다.

① 혜선이는 받아들여진 제안에 기뻐했다.
② 과자가 보여지는 사실에 기분이 좋아졌다.
③ 책이 많은 사람들에 의해 읽혀졌다.
④ 철수는 쓰여진 메모에 괴로워했다.

# 문법 - 음운론

관련교재

⑦ 출좋포 독해·문학 p.242~247
적중용 콤단문 문법 p.148~166

## 🚩 대표 출좋포 발문 체크

다음 글에서 추론한 내용으로 적절하지 않은 것은?

다음 글의 ⊙의 사례가 포함되어 있지 않은 것은?

## 🚩 대표 출좋포 개관

이 유형은 2025년 인사혁신처 1차 샘플에 출제되었던 '문법+독해 결합형'으로
2025 인사혁신처 2차 샘플에는 출제되지 않았습니다.

그래서 "문법은 아예 '공문서 문장 고쳐쓰기'만 하면 되는 거 아닌가?"라고 생각할 수 있겠지만
인사혁신처는 '2차 샘플'만 출제에 범위에 넣는 것이 아니라 '1차 샘플'도 포함이라는 입장을 견지하고 있으므로
'문법+독해 결합형'을 아예 배제하기에는 위험성이 아직은 큽니다.

특히, 시간을 절약해서 풀어야 하는 것이 관건인 2025년 시험에는 '문법+독해 결합형'이 나온다면
'출좋포 문법 어휘, 적중용 콤단문 문법' 강의를 학습하여
선지를 보고 빠르게 문제를 풀 수 있게 되는 것이 중요해질 것입니다.

'적중용 콤단문 문법'이라는 강의는 특히 역대 최빈출 기출을 뽑아
나올 확률이 가장 큰 문법 예시들로 만들어진 문제집으로 문법 암기 양을 최소화하기에 좋은 교재입니다.

음운론에서 나올 수 있는 출제 포인트를 정리하면
1) 음운의 체계(자음의 체계 / 단모음의 체계)
2) 음운 변동의 유형(교체, 축약, 탈락, 첨가)
3) 음운 변동 후의 개수 변화 등이 있습니다.

PART
08

**01** 밑줄 친 ㉠과 ㉡의 음운 변동에 대한 설명으로 옳은 것은?

2022 국회직 9급

> 한 단어 내의 음운 변동은 여러 유형이 함께 나타날 수도 있다. ㉠따뜻하다[따뜨타다]와 ㉡삯일[상닐]에 일어나는 음운 변동에는 공통점과 차이점이 존재한다.

① ㉠과 ㉡ 중 ㉠에만 음운의 탈락 현상이 일어난다.
② ㉠과 ㉡ 중 ㉠에만 음운의 첨가 현상이 일어난다.
③ ㉠과 ㉡ 모두 음운의 축약 현상이 일어난다.
④ ㉠과 ㉡ 모두 음운의 대치 현상이 일어난다.
⑤ ㉠과 ㉡ 모두 음운 변동을 거치며 음운의 개수가 줄어든다.

**02** 〈보기〉의 ㉠~㉣에 대한 설명으로 가장 적절하지 않은 것은?

2022 법원직 9급

> ─〔보기〕─
> 음운의 변동은 한 음운이 다른 음운으로 바뀌는 교체, 한 음운이 없어지는 탈락, 새로운 음운이 생기는 첨가, 두 음운이 하나의 음운으로 합쳐지는 축약으로 구분된다. 한 단어가 발음될 때 이 네 가지 변동 중 둘 이상이 나타나는 경우도 있고 하나의 음운이 두 번 이상의 음운 변동을 겪기도 한다.
>
> ㉠ 꽃잎[꼰닙]          ㉡ 맏며느리[만며느리]
> ㉢ 닫혔다[다쳗따]     ㉣ 넓죽하다[넙쭈카다]

① ㉠~㉣은 모두 음운이 교체되는 현상이 일어난다.
② ㉠과 ㉡에서는 공통적으로 음운의 첨가가 일어난다.
③ ㉢에서는 두 개의 음운이 하나로 축약되는 현상이 일어난다.
④ ㉣에서는 음운의 탈락과 축약이 일어난다.

**03** 다음에 대한 설명으로 적절한 것은? 2019 지방직 9급

> ㉠ 가을일[가을릴]　　㉡ 텃마당[턴마당]
> ㉢ 입학생[이팍쌩]　　㉣ 흙먼지[흥먼지]

① ㉠: 한 가지 유형의 음운 변동이 나타난다.

② ㉡: 인접한 음의 영향을 받아 조음 위치가 같아지는 동화 현상이 나타난다.

③ ㉢: 음운 변동 전의 음운 개수와 음운 변동 후의 음운 개수가 서로 다르다.

④ ㉣: 음절 끝에 'ㄱ, ㄴ, ㄷ, ㄹ, ㅁ, ㅂ, ㅇ' 이외의 자음이 오면 이 7개의 자음 중 하나로 바뀌는 규칙이 적용된다.

**04** 음운 변동에 대한 설명으로 옳은 것은? 2018 지방직 7급

① 값진[갑찐]: 탈락, 첨가 현상이 있다.

② 밖과[박꽈]: 대치, 축약 현상이 있다.

③ 끓는[끌른]: 탈락, 대치 현상이 있다.

④ 밭도[받또]: 대치, 첨가 현상이 있다.

**05** 밑줄 친 부분 중 음운의 탈락 현상이 나타나지 않은 것은? 2015 지방직 7급

① 지난해 새로 집을 <u>지었다</u>.

② 잘 <u>오는</u> 남자는 매력이 없다.

③ 그는 사과문을 <u>써서</u> 벽에 붙였다.

④ 국이 뜨겁고 <u>매워서</u> 먹지 못하겠다.

# 亦功 콤단문 독해 PIN POINT

## 신유형 2025 버전 1

**1단계**

일반 사례 추론은
제시문에서 다루는
문법 중심 화제가
무엇인지 정도만 체크

**2단계**

선지를 분석해서
참 거짓을
스스로 판별하기

**3단계**

만약 선지만으로
판단이 안 되는 경우에는
제시문으로 가서
해당 부분을 발췌하여
선지를 판단한다.

일반 사례 추론

**01  다음 글에서 추론한 내용으로 적절하지 않은 것은?**

> 음운 변동이란 발음을 쉽게 하기 위해서 환경에 따라 음운이 변하는 현상을 말한다. 국어의 음운 변동의 종류에는 네 가지가 있다. 교체는 한 음운이 다른 음운으로 변하는 현상으로, '국물'이 [궁물]로 발음되는 것이 그 예시이다. 탈락은 한 음운이 없어지는 현상으로 '값'이 [갑]으로 발음되는 것이 그 예시이다. 첨가는 새로운 음운이 생기는 현상으로 '솜이불'이 [솜니불]로 발음되는 것이 그 예시이다. 축약은 두 음운이 하나의 음운으로 줄어드는 현상으로 '축하'가 [추카]로 발음되는 것이 그 예시이다. 이처럼 국어는 발음이 어려운 단어의 발음을  편하게 하기 위해 교체, 탈락, 첨가, 축약을 거쳐 쉽게 발음되는 경우가 많다.

① '굳이'가 [구지]로 발음되는 것은 교체의 예시이다.
② '앉아'가 [안자]로 발음되는 것은 탈락의 예시이다.
③ '좋아요'가 [조아요]로 발음되는 것은 탈락의 예시이다.
④ '학여울'이 '[항녀울]로 발음되는 것은 교체와 첨가의 예시이다.

## 신유형 2025 버전 2

밑줄 사례 추론

**02 다음 글의 ㉠의 사례가 포함되어 있지 않은 것은?**

국어의 음운 변동의 종류 중 음운의 탈락과 ㉠음운의 축약은 음운이 하나 줄어든다는 공통점이 있다. 하지만 음운의 축약은 두 개의 음운이 결합하여 하나의 음운으로 줄어드는 현상을 말한다. 음운의 축약과 달리 음운의 탈락은 단어의 형태나 발음 과정에서 특정 음운(소리)이 사라지는 현상이다. 가령, '각하'의 발음은 [가카]로 'ㄱ'과 'ㅎ'이라는 음운의 결합하여 'ㅋ'이라는 하나의 음운으로 줄어드는 것은 음운의 축약이다. 반면, '좋아'는 [조아]로 발음되는 것으로 'ㅎ'이 사라지는 현상이다. 이 둘은 음운이 하나 줄어드는 공통점이 있지만 과정상의 차이점이 있으므로 유의하여 구별해야 한다.

① '옳다'는 [올타]로, '옳지'는 [올치]로 발음된다.
② '주다'와 어미 '-어라'가 만나 '줘라'가 되었다.
③ '막혀'는 [마켜]로, '맞힌'은 [마친]으로 발음된다.
④ '모자라다'와 어미 '-아도'가 만나 '모자라도'가 되었다.

**1단계**

밑줄 사례 추론은 제시문의 밑줄을 먼저 확인해서 문법 중심 화제가 무엇인지 정도만 체크

**2단계**

선지를 분석해서 참 거짓을 스스로 판별하기

**3단계**

만약 선지만으로 판단이 안 되는 경우에는 제시문으로 가서 해당 부분을 발췌하여 선지를 판단한다.

PART
08

**01** 다음 글을 이해한 내용으로 적절하지 않은 것은?

> 두음법칙이란 우리말에서 'ㄴ'이나 'ㄹ'이 단어 첫머리에 오는 것을 꺼리는 현상을 말한다. 이에 따라 '니, 냐, 녀, 뇨, 뉴' 등은 단어 첫머리에서 '이, 야, 여, 요, 유'로 바뀌게 된다. '녀자(女子)'를 '여자(女子)'로, '뇨소(尿素)'를 '요소(尿素)'로 쓰는 것이 두음법칙을 적용한 예이다. 'ㄹ'의 경우는 더 복잡한데 '리, 랴, 료, 료, 류' 등은 '이, 야, 여, 요, 유'로 바뀌는 반면 '라, 로, 루, 르' 등은 '나, 노, 누, 느' 등으로 바뀐다. 그러므로 '리발(理髮)'은 '이발(理髮)'로 바뀌지만 '로인(老人)'은 '노인(老人)'이 된다. 두음법칙은 둘째 음절 이하에서는 적용되지 않는데 둘 이상으로 이어진 고유명사를 붙여 쓸 경우에는 두음법칙을 적용할 수 있다. '한국여자대학교'는 '한국'과 '여자대학교'가 결합한 고유명사이므로 '녀자'가 아니라 '여자'로 표기한다. 접두사처럼 쓰이는 한자어가 붙은 말이나 합성어도 두음법칙에 따라 적는 것이 원칙이다. '중-로동(重勞動)', '신-녀성(新女性)'은 'ㄹ, ㄴ'이 단어의 첫머리에 온 것이 아니지만 예외적으로 두음법칙이 적용되어 '중노동(重勞動)', '신여성(新女性)'으로 표기한다.

① '량심(良心)'에 두음법칙을 적용하면 '양심'으로 바꾸는 것이 옳다.

② '남존여비(男尊女卑)'는 두음법칙이 적용되지 않은 말이다.

③ '소녀(小女)'는 단어 첫머리가 아니므로 두음법칙을 적용하지 않는 것이 옳다.

④ 단어의 첫머리가 아니더라도 두음법칙이 적용되는 경우가 있다.

**02** 다음 글에서 추론한 내용으로 적절한 것은?

> 음운 교체 현상 중에서 흔히 일어나는 현상으로 비음화와 유음화가 있다. 비음화는 특정 받침이 비음인 'ㅁ, ㄴ, ㅇ'으로 변하는 현상을 말한다. 비음화는 특정 조건 하에서 일어나는데, 첫째, 'ㅂ, ㄷ, ㄱ'가 'ㅁ, ㄴ' 앞에서 [ㅁ, ㄴ, ㅇ]으로 교체된다. 예를 들어, '먹는'이 [멍는]으로 발음된다. 둘째, 받침 'ㅁ, ㅇ' 뒤에 연결되는 'ㄹ'은 [ㄴ]으로 교체된다. 예를 들어, '침략'이 [침냑]으로 발음된다. 셋째, 받침 'ㄱ, ㅂ' 뒤에 연결되는 'ㄹ'이 [ㄴ]으로 교체된다. 예를 들어, '백 리'를 [뱅니]로 발음된다. 유음화는 특정 받침이 유음인 'ㄹ'로 변하는 현상이다. 유음화가 일어나는 조건은 'ㄴ'이 'ㄹ'의 앞이나 뒤에 있을 때로, 비음인 'ㄴ'이 유음 'ㄹ'의 영향을 받아 유음 'ㄹ'로 교체된다. 예를 들어 '신라'가 [실라]로 발음되는 것이 있다. 이렇게 비음화와 유음화를 통해 음운 교체가 일어남으로써 국어의 단어를 좀 더 편하게 발음할 수 있게 된다.

① '섞니'가 [성니]로 발음되는 것은 탈락이 일어난 후 비음화가 일어난 것이다.

② '종로'가 [종노]로 발음되는 것은 유음화가 일어난 것이다.

③ '밥물'이 [밤물]로 발음되는 것은 비음화가 일어난 것이다.

④ '번로'가 [벌로]로 발음되는 것은 비음화가 일어난 것이다.

**03** 다음 글의 ㉠의 사례가 포함되어 있지 않은 것은?

> ㉠ㄴ첨가란 앞말이 자음으로 끝나고 뒷말이 '이, 야, 여, 요, 유'로 시작하는 경우에는 뒷말의 초성 자리에 'ㄴ' 소리가 첨가되는 현상을 의미한다. 가령, '내복약'은 '내복+약'의 단어 구성을 보이는데 '내복'이 자음으로 끝나고 뒷말이 '약'로 시작하므로 [내복냑]으로 ㄴ이 첨가된다. 이후 첨가된 'ㄴ'이 앞의 'ㄱ'을 자기와 비슷한 비음 [ㅇ]으로 교체시키게 되어 [내봉냑]으로 발음이 완성된다.

① 늑막염[능망념]
② 서울역[서울력]
③ 삯일[상닐]
④ 수돗물[수돈물]

**04** 다음 글을 읽고 추론한 내용으로 적절한 것은?

> 최근의 언어 사용 양상을 살펴보면 경음화현상이 상당히 빈번하게 일어나고 있음을 알 수 있다. 경음화 현상은 올바르게 발음하여 자연스럽게 이루어지는 문법현상일 때도 있으나, 잘못 발음하여 사용되는 예도 많다. 교과서를 '교꽈서'로 발음한다거나 거꾸로를 '꺼꾸로'로 발음하는 것이 그 예이다. 최근 많은 한국어 화자들이 일상생활에서 실제로는 특별한 이유가 없이 경음화를 상당히 즐겨 사용하고 있다. '회사에서 짤릴 지도 몰라.'라고 발음하거나 '머리를 깜따.'라고 발음하는 것도 대표적인 예이다. 이러한 언어현상을 자연스러운 일종의 흐름으로 파악해야 한다는 관점도 있고 규범적인 성격으로 파악하여 잘못된 점을 고쳐야 한다는 관점도 있다. 국립국어원에서 기존에는 표준 발음이 아니었던 '효과[효꽈]', '교과[교꽈]' 된소리 발음을 인정한 사례도 있다. 그런데 지나치게 사회적 흐름만을 좇아가는 것도 교육적 측면을 고려하지 못하는 위험이 따를 수 있으므로 주의가 필요하다.

① 경음화 현상이 항상 올바르게 나타나는 것은 아니다.
② 경음화 현상에 대한 교육적 측면을 고려하지 않아도 문제되지 않는다.
③ 국립국어원은 사회적 흐름을 반영하지 않고 경음화 발음을 엄격히 금지하고 있다.
④ 경음화 현상은 항상 규범적인 성격으로 고쳐져야 한다.

# Chapter 23

# 문법 - 기타

관련교재

관련 기본서 없음

▶ 대표 출종포 발문 체크

다음 글에서 추론한 내용으로 적절하지 않은 것은?

다음 글의 ㉠의 사례가 포함되어 있지 않은 것은?

▶ 대표 출종포 개관

이 유형은 2025년 인사혁신처 1차 샘플에 출제되었던 '문법+독해 결합형'으로
2025 인사혁신처 2차 샘플에는 출제되지 않았습니다.

그래서 "문법은 아예 '공문서 문장 고쳐쓰기'만 하면 되는 거 아닌가?"라고 생각할 수 있겠지만
인사혁신처는 '2차 샘플'만 출제에 범위에 넣는 것이 아니라 '1차 샘플'도 포함이라는 입장을 견지하고 있으므로
'문법+독해 결합형'을 아예 배제하기에는 위험성이 아직은 큽니다.

특히, 시간을 절약해서 풀어야 하는 것이 관건인 2025년 시험에는 '문법+독해 결합형'이 나온다면
'출종포 문법 어휘, 적중용 콤단문 문법' 강의를 학습하여
선지를 보고 빠르게 문제를 풀 수 있게 되는 것이 중요해질 것입니다.

'적중용 콤단문 문법'이라는 강의는 특히 역대 최빈출 기출을 뽑아
나올 확률이 가장 큰 문법 예시들로 만들어진 문제집으로 문법 암기 양을 최소화하기에 좋은 교재입니다.

나머지에서 나올 수 있는 출제 포인트를 정리하면
1) 의미론
2) 담화론
3) 어문 규정 등이 있습니다.

**01** 다음 글을 이해한 내용으로 적절한 것은?

> 언어는 시간의 흐름에 따라 단어의 의미가 변하는 경우가 많다. 이러한 의미 변화를 크게 세 가지 유형으로 나눌 수 있는데, 의미 이동, 의미 확대, 의미 축소가 그것이다. 각각의 의미 변화를 자세히 살펴보자. 의미 이동은 단어의 의미가 완전히 다른 의미로 바뀌는 현상을 말한다. 이는 단어가 원래 가지고 있던 의미와 전혀 다른 새로운 의미를 갖게 되는 경우를 의미한다. 예를 들어, '어리다'라는 단어는 원래 '어리석다'라는 의미였으나, 현재는 '나이가 적다'라는 의미로 바뀌었다. 의미 확대는 단어의 의미 범위가 넓어지는 현상을 말한다. 이는 특정한 의미를 가진 단어가 그 의미를 확장하여 더 넓은 범위의 대상을 가리키게 되는 경우를 의미한다. 방석(方席)은 원래 네모난 모양의 깔개만을 가리키는 말이었으나 둥근 것까지도 포함하게 되어 의미 확대의 예이다. 의미 축소는 단어의 의미 범위가 좁아지는 현상을 말한다. 이는 원래 더 넓은 의미를 가지고 있던 단어가 특정한 의미로 한정되는 경우를 의미한다. 예를 들어 얼굴이 '형체'를 가리키는 말에서 '안면'만 가리키는 말로 축소된 것이 그 예이다.

① '두꺼비집'이 '두꺼비의 집'을 가리키는 말에서 '전기 개폐기'로 변화한 것은 의미 확대의 예이다.

② '놈'이 평범한 남자를 가리키는 말에서 사람을 비하하는 말로 바뀐 것은 의미 이동의 예이다.

③ '생수'가 마시는 물이라는 의미에서 제품화되어 나온 마실 물을 가리키게 된 것은 의미 확대의 예이다.

④ '겨레'가 혈연을 의미하는 말에서 유대를 지닌 민족 공동체를 가리키게 된 것은 의미 확대의 예이다.

**02** 다음 글을 이해한 내용으로 적절하지 않은 것은?

> 둘 이상의 단어가 서로 짝을 이루어 대립하는 관계에 있을 때 이를 '반의 관계', 즉 '반의어'라고 말한다. 반의 관계가 성립하기 위해서는 두 단어 사이에 공통적인 의미 특성이 있고 단 한 가지 특성만이 대립되어야 한다. 예를 들어 '남학생'과 '여학생'은 둘 다 학생이라는 공통적인 의미 특성이 있으면서 성별만이 다르기 때문에 반의 관계에 있는 단어이다. 반의어는 유형에 따라 정도 반의어, 상보 반의어, 방향 반의어로 나눌 수 있다. 먼저 정도 반의어는 정도나 등급에 있어 대립이 되는 쌍이며, 중간 단계가 존재한다. 상보 반의어는 서로 겹치지 않는 두 영역으로 철저히 대립되는 쌍으로, 정도 반의어와는 달리 중간 단계가 존재하지 않는다. 방향 반의어는 관계나 이동, 공간 측면에 있어서 대립이 되는 쌍을 일컫는다. 다의어의 경우에는 의미에 따라서 여러 개의 단어들이 대립하여 반의 관계를 이루기도 한다. 예를 들어 '(얼음이) 녹다'의 반의어는 '(얼음이) 얼다'이고, '(초콜릿이) 녹다'의 반의어는 '(초콜릿이) 굳다'이다.

① '아래쪽'과 '위쪽'은 반의 관계이며 방향 반의어에 해당한다.

② '높다'와 '낮다'는 반의 관계이며 상보 반의어에 해당한다.

③ '살다'와 '죽다'는 반의 관계이며 상보 반의어에 해당한다.

④ '스승'과 '제자'는 반의 관계이며 방향 반의어에 해당한다.

PART
08

## 03 다음 글을 이해한 내용으로 적절한 것은?

지시 표현은 담화 장면을 구성하는 화자, 청자, 사물, 시간, 장소 등의 요소를 직접 가리키는 표현이다. 대용 표현은 담화에서 언급된 말이나 뒤에서 언급될 말을 대신하는 표현이다. 대표적인 지시 표현으로는 '이', '그', '저' 등이 있다. 이들이 담화에서 언급되는 말을 대신할 때는 대용 표현이 된다. 예를 들어, 친구가 들고 있는 꽃을 보며 화자가 "이 꽃 예쁘네."라고 말했다면, '꽃'을 직접 가리키는 '이'는 지시 표현이다. 그러나 화자가 "그런데 지난번 꽃도 예쁘던데, 그때 그거는 어디서 샀어?"라고 말을 이어갔다면, 이때의 '그거'는 앞선 발화의 '지난번 꽃'을 대신하는 대용 표현이다. 또한, 접속 표현은 문장과 문장, 발화와 발화를 연결해 주는 표현으로, '그리고' 같은 접속 부사가 대표적인 예이다. 앞서 언급된 두 번째 발화의 '그런데'도 앞의 발화를 뒤의 발화와 이어 주는 접속 표현에 속한다.

① 대용 표현은 담화 장면의 화자와 청자를 직접 가리키는 표현이다.
② 접속 표현은 다른 단어와 문법적으로 연결되지 않으며 독립적으로 사용된다.
③ '그런데'는 지시 표현으로, 특정 사물을 가리킬 때 사용된다.
④ 대화 중 앞서 언급된 사물을 다시 언급할 때 사용하는 '그거'는 대용 표현으로 볼 수 있다.

## 04 다음 글을 이해한 내용으로 적절하지 않은 것은?

한국어에서 단어들은 서로 다양한 관계를 맺고 있으며, 그 중 상의어와 하의어 관계는 단어의 의미를 이해하는 데 중요한 역할을 한다. 상의어와 하의어는 단어의 의미 계층 구조를 나타내며, 상위 개념과 하위 개념 사이의 포함 관계를 보여준다. 상의어는 보다 일반적이고 포괄적인 의미를 가진 단어로, 여러 하의어를 포함하는 개념이다. 상의어는 하위 개념들을 포괄하는 큰 범주의 단어로 이해할 수 있다. 예를 들어, '과일'이라는 단어는 여러 종류의 과일을 포함하는 상의어이다. '사과', '바나나', '포도' 등은 모두 '과일'이라는 상의어에 포함된다. 이처럼 상의어는 특정 범주 내의 다양한 하의어들을 총칭하는 역할을 한다. 하의어는 보다 구체적이고 특수한 의미를 가진 단어로, 상의어에 포함되는 개념이다. 하의어는 상위 개념의 특정 예시나 종류를 나타낸다. 예를 들어, '사과'는 '과일'의 하의어로, 과일이라는 범주 내에서 특정한 종류를 가리킨다. 마찬가지로, '바나나'와 '포도'도 '과일'의 하의어로, 각기 다른 과일의 종류를 나타낸다. 하의어는 상의어에 비해 더 구체적인 정보를 제공하며, 상의어의 범주 내에서 다양성을 나타낸다.

① '사람'은 '남성'과 '여성'을 포함하는 상의어가 될 수 있다.
② '축구'와 '야구'는 '운동'의 하의어가 될 수 있다.
③ 하의어는 일반적이고 포괄적인 의미를 가지며, 여러 상의어를 포함하는 개념이다.
④ 상의어는 특정 범주 내의 다양한 하의어들을 총칭하는 역할을 한다.

## 05 다음 글을 이해한 내용으로 적절한 것은?

2020학년도 6월 모평 11~12번 변형

한 언어의 어휘 체계 내에서 특정 개념이 존재하지만 그에 대응하는 단어가 없는 경우를 '어휘적 빈자리'라고 한다. 어휘적 빈자리는 지속적으로 존재할 수도 있지만, 여러 방식으로 채워지기도 한다. 어휘적 빈자리를 채우는 첫 번째 방식은 단어 대신 구를 사용하여 빈자리를 채우는 방법이다. 예를 들어, 어떤 언어에는 '사촌', '고종사촌', '이종사촌'에 해당하는 단어는 있지만, '외사촌'을 지시하는 단어가 없다. 그래서 그 언어에서는 '외삼촌의 자식'이라는 표현을 사용한다고 한다. 현대 국어에서도 어린 돼지를 '아기 돼지', '새끼 돼지'로 지칭하는 것이 이러한 방식에 해당된다. 두 번째 방식은 한자어나 외래어를 활용하여 빈자리를 채우는 방법이다. 현대 국어에서 무지개의 색을 나타내는 어휘 체계는 '빨강-주황-노랑-초록-파랑...'으로 이루어져 있는데, 이 중 '빨강', '노랑', '파랑'은 고유어이지만 '빨강과 노랑의 중간색', '풀의 빛깔과 같이 푸른빛을 약간 띤 녹색'을 나타내는 고유어는 없다. 따라서 '주황(朱黃)'과 '초록(草綠)' 등의 한자어가 사용된다. 세 번째 방식은 상의어로 하의어의 빈자리를 채우는 방법이다. 예를 들어 '누이'는 원래 손위와 손아래를 모두 가리키는 단어였지만, 손위를 의미하는 '누나'라는 단어는 따로 있는 반면 손아래를 의미하는 단어는 없어서 상의어인 '누이'가 그대로 빈자리를 차지하게 되었다.

① 현대 국어에서 '아기 당나귀', '새끼 당나귀'와 같은 표현은 어휘적 빈자리를 구로 채우는 예이다.

② '주황'과 '초록'은 상의어로 하의어의 빈자리를 채운 예이다.

③ 어휘적 빈자리는 주로 단어를 만들어내는 방식으로만 채울 수 있다.

④ 어휘적 빈자리를 채우기 위해 상의어 대신 하의어를 사용하는 경우가 많다.

박혜선 국어
**콤단문** 독해

정답 및 해설

# Part 01 화법과 작문

## Chapter 01 말하기 방식

### 亦功 콤단문 독해 PIN POINT

**한눈에 보기**

01 ④　　02 ②

---

#### 신유형 2025 버전 1　p.22

**01 ▶ ④**

[정답풀이] 대화는 계속해서 숙제의 양에 초점을 맞춰 진행되고 있다. 하지만 을이 마지막 발언에서 '숙제의 양을 논하는 것보다는 숙제의 질에 더 집중해야 한다고 생각해. 질 높은 숙제는 ~ 어떻게 생각하니?'라며 숙제의 질로 초점을 전환하여 더 깊이 있는 논의를 유도하는 모습을 보인다.

[오답풀이] ① 대화는 계속해서 화자가 하나의 견해와 근거를 제시하는 양상으로 진행되고 있다. 마지막 을의 발언 '숙제의 양을 논하는 것보다는 숙제의 질에 더 집중해야 한다고 생각해. 질 높은 숙제는 학생들의 사고력과 창의력을 키우는 데 도움이 돼.'는 이전까지 진행되었던 대화 주제였던 숙제의 양에서 숙제의 질로 화제를 전환하여 토론을 확장한다고 볼 수 있지만 다양한 견해를 제시한 것은 아니다.
② 화자가 견해와 근거를 제시하고 있지만 추가적인 근거를 들어 자신의 주장을 뒷받침하는 사람은 없다.
③ 서로 다양한 의견을 제시하고 있고 숙제의 양을 줄이는 것에 대해 찬성, 반대로 나뉘는 양상은 보이지만 이러한 의견 차로 인해 극심한 대립 양상을 보이지는 않는다.

---

#### 신유형 2025 버전 2　p.23

**02 ▶ ②**

[정답풀이] ㄴ. 을은 '하지만 경제 수준이 향상된 지금도 이 불평등은 해소되지 않고 있다. 오늘날 세계화와 시장 규제 완화로 인해 빈부 격차가 심화되고 계급 불평등이 더 고착되었다.'라고 말했으므로 경제 수준으로 인한 계급 불평등이 있다고 보았다. 이와 마찬가지로 병은 '하지만 현대사회에서 계급 체계는 여전히 경제적 불평등의 핵심으로 남아

있다.'라고 말했으므로 둘다 경제 수준으로 인한 불평등을 언급하므로 을의 주장과 병의 주장은 대립하지 않는다고 볼 수 있다.

[오답풀이] ㄱ, ㄷ. 갑은 '이에 따라서 전통적인 계급은 사라지고, 이제는 계급이 없는 보다 유동적인 사회질서가 새로 정착되었다.'라고 말했으므로 계급 불평등이 없음을 드러내고 있다. 따라서 갑은 을과 병 모두와 대립하고 있음을 알 수 있다.

---

### 亦功 말하기 방식 기출 훈련　p.24

**한눈에 보기**

| 01 ④ | 02 ③ | 03 ① | 04 ② | 05 ③ |
| 06 ③ | 07 ① | 08 ① | 09 ④ | 10 ④ |
| 11 ④ | 12 ① | | | |

**01 ▶ ④**

[정답풀이] 박 과장은 김 주무관, 이 주무관, 윤 주무관의 제안을 비교하여 의견을 절충한 적이 없으므로 적절하지 않다. '절충'이란 '서로 다른 견해나 관점을 어느 편으로도 치우치지 않게 조절하여 알맞게 함.'을 의미한다. 하지만 박 과장은 '네, 윤 주무관의 생각에 저도 동의합니다.'라고 하며 최종적인 발언에서 윤 주무관의 생각에만 동의하고 있으므로 이는 적절하지 않다.

[오답풀이] ① 토의란 어떤 문제에 대해 검토하고 협의하는 의사소통 과정인데 제시문에서 구성원들은 '벚꽃 축제의 홍보 방법'에 대해 협의 중이므로 적절하다.
② '지역 주민들이 SNS로 정보도 얻고 소통도 하니까 우리도 SNS를 통해 홍보하는 것은 어떨까요?'라는 김 주무관의 발언을 통해 확인할 수 있는 정보이므로 적절하다.
③ '파급력을 생각하면 지역 주민보다는 대중이 널리 이용하는 라디오 광고로 홍보하는 방법이 좋을 것 같습니다.'라는 이 주무관의 발언을 통해 확인할 수 있는 정보이므로 적절하다.

**02 ▶ ③**

[정답풀이] 시각 자료를 제시하는 부분은 나오지 않으므로 적절하지 않다.

[오답풀이] ① 1문단의 '저는 '사회역학'이라는 학문을 공부하고 있는데요, 혹시 '사회역학'이라는 단어를 들어 보신 적 있으신가요?'에서 청중의 반응을 살피면서 발표를 진행하고 있음을 알 수 있다.

② 3문단의 '하버드 보건대학원의 글로리안 소런슨 교수 팀은 제조업 사업체 15곳의 노동자 9,019명을 대상으로 연구를 진행하면서 다음과 같은 질문을 던집니다.'에서 전문가의 연구결과를 제시하여 신뢰성을 높이고 있음을 알 수 있다.
④ 2문단의 '위험한 작업 환경에서 일하는 노동자에게 담배를 피우면 10년 뒤에 폐암이 발생할 수 있으니 당장 금연해야 한다고 말한다면, 이 말은 그렇게 설득력이 있지는 않을 것입니다.'에서 특정한 상황을 가정하여 내용의 이해를 돕고 있음을 알 수 있다.

## 03 ▶ ①

정답풀이 백팀장은 팀원에 대한 유대감을 드러내는 표현을 사용하지 않았다.

오답풀이 ② 고 대리는 공개가 부담스럽고, 타 부서와 비교될 것 같다고 명시적으로 밝히며 백 팀장의 요청을 거절하고 있다.
③ 임 대리는 첫 발화에서 취지는 좋다고 생각한다며 공감하는 태도를 드러내고 있다.
④ 임 대리는 의견을 들어본 후 잘된 것만 올리는 것이 어떠냐면서 의문문을 통해 자신의 의견을 간접적으로 드러내고 있다.

## 04 ▶ ②

정답풀이 운용은 은지의 주장이 타당한 근거가 있는지를 물어본 것으로 찬반 의견을 드러내지 않았다. 반대하고 있다는 서술은 적절하지 않다.

오답풀이 ① '설탕세 부과'라는 화제를 제시하였다.
③ '세계보건기구 보고서'를 통해 설탕세를 부과하면 소비가 감소한다는 근거를 제시하였다.
④ 은지는 설탕세를 부과하여 소비를 줄이고 이를 통해 질병이 예방된다고 하였다. 재윤의 당 섭취와 질병 발생이 유의미한 상관관계가 없다는 진술은 이를 부정하는 것이다.

## 05 ▶ ③

정답풀이 첫 문장에 '오토바이를 타는 사람은 헬멧을 착용하여 머리를 보호할 수 있습니다.'라는 장점이 나온다. '헬멧을 쓰는 것이 보기에도 좋지 않고, 거추장스럽다고 여겼습니다.'라는 이야기가 나오기는 하나 이것은 부정적 측면을 드러내기 위한 것이 아니라, 서술자의 인식 변화를 드러내기 위해 서술한 문장이다. 따라서 긍정적인 면보다 부정적인 면을 강조하고 있다는 서술은 적절하지 않으며, 부정적인 면보다 긍정적인 면을 강조한다고 보는 것이 적절하다.

오답풀이 ① (가) 첫 문장에 '지난달 제 친구는 퇴근 후 오토바이를 타고 집으로 돌아가다가 사고를 당했습니다.'라는 구체적인 사례가 나와 있으므로 적절하다.
② '매년 2천여 명이 오토바이를 타다가 머리를 다쳐', '오토바이 사망 사고 원인의 80%가 두뇌 손상'이라는 통계를 활용하였다. 또한 이러한 통계를 제시하여 문제의 심각성을 부각하고 있으므로 적절하다.

④ 헬멧을 쓴다는 문제 해결 방안에 따른 이익으로 '오토바이를 타는 모든 사람이 헬멧을 착용한다면 오토바이 사고로 인한 신체 피해를 75% 줄일 수 있습니다.'가 제시되어 있다. 또한 '안전을 위해서 헬멧을 반드시 착용하시기 바랍니다.'라고 청자에게 요구하는 행동을 명확하게 제시하고 있으므로 적절하다.

## 06 ▶ ③

정답풀이 B는 고객이 제안서에 "동일한 사업적 효과가 있을지 궁금하다"며 의문을 제기한 내용을 근거로 고객의 답변이 완곡한 거절이라고 판단하고 있으므로 이 선택지는 옳다.

오답풀이 ① A는 "해당 사업에 관하여 제 제안서를 승낙했다는 답변이 잖아요."를 보면 고객의 답변에 대해 승낙이라는 의미로 이해하고 있음을 알 수 있다. 하지만 B는 "보통 그런 상황에서는 완곡하게 거절하는 의사 표현이라 볼 수 있어요."를 보면 고객의 답변에 대해 거절의 의미로 이해하고 있다. 따라서 A와 B는 고객의 답변에 대해 제안서 승낙이라는 의미로 다르게 이해하고 있음을 알 수 있다.
② B는 요즘 같은 코로나 시기에는 이전과 동일한 사업적 효과가 있을지 궁금하다고 말한 것은 완곡하게 거절하는 표현이라고 하고 있다. 하지만 A는 "하지만 궁금하다고 말한 것이지 사업을 수용하지 않는다는 것은 아니지 않나요? 답변을 할 때도 굉장히 표정도 좋고 박수도 쳤는데 말이죠. 목소리도 부드러웠고요."를 보면, 동일한 사업적 효과가 있을지 궁금하다는 표현을 긍정적인 평가라고 보고 있음을 알 수 있다.
④ "표정도 좋고 박수도 쳤는데 말이죠."에 비언어적 표현이 나오는데, A는 이러한 비언어적 표현을 바탕으로 하여 고객의 답변을 제안서에 대한 승낙으로 보고 있음을 알 수 있다.

## 07 ▶ ①

정답풀이 기술어에 대한 관점은 을의 견해이다. 갑은 기술어에 대해 어떠한 언급도 하지 않았다.

오답풀이 ② 을은 '로물루스'의 예를 들며 실존하지 않는 대상을 지칭하는 단어가 있으며 이것이 기술어라고 하였다.
③ 갑은 '페가수스'라는 단어가 의미를 지니며, 모든 단어는 무언가의 이름이라고 하였다. 반면에 을은 실존하지 않는 대상에게는 이름이 없고 이를 지칭하는 것은 기술어라고 하였다. 따라서 을은 '페가수스'를 기술어라고 볼 것이다.
④ 갑은 모든 이름은 반드시 실존하는 대상을 지칭한다고 보았으며, 을 또한 어떤 단어가 이름이라면 실존하는 어떤 대상을 반드시 지칭한다고 보았다.

## 08 ▶ ①

정답풀이 '나'는 "음, 요즘 날씨 때문에 더 그렇지? 네가 중요하다고 생각하는 시기에 집중력이 떨어진다니 속이 상하겠구나."라고 하며 '가'의 말을 존중하고 이해해주고 있으므로 공감적 대화라고 볼 수 있다.

**오답풀이** ② "안정감을 가져 봐. 많이 지쳐서 그럴 수 있으니 며칠 쉬면서 생각해 보면 어떨까?"라며 상대의 말에 해결책을 제시해주고 있으므로 진정한 공감적 대화라고 보기 어렵다.
③ "고민만 하지 말고 좋은 방법을 찾아봐."라며 상대의 말에 해결책을 찾으라고 북돋는 것은 진정한 공감적 대화라고 보기 어렵다. 그보다는 상대의 경험을 존중하고 이해해야 했다.
④ "지금이 얼마나 중요한 시기인데 그런 얘길 하니?"라며 잘못을 지적하고 "마음을 다잡고 일단 최선을 다해 봤으면 좋겠구나." 해결책을 제시하고 있다. 이는 진정한 공감적 대화라고 보기 어렵다.

## 09 ▶ ④

**정답풀이** 반대 측의 마지막 발언에서 반대 측은 '과연 누구까지를 학교 폭력의 방관자라고 규정지을 수 있을까?'라며 '학교 폭력을 방관한 학생에게도 책임을 물어야 한다'는 논제에 의문을 제기하고 있다. 이로써 방관한 학생에 대해 책임을 물을 수 없다는 주장을 강화하고 있으므로 ④가 말하기 방식을 설명한 것으로 적절하다.

**오답풀이** ① 찬성 측이 친숙한 상황에 빗대는 내용은 어디에도 언급되어 있지 않다. 그저 학교 폭력에 방관하는 학생들에 대해 설명할 뿐이다.
② 찬성 측은 자신의 개인적인 경험보다는 최근에 나타나는 학교 폭력의 일반적인 양상에 대해 제시하고 있을 뿐이다.
③ 반대 측은 사건에 대한 개입과 방관은 개인의 자율적 의지에 달린 문제이므로 외부에서 규제할 성질의 문제가 아니며 방관자를 규정하는 것의 어려움에 대해 말하고 있다. 따라서 반대 측은 "윤리적 방법"이라는 단어와도 무관하며 해결책을 제시하고 있지도 않다.

## 10 ▶ ④

**정답풀이** 수빈이 정아의 말을 자신의 처지로 바꾸어 의미를 재구성하려면, "만약 나였다면~"과 같은 표현이 있을 텐데 제시문에 나와 있지 않다.

**오답풀이** ① 수빈이 정아의 말에 자신이 주의 집중하고 있음을 보여주는 부분은 맞장구 "정말?"과 정아가 한 말을 되짚어 자신이 집중하고 있음을 보여주는 "팀장님 질문에 대답을 못 했구나"를 통해 알 수 있다.
② 수빈이 정아가 계속 말을 할 수 있도록 격려하는 부분은 "무슨 일이 있었는지 자세히 말해 봐."를 통해 알 수 있다.
③ 수빈이 정아의 혼란스러운 감정을 정아 스스로 정리하게끔 도와주고 있는 부분은 "팀장님 질문에 대답을 못 했구나. 처음 하는 프레젠테이션이라 정아 씨가 긴장을 많이 했나 보다"에서 드러난다. 정아가 당시에 처한 상황과 느꼈던 감정과 그 원인을 추측하여 정아 스스로 혼란스러운 감정을 정리하게끔 도와주고 있다.

## 11 ▶ ④

**정답풀이** '겸양의 격률'은 자기 자신에 대한 칭찬은 최소화하고 자신에 대한 비방을 극대화하는 것이다. 따라서 '가'의 칭찬에 아직 많이 부족

하다며 자신을 낮춘 '나'의 자세가 겸양의 격률이 맞다. '가'는 상대의 좋은 점을 칭찬하므로 찬동의 격률을 잘 지키고 있다.

**오답풀이** ① '가'는 상대에 대한 칭찬을 극대화하고 있으므로 찬동의 격률이 사용된 대화이다.
② '가'는 청유나 명령의 의문형으로 제시하여 상대의 부담을 줄여주고 있으므로 요령의 격률이 사용된 대화이다. '나'는 '좋지'라며 상대의 의견에 동의한 후 자신의 의견을 말하고 있으므로 동의의 격률을 잘 지킨 대화이다.
③ '가'는 자신의 귀가 안 좋다고 이유를 들고 있으므로 관용의 격률을 사용한 대화이다.

## 12 ▶ ①

**정답풀이** 지문에 따르면 '관련성의 격률'이란 해당 대화 맥락과 관련되는 말을 하라는 격률이다. 대화 (1)의 ⓒ은 체중을 물어보는 ⑤의 질문에 체중 외의 정보도 제공하였다. 이는 대화의 목적에서 벗어난 필요 이상의 정보를 제공하지 말라는 '양의 격률'을 위배한 것이다.

**오답풀이** ② 백 미터 달리기에서 본 '비행기보다 빠른 사람'이 실제로 비행기보다 빠른지에 대한 증거가 불충분하다. 따라서 증거가 불충분한 것은 말하지 말라는 '질의 격률'을 위배하였다.
③ ⑤은 너의 나이에 대한 정보만 물어보았음에도 불구하고 ⓒ은 그가 물어보지 않은 형의 나이까지 대답하였다. 필요 이상의 정보를 제공하였으므로 '양의 격률'을 위배하였다.
④ '생각해 보고 마음 내키는 대로' 먹겠다는 것은 모호한 태도에 해당하므로 '태도의 격률'을 위배하였다.

# 亦功 말하기 방식 문제 훈련
p.30

**한눈에 보기**

| 01 ② | 02 ③ | 03 ④ | 04 ① | 05 ③ |
|------|------|------|------|------|
| 06 ③ | | | | |

## 01 ▶ ②

**정답풀이** 갑, 을, 병은 인공지능 기술의 발전이 미치는 경제적, 사회적, 윤리적 측면에 대해서 논의하고 있으므로 인공지능 기술의 발전이 미치는 영향에 대해 다양한 측면에서 논의하고 있다고 할 수 있다.

**오답풀이** ① 갑, 을, 병은 인공지능 기술의 발전이 미치는 경제적, 사회적, 윤리적 측면에 대해서 논의하고 있다. 경제와의 관계에만 한정해서 의견을 나누고 있는 것은 아니다.
③ 부정적인 측면에도 주목하지만 인공지능이 일자리를 창출하는 측면, 기술 발전이 가져오는 효율성과 같이 긍정적인 측면에도 주목하여 논의가 전개된다.
④ 상대방의 발언에 대해 재진술이나 질문 등으로 자신의 이해가 맞는지 확인하는 대화는 나타나지 않는다.

## 02 ▶ ③

**정답풀이** 병의 발화에서, 병은 을이 제기한 데이터 보안 문제에 대해 '데이터 보안 문제는 큰 위협이지만'이라고 인정하면서도 '클라우드 서비스 제공자들은 보안 기술을 지속적으로 개선하고 있어. 이를 통해 위험을 최소화할 수 있지.'라며 해결 방안을 제시하고 있다.

**오답풀이** ① 의견을 종합하여 하나의 결론을 도출하고 있는 사람은 없다. ② 상대방의 견해에 대해 추가적인 정보를 요청하는 사람은 없다. ④ 병의 발화에서, 병은 '데이터 보안 문제는 큰 위협이지만'이라며 을이 제기한 의견에 일부 동조하고 있고 을의 발화에서, 을은 '클라우드 기술을 사용함으로써 기업은 더 많은 혁신적인 서비스를 개발할 수 있게 될 거야. 이는 최종적으로 소비자에게 이익을 제공할 테니까.'라며 바로 이전 갑이 제시한 클라우드 컴퓨터의 장점에 대해 동조하며 본인의 의견을 덧붙이는 모습을 찾을 수는 있으나 상대방의 의견에 동조하며 자신의 의견을 수정하는 사람은 없다.

## 03 ▶ ④

**정답풀이** 네 번째 갑의 발화에서, 갑은 '그렇다고 해도, 전기차가 화석 연료 차량보다 결국에는 더 지속 가능하다는 점은 변하지 않아.'라고 하며 전기차의 부정적 측면을 지적하는 병의 의견에 이어 전기차의 긍정적 측면을 언급하고 있긴 하나 이전에 제시된 을과 병의 의견에 대해 구체적인 문제점을 지적하면서 반박하는 것은 아니다.

**오답풀이** ① 다섯 번째 을의 발화에서, 을은 전기차 보급에 대해 정부 지원이 필요하다는 의견을 내었고 여섯 번째 병의 발화에서, 병은 전력 수요 증가도 고려해야 한다는 의견을 제시했다. 이는 '전기차 보급 확대'라는 특정 주제에 대해 추가적인 의견을 제시한 것으로 볼 수 있다. ② 첫 번째 갑의 발화에서, 갑은 배터리 제조 과정에서의 오염 문제를 제기하였다. 세 번째 병의 발화에서, 병은 배터리 재활용 문제를 제기하였다. 병은 전기차 배터리의 오염 문제에 대해 추가적으로 재활용의 문제를 제기한 것으로 볼 수 있다. ③ 첫 번째 갑의 발화에서, 갑은 많은 사람들이 전기차가 화석 연료 차보다 더 환경에 좋다고 알고 있다는 통념을 제시한 후 배터리 오염이라는 화제를 제시하고 있다.

## 04 ▶ ①

**정답풀이** ㄱ. 갑은 '인간의 의식과 정신은 물질적인 뇌와는 별개의 비물질적 실체'라고 주장함으로써 이원론적 관점을 드러내고 있다. 반면 을은 '의식과 정신 현상은 모두 뇌의 물리적 작용에 의해 발생'한다고 주장함으로써 물질주의적 관점을 취하고 있다. 이를 종합하면 갑과 을은 정신의 존재 방식을 근본적으로 다르게 보는 관점이라고 할 수 있으므로 대립한다.

**오답풀이** ㄴ. 을은 '정신은 뇌의 물리적 구조와 기능으로 완전히 설명될 수 있다.'고 하였고 병은 '정신 현상은 정보 처리 과정이나 기능적 역할로 이해될 수 있으며, 이러한 기능은 다양한 물질적 기반에서 구현할 수 있다.'라고 하였다. 이러한 두 입장은 모두 물질적 기반의 중요성을 강조하고 있으며 기능을 통해 정신을 이해하기 위해서 시도하고 있다. 따라서 대립하는 입장이라고 보기는 어렵다. ㄷ. 병은 '정신은 기능적 상태에 의해 정의되며, 물질적 구조에 국한되지 않는다'라고 주장함으로써 기능주의적 관점을 강조하고 있다. 반면 갑은 '의식과 정신은 물질과는 별개의 비물질적 실체'라고 주장함으로써 이원론적 관점을 고수하고 있다. 그러므로 병의 주장과 갑의 주장은 상호 상반되는 것으로 볼 수 있다.

## 05 ▶ ③

**정답풀이** ㄱ. 갑은 예술이 객관적 기준에 따라 평가될 수 있다고 보는 입장이고 을은 예술이 개인적 주관적 경험과 감정에 의존하므로 객관적 평가 기준이 존재하지 않는다고 보는 입장이다. 따라서 갑과 을의 주장은 대립한다. ㄷ. 갑은 예술은 객관적 기준에 따라 평가될 수 있다고 보는 입장으로 전문가들의 평가에 의해 예술의 가치가 결정되어야 한다고 본다. 병은 예술은 객관성이나 주관성을 모두 포함하지만, 작품의 기술적 완성도나 역사적 맥락은 객관적으로 평가될 수 있다고 본다. 따라서 병의 주장과 갑의 주장이 대립한다고 보기는 어렵다.

**오답풀이** ㄴ. 을은 예술은 개인의 주관적 경험과 감정에 의존하므로 객관적인 평가 기준이 존재하지 않는다고 본다. 병은 예술은 객관성과 주관성을 모두 포함하지만, 작품의 기술적 완성도나 역사적 맥락은 객관적으로 평가될 수 있다고 보고 있다. 이를 종합하면 을은 예술이 완전히 주관적이라고 주장하는 반면, 병은 예술이 객관성과 주관성을 모두 포함한다고 주장하므로 병과 갑의 주장은 대립하지 않는 관점으로 이해할 수 있다.

## 06 ▶ ③

**정답풀이** ㄴ. 을은 공유 경제의 부정적인 측면, 즉 노동자 권리 침해와 소비자 보호 문제를 강조하면서 엄격한 규제를 주장하고 있다. 병은 공유 경제의 장점과 단점을 모두 인정하면서도, 부작용을 최소화하기 위한 제도적 장치의 필요성을 강조하고 있다. 병의 주장은 을의 비판을 수용하면서도 공유 경제의 긍정적 효과도 유지하려 하는 입장에 해당하므로 대립하지 않는다. ㄷ. 갑은 공유 경제의 효율성과 사회적 이익을 강조하면서 활성화를 지지하는 입장이다. 병 또한 공유 경제의 장점을 인정하고 있으며, 부작용을 최소화하기 위한 방안도 제시하고 있다. 이러한 두 입장은 모두 공유 경제의 긍정적 측면을 인정하고 있으므로 대립하지 않는다.

**오답풀이** ㄱ. 갑은 공유 경제 활성화를 위한 제도적 지원을 주장하는 반면, 을은 공유 경제가 기존 산업을 파괴하고 노동자 권리를 침해한다고 비판하고 있다. 이러한 두 입장은 공유 경제에 대한 긍정적 시각과 부정적 시각을 대변하며 상반된 입장을 취하고 있으므로 대립한다고 보는 것이 적절하다.

# Chapter 02 [작문_공문서] 개요 작성

## 亦功 콤단문 독해 POINT

한눈에 보기

01 ②　　　02 ④

### 기존 출제 유지 2024 버전 　　p.36

**01 ▶ ②**

정답풀이 개요는 논리적 흐름을 갖는다. 개요의 논리적 흐름을 고려할 때, Ⅱ-1과 Ⅲ-1은 적절하게 연결된 것이다. 따라서 ②처럼 '관광객 유치를 위한 과다 홍보'라는 항목으로 ⓒ을 수정했을 경우에는 개요의 논리적 흐름을 훼손하게 된다. ⓒ의 원 내용을 유지하는 것이 더 적절하다.

오답풀이 ① '1. 지역 축제에 대한 관광객의 외면 2. 지역 축제에 대한 지역 주민의 무관심'을 포괄하는 내용으로 'Ⅰ. 지역 축제의 방향'은 적절하지 않으므로 '지역 축제의 실태'로 바꾸는 것이 적절하다.
③ 상위항목이 'Ⅱ. 지역 축제의 문제점'이므로 '인근 지자체 협조 유도'는 상위항목에 어울리지 않는다. 따라서 삭제하는 것이 옳다.
④ 주제가 '지역 축제의 문제점과 발전 방안'이므로 '내실 있는 지역 축제로의 변모 노력 촉구'로 고치는 것이 적절하다.

### 신유형 2025 버전 　　p.37

**02 ▶ ④**

정답풀이 결론은 기대 효과와 향후 과제를 1개의 장으로 작성해야 한다. Ⅳ-2에서 '해양 보호를 통한 생태계 복원 방안 마련'으로 향후 과제를 제시했으므로 Ⅳ-1에서는 기대 효과가 제시되어야 한다. 따라서 기대효과로 '플라스틱 생산 규제'를 제시하는 것은 맥락에 맞지 않다.

오답풀이 ① 서론은 중심 소재의 개념 정의와 문제 제기를 1개의 장으로 작성해야 한다. Ⅰ-1에서 '해양 오염'이라는 중심 소재의 정의를 하였으므로 Ⅰ-2에서는 문제 제기를 해야 한다. 따라서 중심 소재인 '해양 오염'에 대한 문제 제기로 '해양 생태계 위협 증가'는 적절하다.
② 본론은 제목에서 밝힌 내용을 2개의 장으로 구성하되 각 장의 하위 항목끼리 대응되도록 작성해야 한다. 'Ⅱ. 해양 오염의 주요 원인'의 하위 항목을 Ⅱ-1에서 작성해야 하므로 해양 오염의 주요 원인으로 '해양 플라스틱 폐기물 배출량 증가'를 제시하는 것은 적절하다.
③ 본론은 제목에서 밝힌 내용을 2개의 장으로 구성하되 각 장의 하위 항목끼리 대응되도록 작성해야 한다. 'Ⅲ. 해양 오염의 해결책'의 하위 항목을 Ⅲ-2에서 작성해야 하므로 해양 오염의 해결책으로 '선박 오염

물질 배출 규제 강화'를 제시하는 것은 적절하다.

## 亦功 [작문_공문서] 개요 작성 기출 훈련 　p.38

한눈에 보기

01 ③　　　02 ④

**01 ▶ ③**

정답풀이 Ⅲ-1과 2의 내용을 보면 고객 불만 발생과 원인에 대한 해결 방안으로 보인다. 따라서 '고객 지원 센터의 지원 인력 부족'이 아닌 '고객 불만 해결 방안'이 적절하다.

오답풀이 ① ⓒ은 고객 불만 현황을 제시해야 하며 Ⅱ-1에서 모터 품질 불량이 그 원인이므로 '소음 과다 및 흡입력 미흡'은 ⓒ으로 적절하다.
② Ⅱ-1과 2는 Ⅰ에서 제시한 고객 불만의 원인이므로 '고객 불만 발생의 원인'은 ⓒ으로 적절하다.
④ Ⅳ-1는 고객 불만을 해결했을 때의 효과, 2는 앞으로의 개선 방향이므로 '기대 효과와 향후 과제'는 ⓔ로 적절하다.

**02 ▶ ④**

정답풀이 이 개요는 인터넷 범죄 증가의 원인을 3가지 측면으로 나누어서 설명하고 있다. 그런데 기술적 측면의 원인을 다루는 ④에서 컴퓨터 보안 프로그램 개발이 미흡한 이유를 '컴퓨터 판매량을 늘리기 위해 인프라가 제대로 구축되어 있지 않아서'라고 한다. 하지만 이 두 사실 사이에는 인과적 관계를 찾기 힘들기 때문에 ④는 옳지 않다.

오답풀이 ① 국가적 측면의 원인을 언급하는 ⓒ에 '처벌 규정의 제정 과정이 지나치게 복잡하기 때문에'가 들어가는 것은 자연스럽다. 왜냐하면 처벌 규정의 제정 과정이 지나치게 복잡하면 인터넷 범죄를 처벌하는 관련 규정이 신속하게 제정되지 않을 수 있기 때문이다.
② 개인적 측면의 원인을 언급하는 ⓒ에 '백신 프로그램을 중요하게 생각하지 않는다'가 들어가는 것은 자연스럽다. 백신 프로그램을 설치하는 것은 개인적인 측면이며 백신 프로그램을 중요하게 생각하지 않으면 백신 프로그램 설치를 미흡하게 할 수 있기 때문이다.
③ 개인적 측면의 원인을 언급하는 ⓒ에 '자신의 개인 정보는 범죄에 이용되지 않을 것이라고 안이하게 생각한다'가 들어가는 것은 자연스럽다. 개인정보는 개인적인 측면이며, 자신의 개인 정보는 범죄에 이용되지 않을 것이라고 안이하게 생각하면 개인 신상 정보를 소홀하게 다룰 수 있기 때문이다.

# 亦功 [작문_공문서] 개요 작성 **문제 훈련** p.39

## 01 ▶ ④

**정답풀이** 결론은 기대 효과와 향후 과제를 1개의 장으로 작성해야 하는데 Ⅳ-1에서 '간접 흡연 피해 감소'로 기대 효과를 제시하였으므로 Ⅳ-2에서는 향후 과제가 제시되어야 한다. 향후 과제로 '흡연구역 증가에 따른 흡연자 수 증가'는 적절하지 않다.

**오답풀이** ① 서론은 중심 소재의 개념 정의와 문제 제기를 1개의 장으로 작성해야 하는데, Ⅰ-1에서 '공공장소 흡연의 기준'으로 개념 정의를 하였으므로 Ⅰ-2에서는 문제 제기를 해야 한다. 따라서 문제 제기로 '공공장소 흡연의 증가 추세'는 적절하다.
② 본론은 제목에서 밝힌 내용을 2개의 장으로 구성하되 각 장의 하위 항목끼리 대응되도록 작성해야 한다. 'Ⅱ. 공공장소 흡연의 문제점'의 하위 항목으로 '환경오염'을 제시하는 것은 적절하다.
③ 본론은 제목에서 밝힌 내용을 2개의 장으로 구성하되 각 장의 하위 항목끼리 대응되도록 작성해야 한다. 'Ⅲ. 공공장소 흡연 해결 방안'의 하위 항목으로 '흡연자에 대한 교육 및 지원'을 제시하는 것은 적절하다.

## 02 ▶ ①

**정답풀이** 서론은 중심 소재의 개념 정의와 문제 제기를 1개의 장으로 작성해야 하는데 Ⅰ-1에서 '대기질 저하의 정의'로 중심 소재의 개념을 정의하였으므로 Ⅰ-2에서는 중심 소재에 대한 문제 제기를 해야 한다. 그런데 '시민 출퇴근 교통 불편 증가'는 중심 소재인 '대기질 저하'로 인해 발생하는 문제라고 보기 힘들기 때문에 Ⅰ-2에서 제시해야 할 내용으로 적절하지 않다.

**오답풀이** ② 본론은 제목에서 밝힌 내용을 2개의 장으로 구성하되 각 장의 하위 항목끼리 대응되도록 작성해야 한다고 했으므로 'Ⅱ. 대기질 저하의 원인'의 하위항목으로 작성되는 Ⅱ-1에서 '석유화학, 철강 등의 산업활동'을 대기질 저하의 원인으로 제시하는 것은 적절하다.
③ 본론은 제목에서 밝힌 내용을 2개의 장으로 구성하되 각 장의 하위 항목끼리 대응되도록 작성해야 한다고 했으므로 'Ⅲ. 대기질 개선 방법'의 하위항목으로 작성되는 Ⅲ-2에서 '친환경 자동차 구매 장려'를 대기질 개선 방법으로 제시하는 것은 적절하다.
④ 결론은 기대 효과와 향후 과제를 1개의 장으로 작성해야 하는데, Ⅳ-2에서 '지속 가능한 도시 환경 조성'으로 향후 과제를 제시하였으므로 Ⅳ-1에서는 기대 효과가 제시되어야 한다. 따라서 기대 효과로 '시민 건강 개선과 생활의 질 향상'을 제시하는 것은 적절하다.

## 03 ▶ ③

**정답풀이** 본론은 제목에서 밝힌 내용을 2개의 장으로 구성하되 각 장의 하위 항목끼리 대응되도록 작성해야 한다. 'Ⅲ. 디지털 중독 대응 전략'의 하위 항목으로 '소셜 미디어를 이용한 학습 자료 개발'은 적절하지 않다. Ⅱ-2에서 디지털 중독의 주요 원인으로 '소셜 미디어 사용의 급증'을 제시하였는데 이에 대한 대응 전략으로 '소셜 미디어를 이용한 학습 자료 개발'을 제시하는 것은 주제에서 벗어나는 것이다.

**오답풀이** ① 서론은 중심 소재의 개념 정의와 문제 제기를 1개의 장으로 작성해야 하는데 Ⅰ-1에서 '디지털 중독'이라는 중심 소재의 개념을 정의했다. 따라서 Ⅰ-2에서는 문제 제기를 해야 하며 '디지털 중독'이라는 중심 소재에 대한 문제 제기로 '디지털 기기 사용의 급증과 함께 나타난 부작용'은 적절하다.
② 본론은 제목에서 밝힌 내용을 2개의 장으로 구성하되 각 장의 하위 항목끼리 대응되도록 작성해야 한다. 'Ⅱ. 디지털 중독의 주요 원인'의 하위 항목으로 Ⅱ-1에서 '개인의 현실 회피 성향'을 제시하는 것은 적절하다.
④ 결론은 기대 효과와 향후 과제를 1개의 장으로 작성해야 하는데 Ⅳ-2에서 '건강한 디지털 문화 조성을 위한 정책 제안'으로 향후 과제를 제시하였으므로 Ⅳ-1에서는 기대 효과가 제시되어야 한다. 따라서 기대 효과로 '청소년의 심리적 안정과 사회적 기능 회복'을 제시하는 것은 적절하다.

## 04 ▶ ④

**정답풀이** 결론은 기대 효과와 향후 과제를 1개의 장으로 작성해야 하는데 Ⅳ-2에서 향후 과제를 제시하였으므로 Ⅳ-1에서는 기대 효과를 제시해야 한다. '범국가적 사이버 범죄의 증가'는 '사이버 보안'에 대한 기대 효과로 적절하지 않다.

**오답풀이** ① 서론은 중심 소재의 개념 정의와 문제 제기를 1개의 장으로 작성해야 한다. Ⅰ-1에서 '사이버 보안'이라는 중심소재의 개념 정의를 했으므로 Ⅰ-2에서는 '사이버 보안'에 관한 문제 제기를 해야 한다. '사이버 보안'에 대한 문제 제기로 '개인 정보 유출 사례 증가'는 적절하다.
② 본론은 제목에서 밝힌 내용을 2개의 장으로 구성하되 각 장의 하위 항목끼리 대응되도록 작성해야 한다. 'Ⅱ. 사이버 보안의 최신 동향'의 하위 항목으로 '인공지능 기반 보안 알고리즘 개선'을 제시한 것은 적절하다.
③ 본론은 제목에서 밝힌 내용을 2개의 장으로 구성하되 각 장의 하위 항목끼리 대응되도록 작성해야 한다. 'Ⅲ. 사이버 보안의 주요 도전 과제'에 대한 하위 항목으로 '클라우드 저장 개인 정보 보호의 어려움'을 제시한 것은 적절하다.

정답 및 해설

## Chapter 03 [작문_공문서] 문장 고쳐 쓰기

**한눈에 보기**

01 ④    02 ②

### 기존 출제 유지 2024 버전                    p.44

**01 ▶ ④**

**정답풀이** '비록'은 '-ㄹ지라도', '-지만(-지마는)'과 호응해야 하므로 ②을 '일이라면'으로 고치는 것은 적절하지 않다. '일일지라도'로 고쳐야 한다.

**오답풀이** ① '고난(苦難:苦 쓸 고 難 어려울 난)'은 '괴로움과 어려움.'을 의미하므로 앞의 수식어 '괴로운'과 의미가 중복되므로 '괴로운'을 삭제하는 것이 적절하다.
② 앞은 선수의 노력과 집념에 감동을 받은 내용, 뒤는 선수의 노력과 집념보다 그 선수의 주변 사람들에게 더 큰 감명을 받았다는 것이므로 반대의 내용을 연결하는 '그러나'로 바꾸는 것은 적절하다.
③ 트레이너가 되는 과정이 궁금한 것은 이 글의 주제와는 어긋나므로 글 전체의 흐름에 따라 삭제하는 것은 적절하다.

### 신유형 2025 버전                    p.45

**02 ▶ ②**

**정답풀이** ⓒ의 '중의적인 문장'이란 문장이 2가지 이상의 뜻으로 해석되는 문장을 의미한다. 애초에 "시장은 시민의 안전에 관하여 건설업계 관계자들과 논의하였다."는 올바른 문장이므로 'ⓒ 중의적인 문장을 사용하지 않음.'을 적용할 필요가 없으므로 ⓒ에 따라 수정해야 한다는 것은 적절하지 않다. "시장은 건설업계 관계자들과 시민의 안전에 관하여 논의하였다."로 수정해야 하게 되면 '1) 시장은 '건설업계 관계자들과 시민의 안전'이라는 주제에 대해 논의하였다. 2) 시장은 건설업계 관계자들을 만나 시민의 안전에 관하여 논의하였다.'라는 중의성을 띠게 되므로 오히려 틀린 표현이 된다.

**오답풀이** ① '선출되었다'의 '-되-'는 피동 접미사이므로 앞에 목적어 '국회의원 ○○○명을'이 있어서는 안 된다. 따라서 'ⓐ 능동과 피동의 관계를 정확하게 사용'하려면 "국회의원 ○○○명을"을 "국회의원 ○○○명이"로 수정하는 것은 적절하다.
③ "5킬로그램 정도의 금 보관함"을 보면 수식어 "5킬로그램 정도의"가 '금'을 꾸미는지 '보관함'을 꾸미는지 모호하다. [중의적인 문장이 된다. 1) 금 5킬로그램 상당을 담은 금 보관함 2) 금을 담은 5킬로그램 상당의 금 보관함] 따라서 'ⓒ 수식어와 피수식어의 관계를 분명하게 표현'하려면 "금 5킬로그램 정도를 담은 보관함"으로 수정하는 것은 적절하다.

④ "음식물의 신선도 유지와 부패를 방지해야 한다."는 '와'에 따라 대등한 관계를 보이는데 그럴 때에 '신선도 유지를 방지해야 한다'는 적절하지 않다. 따라서 'ⓓ '-고', '와/과' 등으로 접속될 때에는 대등한 관계를 사용함.'에 따라 "음식물의 신선도를(목적어) 유지하고(서술어), 부패를(목적어) 방지해야 한다(서술어)."로 수정하는 것은 옳다.

### 亦功 [작문_공문서] 문장 고쳐 쓰기 기출 훈련    p.46

**한눈에 보기**

| 01 ② | 02 ① | 03 ① | 04 ⑤ | 05 ① |
|------|------|------|------|------|
| 06 ① | 07 ④ | 08 ③ | 09 ③ | 10 ② |
| 11 ① | 12 ② | 13 ① | 14 ① | 15 ① |
| 16 ② | 17 ③ | 18 ① | 19 ④ | 20 ③ |
| 21 ⑤ | 22 ③ | 23 ④ | 24 ① |      |

**01 ▶ ②**

**정답풀이** '바램'이 아니라 '바람(wish)'이 어법상 적절한 표현이다. '바람'은 어떤 일이 이루어지기를 기다리는 간절한 마음이다.

**오답풀이** ① '다르다'는 비교가 되는 두 대상이 서로 같지 아니하다는 의미이므로 적절하게 수정되었다. '틀리다'는 셈이나 사실 따위가 그르게 되거나 어긋난다는 의미이다.
③ 원래 문장에서 주어와 서술어의 호응이 맞지 않으므로 '좋겠다는 거야'로 수정하는 것이 적절하다.
④ 필수적 부사어가 생략되었으므로 '인간에게'를 추가하는 것이 적절하다.

**02 ▶ ①**

**정답풀이** '날씨가 선선해지다'는 어법상 옳다. 또한 책이 '읽음'을 당하는 의미를 갖기 때문에 피동 접미사 '히'가 붙어 '읽힌다'로 표현할 수 있다.

**오답풀이** ② '이렇게 어려운 책을 속독으로 읽는 것'에서 '속독'이란 '책 따위를 빨리 읽음.'을 의미하므로 뒤의 '읽는'과 중복된다. 따라서 '이렇게 어려운 책을 빨리 읽는 것은'으로 고쳐야 한다.
③ 필수 성분이 누락되었다. 직접 찾는 대상이 있어야 하므로 '직접 찾기로' 앞에 목적어 '책임자를'을 추가해 주어야 한다.
④ 접속조사로 대등하게 연결되는 두 말이 어색하다. '그는 시화전을 홍보하는 일과 진행하는 일에 아주 열성적이다'로 간결하게 고쳐야 한다.

**03 ▶ ①**

**정답풀이** 주체인 '선생님'을 높이는 높임의 주격 조사 '께서'를 썼다. 오는 주체는 '너'이므로 높임이 없는 '오라고'로 쓰는 것은 옳다. '~고 하는' 주체는 선생님으로 높임의 대상이므로 주체 높임 선어말 어미 '-시-'를 사용한 것은 옳다.

**오답풀이** ② 갔는(✕) → 간(○) : 시제 표현에서 시간을 나타내는 형태소를 잘못 쓴 경우이다. '갔는'은 '가(어간)+았(과거 시제 선어말 어미)+는(현재 관형사형 어미)'로 분석할 수 있다. 이때 과거 시제 어미와 현재 관형사형 어미가 함께 오므로 'ㄴ(과거 관형사형 어미)'만 쓴 '간'으로 고쳐야 한다.
③ 소개시켜(✕) → 소개해(○) : 불필요하게 사동 표현인 '시키다'를 쓴 경우이다. 청자에게 직접 소개를 원하는 것이므로 '소개시키다'로 쓰면 안 된다. '소개시키다'는 '소개하게 하다'를 의미하므로 나에게 소개를 해주는 다른 '제3자'가 나와야 하기 때문이다.
④ 생각되어지지(✕) → 생각되지(○) : 이중 피동 형태를 사용한 경우이다. '생각되어지지'는 '생각+되(피동 접미사)+어지(피동 보조 용언)+지(연결 어미)'로 분석되는 이중 피동 표현이다. 따라서 '생각되지'로 고쳐야 한다.

**04 ▶ ⑤**

**정답풀이** '입히다'의 '히'는 사동 접미사이다. 이를 '상처를'이라는 목적어와 '입게 하다'를 의미하는 것을 통해 알 수 있다. 선배가 한 말이 그에게 상처를 당하게 한 것이므로 옳다. '입다'는 '피해·손해를 보거나 부상을 당하거나 누명 등을 쓰다.'를 의미한다.

**오답풀이** ① 언제 개통될지는(✕) → 언제 지하철이 개통될지는(○) : 필수적인 문장 성분이 생략되었다. 무엇이 개통되었는지에 대한 주어가 없으므로 '지하철이'를 추가해야 한다. 그렇지 않으면 '개통될지는'의 주어는 자동으로 앞 문장의 주어 '지하철 공사가'가 되기 때문이다.
② 장점과 단점을 보완해야 한다(✕) → 장점을 살리고 단점을 보완해야 한다.(○) : 접속조사 '과'로 이어졌으므로 뒤의 서술어 '보완해야 한다'를 공유한다. 하지만 '장점을 보완해야 한다'는 의미가 어색하므로 '장점을 살리고'로 고쳐 목적어와 서술어의 호응을 바르게 해야 한다.
③ 회의를 가질(✕) → 회의할, 회의를 할(○) : '회의를 가지다.'는 영어 'have a meeting'을 번역한 말투이므로 옳지 않다. 우리말 표현으로 '회의하다, 회의를 하다'로 고쳐야 한다.
④ 열려져(✕) → 열려(○) : '열려져'는 '열+리(피동 접미사)+어지(피동 보조 용언)+어(연결어미)'의 구성이므로 이중 피동 표현이다. 이중 피동은 옳지 않으므로 '열려' 혹은 '열어져'로 고쳐야 한다.

**05 ▶ ①**

**정답풀이** '접수(接受)되다'는 '관청이나 공공 단체가 신청 사실을 처리하기 위해 받아들임.'을 의미한다. 즉 단어 자체에 사건이나 행위가 완료된 상황이라는 의미가 있으므로 '접수되었을 때에는', '접수될 때에는' 모두 가능하다. '접수되다'는 '…에/에게 접수되다'처럼 쓰이고, '우선하다'는 '…보다/…에 우선하다'의 형태로 쓰인다. 따라서 생략된 문

장 성분인 '구청에'와 '그것보다'가 추가되어야 한다. '유사한 내용의 제안이 〈구청에〉 접수되었을 때에는 먼저 접수된 것이 〈그것보다〉 우선한다'로 고쳐야 한다.

**오답풀이** ② '과업 지시서 교부'와 서술어의 '교부하다'가 중복되므로 앞의 것을 삭제하여야 한다. '안내서 및 과업 지시서는 참가 신청자에게만 교부한다'로 고쳐야 한다. '교부하다'는 '…을 …에/에게'의 형태로 쓰이므로 '참가 신청자에게'처럼 쓰는 것은 옳게 쓴 것이다.
③ '제외되다'에서 '-되-'는 피동 접미사이므로 앞에 목적어가 올 수 없다. 피동사는 자동사로서 목적어를 갖지 않기 때문이다. 따라서 '제외된'을 목적어와 호응할 수 있는 '제외한'으로 고쳐야 하는 것이 옳다.
☞ '제외되다'는 '…가 …에서 제외되다'의 형태로 쓰여야 한다. '제외하다'의 경우는 '…을 …에서 제외하다'처럼 쓰므로 앞에 목적어가 올 수 있다.
④ '열람하다'는 '…가 …을 열람하다'의 형태로 쓰이므로 부사어 '…에게'와 '열람하다'는 서로 호응하지 않는다. '관계자에게'와 호응하게 하려면 긴 사동 표현인 '열람하게 하다'가 적절하다. 의미상으로도 누군가에게 시키는 의미인 사동의 문장이 오는 것이 자연스럽기 때문에 '관계자에게 (이를) 열람하게 한다' 정도로 고치는 것은 옳다.

**06 ▶ ①**

**정답풀이** 문장 성분의 호응, 적절한 조사의 사용, 병렬관계, 수식관계, 서술어의 성격에 따른 문장 성분을 잘 파악해야 한다. '금융 당국은~내다보면서~예측하였다.'로 주어와 서술어들이 잘 호응하고 있다. 각 서술어에 호응하는 문장 성분들도 잘 구비되어 있다. '~가 ~보다 오르다'와 '~으로 내다보다'·'~으로 예측하다'도 서술어의 성격에 따라 문장 성분이 잘 호응되었다.

**오답풀이** ② 문장 접속 부사 '또는'은 병렬의 기능이 있으므로 앞뒤의 문법 구조가 같아야 한다. 그런데 '또는' 앞은 '작성 내용의 정정'으로 명사로 끝나고 '또는' 뒤는 '신청인의 서명이 없는'은 문장으로 되어 있으므로 문법상 대등한 구조에 어긋난다. 따라서 '작성 내용의 정정이 없거나 신청인의 서명이 없는 서류는'으로 고쳐야 한다.
③ '보여집니다'는 '보+이(피동접사)+어지(피동 보조용언)+ㅂ니다'로 분석된다. 이 경우에는 이중 피동 표현이므로 어법에 맞지 않다. 따라서 '보입니다, 보아집니다'로 고쳐야 한다.
④ '-고'는 대등 연결 어미이다. 이 경우에는 전체 문장의 주어가 '그의 목표는'이 되므로 '연습을 쉬지 않았다'의 주어도 '그의 목표는'이 되므로 매우 어색하다. 따라서 '그는'이라는 주어를 추가해서 '그의 목표는 세계 최고의 축구 선수가 되는 것이어서 〈그는〉 단 하루도 연습을 쉬지 않았다.'로 고쳐야 한다.

**07 ▶ ④**

**정답풀이** 어미 '-며'로 고치면 안 된다. '-며'는 두 가지 이상의 동작이나 상태 따위를 나열할 때 쓰는 연결 어미이다. 두 동작이나 상태가 대등하게 연결될 때 쓰는 어미인데, 이 문장에서는 대등한 의미가 아니기 때문이다. 앞 문장은 '원칙'에 대한 내용이, 뒤의 문장은 '원칙이 있음에도 예외가 있는 경우'에 관한 것이므로 '-며'가 와서는 안 된다. 어미

정답 및 해설

'-되'는 어떤 사실을 서술하면서 그와 관련된 조건이나 세부 사항을 뒤에 덧붙이는 뜻을 나타내는 연결 어미이므로 처음에 제시된 '-되'를 그대로 활용하는 것이 옳다.

오답풀이 ① 이 문장에는 필수적인 문장 성분이 빠져 있다. '열려고'를 형태소 분석하면 '열(동사 어간)+-려고(어미)'이므로 '열려고'의 기본형은 '열다'이다. 그런데 '열다'는 타동사이므로 필수적으로 목적어가 필요하다. 따라서 '강제로'와 '열려고' 사이에 목적어 '문을'을 보충하여야 완벽한 문장이 된다.

② '○○시에서 급증하는'은 관형절로, 문장으로 표현해보면 "○○시에서 (생활용수가) 급증한다"로 표현할 수 있다. 즉, 관형절의 의미상의 주어가 '생활용수'인 것이다. 하지만 생활용수가 급증한다는 것은 의미가 매우 어색하다. 따라서 '생활용수의 수요'로 고치는 것이 더 자연스럽다.

③ 목적어 '사고 원인 파악과 재발 방지 대책'과 서술어 '마련하여'의 호응이 맞는다. '사고 원인 파악'과 '재발 방지 대책'이 접속 조사 '과'로 연결되어 하나의 목적어구를 형성하고 있다. 따라서 '사고 원인 파악을 마련하고 재발 방지 대책을 마련하여'가 가능해야 하는데, '사고 원인 파악을 마련하여'는 비문법적인 표현이다. 따라서 명사 '파악'을 서술형 '파악하고'로 고쳐서 '조속히 사고 원인을 파악하고 재발 방지 대책을 마련하여'로 고치는 것이 자연스럽다.

## 08 ▶ ③

정답풀이 주어 '우리 팀에서는'과 목적어 '모든 홍보 방안을', 서술어 '고려해 왔다'가 모두 자연스럽게 호응하고 있다.
(기출에 나온 적 있음) '가능한'은 용언의 관형형이므로 그 뒤에 명사 '한'이 와서 '가능한 조건 하에서'라는 의미로 쓰였다. '가능한 조건하에서'의 의미로 쓰이는 경우에는 '가능한'만 와서는 안 되고 반드시 '가능한 한'이 와야 한다.

오답풀이 ① 세종이 한글을 만든 것은 ~ 의도였다.(×) → 세종이 한글을 만든 것은 한자를 가급적 사용하지 않길 바라는 의도에서 비롯된 것이었다.(○) : 주어 '세종이 한글을 만든 것'과 서술어 '의도였다'가 호응하지 않기 때문에 '세종이 한글을 만든 것은 ~ 의도에서 비롯된 것이었다.'로 고쳐야 한다. 또한 '모든'이 수식하는 것이 '한자'인지 '사용'인지에 따라 의미가 여러 개일 수 있으므로 중의성을 해소하기 위해 '세종이 한글을 만든 것은 한자를 가급적 사용하지 않길 바라는 의도에서 비롯된 것이었다.'로 바꿔야 한다.

② 우리는 균형 있는 식단 마련과 쾌적한 실내 분위기를 조성하는(×) → 우리는 균형 있는 식단을 마련하고 쾌적한 실내 분위기를 조성하는(○) : '과'는 접속 조사이므로 앞뒤의 구성이 동일해야 한다. 하지만 이 문장에서 '식단 마련'은 명사형의 구성인 데 반해 뒤는 명사형 구성이 아니라 호응이 적절하지 않다. 따라서 '식단을 마련하고 ~ 실내 분위기를 조성하는' 식의 구성으로 앞 절과 뒤 절이 호응이 되도록 해야 한다.

④ 아래에 제시된 두 가지 통계 자료를 살펴보면, ~ 일어나고 있다.(×) → 아래에 제시된 두 가지 통계 자료를 살펴보면, ~ 일어나고 있음을 알 수 있다.(○) : 앞 절의 서술어 '살펴보다'와 호응하는 '~임을 알 수 있다'로 고쳐야 한다. 그래야 앞 절의 내용과 호응이 된다.

## 09 ▶ ③

정답풀이 '내가 그 분을 처음 뵌 것'에도 '주어-목적어-서술어'의 문장 성분의 호응이 잘 되어 있다. '~것은 ~때였다'로 주어와 서술어 호응이 잘 되고 있다.

오답풀이 ① 부사 '왜냐하면'은 서술어 '~때문이다'와 호응해야 하므로 '왜냐하면 한국이 빠른 속도로 경제적 발전을 이루었기 때문이다'로 고쳐야 한다.

② 문장의 주어가 '까닭은'이므로 서술어는 '때문이다'로 호응해야 한다. 또한 '합격했다'는 주어와 필수적 부사어(-에)를 필수적으로 요구하므로 부사어를 추가해야 한다. 따라서 '그 사람이 우리에게 중요한 까닭은 우리가 시험에 합격했다는 사실 때문이다.'로 고쳐야 한다.

④ 접속 조사 '과/와'는 대등한 병렬의 기능을 갖는다. 국어 문법에 관심을 가지는 것은 맞다. 하지만 '조명하다'는 목적어를 요구하므로 '학계에서는 국어 문법을 조명해 나가고 근대 국어에도 관심을 보이기 시작했다.'로 고치는 것이 옳다.

## 10 ▶ ②

정답풀이 '얽히고설키다'는 사전에 등재된 하나의 단어로서 옳은 표기이다. 따라서 어법에 맞는 문장은 '일이 얽히고설켜서 풀기가 어렵다.'이다.

오답풀이 ① 웬간해서는(×) → 웬만해서는(○) : '웬간하다'라는 말은 세상에 존재하지 않는 말로 표준어가 아니다. 문맥상 이 문장에서 의도한 것은 '「2」 허용되는 범위에서 크게 벗어나지 아니한 상태에 있다.'를 의미하는 '웬만하다'일 것이다.

☞ '엔간하다'는 표준어로 존재하는데, '대중으로 보아 정도가 표준에 꽤 가깝다.'를 의미하므로 이 문장에는 어울리지 않는다.

③ 빠지고(×) → 빼고(○) : '불필요한 기능은 빠지다+필요한 기능만 살렸다'가 연결 어미 '-고'를 통해 대등하게 이어져 있다. 대등하게 이어져 있는 문장은 두 문장의 구조 또한 동일해야 한다. '빠지다'는 '…이 빠지다'의 형식을 가진 '주어-서술어'의 관계이지만 '살리다'는 '…을 살리다'의 형식을 가지므로 '목적어-서술어'의 관계이다. 호응을 같게 해야 하므로 '불필요한 기능은 빼고 필요한 기능만 살렸다' 정도로 고쳐야 한다.

☞ '은'과 '만'은 보조사이기 때문에 문장 성분의 자격을 부여해주지는 못하므로 보조사 이전에 어떤 격조사가 붙었는지를 파악해야 이 문제를 풀 수 있다.

④ 개통될지(×) → 도로가 개통될지(○) : '개통되다'의 주어가 누락되어 있으므로 주어 '도로가'를 추가해야 한다.

## 11 ▶ ①

정답풀이 1) 대화명을 규정에 맞게 변경하지 않는 사람은(○) : 어법에 문제가 없다.
2) 관리자가 (대화명을 규정에 맞게 변경하지 않는 사람의) 카페 이용을(○) : 문맥적으로 생략된 성분을 알 수 있으므로 문장 성분의 호응이 자연스러운 문장임을 알 수 있다.

3) 제한해야 한다.(○) : 제한하다는 '일정한 한도를 정하거나 그 한도를 넘지 못하게 막다.'를 의미하므로 잘 쓰였다.

（오답풀이） ② 아마(×) → 과연(○) : 부사어 '아마'와 서술어 '되었을까.'의 호응이 어색하다. '아마'는 뒤에 오는 추측의 표현과 호응하여 단정할 수는 없지만 미루어 짐작하거나 생각하여 볼 때 그럴 가능성이 크다는 뜻을 나타내는 부사이다. 따라서 '아마' 뒤에는 '～하였을 것이다'처럼 추측의 표현이 와야 한다. 그런데 뒤에 '되었을까'라는 의문형이 쓰인 것을 미루어 볼 때, 박수를 보내는 사람이 얼마 되지 않을 것이라는 의미를 담고 있음을 알 수 있다. 따라서 '아닌 게 아니라 정말로.'의 의미를 갖는 부사 '과연'을 쓰는 것이 더 적절하다.
③ 국민 대통합과 국가 경쟁력을 제고해야 한다.(×) → 국민의 대통합을 이루고 국가 경쟁력을 제고해야 한다.(○) : 접속조사 '과'로 인해 서술어 '제고해야 한다'를 공통으로 가져야 하므로 '국민 대통합을 제고하고 국가 경쟁력을 제고해야 한다.'가 되어야 한다. 하지만 목적어 '국민 대통합을'과 서술어 '제고하고'의 호응이 매우 어색하다. 따라서 목적어 '국민 대통합을'과 어울리는 '이루다'와 같은 서술어를 활용하는 것이 좋다. 혹은 '국민을 통합하고'로 고칠 수도 있다.
④ 필요하다는 것이다.(×) → 필요하다(○) : '자질의 연마, 인격, 원만한 인간관계 등이'가 주어이므로 주어 '～것은'을 요구하는 서술어 '～다는 것이다'와의 호응이 어색하다. 따라서 '필요하다'로 고쳐야 한다.

## 12 ▶ ②

（정답풀이） '이 약은 ～로 사용되어 왔다.'는 문장 성분의 호응이 잘 되어 있는 표현이다.

（오답풀이） ① 대등(병렬)의 접속 조사 '과'에 의해 '사회 현실을 다해야 할'이 연결되지만 이는 옳지 않다. 따라서 '사회 현실을 직시하고 사회적 책임을 다해야 할'로 고쳐야 한다.
③ '지배하다'는 '～을 지배하다'의 타동사이므로 '환경을 지배하다'는 옳다. 하지만 '순응하다'는 '～에 순응하다'의 자동사이므로 이는 '환경에 순응하기도 한다.'로 고쳐야 한다.
④ 대개 '반드시'는 '긍정'과 '절대로'는 '부정'과 호응하므로 '절대로 하지 않는다'로 고쳐야 한다.

## 13 ▶ ①

（정답풀이） '바야흐로'가 '이제 한창. 이제 막.'을 의미하므로 '소생하는 봄이다'와 잘 연결된다. '바야흐로'는 현재 시제와 자연스럽게 호응된다.

（오답풀이） ② '지배하다'는 타동사로 목적어가 필요하므로 '지배하기도' 앞에 목적어 '자연을'을 추가해야 한다.
③ 대등(병렬)의 접속 조사 '과'에 의해 '신문을 시청해야 한다'가 되므로 옳지 않다. 따라서 '신문을 꼼꼼히 읽고 뉴스를 열심히 시청해야 한다'로 고쳐야 한다.
④ '선물하였다'의 주어가 잘못 생략돼 있으므로 '영선이가 책을 선물하였다.'라고 써야 한다.'로 고쳐야 한다. 그렇지 않으면 앞의 주어 '철이는'이 '선물하였다'와 호응하여 의미가 이상한 문장이 된다.

## 14 ▶ ③

（정답풀이） '–든지'는 선택을 의미하는 어미이므로 적절하게 쓰였다.

（오답풀이） ① 대등 병렬의 접속조사 '와'에 의해 '상처를 겪었다'가 되는데 이는 목적어와 서술어의 호응이 잘못된 것이다. 따라서 ' 많은 사람들이 상처를 받고 아픔을 겪었다.'로 고쳐야 한다.
② 주어가 '생각은'이므로 서술어는 '한다는 것이다'로 호응되어야 한다.
④ 부사어 '아직도'와 호응되어야 하므로 '기다리고 있을 것이다.'로 고쳐야 한다.

## 15 ▶ ③

（정답풀이） '선생님께서는 ～ 당부하셨습니다'의 주어 서술어 호응이 적절하다.

（오답풀이） ① 중의적인 문장이므로 옳지 않다. '어제'가 '온'을 꾸미면 현규가 어제 서울에 온 것으로 해석되고 '어제'가 '먹었다'를 꾸미면 현규와 어제 밥을 먹은 것으로 해석되므로 의미가 불명확하다.
② 주어 '것은'은 '～것이다, 점이다'로 호응해야 하므로 '아니라는 것입니다'로 고쳐야 한다.
④ 대등 병렬의 접속 조사 '과'가 있으므로 '바람이 오는'이 가능해진다. 하지만 이는 주어와 서술어의 호응이 적절하지 않으므로 '바람이 불고 눈이 오는 지역'으로 고쳐야 한다.

## 16 ▶ ②

（정답풀이） 주술 호응이 자연스럽다.

（오답풀이） ① '가능한'은 형용사의 관형사형이므로 뒤에 반드시 명사 '한'이 와야 한다.
③ '고화질의 화면은'이 '손쉽게 얻을 수 있다'와 호응되지 않으므로 '고화질 화면을 볼 수 있는 것은 물론'으로 고쳐야 한다.
④ 서술어 '생각이다'에 호응되는 주어가 없다. 따라서 아예 '생각이다'를 삭제하여 '이제는 이와 같은 관례를 깨뜨릴 때도 되었다'로 고쳐야 한다. 여기에는 전체 주어 '우리가'가 생략되었다.

## 17 ▶ ③

（정답풀이） '～ 중 하나는 ～이다'는 어법에 맞는 구조이다.

（오답풀이） ① '복종하다'는 필수적 부사어 '–에'를 요구하므로 '복종하기도' 앞에 '자연에'를 추가해야 한다.
② '예측＋되(피동 접미사)＋어지(피동 보조 용언)＋었＋다'에 이중 피동 표현이 나오므로 적절하지 않다. '예측되었다'로 고쳐야 한다.
④ '두다'는 목적어를 필수적으로 요구하므로 '목표를'을 앞에 추가해야 한다. '～에 있어'는 일본어 투의 표현이므로 지양하는 것이 좋다.

## 18 ▶ ①

**정답풀이** '짜여져'는 '짜+이(피동 접미사)+어지(피동 보조 용언)+어'로 이중 피동 표현이다. 따라서 잘못 고친 것이므로 원래대로 '짜여'로 고쳐야 한다.

**오답풀이** ② 주어 '게시판은'은 서술어 '개설하였습니다'와 호응되면 어색하다. '개설한 것입니다'로 고치면 주어와 서술어의 호응이 적절해진다.
③ '중점' 뒤에 동사 '추진하겠습니다'가 있으므로 부사어 '중점적으로' 고치는 것은 옳다.
④ '가능한'은 형용사의 관형사형이므로 뒤에 반드시 명사 '한'이 와야 하므로 '가능한 한'으로 고친 것은 옳다.

## 19 ▶ ④

**정답풀이** '조심하다'는 동사이므로 명령형으로 쓰일 수 있다. 따라서 하오체의 명령형 '조심하십시오'도, 해요체의 명령형 '조심하세요'도 가능하다(참고로 형용사는 명령형으로 쓰일 수 없다).

**오답풀이** ① 대등 병렬의 쉼표가 있으므로 '운동도 먹던'도 가능해진다. 하지만 이는 목적어와 서술어의 호응이 적절하지 않다. 따라서 '운동도'에 호응하는 '하고'를 넣는 것은 옳다.
② 희망을 잃지 않은 것은 높임의 주체인 선생님이므로 주체 높임 선어말 어미 '-시-'와 높임 어휘 '말씀'을 쓴 것은 옳다.
③ 있어야 할 주어가 생략되어 있으므로 '그것은'을 추가하고 서술어를 '연주하는 일입니다'로 고치면 호응이 잘 이루어진다.

## 20 ▶ ③

**정답풀이** '모름지기 ~ 하여야 한다.'로 부사어와 서술어의 호응이 이루어져야 하므로 '모름지기 ~ 중요합니다.'는 문장 호응이 적절하지 않다. '모름지기 교통법규를 지켜야 합니다.'로 고쳐야 한다.

**오답풀이** ① '어떤 일이 있어도 반드시'를 의미하는 부사 '절대로'는 보통 부정적인 맥락에 쓰이므로 이 문장은 호응이 적절하다. '아닙니다'라는 부정어가 있기 때문이다. (단, 사전 용례에는 '당신의 협조가 절대로 필요합니다.'와 같이 긍정적인 맥락에도 쓰이는 경우가 제한적으로 드러나므로 주의해야 한다.)
② '아직'은 '어떤 일이나 상태 또는 어떻게 되기까지 시간이 더 지나야 함을 나타내거나, 어떤 일이나 상태가 끝나지 아니하고 지속되고 있음을 나타내는 말'이므로 적절하게 잘 쓰인 말이다.
④ '그다지'는 '(뒤에 오는 '않다, 못하다' 따위의 부정어와 호응하여) 그러한 정도로는 또는 그렇게까지는'을 의미하므로 쓰임이 적절하다. '않았습니다.'라는 부정어가 있기 때문이다.
☞ 그다지 「2」 ((주로 의문문에 쓰여)) 그러한 정도로 또는 그렇게까지 늘 그리, 그리도
 예 그 사람은 무슨 걱정이 그다지도 많은가?
⑤ '오직 ~뿐이다'의 호응은 적절하다.

## 21 ▶ ⑤

**정답풀이** '좋아하여서'에서 이유나 근거를 나타내는 연결 어미 '-아서/어서'가 쓰인 것은 적절하다.

**오답풀이** ① 주어 '담당 의사의 조언은'과 서술어 '권유했다'와 호응할 수 없다. '~ 조언은 ~것이었다.(점이었다)'로 호응해야 하므로 '검사를 받아 보라는 것이었다'로 고쳐야 한다.
② 빵을 마실 수는 없으므로 '빵'과 호응하는 서술어를 추가해야 한다. 따라서 '빵을 먹고 우유를 사서 마셨다'로 고쳐야 한다.
③ 주어 '내 생각은'과 서술어 '생각한다.'와 호응할 수 없다. '~ 생각은 ~ 것이다.(점이다)'로 호응해야 하므로 '옳다는 것이다'로 고쳐야 한다.
④ 고객의 건강을 조성할 수는 없으므로 '고객의 건강'과 호응하는 서술어를 추가해야 한다. '이번 조치는 고객의 건강을 지키고 쾌적한 여행 환경을 조성하기 위한 것이다.'로 고쳐야 한다.

## 22 ▶ ③

**정답풀이** 역접의 어미 '-으나'가 대조의 의미를 나타내는 두 문장을 잘 이어주고 있다.

**오답풀이** ① 주어 '모습은'은 서술어 '것이다'와 호응해야 하므로 '담당하는 것이다'로 고쳐야 한다.
② '지연되고 있다'와 호응되는 주어가 없으므로 주어 '협상이'를 추가해야 한다.
④ '해외여행'과 '관람하다'는 호응이 될 수 없으므로 '해외여행을 하거나'로 고쳐야 한다.

## 23 ▶ ④

**정답풀이** '성과란 것을 ~으로 따진다는 것도'에서도, '~도 문제가 없지는 않다.'에서도 자연스러운 호응을 보인다.

**오답풀이** ① '~점은 ~것이다(점이다)'의 호응을 보여야 하므로 '바람직하지 않다는 점이다'로 고쳐야 한다.
② '시키다'의 남용이다. 실력 있는 강사진이 직접 교육을 하는 것이지 누군가를 교육하게 하는 것이 아니므로 '교육시켜'를 '교육해'로 고쳐야 한다.
③ 궁금한 점이 잘 안 되는 것이 아니므로 '궁금한 점'에 호응하는 서술어를 추가해야 한다. '궁금한 점이 있거나'로 고쳐야 한다.

## 24 ▶ ①

**정답풀이** '지배하다'는 타동사로 목적어가 필요하다. 따라서 '인간은 운명에 복종도 하고 지배도 한다.'가 아니라, '지배할 수도 있다' 앞에 목적어 '운명을'을 추가해야 한다.

**오답풀이** ② 대등 병렬의 조사 '이나'가 있으므로 '사람을 싣거나'가 가능해진다. 하지만 이는 목적어와 서술어의 호응이 옳지 않으므로 '사람을'에 호응하는 '태우거나'를 추가한 것은 옳다.

③ 철수는 유정 명사이므로 '에게'를 써야 옳다.
④ '결코'는 ('아니다', '없다', '못하다' 따위의 부정어와 함께 쓰여) 어떤 경우에도 절대로'를 의미한다. 하지만 '해야 해'는 부정어가 아니므로 '결코'를 '반드시'로 교체한 것은 옳다.

---

## 亦功 [작문_공문서] 문장 고쳐 쓰기 문제 훈련 p.52

### 한눈에 보기

01 ④          02 ②          03 ③          04 ③

---

### 01 ▶ ④

**정답풀이** '안전 기준'은 '조성하고자'라는 서술어와 호응되지 않으므로 '안전 기준'에 호응하는 서술어 '확립하고'가 있어야 '필요한 문장 성분이 생략되지 않도록 할 것'이라는 기준에 부합한다. 따라서 '안전 기준을 확립하고 안전한 기술 사용 환경을 조성하고자'를 '안전 기준과 안전한 기술 사용 환경을 조성하고자'로 수정하는 것은 적절하지 않다.

**오답풀이** ① "안내"와 '공지'는 중복되는 표현이므로 "안내"를 삭제하는 것은 옳다.
② '국민 안전'은 '확립하다'라는 서술어와 호응되지 않으므로 '국민 안전'과 '기술 관리 체계'는 대등한 표현이라고 할 수 없다. 따라서 '국민 안전'에 대한 서술어 '보장하다'를 추가하여 '국민 안전을 보장하고 기술 관리 체계를 확립하기 위해'로 수정하는 것은 적절하다.
③ 주어가 '본원은'이므로 '본원'이 '기술 안전에 관한 기준'을 '배포'하는 주체이다. 따라서 '주어와 서술어를 호응시킬 것'이라는 기준에 따라 '기준이 배포되고'라는 피동 표현을 '기준을 배포하고'라는 능동 표현으로 수정하는 것은 적절하다.

---

### 02 ▶ ②

**정답풀이** '본 연구원'은 '국내 문화 발전을 위한 주요 정책연구기관'이라는 자격으로 '현행 문화 프로그램의 효과 분석 및 개선 방안을 연구'하는 것이므로 '조사를 정확하게 쓸 것'이라는 원칙에 따라 자격을 나타내는 부사격 조사 '-로서'를 쓰는 것이 옳다. 따라서 이를 수단, 방법의 의미를 나타내는 부사격 조사 '-로써'로 수정하는 것은 적절하지 않다.

**오답풀이** ① '문화 프로그램 개선을 위하다'라는 관형절이 '정책 자문 회의'라는 명사를 수식하는 구조이므로 '수식어와 피수식어를 호응시킬 것'이라는 원칙에 따라 '위하다'의 어근 '위하-'에 결합한 부사형 어미 '-여'를 관형사형 어미 '-ㄴ'으로 수정하는 것은 적절하다.
③ 부사절 '귀원의 전문가들을 참여하다.'에서 '귀원의 전문가들'이 주어인데 목적격 조사 '을'이 붙어 있다. 따라서 '조사를 정확하게 쓸 것'이라는 세 번째 원칙에 따라 목적격 조사 '을'을 주격 조사 '이'로 고쳐 '전문가들을'을 '전문가들이'로 수정하는 것은 적절하다.

④ '권위적 표현의 사용을 지양할 것'이라는 네 번째 원칙에 따라 '서면 제출 바람'이라는 권위적 표현을 '서면으로 제출해주시면 감사하겠습니다.'라는 정중한 표현으로 수정하는 것은 적절하다.

---

### 03 ▶ ③

**정답풀이** "주의가 요구되어집니다."는 이중 피동 표현이므로 ⓒ에 따라 수정되어야 한다. 그러나 "주의가 요구됩니다." 역시 불필요한 피동 표현인 '-되다'를 사용한 문장으로, "주의해야 합니다."로 수정하는 것이 적절하다.

**오답풀이** ① "제재할 수 있다면 관련 적용법은?"은 이어진 문장에서 뒤에 오는 절의 서술어가 없으므로 ⓐ에 따라 "제재할 수 있다면 관련 적용법 조항은 무엇인지?"로 수정하는 것이 적절하다.
② "규정법 위반 시"는 '-하다'를 지나치게 생략하여 자연스럽지 않은 표현이다. 이를 ⓒ에 따라 "규정법을 위반했을 때"로 수정한다는 것은 적절하다.
④ "무한○○, 행복○○ 등의 슬로건이 많이 나왔다는 점"은 추상적 대상이므로, 이를 행위의 주어로 쓰는 것은 영어 번역 투 표현이다. 이를 ⓔ에 따라 "무한○○, 행복○○ 등 군정 구호 행복○○의 영향을 받은 구호가 많음."으로 수정한다는 것은 적절하다.

---

### 04 ▶ ③

**정답풀이** '범칙금 부과 또는 형사 처벌을 받게 되고'는 어색하게 접속된 구문이다. 그러나 이를 '범칙금을 부과하거나 형사 처벌을 받게 되고'로 고치면, 대등하게 이어진 두 구문의 공통된 주어가 범칙금 또는 형사 처벌이라는 불이익을 당한다는 의미를 제대로 전달하지 못한다. ⓒ을 고려할 때, '범칙금 부과 또는'을 '범칙금을 부과받거나'로 고쳐서 뒤에 나오는 '형사 처벌을 받게 되고'와 대등하게 이어지도록 하는 것이 적절하다.

**오답풀이** ① '조사 내용은 공통 조사 항목과 체류 자격에 따라 추가로 조사하는 항목들이 있습니다.'는 ⓐ을 고려하여 주어 '조사 내용은'과 호응이 되도록 서술어를 '~조사 항목으로 구성되어 있습니다.'로 수정한다.
② '정상회담 계기 공동성명을 통해'는 조사를 지나치게 생략하고 명사를 나열하여 자연스럽지 않으므로, ⓒ을 고려하여 '정상회담을 계기로 공동성명을 발표하여'로 고쳐 쓰는 것이 적절하다.
④ '~에 대하여'는 영어 번역 투이므로 '에게'로 바꾸는 것이 좋다. 따라서 '직원들에 대하여'를 ⓔ을 고려하여 '직원들에게'로 고쳐 쓴다는 것은 적절하다.

## Chapter 04 [작문] 내용 고쳐 쓰기

### 亦功 콤단문 독해 POINT

> **한눈에 보기**
>
> 01 ④      02 ④

### 신유형 2025 버전 1    p.56

**01 ▶ ④**

정답풀이 3문단의 "사람들이 내재적으로 가지고 있는 지식이 언어능력"을 통해 '랑그'가 언어 능력임을 알 수 있다. 또한 3문단의 "사람들이 실제로 발화하는 행위가 언어수행이다."를 통해 '파롤'이 언어수행임을 알 수 있다. 따라서 ㉣을 '랑그가 언어능력에 대응한다면, 파롤은 언어수행에 대응'으로 수정하는 것은 적절하다.

오답풀이 ① 1문단에서 "랑그는 머릿속에 내재되어 있는 추상적인 언어의 모습 ～ 가리킨다. 반면에 파롤은 구체적인 언어의 모습으로, ～ 개인적인 행위를 의미한다."라고 나와 있으므로 ㉠에 나와 있듯 '랑그를 악보에 비유하고, 파롤을 실제 연주에 비유'하는 것은 옳다. 따라서 이미 올바른 ㉠을 수정하는 것은 적절하지 않다.
② 2문단의 "악보는 고정되어 있지만 실제 연주는 그 고정된 악보를 연주하는 사람에 따라 달라지기 마련이다."를 통해 악보에 비유된 랑그는 '여러 상황에도 불구하고 변하지 않고 기본을 이루는 언어의 본질적인 모습'임을 알 수 있다. 따라서 이미 올바른 ㉡을 수정하는 것은 적절하지 않다.
③ 2문단의 "한편 '책상'이라는 단어를 발음할 때 ～ '책상'에 대한 발음은 제각각일 수밖에 없다"를 통해 파롤은 '실제로 발음되는 제각각의 소리값'임을 알 수 있다. 따라서 이미 올바른 ㉢을 수정하는 것은 적절하지 않다.

### 신유형 2025 버전 2    p.57

**02 ▶ ④**

정답풀이 전개상 '수용하다'의 반댓말이 와야 한다. '지향하다'는 작정하거나 지정한 방향으로 나아간다는 뜻이고, '지양하다'는 더 높은 단계로 오르기 위하여 어떠한 것을 하지 아니한다는 뜻이다. 따라서 '지양했다'로 고치는 것이 적절하다.

오답풀이 ① '배울 학(學)'을 사용했기에 수정하지 않는 것이 적절하다.
② 서학은 신봉이 아닌 분석의 대상이었기에 무조건 따르고 하지 않았다는 것이 자연스러우므로 수정하지 않는 것이 적절하다. '주장하였

---

는데'로 고치면 서학이 신봉의 대상인 셈이기에 뒤 문장과 의미가 충돌한다.
③ 양명학이나 고증학 등의 외부 유입 사유 체계가 있다고 하였기에 수정하지 않는 것이 적절하다.

### 亦功 [작문] 내용 고쳐 쓰기 기출 훈련    p.58

> **한눈에 보기**
>
> 01 ③

**01 ▶ ③**

정답풀이 이어진 서술을 보면 '사랑과 이해에 기반한 순종과 순응'이라는 내용이 나온다. 이는 남편과 갈등을 일으키는 주인공이라 볼 수 없기에 '남편의 의견을 따르는' 주인공이라고 수정하는 것은 적절하다.

오답풀이 ① 본문의 내용은 드라마에서 이주 여성에 대한 문제를 근본적으로 해결하지 못하고 있음을 지적하는 것이다. 따라서 '다양한 문제 탐색의 가능성'은 적절한 수정이 아니다.
② 뒤에 이어진 내용은 주인공이 자신의 생각을 포기하거나 순종, 순응하는 것으로 갈등이 해결된다고 이야기한다. 따라서 온정적인 소통으로 극복한다는 것은 적절한 수정이 아니다.
④ 본문에 따르면 주인공의 강요된 선택과 순종, 순응으로 실질적 원인이 드러나지 않은 채 문제가 성급히 봉합된다는 것이다. 따라서 상황과 갈등이 여과없이 노출된다는 것은 적절한 수정이 아니다.

### 亦功 [작문] 내용 고쳐 쓰기 문제 훈련    p.59

> **한눈에 보기**
>
> 01 ②    02 ③    03 ①    04 ②

**01 ▶ ②**

정답풀이 ㉡ 전후 맥락을 고려할 때 '독립 형태를 두고 형과 대립하는 등' 그대로 유지하는 것이 적절함을 확인할 수 있다. 작품 속 데이먼은 고통스러운 과정을 경험한다고 했는데, 선지 ②처럼 형과 협력한다는 내용이 될 경우 이는 고통스러운 과정이라고 보기 어렵다.

오답풀이 ① ㉠ 뒤의 '하지만 투쟁 과정에서 데이먼은 아일랜드인 밀고자를 처형하거나'라는 표현을 통해, 데이먼이 아일랜드 독립을 위해 투쟁했음을 알 수 있다. 따라서 투쟁을 포기한다는 표현이 아니라, 투쟁을 결심한다는 표현이 적절하다.
③ ㉢ 앞에서 아일랜드 청년들의 무장 투쟁은 밀고자를 처형하는 등 고통스러운 과정이라고 묘사되어 있다. 따라서 청년들의 투쟁은 낭만

으로 가득한 것이라고 보기 어려우며, '낭만적인 것이 아니라 모순으로 가득한'으로 수정하는 것이 바람직하다.

④ ② 전후 맥락을 고려하여 독해해야 하는 문제이다. 앞부분에서 식민지 민족해방운동 초기에는 '모두가 한 목표로 협력'할 수 있다는 표현이 나오므로, 뒤에는 이와 반대되는 이야기가 전개될 것이다. 외부 세계와의 갈등은 투쟁 초반부터 존재할 것이므로, '내부 갈등에 직면할 수 있기 때문이다.'로 수정하는 것이 적절하다.

## 02 ▶ ③

정답풀이 '서로 단절되어 있다'라는 표현은 변형 문법 이론의 개념과 맞지 않는 표현이다. 심층 구조와 표층 구조는 변형 규칙을 통해 연결되어 있으며, 이를 통해 문장의 다양한 표현이 가능해지기 때문에 '연결되어 있다.'로 수정하는 것이 적절하다.

오답풀이 ① 문장의 표면적인 형태를 분석하는 데 중점을 두는 것은 심층 구조가 아니라 표층 구조에 대한 설명이다.

② 문장의 추상적인 의미를 설명하는 데 중점을 두는 것은 심층 구조에 대한 설명이다.

④ 표층 구조는 의미를 구체화하는 과정에서 생성되는 것이므로 기존의 표현을 유지하는 것이 적절하다.

## 03 ▶ ①

정답풀이 행동의 결과에 따라 학습이 이루어지는 것은 고전적 조건형성보다는 조작적 조건형성이론에 가까운 설명이므로 적절하지 않다. 따라서 '자극과 반응의 연합'으로 수정하는 것이 적절하다.

오답풀이 ② '행동의 동기가 그 행동의 반복 가능성을 결정한다'는 표현은 조작적 조건형성과 관련이 있어 보일 수 있으나, ⓒ의 문맥에서 요구하는 것은 '행동의 결과'이지 '동기'가 아니다. 따라서 기존의 표현을 유지하는 것이 적절하다.

③ 조작적 조건형성은 보상과 처벌을 통해 학습된다는 점에서 고전적 조건형성과 차이가 있기 때문에 두 이론의 관점은 유사한 것으로 보기 어렵다. 따라서 기존의 서술을 유지하는 것이 적절하다.

④ 조작적 조건형성은 행동과 그 결과 관의 관계를 다루는 이론이다. 따라서 반응과 그 전후의 맥락 관계라고 수정하는 것은 타당하지 않다.

## 04 ▶ ②

정답풀이 형태론은 음절이 구성되는 방식이 아니라 단어의 내부 구조와 변형을 분석하는 데 중점을 두는 것이다. ⓒ 뒤에 이어지는 '단어의 내부적 구성 원리를 파악함으로써'에서 근거를 찾을 수 있다.

오답풀이 ① 단어의 형태를 분석하는 데 중점을 두는 것은 형태론에 대한 설명이므로 기존의 표현을 유지하는 것이 적절하다.

③ 형태론은 주로 단어의 형태적 변화와 활용에 집중한다. '생겨난다'는 것은 새로운 단어가 생성되는 것을 의미하는 것이므로 형태론에 대한 설명으로는 적절하지 않다.

④ 통사론과 형태론은 문장과 단어의 구체적인 구조와 변형을 다루고 상호 보완적인 역할을 한다고 보는 것이 적절하다. 따라서 독립적인 역할을 한다고 보기는 어렵다.

# Part 02 일반 추론적 독해

## Chapter 05 중심 내용 추론

### 亦功 콤단문 독해 PIN POINT

**한눈에 보기**

01 ①　　02 ③

---

#### 기존 출제 유지 2024 버전　p.66

**01 ▶ ①**

**정답풀이** '원시사회에서는 죽음이 자연스러운 결과로 받아들여졌다. 죽음은 사람들이 스스로 준비해야 하는 것이면서, 가족과 사회로부터의 관심과 도움이 필요한 것이었다. 그러나 부르주아 사회에서는 인간이 소외되고, 소외된 인간은 노동을 하고 돈을 버는 데 없어서는 안 될 도구인 육체에 얽매이게 된다.'라는 제시문의 내용을 통해 부르주아 사회, 즉 자본주의 출현 이후 죽음에 대한 인식이 달라지게 되어 범죄 소설이 탄생되었음을 의미하므로 '범죄소설은 자본주의의 출현 이후 죽음에 대한 달라진 태도에 기반을 두고 있다.'를 중심 내용으로 볼 수 있다.

**오답풀이** ② 그러나 부르주아 사회에서는 인간이 소외되고, 소외된 인간은 노동을 하고 돈을 버는 데 없어서는 안 될 도구인 육체에 얽매이게 된다.'는 내용이 언급이 되기는 하지만 범죄소설이 무엇을 다루는 문학 양식인지가 중심 내용이 되고 있지는 않다.
③ 범죄소설은 원시사회부터 이어져 온 죽음에 대한 보편적 공포로부터 생겨났다는 내용은 제시문의 내용과 일치하지 않는 내용이므로 중심내용으로 적절하지 않다.
④ 죽음을 예기치 못한 사고가 아닌 자연스럽고 불가피한 것으로 받아들인 것은 범죄소설에 해당하는 내용이 아니라 원시 시대에 해당하는 내용이므로 제시문의 내용과 일치하지 않는다. 따라서 중심내용으로 적절하지 않다.

---

#### 신유형 2025 버전　p.67

**02 ▶ ③**

**정답풀이** 글의 끝 부분에서 "삶을 살아가면서 돈에 대한 욕망이나 성적 욕망만이라도 잘 다스릴 수 있다면 낭패를 당하거나 망신을 당할 일이 거의 없을 것이다. 인간에 대한 플라톤의 통찰력과 삶에 대한 지혜는 현재에도 여전히 유효하다."라는 내용을 통해 중심 내용은 '성공적인 삶을 살려면 재물욕과 성욕을 잘 다스려야 한다.'임을 알 수 있다.

**오답풀이** ① 미언급의 오류이다. '재물욕과 성욕'에 대한 언급은 1문단에서 플라톤이 제시하는 사람들이 살아가면서 중요하게 생각하는 2가지 요소로 나오기는 한다. 하지만 재물욕과 성욕이 과거나 지금이나 가장 강한 욕망이라고 하는 것은 언급되지 않았다.
② 2문단에서 "케팔로스는 재물이 많으면 남을 속이거나 거짓말하지 않을 수 있어서 좋고, 나이가 많으면 성적 욕망을 쉽게 통제할 수 있어서 좋다고 말한다."를 통해 재물이 많으면서 나이가 많으면 좋은 삶을 살 수 있다고 볼 수도 있으나, 이것은 일부에 언급된 것일 뿐이므로 중심 내용이라고 보기 어렵다.
④ 미언급의 오류이다. 잘 살기 위해서는 살면서 재물욕과 성욕을 잘 다스려야 한다는 언급은 나오지만 '살면서 가장 중요한 것이 무엇인지 알아야 한다'는 내용은 언급되지 않았으므로 적절하지 않다.

---

### 亦功 중심 내용 추론 기출 훈련　p.68

**한눈에 보기**

| 01 ④ | 02 ④ | 03 ③ | 04 ② | 05 ② |
|------|------|------|------|------|
| 06 ② | 07 ① | 08 ② | 09 ① | 10 ② |
| 11 ③ | | | | |

**01 ▶ ④**

**정답풀이** 대조 구조의 제시문으로 판타지와 SF의 차이점을 드러내고 있다. 2문단의 "결국 판타지에서는 이미 알고 있는 것보다 새로운 것이 더 중요한 의미를 갖는다."와 2문단 맨 끝부분인 "이처럼 SF에서는 어떤 새로운 것이 등장했을 때 그 낯섦을 인정하면서도 동시에 그것을 자신이 이미 알고 있던 인식의 틀로 끌어들여 재조정하는 과정이 요구된다."을 통해 '판타지는 알고 있는 것보다 새로운 것이 더 중요하고, SF는 알고 있는 것과 새로운 것 사이의 재조정이 필요한 장르이다.'가 핵심 논지임을 알 수 있다.

오답풀이 ① 미언급의 오류이다. 특히 판타지는 '이미 알고 있는 것보다 새로운 것이 더 중요한 의미를 갖는다'고 하였다.
② 극단의 오류이다. 둘 사이의 재조정이 필요한 것은 SF에만 해당되므로 판타지도 그러하다고 보기 어렵다.
③ 주체 혼동의 오류이다. 새로운 것보다 알고 있는 것이 중요한 것은 '판타지'가 아니라 'SF'이며, 알고 있는 것보다 새로운 것이 중요한 것은 'SF'가 아니라 '판타지'이다.

## 02 ▶ ④

정답풀이 본문의 마지막 문단이 핵심 문단이다. 타인의 말에 휩쓸려 사용가치를 결정하지 말고 나에게 얼마나 필요한가에 대한 고민을 통해 결정해야 한다고 말하고 있다.

오답풀이 ① 1문단에서 교환가치가 아무리 높아도 '나'에게 사용가치가 없다면 구매하지 않을 것이라 하였다.
② 본문은 건강한 소비를 위해 주체적 결정이 필요함을 다루는 글이다.
③ 오히려 다른 사람의 평가만으로 백만 원짜리 티켓을 구매한 소비자를 비판하고 있다. 이 글은 타인의 평가보다 자신의 고민이 더 필요하다고 말한다.

## 03 ▶ ③

정답풀이 지문은 ''무엇인가', '어떠한 것인가'라는 물음에 대응하는 내용이 '질'이고, '어느 정도'라는 물음에 대응하는 내용이 '양'이다.'라는 서술을 통해 양과 질의 차이를 구분할 것임을 설명하고 있다. 그리고 마지막 문장 '그러나 책상의 높이를 일정한 한도가 넘는 수준, 예컨대 … 더 이상 책상이라 할 수 없게 될 것이다.'를 통해 양의 변화가 일정한 한도 내에서 질의 변화를 이끌어 내지 못하지만, 어느 한도를 넘으면 질의 변화를 초래함을 알 수 있다.

오답풀이 ① 마지막 문장을 통해 양의 변화가 질의 변화를 초래하기도 함을 알 수 있지만, 질의 변화가 양의 변화를 이끄는 예시는 나오지 않는다.
② 지문에서 예시로 제시하는 양의 변화 '예컨대 70cm를 1cm로 낮추어 버리면'은 누적된 값이 아니므로 본문에서 추론할 수 없는 선지이다.
④ 지문에 본래의 상태로 환원되는 과정과 관련된 서술은 나오지 않으므로 적절하지 않다.

## 04 ▶ ②

정답풀이 '아동학대 처벌법이 학교에도 일괄 적용되면서', '이는 교사들의 사기 저하와 생활지도 포기로 이어진다.'라는 서술을 통해 교사가 아동학대 가해자로 신고당해 어려움을 겪고 있음을 알 수 있다. 따라서 '교사들의 교직 만족도 하락의 원인'이 기사의 주장으로 가장 적절하다.

오답풀이 ① 본문에 교사의 강압적 태도 관련 서술은 나오지 않으므로 적절하지 않다.
③ 교사들의 직권 남용과 교직 태만의 원인 관련 서술은 나오지 않는다.

④ 교사들의 아동학대 실태는 나오지 않는다. 이 글은 '교사가 학생의 문제행동을 지적하거나 제지하는 일까지 아동학대로 신고하는 일이 잦아졌다는 것이다.'라고 서술하고 있을 뿐이며, 이것이 실태라고 보기는 어렵다. 실태란 실제의 사정이나 정세를 의미한다.

## 05 ▶ ②

정답풀이 경영(經營)이란 기업이나 사업을 관리하고 운영한다는 뜻이며, '인공적인 조원이 아니라 자연 경관을 경영하는 것이다.', '자연을 해석하고 적극적인 경관으로 건축화한 것', '인위적으로 세운 것이 아니라 자연 위에 그냥 얹혀 있는 느낌'이라는 서술을 통해 '자연 경관의 경영'이 제목으로 가장 적절함을 알 수 있다.

오답풀이 ① 조화(調和)란 서로 잘 어울리게 한다는 뜻으로, '중국과 일본의 정원도 자연과의 어우러짐을 중시했다.'에서 일본과 중국 정원의 특징에 가까움을 짐작할 수 있다.
③ 차경(借景)이란 자연에 거스르지 않고 주위의 풍경을 그대로 경관을 구성하는 재료로 활용하는 기법이다. 셋째 문단의 '그러나 우리 원림에서는 자연 경관을 빌려오는 차경 정도가 아니라 자연 경관 자체가 정원의 뼈대를 이룬다.'라는 서술을 통해 차경은 우리 정원이 아닌 중국과 일본 정원의 특징임을 알 수 있다.
④ 재현(再現)은 다시 나타낸다는 뜻이다. 첫째 문단의 '정원과 유원은 사가(私家)의 정원으로서 평평한 대지에 담을 치고 그 안에 자연을 인공적으로 재현한 것'이라는 서술로 미루어 보아, 중국 정원의 특징임을 알 수 있다.

## 06 ▶ ②

정답풀이 제시문 끝에 글쓴이의 주장이 들어 있는 미괄식 구성의 글이다. "일제 시기의 역사가 한국 역사의 일부가 되기 위해서는 ~ 정당하게 평가되지 않으면 안 된다."에 해당하는 선택지를 고르면 "일제의 지배에 주체적으로 대응한 조선인의 역사도 정당하게 평가되어야 한다."가 〈보기〉에서 말하고자 하는 바이다.

오답풀이 ① '일제의 조선 지배는 한국에게서 근대화의 기회를 빼앗았다.'는 〈보기〉의 주장이라기보다는 〈보기〉가 비판한 대립적인 2가지 주장 중 하나에 해당한다.
③ '일제가 조선을 지배하지 않았다면 조선에서는 근대화가 이루어지지 않았을 것이다.'는 〈보기〉의 주장이라기보다는 〈보기〉가 비판한 대립적인 2가지 주장 중 하나에 해당한다.
④ 이 선지에는 '자기 발전을 도모해 나간 조선인의 역사도 정당하게 평가되지 않으면 안 된다.'는 내용이 빠져 있어 ②에 비해 타당성이 떨어진다.

## 07 ▶ ①

정답풀이 이 글은 오픈 에이아이(Open AI)의 챗지피티(ChatGPT)를 설명하고 있으며, 마지막 문단에서 챗지피티와 같은 대형 언어 모델 기반의 에이아이 산업 생태계가 '원천기술 기업', '서비스기업', '애플리케이션을 제공하는 기업'에 활용될 수 있음을 소개하였다. 또한 '우리나라에서도 많은 서비스 기업이 나와서 함께 국가 경쟁력을 높여 나가기를 기대해 본다.'라는 문장으로 글을 마무리하였으므로 '챗지피티, 이제 서비스다'가 제목으로 가장 적절하다.

오답풀이 ② 첫째 문단에 '이른바 알파고 모멘텀 이후 에이아이(AI) 산업은 발전했지만, 기대만큼 성장했다고 보긴 어렵다.'라는 서술이 나오기는 하나, 이후 챗지피티를 중심으로 서술하고 있으므로 적절하지 않다.
③ 셋째 문단에 '챗지피티는 그 자체로 킬러 애플리케이션이다.'라는 문장이 나오기는 하지만, 뒷부분에 챗지피티의 활용 방안이 이어지고 있으므로 전체 내용을 포괄하는 제목은 아니다.
④ 마지막 문단의 '현재 대형 언어 모델을 만드는 빅테크 기업들이 주목받고 있지만, 실리콘밸리에서는 … 등 서비스 기업들이 부상 중이다.'라는 문장을 통해, 글쓴이는 서비스 기업에 주목하고 있음을 알 수 있다. 따라서 적절하지 않다.

## 08 ▶ ②

정답풀이 1문단에서는 한국인의 예술성이 세계에 인정받고 있으므로 우리의 예술을 알릴 수 있는 전략이 필요하다고 했다. 2문단에서는 한국인의 끼를 제시하며 새로운 역사의 전환점이 놓여 있다고 한다. 이를 모두 아우른 제목은 '다가오는 미래에 대한 희망찬 포부'이다.

오답풀이 ① 안주한다기보다는 역사를 새롭게 바꾸는 것을 주장하고 있으므로 옳지 않다.
③, ④ 아예 초점 자체가 옳지 않다.

## 09 ▶ ①

정답풀이 첫 부분에서 문제를 제기하는 부분이 있다면 그것이 제목이 될 확률이 높다. 똑같은 기차 소리여도 나중에 듣는 기차 소리는 잠을 깨우지 않는 이유에 대해 문제를 제기하고 있다. 그리고 그렇게 되는 과정들에 대해 설명하고 있다. 또 뒤에서 여러 사례를 들어 동물은 중요한 소리만 선택적으로 들으며 인간이 소음을 받아들이는 것 또한 소리가 수동적으로 들리는 것이 아니라 뇌에서 재해석된다고 하므로 이와 관련된 제목은 '소리의 선택적 지각'이다.

오답풀이 ② 소리 자극의 구체적인 이동 경로는 언급되지 않았다.
③ 소리의 감정 유발 기능이 일부 언급되어 있지만 그것이 글의 중심 내용은 아니었다.
④ 인간의 뇌와 소리와의 관계가 일부 언급되어 있지만 그것이 글의 중심 내용은 아니었다.
⑤ 동물과 인간의 소리 인식 과정을 비교하는 내용은 언급되지 않았다.

## 10 ▶ ②

정답풀이 "그런데 신어 연구의 대상은 특정한 범주의 언어, 소수 집단의 언어에 한정되지 않습니다."와 "이는 신어 연구가 단지 새로운 어휘

와 몇 가지 주제를 나열하는 연구를 넘어서 한국어 조어론 전반에 대한 연구로 확장되어야 하는 이유이기도 합니다."를 통해 신어는 연구 대상과 영역을 확장해야 함을 알 수 있다.

오답풀이 ① 신어에서 비속어나 은어가 빠져야 한다는 내용은 언급되어 있지 않다. 제시문은 신어의 영역을 오히려 확장해야 한다는 입장이기 때문에 비속어나 은어가 빠져야 한다는 이 선택지에 어색함을 느껴야 한다.
③ 제시문에서는 어려운 전문 용어를 어떤 목적(의사소통의 효율성이나 교육적 목적)을 위해 '인위적인 신어'로 바꾸는 것에 대한 정책적 고려가 필요하다고는 했다. 하지만 '자연 발생적인 신어'에 대한 정책적 고려가 필요하다고는 하지 않았다.
④ 제시문의 중심 내용은 신어의 연구 대상과 영역을 확장해야 한다는 것이다. 그런데 신어는 의사소통의 효율성을 위해 그 범주를 특정해야 한다는 것은 범위를 한정하라는 의미이므로 제시문의 내용에 어긋난다.

## 11 ▶ ③

정답풀이 처음 공부할 때에는 먼저 들뜬 생각을 제거해야 한다면서 그 뒤에는 들뜬 생각을 없애는 자세를 알려주고 있다. 일정한 형식이 자세와 대응하고 들뜬 생각이 제거되는 것을 일정한 내용이라고 볼 수 있으므로 ③이 글쓴이의 생각과 비슷함을 알 수 있다.

오답풀이 ① 너무 포괄적인 주제문이다.
② 이 글이 '언어'에 초점이 있지 않다.
④ 이 글이 '다양한 지식'과 '논리적 판단'에 초점이 있지 않다.

亦功 중심 내용 추론 문제 훈련 p.74

### 한눈에 보기

| 01 ① | 02 ③ | 03 ④ | 04 ② |
|------|------|------|------|

## 01 ▶ ①

정답풀이 제시문의 첫 문단에서는 과학 기술의 발전이 인간의 일 처리 속도를 높이고, 여가생활을 즐길 시간을 확보할 수 있게 해준 것으로 보인다고 했다. 그러나 둘째 문단은 '그러나'라는 접속 표현으로 시작하고 있으므로, 첫 문단의 내용과 상반된 내용이 온다는 것을 예측할 수 있다. 둘째 문단에서는 스마트폰 기기로 인해 많은 사람과 연결되어 있고 정보를 실시간으로 습득함에 따라 점점 자기 시간을 잃게 된다는 내용을 전달하고 있다. 즉, 제시문은 과학 기술의 발전이 현대인을 시간으로부터 해방시켰다는 첫 문단의 내용을 반박하고 있다.

오답풀이 ② 과학 기술이 발전하면 여가생활을 즐길 시간을 확보할 수 있다는 것은 둘째 문단에 의해 반박되는 내용이다.
③ 과학 기술이 진보할수록 일처리를 빠르게 할 수 있더라도, 뉴미디어로 인해 시간을 빼앗기고 있다는 것이 글의 핵심이다.

④ 현대인들은 혼자만의 시간이 부족하다는 것을 언급했지만, 글의 핵심 주장은 아니다. 이 글의 핵심 단어인 '과학 기술의 발전'과 '현대인', '시간'의 관계를 모두 설명하는 문장이 주장으로 적절하다.

## 02 ▶ ③

정답풀이 셋째 문단에서는 열용량이 18세기 중엽 블랙에 의해 물체가 지닌 열의 양을 표현하는 용어로 처음 사용되었다고 서술하고 있다. 또한 이후에 '물체가 지닌 열은 그 에너지의 크기'라는 사실이 밝혀지면서 열용량 용어는 문제가 있지만, 여전히 사용되고 있다고 하였다. 따라서 셋째 문단을 '열용량 용어의 탄생과 소멸의 시대적 배경'으로 요약하면 열용량이라는 용어가 여전히 사용되고 있다는 서술과 배치되므로 적절하지 않다. 그리고 블랙이라는 학자에 의해 용어가 탄생하고 과학적 사실에 의해 문제점이 밝혀진 것이므로 '시대적 배경'이라는 표현 역시 적절하지 않다. 셋째 문단의 중심 내용은 '열소론에 입각한 열용량 개념과 문제점'으로 정리할 수 있다.

오답풀이 ① 첫째 문단에서 열용량의 개념 정립 이전에는 동일 질량인 물체들이 같은 온도일 경우 열용량이 같다고 보았으나, 사실 두 물체의 열용량이 다르면 온도와 에너지의 양은 다르다고 밝히고 있다. 따라서 첫째 문단의 중심 내용은 '열용량에 따른 물체의 온도와 열량의 차이'로 정리할 수 있다.
② 둘째 문단에서는 파렌하이트가 수은과 물을 사용하여 열용량의 개념을 도입한 실험에 대해 설명하고 있으므로, 중심 내용을 '열용량의 개념을 도입한 파렌하이트의 실험'으로 정리할 수 있다.
④ 넷째 문단에서는 '몰 열용량'에 대해 개념을 정의하고 이것의 두 가지 종류를 설명하고 있으므로 중심 내용을 '몰 열용량의 정의 및 등적 열용량과 등압 열용량'으로 정리할 수 있다.

## 03 ▶ ④

정답풀이 [라] 문단에서는 융의 분석 심리학이 심리 치료를 비롯한 여러 분야에 영향을 주었다는 의의를 밝히고 있다. 그러나 한계가 서술되고 있지는 않으므로 이 문단의 중심 내용으로 적절하지 않다.

오답풀이 ① 융의 분석 심리학 이론의 개념을 밝히고, 이를 바탕으로 분석적 심리 치료의 핵심을 제시하고 있으므로 [가] 문단의 중심 내용으로 적절하다.
② 의식에 대한 융의 견해를 바탕으로 개성화와 관련한 특징을 제시하고 있으므로 [나] 문단의 중심 내용으로 적절하다.
③ 융이 구분한 개인 무의식과 집단 무의식의 개념을 차이점 중심으로 설명하고 있으므로 [다] 문단의 중심 내용으로 적절하다.

## 04 ▶ ②

정답풀이 '와이너'의 이론을 적용하면, 상황의 해석 방식에 따라 공포증이 생길 수도 있고 그렇지 않을 수도 있으며, 공포증이 지속될 수도 있고 공포증을 극복할 수도 있다. 그런데 공포증이 생겨 지속되더라도 상황을 해석하는 방식을 바꾸려고 노력하면 공포증에서도 벗어날 수

있다. 마지막 문장인 "하지만 공포증에 시달리지 않는 사람들처럼 상황을 해석하고 개를 피하지 않는 노력을 기울이면 공포증에서 벗어날 수 있다."에서 글쓴이의 관점을 확인할 수 있으므로 정답은 ②이다.

오답풀이 ① 시간이 중요한 것이 아니라 의지가 중요한 것이므로 옳지 않다.
③ 공포라는 감정을 발산시키는 것이 아니라, 공포증에 시달리지 않는 사람들처럼 상황을 해석하고 개를 피하지 않는 노력을 기울이면 공포증에서 벗어날 수 있는 것이므로 옳지 않다.
④ "주변 사람의 도움"이 아니라 본인의 의지가 중요한 것이므로 옳지 않다.

## Chapter 06 내용 추론 긍정 발문

## 亦功 콤단문 독해 PIN POINT

**한눈에 보기**

01 ①    02 ③

---

### 기존 출제 유지 2024 버전    p.78

**01 ▶ ①**

정답풀이 윌리엄 보잉은 '시스템은 불안정하고 완벽하지 않'다는 생각을, 베테유는 '인간은 실수할 수 있는 존재'라는 생각을 토대로 항공기를 설계했다.

오답풀이 ② 윌리엄 보잉은 컴퓨터보다 조종사의 판단이 우선시된다고 생각하였을 뿐, 인간이 실수하지 않는다고 본 것은 아니다.
③ 에어버스는 반대로 자동조종시스템이 조종사의 조종을 통제한다. 오히려 보잉에서 조종사가 자동조종시스템을 통제한다.
④ 보잉과 에어버스의 차이는 자동조종시스템의 '활용 정도'에 있다. 보잉이 자동조종시스템을 활용하지 않는 것은 아니며, 조종사가 시스템을 통제할 수 있다.

---

### 신유형 2025 버전    p.79

**02 ▶ ③**

정답풀이 2문단의 "다시 말해 시간의 시작점 역시 '1'로 셈했다는 것인데"를 통해 '0' 개념이 없었던 옛날에는 실제보다 1이 더해진 채로 셈해졌음을 알 수 있다. 그런데 프랑스어 'quinze jours'는 '2주(14일)'가 어원에 의하면 '15일'을 가리키고 있으므로 '0' 개념이 들어오기 전 셈법의 흔적이 남아 있다고 볼 수 있다.

오답풀이 ① 2문단의 "'0' 개념은 13세기가 되어서야 유럽으로 들어왔으니,"를 통해 '0' 개념은 13세기에 유럽에서 발명되었다는 것은 적절하지 않음을 알 수 있다. '0' 개념이 들어온 것이지 유럽에서 처음 만들어진 것은 아니기 때문이다.
② 미언급의 오류이다. 『성경』에서는 예수의 신성성을 부각하기 위해 그의 부활 시점을 활용하였다는 내용은 언급되지 않았다.
④ 3문단에서 "오늘날 그리스 사람들은 올림픽이 열리는 주기에 해당하는 4년을 'pentaeteris'라고 부르는데, 이 말의 어원은 '5년'을 뜻한다"는 부분을 보면 실제보다 1이 더해진 채 과거에 셈해졌음을 알 수 있다. 이는 '0' 개념이 없었을 때의 셈법에 의한 것이므로 오늘날의 올림픽이 열리는 주기는 예전과 변함 없이 4년임을 알 수 있다.

---

## 亦功 내용 추론 긍정 발문 기출 훈련    p.80

**한눈에 보기**

01 ①    02 ④    03 ③    04 ④    05 ①
06 ③

---

**01 ▶ ①**

정답풀이 '언어의 형식적 요소에는 '음운', '형태', '통사'가 있으며, 언어의 내용적 요소에는 '의미'가 있다.'라는 첫 문장을 통해 '언어는 형식적 요소가 내용적 요소보다 다양하다.'가 적절함을 알 수 있다.

오답풀이 ② '이처럼 언어학은 크게 말소리 탐구, 문법 탐구, 의미 탐구로 나눌 수 있는데, 이때 각각에 해당하는 음운론, 문법론, 의미론은 서로 관련된다.'라는 언급을 통해 언어의 형태 탐구는 의미 탐구와 관련되지 않는다는 것은 적절하지 않음을 알 수 있다. 언어의 형태 탐구는 의미 탐구와 관련된다고 보는 것이 적절하다.
③ 의사소통의 첫 단계는 언어의 형식을 소리로 전환하는 것이라는 내용은 언급되지 않는다.
④ 언어를 발신하고 수신하는 과정에서 통사론은 활용되지 않는다는 내용은 언급되지 않는다.

---

**02 ▶ ④**

정답풀이 '오디세이아'는 서사시의 시대로 총체성이 완전히 구현되어 있다. '에우리피데스의 비극'은 비극의 시대로 총체성이 흔들리는 시대이다. 따라서 '오디세이아'에서 신과 인간의 결합 정도가 더 높다.

오답풀이 ① '철학의 시대'가 계몽된 세계라는 서술은 있지만, 계몽사상인지는 불명확하며, 이것이 시대의 전환을 이끌어 낸 것 또한 아니다.
② '비극적 시대'는 소포클레스와 에우리피데스의 비극 등 신과 인간의 세계가 분리된 시대이다. 플라톤의 '철학의 시대'는 신탁이 사라진 시대는 맞지만, 그것이 비극적 세계인 것은 아니다.
③ 루카치는 신과 인간의 결합 정도인 '총체성'을 기준으로 시대를 구분하였다.

---

**03 ▶ ③**

정답풀이 본문 중반부에서 디지털 트윈을 이용해 미래 상황을 예측할 수 있다는 내용을 확인할 수 있다. 따라서 현실 세계의 위험을 찾고 방지할 수 있다는 서술은 적절하다.

오답풀이 ① 관련 시장이 확대되고 있다는 서술은 있지만, 고용률에 대한 언급은 없다.
② 본문 마지막에서, 디지털 트윈은 실제 실험보다 빠르고 정밀하고 안전하며 비용이 적게 든다. 따라서 오히려 경제성이 높다.
④ 새로운 문화적 경험을 제공하는 것은 메타버스이다.

## 04 ▶ ④

**정답풀이** '표현적 글쓰기는 종일 꾹꾹 참고 발설하지 않은 취약한 측면을 찾아내고 그것에 대해 경청할 기회를 주기 때문에 효과가 있는 것이다.'를 통해 적절한 선지임을 알 수 있다.

**오답풀이** ① '우리가 흔히 경시하는 고통스러운 감정을 마주해야 되기 때문'이라고 했으므로, 표현적 글쓰기는 고통스러운 감정을 피하는 것이 아니라 마주하는 것임을 알 수 있다. 반대의 오류이다.
② '우리는 자수성가를 칭송하고 강인한 사람을 미화하는 세상에 … 우리는 우리의 욕구를 간과하도록 배운다.'라는 서술이 나온다. 이는 사람이 문화적 메시지에 압박을 느끼고 부정적 감정을 경험하는 것을 의미하며, 표현적 글쓰기는 이에 대한 해결방안으로 제시되어 있다. 따라서 표현적 글쓰기는 자수성가를 칭송하고 강인한 사람을 미화하는 데 필요한 것이 아니라, 이러한 문화적 메시지에 대응하는 수단이 될 수 있는 것이다.
③ '우리는 보통 타인이 볼 글을 쓸 때 스스로 검열 … 그러나 표현적 글쓰기는 그렇지 않다'를 통해 표현적 글쓰기는 검열하지 않는 특징을 가짐을 알 수 있다. 반대의 오류이다.
⑤ 표현적 글쓰기의 고안 배경은 나오지 않는다. '두서없고, 누가 읽기에도 적합하지 않은 글은 쓴 후 버리면 된다.'라고 했으므로 편하게 써서 간직한다는 서술도 적절하지 않다. 반대의 오류이다.

## 05 ▶ ①

**정답풀이** ㄱ. 우리에게 잘 알려진 나이브아트 예술가로는 '앙리 루소, 앙드레 보상'을 통해 적절함을 알 수 있다.

**오답풀이** ㄴ. '우리말로 소박파라고도 불리지만 특정한 유파를 가리키기보다 작가의 경향을 가리키는 말'이라고 했으므로, 특정한 유파를 가리키는 것이 아님을 알 수 있다.
ㄷ. '나이브 아트는 개인적인 즐거움을 주제로 형식에 얽매이지 않는 특징을 보인다.'라고 했으므로 서양 미술의 기본 규칙을 따르지 않을 것임을 알 수 있다.
ㄹ. '이후 나이브 아트는 피카소와 같은 기존 미술의 권위와 전통에 반하는 그림을 그리려는 화가의 주목을 받으며 현대미술의 탄생에도 적지 않은 영향을 끼쳤다.'라고 하였다. 따라서 현대미술이 나이브 아트의 탄생에 영향을 끼친 것이 아니라, 그 반대임을 알 수 있다.

## 06 ▶ ③

**정답풀이** '재물은 비유하자면 우물'이라는 직접적 비유가 나오며, '마찬가지로 비단옷을 입지 않으므로 … 상업을 박대하므로 상업 자체가 실종되었다.'에서 일상생활의 예시가 제시되었음을 알 수 있다.

**오답풀이** ① '나아가 농업은 황폐해져 농사짓는 방법이 형편없고'라고 했으므로, 농업이 성행하지는 않았을 것임을 짐작할 수 있다.
② '비단옷을 입지 않으므로 나라에는 비단을 짜는 사람이 없고'는 상품 공급이 아니라 수요가 없어 소비가 줄어드는 현상을 비유한 것이다.
④ '물건을 만드는 기교를 숭상하지 않기에 … 기술이 사라졌다.'라고

했으므로 다른 나라와 교류하지 않은 것이 아니라, 물건을 만드는 일을 숭상하지 않아 기술이 실종되었음을 알 수 있다.

## 亦功 내용 추론 긍정 발문 문제 훈련 p.83

**한눈에 보기**

01 ④    02 ①    03 ④    04 ①    05 ④
06 ④

## 01 ▶ ④

**정답풀이** '이처럼 로크가 말하는 저항권은 비폭력적인 시민불복종에서 그치는 것이 아니라 폭력적 저항까지도 포함하고 있다는 점에서 급진적이다.'를 통해 로크가 말하는 저항권은 비폭력적인 시민불복종과 폭력적 저항을 모두 포함하고 있음을 알 수 있다.

**오답풀이** ① 로크에 따르면 인간은 정치사회를 가지기 전부터 생명, 자유, 재산에 대한 권리를 갖고 있으며, 이를 안정적으로 보장받기 위해 국가를 형성하고 국가에 권리를 신탁한다. 따라서 이러한 권리는 국가가 생기기 전부터 존재하는 것이며, 국가가 개인에게 부여하는 것은 아니다. 따라서 적절하지 않다.
② '입법부가 목적을 소홀히 하거나 위반할 경우 신탁은 필연적으로 철회'된다고 하였으므로 정부를 해체하기 전에도 신탁이 철회될 수 있음을 추론할 수 있다. 따라서 적절하지 않다.
③ '로크의 주장은 사회의 해체가 아니라 정부의 해체를 초래하는 저항을 권리로써 인정'한다고 하였으므로, 기존의 사회를 해체할 권리까지 인정한 것은 아님을 알 수 있다. 따라서 적절하지 않다.

## 02 ▶ ①

**정답풀이** '그런데 이렇듯 소셜미디어에서 노스텔지어를 찾는 사람이 느는 것은 활발하게 활동하는 이용자가 줄어드는 것을 의미하기도 한다.'라는 서술을 통해 적절한 선지임을 추론할 수 있다.

**오답풀이** ② 본문에 페이스북 사용자의 연령 증가와 신규 사용자 유입의 관계에 관한 서술은 나오지 않으므로 적절하지 않다.
③ 소셜 미디어의 사용 패턴 변화는 '주 연령층도 함께 나이가 들었다'는 사실에서 기인한 것이므로 적절하지 않다.
④ 본문에 소셜미디어의 새로운 기능과 관련한 서술은 나오지 않으므로 적절하지 않다.

## 03 ▶ ④

**정답풀이** 기대효용이론이 옳다면, 이익과 위험이 동일한 상황에서 사람들은 일관성 있는 선택을 해야 한다. 또한 이의 대우는 일관성이 없다면 기대효용 이론은 옳지 않다는 것이다. 본문의 '행동경제학자들에

따르면, 대다수 사람은 이처럼 이익과 위험이 동일한 상황에서 일관성 없는 선택을 한다.'라는 서술을 참고할 때 보아 일관성이 없다면 기대효용이론 옳지 않은 것이므로, 행동경제학자들은 기대효용이론이 옳지 않다고 볼 것임을 알 수 있다.

(오답풀이) ① 기대효용이론에 따르면 이익과 위험이 동일한 상황에서 사람들은 일관성 있는 선택을 한다. 모든 경우에 일관성 있는 선택을 하는지는 추론할 수 없다.
② 기대효용이론에 따르면 (가)와 (나)는 기대효용이 동일하다. (나)가 (가)보다 기대효용이 크다고 추론할 수 없다.
③ 마지막 문장에 따르면 (나)를 선택하는 행동을 하는 사람들이 비합리적 존재임을 주장하고 있다. 따라서 행동경제학자들에 따르면 (가)보다 (나)를 더 후회하는 것은 합리적인 행동이라는 추론을 할 수는 없다.

## 04 ▶ ①

(정답풀이) '이에 따르면 차량의 자율주행 기능과 도시 인프라의 자율주행 기능을 융합한 기술이 가장 현실적인 대안으로 주목받고 있다.'라는 문장을 통해 차량 자율주행 기술과 접목할 수 있는 기술이 존재함을 추론할 수 있다.

(오답풀이) ② '주된 근거는 소프트웨어적 장애요인의 가능성을 배제할 수 없다는 것이다.'라고 했으므로 차량의 물리적 구조 한계보다는 소프트웨어의 한계가 도심지 일반도로 완전자율주행의 장애요인이라고 봐야 한다.
③ '아직 자율주행차 사고는 희소하기 때문에 자율주행기술 개발을 위한 기계학습용 데이터가 절대적으로 부족한 실정'이라고 하였다. 따라서 기계학습이 어려운 이유는 기술력 부족이 아니라, 데이터 부족 때문이라고 봐야 한다.
④ 마지막 문장에서 '원격으로 버스를 운행하고 조종하는 실험을 진행하고 있다.'라고 했으므로 실험 단계에 진입했음을 확인할 수 있다.

## 05 ▶ ④

(정답풀이) 아방가르드는 '새로운 미적 기준을 제시함으로써 감상자들에게 충격을 주고자' 한 예술 유파를 말한다. 아방가르드 작가인 뒤샹은 변기인 '샘'을 작품으로 제출함으로써 '예술가의 과제가 재료의 선택에 있다는 점을 강조하고자 했으며, 예술 작품이 예술가의 의지를 반영하기만 하는 수동적 대상이 아니라는 것을 보여주고자 했다.' 이것이 기존의 예술관에 반하는 충격적 시도라는 것을 고려할 때, 20세기 이전의 예술가들은 예술 작품의 재료보다 예술가의 의지가 중요한 것이라고 생각했을 것이라고 추론할 수 있다.

(오답풀이) ① 아방가르드 유파는 일상 속의 예술을 구현함으로써 대중에게 충격을 주고자 했으므로, 이 둘을 비교의 대상에 놓지 않았다.
② 20세기의 대중은 기존 예술가의 권위에 대한 도전 등을 시도한 아방가르드 유파를 달가워하지 않았는데, 이는 예술 작품이 주는 위안과 즐거움을 더 추구했기 때문이다.
③ 뒤샹과 존 하트필드는 아방가르드 예술가로, 1문단을 보면 아방가르드는 일상 속의 예술을 구현하고자 하는 움직임을 말한다.

## 06 ▶ ④

(정답풀이) '즉, 1990년대 이후의 작품들도 여전히 관객에게 교훈을 전해야 한다는 의무감에서 벗어나지 못하고 있다.'에서 '여전히'라는 말을 통해 냉전 시대의 반공 영화들에도 관객에게 교훈을 전해야 하는 메시지가 들어 있었음을 추론할 수 있다.

(오답풀이) ① 극단의 오류이다. '1990년대 소련 연방이 무너지고 이념의 대립 구도가 종식되면서 영화에 평화의 메시지가 대두되기 시작하였지만, 이 시기에 만들어진 영화들도 여전히 반공의 메시지를 담고 있었다.'을 통해 1990년대 소련 연방이 무너진 이후의 영화에는 반공 메시지뿐만 아니라 평화의 메시지도 담겼음을 알 수 있다.
② 반대의 오류이다. '비교적 최근에 제작된 〈스윙키즈〉 역시 기존의 역사적 담론에서 자유롭지 못한 한계를 보인다'를 통해 〈스윙키즈〉는 기존의 역사적 담론을 극복하지 못했음을 알 수 있다.
③ 미언급의 오류이다. '냉전 시대의 반공 영화들은 특히 당시 국방부의 후원을 받았기 때문이다.'라는 언급은 있었으나 2000년대에 들어서서 만들어진 전쟁 관련 영화들은 국방부의 후원을 받았다는 언급은 어디에도 없다.

## Chapter 07 │ 내용 추론 부정 발문

### 亦功 콤단문 독해 PIN© POINT

**한눈에 보기**

01 ②     02 ③

---

### 기존 출제 유지 2024 버전    p.88

**01 ▶ ②**

**[정답풀이]** '주전원'은 지구를 중심으로 공전하는 원 궤도에 중심을 두고 있는 원이기에 천동설을 지지하는 개념이다.

**[오답풀이]** ① 과학 혁명 이전에는 로마 카톨릭교와 결합된 아리스토텔레스 철학에 따라 천동설이 정설이었다.
③ 천동설은 우주의 중심을 지구로, 지동설은 우주의 중심을 태양로 설명하는 이론이다.
④ 본문 마지막에서 '코페르니쿠스의 지동설은 ~ 프톨레마이오스보다 수학적으로 단순하게 설명하였다'고 제시되었다.

---

### 신유형 2025 버전    p.89

**02 ▶ ③**

**[정답풀이]** 감정 어휘를 풍부하게 갖고 있는 집단은 그렇지 않은 집단보다 기술 발전에 더 유연한 태도를 보인다는 내용은 언급되지 않았으므로 적절하지 않다.

**[오답풀이]** ① '미국인들은 보통 당혹감, 수치심, 죄책감, 수줍음을 구별하지만 자바 사람들은 이러한 감정을 하나의 단어로 표현한다'를 통해 문화에 따라 감정의 개념적 자원이 달리 형성됨을 추론할 수 있다.
② '감정 어휘들은 문화마다 다를 뿐만 아니라 역사적으로도 다르다.'를 통해 동일한 감정이라도 그것을 표현하는 방식은 시대에 따라 다를 수 있음을 추론할 수 있다.
④ '또한 인터넷의 발명과 함께 감정 어휘는 이메일 보내기, 문자 보내기, 트위터 하기에 스며든 관습에 의해서도 형성된다.'를 통해 오늘날 인터넷에서 이모티콘을 사용하는 것과 같이 과거에는 없었던 감정 표현 방식이 활용되기도 함을 추론할 수 있다.

---

### 亦功 내용 추론 부정 발문 기출 훈련    p.90

**한눈에 보기**

| 01 ③ | 02 ② | 03 ③ | 04 ② | 05 ③ |
| 06 ② | 07 ① | 08 ① | 09 ③ | 10 ① |

**01 ▶ ③**

**[정답풀이]** 2문단에서 '재미있는 사실은 통각 신경이 다른 감각 신경에 비해서 매우 가늘어 신호를 느리게 전달한다는 것이다.'를 통해 통각 신경이 신호 전달이 느림을 알 수 있으므로 신호의 전달이 빠르다고 하는 것은 적절하지 않다.

**[오답풀이]** ① 1문단의 '이 통로를 통해 세포의 안과 밖으로 여러 물질들이 오가면서 세포 사이에 다양한 신호를 전달한다'를 통해 통로는 여러 물질들이 세포의 안팎으로 오가며 신호를 전달하는 구조임이 적절함을 알 수 있다.
② 2문단의 '반면 내장 기관에는 통점이 1cm²당 4개에 불과해 아픈 부위를 정확하게 알기 어렵다. 폐암과 간암이 늦게 발견되는 것도 폐와 간에 통점이 거의 없기 때문이다'를 통해 통증을 느끼지 못하게 되면, 치명적인 질병에 걸려도 질병의 발견이 늦을 수 있음이 적절함을 알 수 있다.
④ 2문단의 '이렇게 통점이 빽빽이 배치되어야 아픈 부위를 정확히 알 수 있다'를 통해 아픈 부위가 어디인지를 정확하게 알기 위해서는, 통점이 빽빽하게 배치되어야 함이 적절함을 알 수 있다.

**02 ▶ ②**

**[정답풀이]** '저작물에는 1차적 저작물뿐만 아니라 2차적 저작물과 편집 저작물도 포함되어 있으므로 2차적 저작물 또는 편집 저작물의 작성자 또한 저작자가 된다'의 내용이 언급되기는 하나, 1차적 저작물과 2차적 저작물의 차이는 나오지 않으므로 적절하지 않다.

**[오답풀이]** ① 1문단의 "'저작권'이란 인간의 사상이나 감정을 창의적으로 표현한 저작물을 보호하기 위해 저작자에게 부여한 권리를 말한다. 저작물은 '인간의 사상 또는 감정을 표현한 창작물'이며 저작자란 '저작 행위를 통해 저작물을 창작해 낸 사람'을 가리킨다."를 통해 알 수 있는 정보이다.
③ 2문단의 "다만, 난쟁이가 거인의 어깨 위에 올라서는 특권을 누리기 위해서는 거인으로부터 허락을 받거나 거인에게 그에 따르는 대가를 지불해야 한다는 뜻도 내포하고 있다는 사실을 잊지 말아야 할 것이다."를 통해 알 수 있는 정보이다.
④ 3문단의 "창작물을 저작한 사람에게 저작권이라는 권리를 부여해서 보호하는 이유는 '저작물은 문화 발전의 원동력이 되므로 좋은 저작물이 많이 나와야 그 사회가 문화적으로 풍요로워질 수 있기 때문'이라고 할 수 있다."를 통해 알 수 있는 정보이다.

정답 및 해설

## 03 ▶ ③

정답풀이 인간의 지각과 사고 활동에서 프레임의 영향을 받지만, 이를 극복해야 한다는 내용은 나타나지 않는다.

오답풀이 ① '우리의 모든 정신 활동은 진공 상태에서 일어나는 것이 아니라, 어떤 맥락이나 가정하에서 일어난다'는 진술에서 맥락이나 가정이 프레임을 의미하기에 적절한 진술이다.
② '프레임의 지배도 받지 않고 세상을 있는 그대로, 객관적으로 본다고 주장한다면, 그 주장은 진실이 아닐 것이다'라는 진술에서 프레임이 편향성을 가지게 함을 알 수 있다.
④ 사람의 지각과 생각은 항상 어떤 맥락, 기준, 관점, 가정 등에서 일어나는데, 이러한 것을 프레임이라 칭한다.

## 04 ▶ ②

정답풀이 본문 후반부에서 17세기 이후의 방관자형 몽유록은 현실을 비판하는 것이 아닌 구경꾼이라고 서술되어 있다.

오답풀이 ① 몽유록은 몽유자가 꿈속 모임에 직접 참여하는 '참여자형'과 몽유자가 꿈속 모임을 엿볼 뿐 참여하지 않는 '방관자형'으로 나뉜다.
③ 본문 후반부에서 17세기 이후 몽유록이 통속적이고 허구적인 것은 몽유자의 역할 변화(참여자 → 방관자)와 무관하지 않다고 하였다.
④ 참여자형 몽유록은 몽유자가 꿈속 인물들과 동질적인 이념을 공유하고 현실에 대해 이야기하며 비판적 목소리를 낸다.

## 05 ▶ ③

정답풀이 본문은 인간이 보편적 복수성과 특수한 단수성을 겸비한 존재이며 그렇기에 획일화가 아닌 포용의 태도가 필요하다고 하였다. 자신의 유일무이성을 지키면서 타인의 유일무이성도 지켜야 한다고 말하는 것이다. 따라서 단수성의 추구가 복수성을 침해한다는 것은 타당하지 않다.

오답풀이 ① 첫부분에서 우리는 고립된 채 살아가는 존재일 수 없으며, 복수의 상태로 살아갈 수밖에 없다고 하였다. 뒤에 우리가 '단수'이기도 하다는 것은 인간 개개인이 가진 고유한 인격을 일컫는 말로 관계에 있어서 단수를 의미하는 것은 아니다.
② 인간은 복수성과 단수성을 겸비한 다원적 존재이기에 타인을 포용하는 공존의 태도가 필요하다고 하였다.
④ 마지막 문장에서 개별적 유일무이성(단수성)을 제거하는 것은 사회의 다원성을 파괴하는 일이라고 하였다.

## 06 ▶ ②

정답풀이 2문단에서 차람은 알고 지내던 개인들 사이에서 이루어졌다고만 하였고 대가를 지불했는지의 여부는 나타나지 않았다.

오답풀이 ① 1문단에서 전기수는 '글을 모르는 사람들과 글을 읽을 수 있지만 남이 읽어주는 것을 선호하는 이들'에게 소설을 구연하였다는 것을 알 수 있다.
③ 1문단 마지막에서 구연에 의한 유통은 문헌에 의한 유통에 비해 시간과 공간의 제약이 많다고 서술하였다.
④ 2문단 마지막에서 세책가에서는 소설을 구매하는 것보다 훨씬 적은 비용으로 빌려볼 수 있었고 이로 인해 세책가가 성행하였다고 서술하였다.

## 07 ▶ ①

정답풀이 IQ 검사의 도입 목적은 지적장애아 및 학습부진아를 가려내기 위한 것임을 1문단에서 서술하였다.

오답풀이 ② 1문단 마지막에서 이 검사(IQ 검사)를 통해 비로소 인간의 지능을 수치화하고 객관적 비교가 가능하게 되었다고 하였다.
③ 2문단 마지막에서 IQ 검사는 인간의 지능 중 일부만을 측정한다고 지적하였다. 따라서 IQ가 높아도 전체 지능은 높지 않을 수 있다.
④ IQ 검사는 언어 이해력, 어휘력 등을 측정하기에 IQ가 높다면 읽기 능력이 좋을 확률이 높다.

## 08 ▶ ①

정답풀이 한자는 문맥에 따라 같은 글자가 다른 문장성분으로 사용될 수 있다고 나와 있지만 이것이 한국어 문장보다 문장성분이 복잡함을 의미하는 것은 아니다.

오답풀이 ② '깨끗할 정(淨), 물 수(水)'로 '깨끗하게 한 물'에서는 '깨끗하다'가 '물'을 수식한다.
③ '애인(愛人)'의 경우 '愛'의 문장성분에 따라 '남을 사랑하다', '사랑하는 사람(연인)'이라는 뜻을 지닌다. 모두 '사랑하다'의 의미를 가지고 있기에 동음이의어가 아닌 같은 의미를 지닌 말로 보아야 한다.
④ 한글은 동음이의어로 인해 글자만으로 의미를 파악하지 못하는 경우가 많다. '의사(醫師)[병을 고치는 사람] – 의사(義士)[의로운 지사]'가 그러한 경우이다.

## 09 ▶ ③

정답풀이 2문단에서 '편의점은 일상에 필요한 대부분의 상품과 서비스를 판매하면서 ~ 공적 영역으로도 적극 진출하고 있다.'를 통해 한국의 편의점이 공적 영역으로 진출한다는 것은 옳음을 알 수 있다. 하지만 새로운 진입 장벽에 부딪혔다는 것은 미언급의 오류이다.

오답풀이 ① 1문단 '시나브로 편의점이 우리 일상에 성큼 들어와 있는 것이다.'을 통해 알 수 있다.
② 1문단 '인구 대비 편의점 밀도를 따질 경우 ~ 일본과 대만을 제치고 대한민국이 목하 세계 최고 수준이다.'을 통해 알 수 있다.
④ '이제 일상 대화에서도 편의점 아르바이트나 편의점 창업이라는 말이 자연스럽게 오간다.'을 통해 알 수 있다.

**10 ▶ ①**

정답풀이 '도파민이 과다하면 조현병이 발생하고, 지나치게 적으면 우울증이 생기는 인간의 두뇌 현상'이라는 서술을 통해, 도파민이 지나치게 적을 경우 우울증에 시달릴 수 있음을 알 수 있다. 따라서 적절하지 않다.

오답풀이 ② '도파민 단식 방법은 가능한 한 모든 감각적 자극을 최소화하기 위하여 … 격렬한 운동 등의 활동을 전면 중단'으로 보아, 도파민 단식 방법으로 격렬한 운동을 중단할 수도 있음을 알 수 있다.
③ 도파민은 뇌의 신경 전달 물질이며, '도파민은 생명 유지에 필수적이지만, 끊임없이 더 많은 쾌락과 자극을 추구하게 하여'라는 서술이 나오므로 적절한 선지임을 알 수 있다.
④ '인간의 심리적 본능과 취약점을 노린 디지털 서비스 이용 방식'이라는 서술로 미루어 보아, 디지털 서비스 이용 과정에서 인간의 심리적 본능과 취약점이 드러날 수도 있음을 추론할 수 있다.

## 亦功 내용 추론 부정 발문 **문제 훈련** p.95

### 한눈에 보기

01 ②　　02 ③　　03 ④　　04 ④　　05 ④
06 ②

**01 ▶ ②**

정답풀이 지문의 2문단에 따르면 애니미즘은 정령이 깃든 자연물 자체를 숭배하는 사상이 아니라, 자연물에 깃든 정령을 숭배하는 사상이다. 따라서 해당 선지의 대상을 숭배한다는 사실은 적절하지 않다.

오답풀이 ① 토템은 원시 부족과 특별한 관계(혈연관계)가 있다고 믿어진다는 사실을 1문단을 통해 확인할 수 있다.
③ 1문단의 후반부에 토테미즘 사상 자체는 약화되었으나 그 관계는 존속하여 국가 간의 상징으로 쓰이는 것은 쉽게 발견할 수 있다는 설명이 있다.
④ 2문단의 후반부에 우리나라 설화에 등장하는 산신령이 애니미즘적 존재라는 설명이 있다.

**02 ▶ ③**

정답풀이 제시문에서는 '인지적 요소를 배제하고 감정적 요소만을 강조한다면 개별 정서의 차이를 구분하여 설명하지 못한다'라고 하였다. 따라서 감정 이론을 따르면 개별 정서의 차이를 구분하여 설명할 수 없다.

오답풀이 ① 인지주의적 이론은 '우리가 보편적으로 정서를 감정과 동일시하는 성향을 설명하기 어렵다'고 하였다. 반면 감정 이론은 정서를 감정적 요소와 동일시한다고 하였으므로, 감정과 정서를 동일시하는 보편적 성향을 설명하기에 적절하다.

② 감정 이론에서 정서는 자신도 모르게 생긴 느낌이라고 본다. 그러나 인지주의적 이론에서 정서란 판단이나 믿음에 근거한 것이다.
④ 정서가 당위적인 가치 기준에 부합하는지를 판단할 수 없는 것은 감정 이론의 한계이다. 인지주의적 이론은 판단과 믿음이 정서를 결정한다고 보며, 이러한 판단과 믿음에는 '당위적인 가치 기준이 개입될 수 있다'고 하였다.

**03 ▶ ④**

정답풀이 본문에 근거가 나와 있지 않을 뿐만 아니라, 한문으로 쓴 글을 읽을 때는 오독이 발생하지 않을 것이라고 단정하기 어려우므로 적절하지 않다.

오답풀이 ① '급수'는 기술 따위의 우열에 따라 매긴다는 의미인 급수(級數)와, 물을 대어 준다는 의미인 급수(汲水) 두 가지로 해석 가능하다. 이는 동음이의어에 해당한다.
② 본문에 제시된 예시에서 확인할 수 있는 선지이다. 만약 '천도'를 하늘나라에 있는 복숭아라는 의미로 사용하고 싶다면 한자 '天桃'를 병기하여 오독을 방지할 수 있다.
③ '문맥을 고려하지 않으면 정확한 뜻을 파악하기 어렵다는 한계가 있다.'를 통해 적절한 선지임을 확인할 수 있다.

**04 ▶ ④**

정답풀이 본문에 따르면 '2025년 문제'는 의료 인력 부족과 관련된 것이다. 이것이 일본의 경제성장률 하락과 관련 있다는 서술은 나오지 않으므로 본문을 토대로 추론할 수 없는 선지이다.

오답풀이 ① '2019년 출생아는 86만 4천 명으로 전년 대비 5만 4천 명이 감소한 반면, 연간 사망자 수는 137만 6천 명으로 전년 대비 1만 4천 명이 증가하였다.'를 통해 자연 인구 감소가 출생아 감소와 사망자 증가라는 두 가지 요인 때문에 발생한 문제임을 알 수 있다.
② '단카이 세대가 후기 고령자로 진입하게 되면 심각한 수준의 의료 문제가 발생할 수 있다.'라는 서술과 합치하므로 적절한 선지이다.
③ '이러한 구조의 변동으로 젊은 세대의 불만은 나날이 커지고 있다.'라고 하였으므로 일본의 젊은 세대 중 인구구조에 불만을 가진 이들이 있을 것임을 추론할 수 있다.

**05 ▶ ④**

정답풀이 극단적 선택지 '모든'이 나올 경우 유의하는 것이 좋다. '모든 종교시설은 재개발 과정에서 금전적 보상을 받았다.'라고 되어 있으나, 본문에 '어떤 종교시설은 기존의 부지와 구성원들을 잃어버리고 청산 작업에 들어가기도 했다.'라는 구절이 나온다. 이로 미루어 보아 어떤 종교시설은 재개발로 피해를 당하였음을 짐작할 수 있으며 '금전적 보상'에 관한 이야기도 본문에 나오지 않으므로 적절하지 않다.

오답풀이 ① '2000년대부터 시작된 뉴타운 사업은 상대적으로 낙후된 강북지역에서 집중적으로 실시되었다.'를 통해 1970~1980년대에는 강북이 상대적으로 낙후된 지역이었음을 알 수 있다.

② '서울 재개발은 진행 과정에서 거주민과 지자체 사이의 다양한 갈등을 야기했다.'를 통해 적절한 선지임을 알 수 있다.
③ '종교 간 상이한 입장을 보이면서 재개발사업 자체가 중단되거나 지연되기도 했다.'를 통해 종교시설 문제가 재개발사업 중단 원인이 되기도 했음을 짐작할 수 있다.

## 06 ▶ ②

**정답풀이** 본문의 2문단에서 강인공지능으로 분류되기 위한 필요조건으로 의식의 존재가 제시되었다. 또한 본문의 3문단에 따르면 어떤 인공지능이 강인공지능으로 분류되기 위해서는 인공지능이 지닌 의식을 통해 스스로가 알고리즘의 한계에서 벗어나야 한다는 것을 드러내고 있다. 이 두 개의 정보를 조합하면 강인공지능으로 분류되기 위해서는 '의식'을 가지고, 스스로가 알고리즘의 한계에서 벗어나야 한다는 것을 추론할 수 있다. 해당 선지는 알고리즘의 한계를 극복하지 못하고 있기 때문에 잘못된 선지이다.

**오답풀이** ① 1문단의 마지막 문장에 따르면 챗GPT는 우리가 인공지능에서 원하는 바를 충족한 것처럼 느끼게 한다는 것을 알 수 있다. 그런데 2문단의 마지막 문장에서 챗GPT는 자연어 처리 기술이 극에 달한 경우라고 제시하고 있으므로, 이 둘을 조합하여 해당 선지가 옳음을 추론할 수 있다.
③ 3문단의 내용을 통해 인간의 의식에 대해 아직 밝혀진 것이 거의 없음을 확인할 수 있다. 그런데 강인공지능의 탄생은 인공지능의 의식이 전제되어야 한다. 그런데 의식에 대해서 과학적으로 규명할 방법은 아직까지는 존재하지 않으므로, 강인공지능의 탄생은 근본적인 한계를 가지고 있다고 말할 수 있다.
④ 2문단을 통해 자연어 처리 기술이 인간의 언어를 컴퓨터가 알아들을 수 있게 하는 기술임을 확인할 수 있다. 그러나 본문에 따르면 이것은 정말로 컴퓨터가 인간의 언어를 이해하고 공감하는 것이 아니며, 단지 정해진 알고리즘에 의한 수행의 결과일 뿐이라는 것을 확인할 수 있다. 또한 인공지능에 의식을 담는다는 것은 아직까지는 불가능한 기술로, 해당 선지가 적절함을 추론할 수 있다.

---

## Chapter 08 밑줄 추론

### 亦功 콤단문 독해 PIN POINT

**한눈에 보기**

01 ③

### 기존 출제 유지 **2024** 버전 　　　p.99

## 01 ▶ ③

**정답풀이** 선출된 정치인들이 높은 투표율을 핑계로 안하무인의 태도를 취하는 것은 의무 투표제를 도입했을 때 야기될 수 있는 부작용이다. 따라서 이에 대한 대책은 의무 투표제에 반대하는 ⓒ이 아니라 의무 투표제를 도입하자고 주장하는 ㉠이 제시해야 한다.

**오답풀이** ① ㉠은 더 많은 국민이 투표에 참여할수록 정치인들이 정책 경쟁력을 높이려 할 것이라 기대한다. 따라서 투표율의 증가가 후보들의 정책 경쟁으로 이어진다는 것에 대한 근거를 제시해야 한다는 비판은 적절하다.
② ㉠은 의무 투표제를 통해 정당한 사유 없는 기권에 대해 법적 제재를 가하는 것이 높은 투표율로 이어질 것이라 기대한다. 따라서 이를 뒷받침할 자료를 제시하라는 비판은 적절하다.
④ ⓒ은 현재 우리나라의 투표율이 정치 지도자들의 대표성을 훼손할 만큼 심각하지는 않다고 주장한다. 이에 대해 근거를 제시하라는 비판은 적절하다.

### 亦功 밑줄 추론 기출 훈련 　　　p.100

**한눈에 보기**

| 01 ① | 02 ③ | 03 ② | 04 ③ |

## 01 ▶ ①

**정답풀이** ㉠ 뒤에 이어지는 '다른 한편으로는 그들만의 독특한 취향에 상응하는 읽을거리를 손에 넣기 위해 여성들은 그들만의 고유한 문학을 창조해 냈다.'라는 서술을 통해, 읽을거리에 대한 열망이 문학 창작의 동력이 되었음을 알 수 있다.

**오답풀이** ② '여성들은 그들에게 허용된 언어를 음성으로 옮긴 가나분카쿠를 개발'했다고 말했으므로, 자신들의 언어를 작품에 담아냈을 것임을 알 수 있다.

③ '그 당시 궁정의 남자 관리들이 대부분 시간을 할애했던 정치적 술책에 대해서는 거의 관심을 보이지 않는다.'로 미루어 보아, 본문과 불합치하는 선지이다.

④ 1문단의 '그 문학을 기록하기 위해 여성들은 그들에게 허용된 언어를 음성으로 옮긴 가나분카쿠를 개발하기에 이르렀는데, 이 언어는 한자 구조가 거의 배제된 것이 특징이다.'를 통해 한문학에 대한 지식을 바탕으로 문학 창작에 참여하지 않았음을 알 수 있다.

⑤ 1문단의 '그리하여 한편으로는 읽을거리를 늘리기 위해, 그리고 다른 한편으로는 그들만의 독특한 취향에 상응하는 읽을거리를 손에 넣기 위해 여성들은 그들만의 고유한 문학을 창조해 냈다.'를 통해 문필 활동은 남성의 전유물이 아니었음을 알 수 있다.

## 02 ▶ ③

정답풀이 '유추'가 사용된 제시문이다. '유추'란 두 개의 사물이 여러 면에서 비슷하다는 것을 근거로 다른 속성도 유사할 것이라고 추론하여 쉽게 설명하는 방식을 의미한다. '사이토카인 폭풍'이라는 어려운 개념을 이와 비슷한 좀도둑이 든 상황에 빗대어 더 쉽게 설명하고 있는 것이다.

ⓒ은 치명적인 바이러스를 의미한다. 왜냐하면 단순한 바이러스(단순 좀도둑)였던 것이 면역계(몽둥이)가 반응하면서 치명적인 바이러스로 돌변하는 것이기 때문이다.

오답풀이 ① ㉠은 집에 처음 들어오게 된 좀도둑이기 때문에 '면역계의 과민 반응'과는 관련이 없다. ㉠은 몸속에 처음 들어온 '새로운 바이러스'이다.

② ㉡은 좀도둑에 저항하는 존재이므로 좀도둑과 같이 부정적인 존재인 '계절 독감'이라고 볼 수 없다. ㉡은 몽둥이가 집을 보호하려는 것처럼, 우리의 몸을 바이러스로부터 보호하려는 '면역계'이다

④ ㉣은 뒤의 맥락을 보면, '극심한 폐렴 증세'가 아니다. 바이러스의 승리의 대가는 '숙주가 죽음으로써 바이러스 자신도 죽는 것'이다.

## 03 ▶ ②

정답풀이 '자신이 범한 과오를 감추고 남의 잘못을 드러낸다.'라는 내용은 언급되어 있지 않다. "자신이 꺼리는 사람이 같이 죄를 범하였는데도 서로 버티면서 죄를 밝히지 않으면 간악하게 되며,"라는 부분이 있긴 하지만, ②의 내용과는 관련이 없다.

오답풀이 ① "노력을 조금 들였는데도 효과가 신속하면 간악하게 되며,"라고 언급되어 있다.

③ "자신은 그 자리에 오랫동안 있는데 자신을 감독하는 사람이 자주 교체되면 간악하게 되며,"라고 언급되어 있다.

④ "아래에 자신의 무리는 많은데 윗사람이 외롭고 어리석으면 간악하게 되며,"라고 언급되어 있다.

## 04 ▶ ③

정답풀이 ③의 ㉠은 개인적인 경험으로 옳지만, ㉡에서는 '나라를 바로잡을 방도가 없다'고 했기 때문에 옳지 않다. 나라가 잘못될 때 곧바로 잘못을 고치면 되는 것이므로 아예 '방도'가 없어지는 것은 아니다. 따라서 ③은 적절한 유추가 아니다. 제시문은 쓰러져 가는 행랑채를 수리하는 개인적인 '㉠ 경험'을 통해 '㉡ 깨달음'을 제시하는 글이다. 글쓴이는 행랑채가 썩음에도 재빨리 고치지 않아 비용이 더 들고 고생하였다. 빨리 고친 것은 비용이 덜 들었는데, 이처럼 개인의 과오도 알게 되면 바로 고치라는 깨달음을 '유추(類推 : 유사한 점에 기초하여 다른 사물을 미루어 추측함. 행랑채를 고치는 일과 나의 잘못을 고치는 일이 유사함)'의 방식으로 제시하고 있다. 나라의 정치도 이와 같이 백성의 이익을 침해하는 일이 발견되면 빨리 바로 잡아야 한다는 깨달음으로 확대된다.

오답풀이 ① ㉠ 기와를 바꾸는 경험은 ㉡ 과오를 고치는 행위로 유추될 수 있다. 오래된 기와를 얼른 바꾸는 것은 자신의 과오를 인식하고 고치는 행위와 유사하기 때문이다.

② ㉠ 미루고 수리를 안 한 경험은 ㉡ 과오를 고치지 않는 행위로 유추될 수 있다.

④ ㉠ 비가 새서 기울어진 상태는 문제가 있는 상태이므로 ㉡ 자기 과오로 유추될 수 있다.

## 亦功 밑줄 추론 문제 훈련

p.102

### 한눈에 보기

01 ②　　　02 ③　　　03 ③

## 01 ▶ ②

정답풀이 둘째 문단에서 '인간은 모두 동일한 종의 구성원이기에 신체나 행동이 매우 비슷( ㉠ )하다. 따라서 내 손가락을 베였을 때 내( ㉡ )가 고통( ㉢ )을 느끼는 것을 근거로 다른 사람도 손가락을 베였을 때 나와 똑같이 고통( ㉢ )을 느끼리라 추론하는 것이다.'라고 서술되어 있다. 여기서 '나'(㉡ '첫 번째 대상')가 '다른 사람'('두 번째 대상')과 '신체나 행동'(㉠ '몇 가지 점')에서 비슷하다는 것을 알고 있을 때, '나'가 '마음'(㉢ '추가적인 특성')이라는 것을 가지고 있으므로 '다른 사람'도 '마음'을 가지고 있으리라 추론한다는 것을 알 수 있다.

## 02 ▶ ③

정답풀이 대출을 통해 이루어지는 예금창조로 재화와 서비스를 구입할 수 있는 능력이 커지기는 하지만, 이는 누군가가 빌려서 생긴 빚이기 때문에 갚아야 할 빚도 그만큼 늘어난 상황으로 볼 수 있다는 내용을 둘째 문단에서 확인할 수 있다.

**오답풀이** ① 은행이 돈을 대출해 준만큼 '예금통화라는 화폐를 창출'하게 된다고 하였으므로 통화량이 줄어든다는 것은 잘못된 설명이다.
② 사람들이 대출금으로 재화와 서비스를 구입할 능력이 커진다고는 하였으나, 투자로 인해 손실이 발생할 수 있다는 것은 알 수 없으므로 ㉠의 이유로 볼 수 없다.
④ 유통되는 화폐의 양이 늘어나는 것은 은행의 금융 중개 기능으로 인해 예금통화라는 화폐가 창출되었기 때문이다. 통화량의 증가는 은행의 금융 중개 기능을 약화시킨다는 것은 잘못된 설명이다.

### 03 ▶③

**정답풀이** ③의 '조선족은 동포인데도 국내에서 차별을 받는다.'는 현실을 보면 단일 민족의식에 호소라도 하고 싶다는 말을 하면서 언급한 말일 뿐이다. 이것은 공통 조상으로서의 단군을 받드는 것은 옳지 않다는 주장의 근거가 될 수 없다.

**오답풀이** 나머지 선택지는 제시문에서 언급된 근거로 적절하다.
이 제시문을 보면, 주장을 뒷받침하는 근거로 네 가지를 제시하고 있다. 첫째, 자기 조상이 중국으로부터 도래했다는 성씨가 많다. (②) 둘째, 토착 성씨들도 단군이 조상임을 표방하지 않는다. (①) 셋째, 신분제 사회에서 천민과 지배층이 같은 조상의 후손이라는 의식이 없다. (④)

---

## Chapter 09  설명 방식

## 亦功 콤단문 독해 PIN POINT

**한눈에 보기**

01 ①     02 ①

---

### 기존 출제 유지 2024 버전 1    p.110

### 01 ▶①

**정답풀이** 맨 마지막 부분에서 보상에 해당되는 '당근'의 예시를 들었으므로 적절하다.

**오답풀이** ② '전문가의 의견'은 인용되지 않았다.
③ '묻고 답하는 형식' 또한 나오지 않았다.
④ 보상과 처벌을 각각 '당근'과 '채찍'으로 비유하고는 있으나 이를 통해 문제의 심각성을 강조하고 있지 않으므로 적절하지 않다.

---

### 기존 출제 유지 2024 버전 2    p.111

### 02 ▶①

**정답풀이** 지문은 사람들이 웹을 주체적으로 서핑하지 않는다고 이야기하고 있으며, 그 예로 '페이스북뿐만 아니라 우리가 대부분의 시간을 보내는 유튜브, 아마존, 인스타그램, 트위터 같은 인터넷 사이트'를 제시하고 있다. 따라서 지문의 서술 방식으로 가장 적절한 것은 '예시'이다.

**오답풀이** ② 대조란 둘 이상인 대상의 내용의 차이점을 서술하는 것이다.
③ 서사란 서술자가 어떤 사건의 전개 과정을 시간의 흐름에 따라 전달하는 양식이다.
④ 인용이란 남의 말이나 글을 자신의 말이나 글 속에 끌어 쓰는 것이다.

## 亦功 설명 방식 기출 훈련 p.112

### 한눈에 보기

| | | | | |
|---|---|---|---|---|
| 01 ③ | 02 ① | 03 ② | 04 ④ | 05 ③ |
| 06 ② | 07 ② | 08 ③ | 09 ① | 10 ③ |
| 11 ④ | | | | |

### 01 ▶③

**정답풀이** ㄴ. '주자학이란 무엇일까? 주자학은 한마디로 주자가 새롭게 해석한 유학이라 할 수 있다.'에서 묻고 답하는 방식을 통해 논의를 전개하고 있음을 알 수 있다.

ㄷ. '극기복례'는 사람들에게 진심으로 대하고 늘 배려하라는 뜻임을, 충서란 사람들에게 진심으로 대하고 늘 배려하라는 뜻임을 제시하였다. 따라서 어려운 용어를 풀어 써서 독자의 이해를 도운 것으로 볼 수 있다.

**오답풀이** ㄱ. 유추란 생소한 어떤 개념이나 현상을 친숙한 대상에 빗대어 설명하는 방식이며, 지문에 유추의 방식은 나오지 않는다.

ㄹ. 은유란 원관념과 보조 관념을 연결어 없이 'A는 B이다(내 마음은 호수요)'의 형식으로 나타낸 것이고, 상징은 추상적 관념을 구체적인 대상에 빗대는 것이다. 지문에는 은유와 상징은 나타나지 않는다.

### 02 ▶①

**정답풀이** 아름다운 달밤의 경치를 자세하게 '묘사'하고 있다. '부드러운 빛을 흐뭇이 흘리고 있다. 고요한 속에서 짐승 같은 달의 숨소리가 손에 잡힐 듯이 들리며, 콩 포기와 옥수수 잎새가 한층 달에 푸르게 젖었다.'를 보면 시각적 이미지와 청각적 이미지가 자세히 묘사되고 있기 때문이다.

### 03 ▶②

**정답풀이** '유추'란 어려운 개념을 이와 비슷한 친숙한 대상을 통해 더 쉽게 설명하는 것을 의미한다. 지문에서는 사용되지 않는다.

**오답풀이** ① '관객이나 시청자가 읽을 수 있도록 화면에 보여 주는 글자라는 점에서 영화에서 쓰이는 자막' 부분에서 '자막'의 뜻을 밝히는 정의가 쓰였다.

③ 1, 2문단에서 텔레비전에서는 여러 종류의 자막의 구체적인 예를 들고 있다. 뉴스와 영화에서 쓰이는 자막을 예로 들고 있다.

④ '대조'란 두 대상의 차이점을 서술하는 방식이다. 2문단의 '그런데 영화의 자막은 타이틀과 엔딩 크레디트 ~ 제한된 용도로만 사용된다'에서 영화 자막과 텔레비전 자막의 차이점을 들고 있다.

### 04 ▶④

**정답풀이** 문제점과 해결 방안을 서술하는 부분은 나오지 않았다.

**오답풀이** ① '3차 흡연이란 담배 연기를 직접 맡지 않고도 몸이나 옷, 카펫, 커튼 등에 묻은 담배 유해 물질을 통해 흡연 효과를 나타내는 것을 말하는데' 부분에 정의가 쓰였다.

② 2문단에서 사이토카인 염증 반응이 원인이 되어 '간경변과 폐기종, 천식'의 결과를 일으킨다고 했으므로 이는 인과에 해당한다.

③ '몸이나 옷, 카펫, 커튼'에 열거가 나타난다.

### 05 ▶③

**정답풀이** 사람이 글을 쓰는 것을 나무에 꽃이 피는 것에 비유하고 있다. 따라서 ③이 답이다.

**오답풀이** ① '서사'란 시간의 흐름에 따라 사건의 진행 과정을 서술하는 것이다. 이 글은 변지의의 말이 주된 것이므로 시간의 흐름에 따라 사건의 진행 과정을 서술한다고 보기 어렵다.

② '분류'란, 하위 항목을 상위 항목으로 묶어 가는 것이다. 예를 들면, 사과, 배, 딸기, 참외는 과일에 속한다. 이 글에는 나오지 않는다.

④ '대조'란 두 대상의 차이점을 서술하는 것이다. 이 글에는 나오지 않는다.

### 06 ▶②

**정답풀이** 이 글은 '빛 공해'의 개념과 빛 공해가 심한 우리나라의 심각성, 빛 공해의 문제점을 나열한 글이다. 하지만 빛 공해의 주요 요인인 인공조명의 누출 원인에 대해서는 제시하지 않고 있다.

**오답풀이** ① 맨 앞에서 "빛 공해란 ~ 상태를 말한다"고 제시하고 있다.

③ '국제 과학 저널인 사이언스 어드밴스의 전 세계 빛 공해 지도'라는 자료를 인용하여 빛 공해가 심각한 나라로 우리나라를 제시하고 있다.

④ 맨 마지막 문장에서 "빛 공해는 멜라토닌 부족을 초래하여 ~ 등의 문제를 일으킨다"라는 사례를 들어 빛 공해의 악영향을 제시하고 있다.

### 07 ▶②

**정답풀이** '분석'은 얽혀 있거나 복잡한 것을 풀어 그 요소나 성분·측면 등을 확실히 밝히는 설명 방식이다. 제시문에서는 '담배를 피우는 이유'를 네 가지 측면으로 밝히므로 분석을 사용했음을 알 수 있다.

**오답풀이** ① '정의'는 어떤 대상의 사전적인 뜻을 밝히는 것인데 제시문에 없다.

③ '서사'는 시간의 흐름에 따라 서술하는 방식이다. 하지만 ㉠에 해당하지 않는다.

④ '비교'는 두 대상의 공통점을 서술하는 것인데 ㉠에 해당하지 않는다.

**08 ▶③**

정답풀이 반어적 표현이란 겉으로 드러난 언어적 표현과 속의 진짜 의도가 반대인 표현을 의미한다. 하지만 (가)와 (나) 모두 반어적 표현이 나타나지 않는다.

오답풀이 ① (가) '호랑이의 웃음이여, 정말로 웃음거리가 되고 말았구나.'에서는 화자가 호랑이를 조소하고(=비웃고) 있다. (나)에서는 "세상에서 일을 피해 교묘하게 면하는 사람이여, 참으로 '박쥐의 일'이라 하겠구나."를 통해 화자가 박쥐를 조소하고(＝비웃고) 있다.
② (가)에서는 호랑이가 탁대사를 먹으려다 결국 놓친 일화, (나)에서는 봉황과 기린의 생일잔치에 가지 않은 박쥐가 변명하는 일화를 제시하여 호랑이와 박쥐의 성격을 각각 보여주고 있다.
④ '우화'란 인격화한 동식물이나 다른 사물에 비겨 풍자나 교훈의 뜻을 나타내는 이야기를 의미한다. (가)는 호랑이, (나)는 박쥐를 인격화하여 풍자와 교훈의 뜻을 나타내므로 옳다.

**09 ▶①**

정답풀이 '온실 효과'가 원인이 되어 '지구의 기온이 상승, 해수면의 상승'이라는 결과를 초래한다. 또 해수면 상승이라는 원인으로 인해 '엄청난 기후 변화, 섬의 침수'라는 결과가 나타난다. 따라서 글의 전개 방식은 '인과'임을 알 수 있다.

오답풀이 ② "이 사회의 경제는 모두가 제로섬 요소로 구성되어 있다."라는 부분에는 전체(이 사회의 경제)를 부분(제로섬 요소)으로 나누는 '분석'이 쓰였다. "제로섬(zero-sum)이란 어떤 수를 합해서 제로가 된다는 뜻이다."에 어떤 대상의 뜻을 풀이하는 '정의'가 쓰였다. "어떤 운동 경기를 한다고 할 때 이기는 사람이 있으면 반드시 지는 사람이 있게 마련이다."에는 제로섬의 개념을 쉽게 설명하고자 하는 구체적인 '예시'의 방법이 쓰였다.
③ 시간의 흐름에 따라 사건을 나열하는 '서사'의 방식이 쓰였다.
④ 그림을 그리는 듯이 서술하는 '묘사'의 방식이 쓰였다.

**10 ▶③**

정답풀이 〈보기〉는 '사람'과 '동물'의 차이점을 설명하는 '대조'의 설명이 활용됐다. ③도 마찬가지로 '바이러스'와 '세균'의 차이점을 설명하고 있으므로 '대조'의 설명 방식이 쓰였음을 알 수 있다.

오답풀이 ① '비유'를 통한 '유추'의 설명 방식이 두드러진다.
② "의미를 지닌 부호를 체계적으로 배열한 것을 기호라고 한다. 수학, 신호등, 언어 등이 모두 여기에 속한다."는 '기호'의 개념, 즉 '기호'에 대한 '정의'에 '수학', '신호등', '언어', '벌들의 춤사위'는 기호의 '예시'이다.
④ '고사리와 고비 등을 양치식물(羊齒植物)이라 하는데'는 작은 범주를 큰 범주로 묶어 가는 '분류(分類)'의 설명 방식이 두드러진다.

**11 ▶④**

정답풀이 (가)는 '3위에 입상했다', (나)는 '동메달을 획득했다'라는 말은 객관적인 사실을 전달한 것이므로 (가)와 (나) 모두 아쉬운 경기 결과였음을 강조했다는 설명은 옳지 않다.

오답풀이 ① '제압(制壓 : 위력이나 위엄으로 세력이나 기세 따위를 억눌러서 통제함)'을 쓴 (가)는 한국에 더 호의적인 입장을 취함을 알 수 있다. '승리(勝利 : 겨루어 이김.)'는 주관적인 의미의 단어가 아니다. 따라서 (나)는 (가)보다 경기 결과를 객관적인 태도로 표현했다.
② (가)는 선수들의 의욕을 강조했지만, (나)는 그 당시의 상황을 객관적으로 전달하고 있으므로 (가)는 (나)보다 선수들의 의욕을 강조했다고 볼 수 있다.
③ (가)는 '당초(當初 : 일이 생긴 처음. 애초.) 열세가 예상됐던', (나)는 '예상을 뒤엎고'라는 말을 사용한 것으로 보아 (가)와 (나) 모두 경기 전에 한국 팀의 실력이 북한 팀의 실력보다 낮게 평가되었음을 표현했다고 볼 수 있다.

## 亦功 설명 방식 **문제 훈련**   p.118

**한눈에 보기**

01 ③     02 ④     03 ①     04 ④

**01 ▶③**

정답풀이 첫째 문단에서는 정확한 연주를 이상적인 연주로 본 피츠너에 대해, 둘째 문단에서는 즉흥 연주를 이상적 연주로 설정하고 재생산적 연주를 비판한 베커에 대해 설명하고 있다. 또한 셋째 문단에서는 음악적 해석을 이론적 분야와 실제적 분야로 나눠 적절한 연주 방법을 모색해야 한다고 생각한 다누저의 분석적 해석론을 다루며 마무리하고 있다. 따라서 제시문은 '바람직한 연주를 바라보는 다양한 이론가들의 견해'를 소개하고 있는 것이다.

오답풀이 ① 음악 연주와 관련하여 다양한 음악가들의 이론을 제시하고 있기는 하지만, 그 이론이 등장한 시대적 배경을 고찰하고 있지는 않다.
② 음악에 있어서 연주자의 연주가 중요하다는 베커의 견해를 소개하고 있지만, 작곡의 중요성과 연주의 중요성을 비교·대조하여 설명하지는 않았다.
④ 피츠너, 베커, 다누저의 음악 연주론을 각각 설명하고 있기는 하지만, 현대 음악에 미친 영향과 그 전망을 소개하지는 않았다.

## 02 ▶ ④

**정답풀이** '심장이 멈추고 숨을 쉬지 않는 사람을 발견했다면'이라고 일반적으로 가정했을 뿐, 실제 사례를 들지는 않았다.

**오답풀이** ① '심폐 소생술은 심폐의 기능이 정지하거나 호흡이 멎었을 때 사용하는 응급 처치.'라고 심폐 소생술을 정의하였다.
② '우선', '다음에는', '그 후' 등의 표지를 사용하여 심폐 소생술 방법을 과정의 방식에 따라 설명하고 있다.
③ '가슴 중앙을 5~6cm 깊이, 분당 100−120회의 속도로 30회 압박'과 같이 구체적인 수치를 제시하여 심폐 소생술 방법을 명확하게 설명하고 있다.

## 03 ▶ ①

**정답풀이** 설명 방식 문제를 풀기 위해서는 본문의 흐름을 빠르게 파악하는 것이 좋다. 개미집단 최적화 알고리즘은 개미들의 행동을 토대로 그래프에서 최적의 경로를 탐색하는 방법을 탐색한 것이라고 했다. 따라서 이는 개미들의 행동이라는 자연현상을 프로그래밍 기술 발전에 활용한 사례라고 추론할 수 있다.

**오답풀이** ② 본문에서 자연현상과 프로그래밍의 차이점은 나오지 않는다. 개미들의 경로 탐색 과정을 프로그래밍의 에이전트, 노드, 경로 선택의 가중치로 대응시키고 있으므로 유사성을 탐색한 것에 가깝다.
③ 구체적 예시라고 말하기 위해서는 실제 문제 해결에 개미집단 최적화 알고리즘이 적용된 사례가 나와야 한다. 본문에서는 개미집단 최적화 알고리즘이 무엇인지만 소개하고 있으며 실생활의 문제는 언급하지 않았다.
④ 알고리즘의 단점은 나오지 않는다. 미언급한 것을 언급한 것처럼 표현한 오류이다.

## 04 ▶ ④

**정답풀이** ⓒ은 ㉠과 같은 판단을 가능케 하는 근거이며, ⓒ은 제시된 논지의 전환으로 ㉣의 논거가 된다.

# Part 03

# 빈칸 추론

## Chapter 10 단수 빈칸 추론

### 亦功 콤단문 독해 PIN POINT

**한눈에 보기**

01 ② 　　02 ③

---

**기존 출제 유지 2024 버전** p.123

**01 ▶②**

**정답풀이** '프랑스 국민에게 그들 자신과도 같은 포도주가 보이지 않는 다는 사실은 참을 수 없는 일이었다.'를 통해 빈칸에 들어갈 내용은 '결국 포도주란 자신들의 정체성을 나타내는 상징과도 같다.'임을 추론할 수 있다.

**오답풀이** ① '심리적으로 불안할 때나 육체적으로 힘든 그 어느 경우에도 프랑스인들은 포도주가 절실하다고 느낀다.'라는 내용을 통해 포도주가 심신을 치유하는 물질임을 알 수 있다. 하지만 매우 거룩하고 성스럽다는 뜻을 가진 '신성한' 물질임을 알 수 있는 내용은 나오지 않으므로 적절하지 않다.
③ 포도주를 중시하는 것은 알 수 있으나 포도주가 국가의 주요 행사에서 가장 주목받는 음료라는 내용은 언급도 안 되므로 적절하지 않다.
④ '포도주는 계절에 따른 어떤 날씨에도 분위기를 고양시킬 수 있어'라는 내용은 나오나 이것이 빈칸에 나오기에는 제시문의 내용을 포괄하는 내용이 아니므로 적절하지 않다.

---

**신유형 2025 버전** p.124

**02 ▶③**

**정답풀이** 로빈후드 이야기의 시대적 배경을 추측하는 빈칸이 뚫려 있으므로 이와 관련한 단서를 찾는 것이 중요하다. 로빈후드는 사슴 밀렵이 가능한 시기였으므로 사슴에 대한 밀렵을 금지하는 법이 있었던 11세기 후반으로 거슬러 올라가지 않는다고 하셨으므로 ①은 소거된다. 결정적인 단서는 제시문의 중간 부분에 '또한 이야기에서 ~ 로빈후드를 만났다고 하는 국왕 에드워드는 1307년에 즉위하여 20년간 재위한 2세일 가능성이 있다.'라는 단서를 통해 로빈후드 이야기의 시대적 배경은 '1307-1327, 8' 정도이므로 14세기 전반임을 알 수 있다.

---

## 亦功 단수 빈칸 추론 기출 훈련 p.125

**한눈에 보기**

01 ③　　02 ①　　03 ①　　04 ⑤　　05 ④
06 ⑤　　07 ①　　08 ③

**01 ▶③**

**정답풀이** 지문의 '자유는 정의를 실현하는 올바른 사회질서에 의해서만 보장될 수 있다.'라는 표현과 '법이 없다면 자유도 없다.'라는 표현을 통해 빈칸에 들어갈 말을 추론할 수 있다. '정의를 실현하는 올바른 사회질서'와 법의 관계가 추가로 제시되어야 하므로 '정의를 실현하는 올바른 사회질서는 법에 의해서만 확립될 수 있기'가 오는 것이 적절하다.

**02 ▶①**

**정답풀이** '신석기 시대에 들어 농사가 시작되면서 여성의 역할은 더욱 증대'되었으나, 신석기 시대 중후반에 '사냥 활동에서 벗어난 남성들은 생산 활동의 새로운 주인공 … 여성들은 보조자로 밀려나서 주로 집안일이나 육아를 담당하게 되었다.'라고 했으므로 남성과 여성의 사회적 위상과 역할이 달라졌음을 알 수 있다.

**오답풀이** ② 여성이 생산 활동에서 완전히 배제되었다는 서술은 나오지 않으므로 적절하지 않다.
③ 남성이 주요 생산 활동을 담당하게 되었다고 해서, 남성이 제 역할을 하게 된 것은 아니다. 이는 단순히 역할이 달라졌음을 의미하는 것이다.
④ 여성이 보조자로 밀려나기는 했으나, 이것이 여성을 씨족 공동체의 일원으로 인정하지 않게 된 것은 아니다.
⑤ '집짐승 기르기가 시작되면서 남성들은 더 이상 사냥감을 찾아 산야를 헤맬 필요가 없게 되었다.'라고 했으므로 사냥 활동이 줄었을 것임을 짐작할 수 있다. 따라서 사냥 활동에서 여성이 남성의 역할을 대체하였을 것이라고 추론하기는 어렵다.

**03 ▶①**

**정답풀이** 빈칸 앞에는 나무를 다 베어서는 안 된다고 걱정할 필요가 없음이, 빈칸 뒤에는 '우리나라는 OECD 국가 중 산림비율이 4위일 정도로 풍성한 숲을 보유하고 있다.'는 추가 설명이 이어지고 있다. 따라서 '목재를 보전하는 숲과 수확하는 숲을 따로 관리한다는 것이다.'가 빈칸에 들어가는 것이 가장 자연스럽다.

---

오답풀이 ② 빈칸 뒤 '우리나라는 OECD 국가 중 산림비율이 4위일 정도로'라는 서술로 볼 때, 국내의 목재 상황과 관련된 서술이 빈칸에 와야 한다.
③ 버려지는 폐목재를 가공하는 것은 우리나라가 풍성한 숲을 보유하고 있다는 말과 어울리지 않는다.
④ 본문에 주택 건설 관련 서술은 나오지 않으므로 적절하지 않다.

## 04 ▶⑤

정답풀이 빈칸 앞에는 해수면의 상승을 유발하는 과정이 서술되어 있다. 더운 온도로 증발한 수분이 세계의 빙하와 만년설에 옮겨진 이후 빙하와 만년설이 더 커지기 위한 과정이 빈칸에 들어가야 하므로 '그 지역의 온도가 얼음을 녹일 정도가 아니면'이 적절하다.

오답풀이 ① 시간과 관련된 서술은 3문단에서 이어지고 있으므로 빈칸에 들어가기에 부적절하다.
② '더운 온도로 인해 물의 부피가 상승하면' 더 많은 빙하가 녹고 더 많은 수분을 증발시킨다고 나와 있으므로 빈칸에 들어가기에 부적절하다.
③ 암석과 관련된 서술은 3문단에 등장하므로 부적절하다.
④ 2문단은 해수면 상승 과정을 서술하고 있으므로 '해수면이 즉각적으로 상승하지 않으면'은 빈칸에 들어가기에 부적절하다.

## 05 ▶④

정답풀이 이 문제는 온돌을 통한 우리의 전통적인 난방 방식과 벽난로를 통한 서양식의 난방 방식을 대조한 글이다. (가)의 앞 문장은 서양의 난방 방식을 언급하며, 상체와 위쪽 공기를 데우면 대류 현상으로 인해 바닥 위 공기까지는 따뜻해지지 않는다고 한다. 따라서 (가)는 대류 현상으로 인해 바닥 위 공기까지는 따뜻해지지 않는 이유를 묻고 있는 것이다. 그렇다면 대류 현상이 무엇인지를 파악하면 된다. 네 번째 문장에서 온돌을 통한 난방 방식에 대해 설명하면서 대류 현상을 언급하고 있다. 네 번째 문장을 보면, 대류 현상이란 데워진 공기는 위로 올라가고 식은 공기(= 차가운 공기)는 아래로 내려가는 것으로 공기가 순환되는 현상이다. 이를 통해 상체와 위쪽 공기를 데우면 바닥 위 공기까지는 따뜻해지지 않는 이유는 데워진 공기가 위에 올라가 있기 때문임을 알 수 있다. 이것과 통하는 문장은 상체와 위쪽의 따뜻한 공기는 차가운 바닥으로 내려오지 않기 때문이라는 ④이다. 따뜻한 공기는 위에 있다는 의미와 같기 때문이다.

오답풀이 ① (가)의 앞 문장에서 벽난로를 통한 서양식의 난방 방식은 복사열을 이용하여 상체의 공기를 데우는 방식인데, ①에서는 방바닥의 따뜻한 공기를 전제하고 있다. 서양식의 난방 방식은 복사열을 통해 위쪽의 공기만 데우는 것이므로 방바닥의 따뜻한 공기가 위로 올라갈 수 없다.
② 벽난로에 의한 난방이 복사열에 의한 난방은 이루어지지만 바닥의 공기를 따뜻하게 할 수는 없으므로 대류 현상이 일어나지 않으므로 이 선택지는 옳지 않다.

③ 대류 현상을 통한 난방 방식이 상체와 위쪽의 공기만 따뜻하게 하는 것은 아니므로 옳지 않다. 온돌을 통한 난방 방식의 경우 대류 현상을 통한 난방 방식으로 인해 상체와 위쪽의 공기가 아래로 내려올 때도 있기 때문이다. 그러한 경우에는 대류 현상을 통해 상체와 위쪽이 아니라 바닥의 공기가 따뜻해지게 된다.

## 06 ▶⑤

정답풀이 먼저 빈칸의 위치를 확인하니, 맨 뒤에 있으며 결론을 의미하는 '따라서'라는 접속 부사가 있음을 알 수 있다. 이를 통해 앞의 내용의 결론이 ㉠에 나올 것임을 알 수 있다. 앞의 내용을 요약하면 답이 나올 수 있다.
1문단에서는 아날로그가 디지털화된 정보에 영향을 주었음을, 2문단에서는 아날로그와 디지털이 결합하여 더 활성화됨을 전달한다. 따라서 이들은 상호보완적인 영향을 주고받음을 알 수 있으므로 '디지털 문화와 아날로그 문화를 대립적인 것으로 파악하는 것은 본질과 거리가 멀다'가 정답이다.

## 07 ▶①

정답풀이 1문단에서 인쇄술의 발전이 가져온 가장 중요한 변화를 언급하고 있다. 그것은 학교 제도의 영향력이 낮아진 것, 기억에 대한 의존도가 낮아진 것을 들고 있다. 2문단에서 인쇄술의 발달로 다양한 책들이 서점과 서가에 등장하게 되면서 지식 사회에 대한 비판과 검증이 가능해졌음을 말하고 있다. 따라서 뒤에서는 지식 사회에 대한 비판과 검증이 가능해진 결과에 대한 내용이 나올 수 있다. 따라서 ① '독점적인 학설이나 학파의 전횡이 줄어든 것과 특정 학설의 권위주의적인 행보가 사라지게 된 것'이 이어질 내용으로 가장 적절하다. 비판과 검증이 가능해지게 되면 책에 있는 독점적인 학설이나 학파의 전횡이 줄어들 것이기 때문이다.

오답풀이 ② 1문단에서 이미 교사의 권위가 줄어들고 있다고 하고 있기 때문에 이 선택지는 이어질 내용으로 적절하지 않다.
③ 2문단에서 지식 사회에 대한 비판과 검증이 가능해졌다고 하기 때문에 지식의 독점과 권력화에 매진하기 더 힘들어졌을 것이므로 이 선택지는 이어질 내용으로 적절하지 않다.
④ '비판과 검증'이라는 사고는 책의 내용을 있는 그대로 받아들이는 수동적인 독서 대중과는 거리가 멀기 때문에 이 선택지는 이어질 내용으로 적절하지 않다.

## 08 ▶③

정답풀이 1문단의 중심 내용은 사고와 표현 활동은 지속적으로 상호 작용을 하게 된다는 것이다. 2문단의 중심 내용은 사고와 표현 활동은 상호 작용을 하면서 각각의 능력이 는다는 것이다. 따라서 이 두 문단을 이어주는 ㉠에 들어갈 내용은 사고와 표현 활동은 상호 작용을 하면서 각각의 능력을 상승시킨다는 것이다.

# 亦功 단수 빈칸 추론 **문제 훈련** p.129

**한눈에 보기**

01 ②   02 ④   03 ③   04 ②

## 01 ▶②

**정답풀이** '덤핑 물품과 동종 물품을 생산하는 수입국 생산자가 자국 기관에 덤핑 조사를 신청'한다고 하였으므로, 일본의 용융아연도금철선 생산자는 '한국 기관'이 아니라 '일본 기관'에 덤핑 조사를 신청했을 것이다.

**오답풀이** ① 반덤핑관세를 부과하기 위해서는 덤핑 사실이 확정되어야 하고, 이때 '덤핑 물품의 수입량이 수입국의 동종 물품 총수입량의 3% 이상'이어야 한다. 따라서 반덤핑관세가 부과된 한국산 용융아연도금철선은 일본의 용융아연도금철선 총수입량의 3% 이상이었을 것이다.
③ 2문단 맨 끝 부분을 보면 덤핑 조사 결과 덤핑 마진율이 2% 이상이면 덤핑 사실이 확정된다고 했으므로 일본에서 한국산 용융아연도금철선의 덤핑 마진율은 2%를 넘었을 것임을 추측할 수 있다.
④ '반덤핑관세란 정상 가격보다 일정 수준 이상 낮은 가격으로 물품을 수출하여 수입국의 산업이 피해를 입었을 때' 부과된다고 하였다.

## 02 ▶④

**정답풀이** 롤스는 사회 구성원들이 자신과 타인에 대해 아무것도 모르는 상태에서 사회 운영 원칙을 정하는 상황을 가정하였다. 그러나 센델은 '현실에는 자신의 인종이나 성별처럼 고유한 특성까지 모르는 개인이 존재하지 않는다'고 주장하였다. 또, '사회적 합의는 롤스가 가정한 것과 다른 상황에서 이루어진다'라고 하였다. 이는 롤스의 가정의 비현실성을 지적하고 있는 것이므로, ㉠에는 롤스의 가정이 현실적으로 불가능하다는 내용이 오는 것이 적절하다.

**오답풀이** ① 센델은 '사회적 합의는 롤스가 가정한 것과 다른 상황에서 이루어진다'라고 하였다. 즉, 센델 또한 사회 운영 원칙이 구성원들의 사회적 합의에 의해 형성된다고 보는 입장이다.
②, ③ 센델은 롤스가 가정한 상황이 불공정하거나 불합리하다고 비판한 것이 아니라 비현실적이라고 비판하였다.

## 03 ▶③

**정답풀이** 제시문에서 "그 결과, 건강한 식습관을 가진 사람들 모두가 건강하지 않은 식습관을 가진 사람들에 비해 수면의 질이 더 좋다고 했다."라고 했다. 따라서 규칙적으로 운동을 하든 안 하든 건강한 식습관을 가진 사람들은 전부 다 수면의 질이 더 좋음을 알 수 있다. 따라서 건강한 식습관만 가진 사람은 규칙적으로 운동하기"만"하는 사람에 비해 수면의 질이 더 좋음을 알 수 있다.

건강한 식습관을 가진 사람들 중 규칙적으로 운동하는 사람이 그렇지 않은 사람들에 비해 수면의 질이 더 좋았다. 이를 통해 수면의 질은 (식습관 ○, 운동 ○) > (식습관 ○, 운동 ×) > (식습관 ×, 운동을 하든 안 하든 관계없음)순으로 좋음을 알 수 있다. 따라서 건강한 식습관만 가진 사람(식습관 ○, 운동 ×)이 규칙적으로 운동하기만 하는 사람(식습관 ×)에 비해 수면의 질이 더 좋다는 것을 알 수 있다.

**오답풀이** ① 건강한 식습관을 가진 사람의 경우 규칙적인 운동의 여부와 무관하게 항상 수면의 질이 좋으므로 건강한 식습관은 수면의 질에 항상 긍정적인 영향을 준다는 것을 알 수 있다.
② **정답풀이**와 같은 논증을 통해 (식습관 ○, 운동 ○) > (식습관 ○, 운동 ×)임을 알 수 있으므로 건강한 식습관이 수면의 질에 긍정적 영향을 주는 경우 규칙적인 운동을 하는 경우에 수면의 질이 더 높았으므로 이 경우 규칙적인 운동도 긍정적 영향을 준다는 것을 알 수 있다.
④ **정답풀이**와 같은 논증을 통해 건강한 식습관만 가진 사람이 규칙적으로 운동하기만 하는 사람에 비해 수면의 질이 더 좋다는 것을 알 수 있다.

## 04 ▶②

**정답풀이** 본문은 1990년대 세계 유일의 패권 국가로 자리 잡은 미국을 소개하고, 1960년대까지의 미국은 모든 계층이 엄청난 소득 증가를 경험할 수 있었으나 1990년대 이후에는 그 양상이 달라졌음을 소개하고 있다. ㉠ 앞에는 '1990년대 이후 세계화로 시작된 미국의 경제 회복세는 1960년대의 호황과 크게 달랐다.'라는 구절이 나오므로, 1960년대와 반대되는 상황이 나와야 한다. 따라서 ②가 가장 적절하다.

**오답풀이** ① 최상위 부유층과 서민들 모두에게 이익을 가져다 준 것은 1960년대까지만 지속되었던 상황이므로 적절하지 않다.
③ 세계화로 중국의 경제가 성장하기는 했으나, 이는 ㉠ 앞의 '미국의 경제 회복세는 1960년대의 호황과 크게 달랐다.'는 문장과 호응하지 않으므로 적절하지 않다.
④ 부유층이 자산을 분배했다는 이야기는 나오지 않으므로 적절하지 않다.

## Chapter 11　복수 빈칸 추론

### 亦功 콤단문 독해 PIN POINT

**한눈에 보기**

01 ④

---

### 신유형 2025 버전　p.132

#### 01 ▶ ④

**정답풀이** 흰색 옷과 검은색 옷, 고릴라 복장은 모두 시각과 관련된 정보들이다. '인간의 인지는 시각과 밀접하게 관련되어 있다'고 한다면, 고릴라 복장의 사람도 잘 인지했어야 한다. 흰색 옷을 입은 사람이 패스를 몇 번 하는지가 참가자들에 있어 중요한 사안이었기에 고릴라 복장의 사람을 인지하지 못한 것이다. 따라서 '인간은 중요하다고 생각하는 것 위주로 주의를 기울인다'는 서술이 적절하다.

'충분조건'은 해당 조건이 참이라면 결론이 참임을 보장하는 조건이다. 반대로 '필요조건'은 결론이 참이려면 해당 조건이 참이어야 하지만, 해당 조건이 참이라는 것만으로는 결론의 참이 보장되지 않는 조건이다. 제시된 글에서 밝은 색 옷을 입은 오토바이 운전자가 알아보기 쉬운 것은 맞지만, 모든 경우에 그런 것은 아니라고 하고 있다. 밝은 색 옷을 입어도 알아보지 못하는 경우가 있기 때문이다. 따라서 바라보는 행위는 인지의 충분조건이 아닌 필요조건이라고 하는 것이 적절하다.

---

### 亦功 복수 빈칸 추론 기출 훈련　p.133

**한눈에 보기**

| 01 ① | 02 ③ | 03 ③ | 04 ② | 05 ② |
|------|------|------|------|------|
| 06 ① | 07 ① | 08 ④ | 09 ④ | 10 ① |

#### 01 ▶ ①

**정답풀이** 2문단에서는 발음 능력을 습득하면 음성 기관의 움직임이 자동화되어 화자가 의식하지 않는다고 하였다. 따라서 모어에 없는 외국어 음성을 발음하기 어려운 것은 음성 기관이 모어에 맞게 자동화되어 있기 때문이다.

3문단에서는 필기 능력을 이야기하는데, 필기 능력이 발음 능력에 비해 의식적이긴 하지만 의지와 관계없이 필체가 일정하다는 사실로 논지가 이어지려면 의식적이 아닌 무의식적인 특성이 있다는 견해가 나와야 한다.

---

#### 02 ▶ ③

**정답풀이** (가) 뒤의 '공간이 최적화됨으로써 필요한 밀랍의 양이 줄어'라는 말과 호응하는 표현이 와야 한다. 따라서 '벌집을 짓기 위해 필요한 밀랍의 양이 적게 든다.'가 (가)에 오는 것이 적절하다.

(나) 앞의 '이 구조를 닮은 건축 양식이나 각종 생활용품을 흔히 발견할 수 있다.'라는 표현과 호응하는 말이 빈칸에 들어가야 한다. 따라서 (나)에는 '자연의 구조인 벌집이 인간의 창조 활동에 영감을 주었다.'가 오는 것이 적절하다.

---

#### 03 ▶ ③

**정답풀이** ㉠ 'A는 자기가 제안하는 액수를 받아들일지 말지 결정할 권리가 B에게 있다는 사실을 알고 있다.'라고 했으며, B가 선택할 수 있는 것은 액수를 받아들이는 것과 받아들이지 않는 것 두 가지뿐이다. 따라서 '제안한 1,000원을 받든가, 한 푼도 받지 못하든가'가 적절하다.

㉡ '하지만 현실에서는 이런 상황은 절대 일어나지 않는다.'라고 했으며, '비록 자기의 이익이 최대화되지 않더라도 제안이 불공평하다고 생각하면 거절하는 것으로 보인다.'라고 하였다. 따라서 빈칸에 들어갈 말로 가장 적절한 것은 '인간의 행동이 경제적 이득에 의해서만 움직이지 않는다.'임을 알 수 있다.

---

#### 04 ▶ ②

**정답풀이** ㉠은 흑백논리를 지양하는 내용이 나와야 하므로 여기에는 '모양, 빛깔, 형태, 양식 따위가 여러 가지로 많은 특성.'을 의미하는 다양성(多樣性)과 '근원이 많음'을 의미하는 다원성(多元性)이 들어가면 된다. 그렇게 되면 답은 ① 아니면 ②이다.

㉡은 인간에게 내재된 본성 같은 게 실제로 있기나 한 것인지 깊게 생각해 보는 것이므로 '의심스럽게 생각함. 또는 그런 문제나 사실'을 의미하는 '의문(疑問)'이나 '의심을 품음. 또는 마음속에 품고 있는 의심'을 의미하는 '회의(懷疑)'가 맞다.

㉢은 인간 본성에 대한 답변도 대체로 철학이나 종교의 영역이 맡아 왔다는 것을 미루어 볼 때 ㉢에는 '기준 및 지향점을 제시하는 것'이라는 의미의 단어가 들어가야 함을 알 수 있다. 따라서 '생활이나 행동 따위의 지도적 방법이나 방향을 인도하여 주는 준칙'을 의미하는 '지침(指針)'이 들어갈 수 있다. '본보기가 될 만한 모범'을 의미하는 '전범(典範)'이나 '본받아 배울 만한 대상'을 의미하는 '모범(模範)'이 올 수 있기는 하다.

㉣ '한계'에 대한 내용이 나오고 있으므로 '상태나 현상이 굳어져 변하지 않음.'을 의미하는 '고착(固着)'이 와야 한다.

**오답풀이** 나머지 선택지의 뜻은 다음과 같다.

㉠ • 중층성(固着性) : 여러 층으로 된 것의, 가운데를 이루는 층
　• 융합성(融合性) : 다른 종류의 것이 녹아서 서로 구별이 없게 하나로 합하여지거나 그렇게 만듦.

㉡ • 질문(質問) : 알고자 하는 바를 얻기 위해 물음.
　• 반문(反問) : 물음에 대답하지 아니하고 되받아 물음.

㉢ • 통찰(洞察) : 예리한 관찰력으로 사물을 꿰뚫어 봄.

② • 착종(錯綜) : 이것저것이 뒤섞여 엉클어짐.
  • 연루(連累 · 緣累) : 남이 저지른 범죄에 연관됨. 관련되다.
  • 편향(偏向) : 한쪽으로 치우침.

## 05 ▶②

**정답풀이** (가)의 앞에는 '상사에게 보고할 때 결론부터 말하라고 한다.'라는 서술이 나오며, 뒤에는 '때로는 일부러 결론을 미뤄 상대의 관심을 끌게 만들어야 할 때도 있다.'라는 반례가 나온다. 따라서 역접의 접속사 '하지만'이 오는 것이 적절하다.

(나)의 앞에는 '사무적인 관계에서는 쓸데없는 시간과 노력을 들이지 않아도 된다.'라는 이야기가 나오지만, 뒤에서는 '권력 관계에서의 차이가 없는 만큼 미묘한 줄다리기가 필요하다.'라는 반대되는 서술이 전개된다. 따라서 역접의 접속사 '하지만'이 오는 것이 적절하다.

## 06 ▶①

**정답풀이** (가) 앞은 우리말로 시조나 가사를 쓴 사람들에 대해 언급하고 (가)는 초점을 바꾸어 양반들이 한글 쓰는 것을 즐겼다는 사실을 새로 언급하고 있다. 이렇게 내용의 초점을 바꿔 새로운 내용을 언급할 때 쓰는 접속 부사는 '그런데'이다.

(나)에는 정철, 윤선도, 이황에 더하여, 한글로 문학을 향유한 허균과 김만중에 대해 언급하고 있다. 즉, (나)의 앞뒤는 한글을 사용한 양반들이라는 점에서 대등한 정보를 나열하고 있으므로 '게다가 혹은 그리고 혹은 더군나(= 더군다나, 이뿐만 아니라)'가 와야 한다.

(다)의 앞은 많은 양반들이 한글 쓰기를 즐겼다는 내용이다. 하지만 (다) 뒤는 이들(= 한글로 문학을 향유한 양반들)이 특이한 경우로 한글을 쓴 것이라면 말이 달라진다고 하였으므로 앞의 내용을 뒤집는 내용이므로 역접의 접속 부사인 '그렇지만'이 와야 한다.

(라) 앞은 실학자 박지원이 한글이 아닌 한문으로 작품을 썼다는 내용이다. (라) 뒤는 박지원과 달리 양반들이 꽤 한글을 이해했을 것이라는 내용이므로 앞뒤의 내용이 반대되는 내용이므로 역접의 접속 부사인 '그러나, 하지만'이 와야 한다.

모든 접속 부사를 알맞게 연결한 것은 ①이다.

**오답풀이** (가)에서 '그리고'는 대등한 정보의 나열을 의미하는데, (가) 앞뒤의 정보가 대등하다고 보기 힘들다.

(가)에서 '그래서'는 앞은 원인, 뒤는 결과일 때 나오는 접속 부사이다. (가)의 앞뒤는 원인과 결과라기보다는 초점이 변화되어 새로운 내용을 언급하고 있는 것이므로 적절하지 않다.

(나)에서 '그러나'는 주로 앞뒤의 내용이 반대되거나, 앞의 내용을 뒤집는 내용일 때 사용되는 접속 부사이므로 적절하지 않다. (나)의 앞뒤는 한글을 사용한 양반들이라는 점에서 대등한 정보를 나열하고 있기 때문이다.

(다)에서 '그래서, 따라서'는 앞이 원인, 뒤가 결과일 때 쓰는 접속 부사이므로 적절하지 않다.

(라)에서 '또는'은 '그리고, 게다가, 더구나, 이뿐만 아니라'와 같이 대등한 정보를 죽 나열할 때 쓰이는 접속 부사이므로 (라)에는 적절하지 않다.

(라)에서 '즉'은 앞의 내용을 다시 쉽게 설명해줄 때 쓰는 접속 부사이므로 앞뒤의 내용이 유사해야 하므로 (라)에는 적절하지 않다.

## 07 ▶①

**정답풀이** ㉠의 앞에서는 개별성을 추구하는 역사의 연구에 대해 설명하고 있다. ㉠의 뒤에는 역사학은 구체적인 사실을 구명한다고 하며 앞의 내용을 쉽게 풀어 쓰고 있다. 따라서 앞의 내용을 뒤에서 쉽게 다시 설명할 때 쓰는 '즉, 이처럼, 다시 말해' 등이 와야 한다. 이 접속어들은 앞뒤 내용이 같지만 표현이 다른 경우에 온다.

㉡의 뒤는 앞 문장의 구체적인 개념인 '고구려'를 사례로 들고 있으므로 '가령, 예컨대, 예를 들어, 이를 테면' 등이 와야 한다.

㉢의 뒤는 앞의 내용을 요약하고 있으므로 '요컨대'가 적절하다.

## 08 ▶④

**정답풀이** ㉠ : '타이타닉 호 속에는 판에 박은 일상사가 있습니다.'라고 하였다. 뒤에는 선원과 배를 구체적인 예시를 들어 앞의 문장을 뒷받침하고 있다. 따라서 적절한 접속어는 '예를 들면'이다. '그리고'는 대등한 힘의 정보를 단순하게 나열하는 것이므로 옳지 않다.

㉡ : '경제학자의 논리도 세계 경제 시스템 이외에 아무런 현실이 없다고 한다면 합리적인 논리라고 할 수 있습니다.'라고 하였다. 하지만 뒤에서는 바다도 있고, 빙산도 있다. 여러 현실이 있는 것이므로 '그렇지만'이 옳다. '그러면(그렇다고 하면)'은 가정하는 의미가 있어야 하므로 옳지 않다.

㉢ : '재난은 이미 시작되었습니다.'라고 하였다. 뒤에 이 재난을 '빙산'에 다시 비유하며 말하고 있으므로 '말하자면'이 옳다. '만약'은 가정하는 의미이므로 '~한다면'의 호응을 보여야 하는 부사이므로 옳지 않다.

## 09 ▶④

**정답풀이** ㉠ : 먹을거리를 안정적으로 공급받기 위해 사람들은 노력을 기울이는 것이 지상 과제라고 한다. 그 뒤에서는 오늘날 사람들이 우주시대에 어떻게 먹을거리를 해결할 것인가에 더욱 많은 관심을 보인다고 언급하므로 이에 관련된 접속 부사는 '심지어'이다. '심지어'는 앞에 있는 내용을 더 강조하거나 더 정도가 심함을 의미하는 경우에 쓰이기 때문에 적절하다. '그런데, 그러나, 하지만'은 앞의 내용을 반대로 뒤집는 의미일 때 사용되므로 옳지 않다.

㉡ : 앞 부분에서 먹을거리에 대한 관심과 노력이 많다고 했으므로 낙관적 입장이 주류를 이룬다는 내용은 앞 문장과 인과 관계를 이루므로 '그래서'가 적절하다.

㉢ : 앞 부분에서 먹을거리에 대한 풍요시대라는 낙관적 입장이 주류하고 뒤에서는 풍요의 시대가 하느님의 뜻인 것 같지 않다고 하므로 역접의 '그러나, 하지만, 그렇지만' 등이 와야 한다.

## 10 ▶ ①

**정답풀이** ㉠에 제시된 '사실'과 '실제로'는 문맥상 비슷한 의미이므로 모두 답이 될 수 있다.

㉡의 앞에는 '국민'의 의미가 탄생하게 된 시기에 대해 언급되어 있고 뒤에는 그 결과 나타나게 된 비국민이라는 낙인이 언급되었다. 초점이 변환되는 것이므로 적절한 것은 '그런데'이다. 대등 병렬의 '또한'이나 '게다가', 역접의 '그러나'는 문맥상 어색한 접속어이다.

㉢의 앞은 일본에서 비국민으로 낙인찍히는 것에 대한 내용인데 뒤는 조선에서도 마찬가지로 작용되었다고 하므로 대등 병렬의 접속 부사가 적절하다.

㉣ 뒤는 앞에서 나왔던 내용을 다시 정리하고 있으므로 요약의 '요컨대'가 적합하다.

### 亦功 복수 빈칸 추론 **문제 훈련**
p.139

**한눈에 보기**

01 ②       02 ①       03 ④       04 ②

## 01 ▶ ②

**정답풀이** 본문에서 로마인들을 그리스 예술에 영향을 받았지만 이를 실용적 사실적으로 바꾸어 나갔다고 했다. 단순히 그리스 예술을 받아들인 것이 아니라 로마인 자신들이 원하는 바를 실현하기 위해 아치를 고안하게 된 것이다. 그러므로 ㉠에는 로마인들의 주체성이 드러나는 지문인 '로마인들은 자신들이 원하는 공간을 얻기 위해 그리스인들과 다른 선택을 했던 것이다.'가 들어가야 한다. 로마는 아치를 적극적으로 다방면으로 이용하면서 아치형 기술을 원동력 삼아 통치력을 강화해 나갔다. 도시로 물을 끌어 들이기 위해서 아치형 기술을 이용했고 공통된 기술을 사용함으로써 같은 기술권을 도시라는 형태로 갖추어 나가며 로마 문명의 꽃을 피웠다. 그러므로 ㉡에는 '아치형 기술을 원동력으로 삼아 통치력을 강화해 나갔고'가 들어가는 것이 옳다.

## 02 ▶ ①

**정답풀이** 이 글은 환경보호를 위해 만드는 제품이 오히려 환경을 해치는 모순적 상황을 다루고 있다. 이를 '그린 워싱' 혹은 '위장환경주의'라고 부른다. 소비자들의 윤리의식이 높아짐에 따라 기업이 환경보호를 마케팅 수단으로 활용한다고 했으므로 (가)에는 '환경에 대한 기업의 책임이 강조되면서'가 들어가야 함을 알 수 있다. 또한 텀블러를 친환경적으로 사용하기 위해서는 여러 번 사용해야 한다는 이야기 뒤에 '그렇지만'이라는 역접 접속사가 이어지는 것으로 보아 (나)에는 '오히려 환경오염을 유발하는 형국이다'가 오는 것이 적절함을 알 수 있다.

**오답풀이** ②, ③ '큰 효과를 발휘하지 못하는 형국'이라는 말은 최소한 이 제품들이 환경보호 효과가 있을 때 성립하므로, (나)에 들어갈 말로는 적절하지 않다.

## 03 ▶ ④

**정답풀이** 이 글은 아리스토텔레스가 사색적 삶에 활동적 삶보다 더 높은 가치를 부여한 이래, 과학 혁명과 청교도 윤리의 등장, 산업 혁명을 거치며 두 삶의 위상이 바뀌게 되었다는 내용을 전하고 있다. 그 중 ㉣이 속한 마지막 문단에서는 산업 혁명 시기에 활동적 삶의 중요성이 더 커지게 된 것과 기계화에 따른 인간의 노동 방식의 변화에 대해 말하고 있다. 두뇌의 활동을 중시하는 사색적 삶에 대해서는 언급하지 않았으므로, '사색적인 삶이 고평가'되는 결과가 초래되었다고 결론을 내리는 것은 적절하지 않다. 두뇌에 의한 노동과 분리된 근육 즉 육체노동은 기계의 속도에 따르게 되었으므로, ㉣에 들어갈 내용으로는 '육체노동이 기계화' 정도가 적절하다.

**오답풀이** ① 이전까지는 사색적 삶이 더 중요한 것으로 여겨졌지만, '과학 혁명과 청교도 윤리의 등장으로 활동적 삶과 사색적 삶에 대한 인식은 달라지기 시작'했으며, 그 결과 '활동적 삶과 사색적 삶이 대등한 위상을 갖게' 되었으므로 ㉠에는 '좁아졌다.'가 들어가는 것이 적절하다.

② 청교도 윤리는 '근면과 검약에 의한 개인의 성공을 구원의 징표'로 보았으므로, 생산 활동과 부의 축적에 대한 '부정적 인식을 불식하는 계기'가 되었을 것이다.

③ ㉢이 속한 문단은 노동과 관련된, '생계를 위한 활동적 삶'에 초점이 맞춰져 있다. 이는 산업 혁명을 계기로 활동적 삶의 '중요성이 더 커지게' 되었음을 보여준다.

## 04 ▶ ②

**정답풀이** 이 글은 우주 탐사 및 상업화와 관련하여, 우주 환경의 도전 과제 및 우주 자원의 법적 소유권에 대한 문제를 다루고 있다.

우주 환경에서 인간이 직면하게 되는 도전 과제를 설명하는 부분에서, '우주 환경은 인간에게 매우 가혹하며, 장기간의 우주 체류는 건강에 치명적인 영향을 미칠 수 있다.'는 설명이 제시되어 있다. 이러한 문제를 해결하기 위해서는 적절한 관련 기술 확보가 필요하므로 (가)에는 '우주 환경에 맞는 의료기술 확보'가 들어가야 함을 알 수 있다.

이어지는 문장에서 우주 탐사의 상업화와 관련된 문제로 '우주 자원의 소유권과 이용권에 대한 국제적 규제책은 미흡한 상황'이라는 설명이 나온다. 이는 우주 자원의 법적 소유권에 대한 논의가 필요함을 시사하므로 (나)에는 '우주 자원의 법적 소유권'이 들어가는 것이 적절하다.

정답 및 해설

# Part 04 강화, 약화

## Chapter 12 일반 강화, 약화

### 亦功 콤단문 독해 POINT

**한눈에 보기**

01 ②     02 ③     03 ①

---

### 기존 출제 유지 2024 버전     p.145

**01 ▶②**

정답풀이 '애매어의 오류'란 동일한 단어를 애매하게 사용하여 나타나는 오류이다. '부패(腐敗)하다'의 중심 의미는 「1」 정치, 사상, 의식 따위가 타락하다.'이다. 하지만 주변 의미로 「2」 단백질이나 지방 따위의 유기물이 미생물의 작용에 의하여 분해되다. 독특한 냄새가 나거나 유독성 물질이 발생한다.'도 있다. '부패하다'는 다의어이기 때문에 문맥에 따라 잘 사용되어야 하는 단어이다. 하지만 ②의 두 번째 문장의 '부패하다'는 주변 의미인 「2」로 사용되었다. 뒤의 문장에서 부패한 세상을 냉동 보관해야 한다고 보고 있기 때문이다. 이는 ②는 '부패하다'라는 말을 애매하게 사용하여 발생한 '애매어의 오류'로 볼 수 있다.

오답풀이 ① "모든 사람은 죽는다. 소크라테스는 사람이다. 그러므로 소크라테스는 죽는다."는 논리적 오류를 범하고 있지 않다. 이러한 논증 방식을 '연역 논증'이라고 한다. 따라서 '우연의 오류'의 예로 적절하지 않다.
③ ⓒ 결합의 오류가 아니라 ⓔ 분해의 오류의 사례에 해당한다. '미국 아이스하키 선수단'(집단)의 기량이 뛰어나다는 전제를 통해 미국 선수 각자(개별 원소)들 역시 기량이 뛰어날 것이라는 결론을 도출하고 있으므로 이는 '분해의 오류'의 사례에 해당한다.
④ ⓔ 분해의 오류가 아니라 ⓒ 결합의 오류의 사례에 해당한다. 매력적인 오답이다. '때문이다'가 있는 두 번째 문장이 전제가 된다. 따라서 답안의 문장 하나하나(개별 원소)가 뛰어나다는 전제로부터, 그 문장이 결합한 답안 전체(집단)의 내용 또한 뛰어날 것이라는 결론을 도출하고 있으므로 이는 '결합의 오류'의 사례에 해당한다.

---

### 신유형 2025 버전 1     p.146

**02 ▶③**

정답풀이 '(나)'는 종래의 국문학의 정의를 기본 전제로 하되, 일부 한문문학을 국문학으로 인정하자고 주장하고 있으므로 표기 문자와 상관없이(= 한자가 쓰여도 상관 없이) 우리나라의 문화를 잘 표현하면 우리나라 문학으로 인정하는 ③은 (나)를 강화하는 사례라고 볼 수 있다.

오답풀이 ① '(가)'는 국문학에서 한문으로 쓰인 문학을 배제하자는 주장하고 있으므로 국문으로 쓴 작품보다 한문으로 쓰인 문학이 해외에서 문학적 가치를 더 인정받는 것은 (가)의 주장을 강화한다고 볼 수 없다.
② 국문학의 정의를 '그 나라 사람들의 사상과 정서를 그 나라 말과 글로 표현한 문학'으로 수정하면 (가)의 주장은 강화되는 것이지, 약화되지는 않으므로 적절하지 않다.
④ 차자 표기는 순수 국문이라고 보기 어려운데 이것이 다수 발견됐다는 것은 (나)의 논지와 무관하므로 약화된다고 보기 어렵다.

---

### 신유형 2025 버전 2     p.147

**03 ▶①**

정답풀이 ㉠은 '세 요소'가 '성공'에 필수적인 조건임을 드러내고 있다. 즉, 세 요소는 성공의 필요 조건이므로 논리 기호로 표현하면 '성공 → 세 요소'로 표시 가능하다. ①에서는 성공한 프로젝트들은 모두 세 요소가 만족이 되었다고 말하고 있으므로 세 요소는 '성공'의 필수 조건임을 드러내고 있다. 따라서 이는 ㉠을 강화한다고 볼 수 있다.

오답풀이 ② 성공하지 못한 프로젝트가 있다면 세 요소가 다 만족되지 않았음을 나타내는 것이라고 보는 이 사례는 ㉠을 강화하는 것이지, 약화하는 것이 아니므로 적절하지 않다.
③ ㉡은 '세 요소'가 달성되었다고 해서 '성공'을 보장할 수 없다고 하고 있다. 즉, 세 요소는 성공의 충분조건이 아니라는 것으로 이는 세 요소는 성공의 충분한 조건이라는 것을 보장할 수 없음을 드러낸다. 세 요소 말고도 다른 제3의 요소가 성공의 요소로 작용할 수 있기 때문이다. 하지만 이 사례는 세 요소가 모두 달성이 안 되어도 성공되었음을 나타내고 있으므로 아예 세 요소가 달성된다는 전제를 하고 있는 ㉡의 초점에 어긋나므로 ㉡을 강화한다고 보기 어렵다. 만약 ㉡을 강화하려면 '세 요소를 만족하였으나 다른 부분에 변수가 되어 마케팅이 실패하였다' 정도의 사례가 나와줘야 한다.
④ '유행지각, 깊은 사고 그리고 협업 모두에서 목표를 달성했지만 성공하지 못한 프로젝트가 있다'면 ㉡은 강화되는 것이지 약화되는 것은 아니므로 이 선지는 적절하지 않다.

## 亦功 일반 강화, 약화 기출 훈련
p.148

### 한눈에 보기

01 ②    02 ④    03 ③    04 ④

### 01 ▶②

**정답풀이** 화법 문제와 문단 배열 문제가 합쳐진 새로운 유형이다. 오히려 화법 부분이 힌트가 되어서 문제가 더 쉬워졌다. 새로운 유형이 나왔다고 긴장하지 않아도 됨을 보여주는 문제이다.

1단계 : '주제에 대한 청자의 주의나 관심을 환기'하는 1단계에 부합하는 것은 (가)이다. 친구의 자전거 사고로 주의를 환기하고 있다.

2단계 : '특정 문제를 청자와 관련지어 설명'하는 2단계에 부합하는 것은 (다)이다. '아마 여러분도 가끔 자전거를 타는 경우가 있을 것입니다.'를 보면 알 수 있다.

3단계 : '해결 방안을 제시하여 청자의 이해와 만족을 유도'하는 3단계에 부합하는 것은 (나)이다. '헬멧 착용'을 해결 방안으로 제시하고 있다.

사실 3단계까지만 보아도 (가) – (다) – (나)가 나오므로 답은 ②임을 알 수 있다. 다만, 실수를 방지하기 위해 뒤에 남아 있는 것을 확인은 해주어야 한다.

4단계 : '해결 방안이 청자에게 어떤 도움이 되는지 구체화'하는 4단계에 부합하는 것은 (라)이다. 헬멧을 착용하면 신체 피해를 줄이고 자전거의 즐거움과 편안함을 더 잘 느끼게 됨을 '구체적으로' 보여주고 있다. (나)가 될 수도 있으나, (나)는 해결 방안의 효과를 '구체화'한다고 보기에는 부족하다.

5단계 : '구체적인 행동의 내용과 방법을 제시하여 특정 행동을 요구'하는 5단계에 부합하는 것은 (마)이다. 자전거를 탈 때에는 반드시 헬멧을 착용하라는 구체적인 행동의 내용을 언급하고 있다. 이 (마)는 사실 해결 방안을 제시하고 있기도 하므로 3단계로 넣을 수도 있어 보이지만 선택지에는 3단계에 (마)가 없으므로 (마)는 5단계로 연결될 수 있는 것이다.

### 02 ▶④

**정답풀이** 사회 문화적으로 보편적인 개념을 지시하는 각각의 기표들에서 유사한 형식을 도출할 수 없으므로 이 선택지는 옳지 않다. 동일한 기의임에도 기표는 '연필'과 'pencil'처럼 각각 다르다. 즉 기표와 기의 간에 필연적인 연관성이 없는 기호적 관계의 자의성(恣 제멋대로 자, 의미 의 意, 성격 성 性)이 있기 때문이다. 따라서 보편적인 개념을 지시하는 각각의 기표들에서 유사한 형식을 도출하는 것은 불가능하다.

**오답풀이** ① '부추'의 기의는 '백합과의 여러해살이풀'인데, 지역에 따라 기표가 다르게 나타나는 것은 '자의성'을 잘 설명해 준다.
② 끝 부분에서 "이러한 자의성은 사회적 약속과 문화적 약호(code)에 따라 조율된다"라는 구절이 있으므로 어떤 개념을 새롭게 표현한 단어가 널리 쓰이려면 그 개념을 쓰는 사회 성원들의 공통된 합의가 필요하겠다는 이 선택지는 옳다.

③ 끝 부분에서 "이러한 자의성은 사회적 약속과 문화적 약호(code)에 따라 조율된다"라는 구절이 있으므로 문화적 약호가 유사한 지역에서는 같은 기표에 대응되는 개념이 비슷할 가능성이 높을 수 있다고 추론할 수 있다.

### 03 ▶③

**정답풀이** '자유로부터의 도피' 뒤에 이어지는 내용을 보면, 개인적 자아의 독립을 포기하고 자기 이외의 어떤 존재에 종속되고자 하는 것이라고 한다. 어떤 상황에 대한 판단을 개인적인 자아가 독립적으로 하지 않고 언론 매체라는 존재에 종속되어 무비판적으로 수용하려는 것을 예로 들 수 있다.

### 04 ▶④

**정답풀이** "따라서 우리나라의 각 지역어가 가진 특성과 기능을 무시한 채 한 지역의 말만을 사용케 한다면 이는 타 지역의 정체성을 부인하는 것이고, 타 지역어를 사용하는 사회 구성원들의 원활한 소통 수단을 박탈하는 것입니다."를 통해 ④가 정답임을 알 수 있다.

## 亦功 일반 강화, 약화 문제 훈련
p.150

### 한눈에 보기

01 ④    02 ②    03 ①    04 ①

### 01 ▶④

**정답풀이** 다수결이 공공의 이익을 극대화한다면 이는 다수결 민주주의를 강화하는 것이지, 합의제 민주주의를 강화하는 것은 아니므로 적절하지 않다.

**오답풀이** ① 소수 집단의 권리가 무시된다면 다수결보다는 합의를 통해 다양한 목소리를 반영해야 한다는 합의제 민주주의의 필요성이 커질 것이므로 적절한 선지이다.
② 다수결이 갈등을 심화시킨다면 이는 다수결 민주주의의 한계를 보여주는 것이므로 다수결 민주주의를 약화하는 것이다.
③ 다수의 결정이 최선의 결과를 제공한다면 합의의 필요성이 줄어들 수 있으므로 적절한 선지이다.

### 02 ▶②

**정답풀이** 도구주의는 과학 이론의 참거짓 여부에 중점을 두지 않는다. 따라서 다수의 이론이 존재한다고 하더라도 이것이 도구주의를 강화하거나 약화하는 근거가 되기는 어렵다.

오답풀이 ① 실재론은 과학 이론이 실제 세계의 구조를 반영한다고 믿는다. 따라서 관찰할 수 없는 현상까지 성공적으로 설명할 수 있으면 실재론의 입장이 더욱 강화된다.

③ 도구주의는 과학 이론의 예측력과 실용성을 중요시하므로 적절한 평가이다.

④ 과학적 실재론은 과학 이론이 세계의 구조를 반영하고 있다는 주장이다. 따라서 성공적이었던 이론이 실제와 일치하지 않는다는 사실이 드러난다면 이는 실재론의 입장을 약화하는 근거가 된다.

## 03 ▶①

정답풀이 주어진 사례는 결과만으로 도덕성을 판단하는 결과주의의 한계를 지적하고 있으므로 결과주의를 약화하는 근거로 적절하다.

오답풀이 ② 결과주의의 관점에서 결과를 재평가해야 한다는 주장이므로, 결과주의의 정당성을 약화하는 주장이라고 보기 어렵다.

③ 주어진 선택지는 의무론을 따랐을 때 부정적인 결과가 초래된 사례를 보여주고 있으므로 결과주의를 약화하는 주장이라고 보기 어렵다.

④ 주어진 사례는 결과론적으로 보았을 때 이익이라고 평가할 만한 예시이다. 따라서 결과주의를 약화하는 주장이라고 보기 어렵다.

## 04 ▶①

정답풀이 제시된 사례는 알고리즘이 특정 집단에 불리하게 작용하는 '알고리즘 편향'의 대표적인 예시이다. 알고리즘이 특정 인종 그룹에 대해 일관되게 높은 대출 거절률을 보인다면, 이는 알고리즘이 과거의 차별적 패턴을 학습하여 불평등을 재생산하고 있음을 보여주므로 ㉠의 주장을 강화하는 근거로 적절하다.

오답풀이 ② 이 사례는 알고리즘이 과거 데이터의 오류를 반복하지 않고 공정한 의사결정을 내린 경우이므로 알고리즘 편향을 비판하는 입장을 강화할 수 없다.

③ 이 사례는 알고리즘이 다양한 사회적 배경을 반영한 데이터를 사용하여 편향 문제를 개선한 경우이므로, 알고리즘 편향을 개선하려는 노력이 성과를 거두었음을 의미하는 것이다. 따라서 알고리즘 편향 문제를 비판하는 입장을 약화시킬 수 있다.

④ 이 사례는 알고리즘이 다양한 성별과 인종에 대해 동일한 기회와 결과를 제공하도록 개선되었음을 보여주는 것이므로, 알고리즘 편향 문제를 해결할 수 있음을 시사한다. 따라서 이는 알고리즘 편향을 비판하는 입장을 약화하는 사례이다.

# Chapter 13 <보기> 강화, 약화

## 亦功 콤단문 독해 PIN POINT

한눈에 보기
01 ②

## 신유형 2025 버전  p.153

## 01 ▶②

정답풀이 '㉠ 주장'에서 말하고자 하는 핵심은 '혈거와 소거가 기후에 따라 다른 자연환경에 적응해 발생했다는 것'이다. 따라서 ㉠을 강화하려면 기후에 따라 다른 자연 환경에 적응한 사례가 와야 한다.

ㄱ.에서 '우기' '비'라는 기후에 따라 '산간'이라는 자연환경에 따라 고상식 주거 건축 유물만 발견되었으므로 이는 ㉠을 강화하는 사례이다.

ㄷ.에서 '여름', '겨울'이라는 기후에 따라 고상식, 움집형 건축물이 발견된 것이므로 이는 ㉠을 강화하는 사례이다.

오답풀이 ㄴ.에는 기후에 따른 자연 환경에 대한 내용이 나오지 않으므로 '㉠ 주장'을 강화한다고 보기 어렵다.

## 亦功 <보기> 강화, 약화 문제 훈련  p.154

한눈에 보기
01 ③    02 ④    03 ①    04 ④    05 ②
06 ③

## 01 ▶③

정답풀이 이 글에서 설명하는 '㉠ 집단사고의 오류'란 집단에서 중대한 의사 결정을 내릴 때 발생하는 오류이다. 이에 해당하는 사례를 판단하기 위해서는 '집단적 차원의 판단오류'가 손실을 초래한 경우를 찾아야 한다.

ㄴ. 히틀러가 이끄는 독일군이 유대인을 학살한 사례는 대표적인 집단사고의 오류에 해당한다. 이는 집단의 잘못된 판단에 대하여 비판적으로 사고하거나 검토하지 않아 발생한 부작용이다.

ㄷ. 엔지니어의 경고를 무시하고 챌린저호를 발사한 사례는 집단의 결정이 잘못되었음을 보여주는 대표적인 사례이다. 이는 비판적 사고를 억제하여 집단사고의 오류를 범한 경우에 해당한다.

**오답풀이** ㄱ. 엔론의 CEO가 부정회계를 한 사례는 집단사고보다는 개인의 잘못된 행동이라고 보는 것이 옳다. 위에 제시된 근거로 볼 때 엔론사의 부정 회계는 회사 전체의 차원보다는 일부에 의해 이루어진 일일 것임을 알 수 있다.

## 02 ▶④

**정답풀이** ㄱ. 노벨상을 받은 주류 연구에 자원이 편성되어 비주류 연구가 쇠퇴한 사례는 성과 중심의 연구비 배분이 미친 부작용에 해당한다. 따라서 이는 ㉠ 주장을 약화한다.

ㄷ. 연구자들의 사기가 저하되는 것은 성과 위주의 자원 배분이 유발하는 부작용에 해당하므로 ㉠의 주장을 약화한다.

**오답풀이** ㄴ. 공공 자원을 연구 성과에 따라 배분하지 않으면 도덕적 해이가 발생할 가능성이 커진다는 것은 ㉠처럼 성과에 따라야 한다는 내용이므로 ㉠의 주장을 강화한다.

## 03 ▶①

**정답풀이** ㄱ. '칸트는 감정이나 직관뿐만 아니라 인간의 고귀한 특성인 이성을 사용하라고 강조했다.'라는 서술을 참고할 때 적절한 선지임을 알 수 있다.

ㄴ. 칸트는 보편화 가능성을 강조한 철학자이다. '이는 보편화 가능성을 기준으로 행동에 대한 이성적 판단을 내리는 것'이라는 서술을 참고할 때 문화나 사회에 따라 도덕적 판단이 달라진다면 ㉠을 약화하는 근거가 됨을 알 수 있다.

**오답풀이** ㄷ. "세상 모든 사람들이 나와 똑같이 행동하면 어떨지'를 생각하라고 권장'이라는 서술을 참고할 때, 인간이 도덕적 책임을 인식하고 행동하는 것은 ㉠을 강화하는 근거가 됨을 알 수 있으므로 적절하지 않다.

## 04 ▶④

**정답풀이** ㄱ. 로봇세 도입에 찬성하는 입장에서는 '나아가 로봇세는 기술 발전 속도를 늦추어 사회가 새로운 기술에 적응하는 데 필요한 시간을 확보하여 경제가 안정적으로 성장하게 한다'고 하였다. 즉, 로봇세 때문에 기업의 혁신은 저해가 되더라도 경제는 안정적일 것이라고 한 것이다. 하지만 ㄱ에서는 오히려 경제 성장에 부정적인 영향을 미친다고 했으므로 이는 로봇세 도입을 찬성하는 입장을 약화하는 근거가 될 수 있다.

ㄴ. 로봇세 찬성 입장에서는 '로봇세가 기업의 로봇 도입을 억제하여 인간의 일자리를 보호할 수 있다고 주장한다.'라고 하였다. 이는 로봇세 도입을 찬성하는 입장을 강화함을 알 수 있다.

ㄷ. '로봇을 통한 기술 발전은 경제 성장의 주요 원동력인데, 로봇세로 이를 방해하면 경제에 부정적인 영향을 미칠 수 있다'는 로봇세 도입을 반대하는 입장의 주장을 통해 이는 로봇세 도입을 반대하는 입장을 약화함을 알 수 있다.

## 05 ▶②

**정답풀이** ㄱ. 종이책이 시각적 피로를 줄여 내용 기억과 이해에 더 효과적이라는 연구 결과는 종이책이 시각적 피로를 줄이고 더 깊이 있는 학습을 가능하게 한다고 주장하는 ㉠에 부합하므로 ㉠을 강화한다.

ㄷ. 종이책이 감각을 자극하여 학습 내용을 더 잘 기억하게 한다는 연구 결과는 종이책이 물리적 감각 상호작용을 통해 학습 내용을 더 잘 기억하게 한다고 주장하는 ㉠에 부합하므로 ㉠을 강화한다.

**오답풀이** ㄴ. 전자책이 시신경에 강한 자극을 주어 시각적 피로를 심화한다는 연구 결과는 종이책이 시각적 피로를 줄여 더 깊이 있는 학습을 가능하게 한다고 주장하는 ㉠에 반하지도, 부합하지도 않는 내용이다. ㉠에서 전자책이 시신경에 강한 자극을 주어 시각적 피로를 심화한다는 내용이 언급되지도 않았기 때문이다. 따라서 이는 ㉠을 강화하지도, 약화하지도 못한다.

## 06 ▶③

**정답풀이** ㄱ. 재택근무를 하는 직원들이 업무의 자율성이 높아 스트레스를 상대적으로 덜 받는다는 연구 결과는 재택근무가 업무의 자율성과 유연성을 증가시켜 직원들의 스트레스 수준을 낮추는 데 기여한다고 주장하는 ㉠과 부합하므로 ㉠을 강화한다.

ㄴ. 재택근무가 정해진 근무시간이 없어 직원들의 시간 관리 능력을 퇴행시킨다는 연구 결과는 재택근무가 시간 관리 능력을 향상시키고 개인 생활과 업무의 균형을 맞출 수 있다고 돕는다고 주장하는 ㉠에 반하므로 ㉠을 약화한다.

**오답풀이** ㄷ. ㉠은 재택 근무자들이 사무실 근무자들에 비해 어떤 이점을 가지는지를 연구한다. 사무실 근무 환경과 직무 만족도와의 관계는 이 연구의 주제에 벗어난다. 따라서 사무실 근무 환경이 직무 만족도에 미치는 영향을 조사한 연구 결과는 ㉠을 강화하지도, 약화하지도 못한다.

## Part 05 순서 배열

### Chapter 14 순서 배열

**亦功 콤단문 독해 PIN POINT**

**한눈에 보기**

01 ④    02 ②

---

**기존 출제 유지 2024 버전**    p.162

**01 ▶④**

[정답풀이] '다음 문장'을 잘 분석해서 앞에 나올 내용을 예측하여 그 뒤에 '다음 문장'을 넣으면 되는 문제였다. '다음 문장'을 보면 '∼된 것이다'로 끝남을 알 수 있다. 이러한 문장의 형태는 보통 앞의 내용을 부연 설명할 때 쓰인다. 따라서 '다음 문장'의 내용과 같은 내용이 앞에 나올 것임을 예측할 수 있다. '다음 문장'에서는 이순신의 일기에 나라를 지켰으나 이름 한 줄 남기지 못한 이들의 이름이 기록되었다는 언급이 있다. 이와 관련된 내용은 (라) 앞에서 나오므로 답은 ④임을 알 수 있다.

[오답풀이] ①②③에는 '나라를 지켰으나 이름 한 줄 남기지 못한 이들의 이름'에 대한 언급이 없으므로 적절하지 않다.

---

**신유형 2025 버전**    p.163

**02 ▶②**

[정답풀이] 처음에는 북방에 사는 매에 대한 특성과 그 인기를 서술하고 있으므로 뒤에는 '북방의 매'에 대한 설명이 오는 것이 적절하다. (나)에는 '북방'과 '매'라는 단어가 바로 반복되므로 (나)가 맨 처음에 오는 것이 적절하다. (나)에서는 한반도와 일본의 교역에서 매가 중요한 물품이었으나 임진왜란으로 조선과 일본의 교류가 '단절'되었음을 서술하고 있다. (가)에서는 (나)에 언급된 '단절'이라는 단어가 바로 반복되므로 (나) 다음에는 (가)가 와야 한다. (가)에 있는 '대마도'라는 단어가 (다)에 반복되므로 (가) 다음에는 (다)가 와야 한다.

---

**亦功 순서 배열 기출 훈련**    p.164

**한눈에 보기**

| 01 ② | 02 ③ | 03 ② | 04 ④ | 05 ④ |
| 06 ⑤ | 07 ② | 08 ④ | 09 ② | 10 ④ |
| 11 ② | 12 ④ | | | |

**01 ▶②**

[정답풀이] 첫 부분을 보면 약물의 오남용되는 경우를 소개하고 있다. 선택지를 봤을 때, (나)와 (라)가 뒤에 올 수 있다. 이 경우에는 정의를 내리는 (나)가 와야 한다. 그 이후에 (다) 혹은 (라)가 올 수 있는데, (다)의 경우에는 오남용을 방지하는 해결방안, (라)는 오남용으로 인한 피해를 언급하고 있으므로 (나) 다음에는 피해를 언급하는 (라)가 와야 한다. (가)에 '더구나'는 '또한'이라는 접속 부사와 유사하므로 앞뒤에 같은 힘을 가진 정보가 와야 한다. (라)에 오남용으로 인한 피해가 언급되어 있으므로 같은 힘을 가진 오남용 피해를 다루는 (가)가 와야 한다. 그 이후에 해결방안인 (다)가 와야 한다.

**02 ▶③**

[정답풀이] 청소년 노동자를 바라보는 시각의 양극단에 대한 설명인데, 선지를 보았을 때 첫 문단은 (나)임을 알 수 있다. (나)는 '전자('경제적으로 어려운 아이들'이라는 시각)'의 문제점을 설명하고 있다. (다)의 '그러다 보니'라는 접속어가 있으므로 (나)의 뒤를 잘 연결해준다. (다)는 청소년들을 '경제적으로 어려운 아이들'이라고 보는 시각의 문제점을 부연하는 내용이 나온다. 그 이후, 후자('지나치게 돈을 좋아하는 아이들'이라는 시각)에 대한 설명을 (라)에서 하고 있으므로 (다) 뒤에 (라)가 와야 한다. (가)의 지시어 '이런 시각'은 '후자('지나치게 돈을 좋아하는 아이들'이라는 시각)'을 잘 받고 있는 지시어로, 후자의 시각을 부연하고 있으므로 (라) 뒤에 (가)가 와야 한다.

**03 ▶②**

[정답풀이] 기업이 빅데이터의 가치를 받아들이기 시작했다고 글을 연다. 이후에 이어질 내용으로 (나)는 '그러한 궁금증'에 선행하는 말이 없기에 적절하지 않으며 (다)는 '그런 노력'에 선행하는 말이 없기에 적절하지 않다. 따라서 (가)가 가장 처음에 오되, (가)에서 기업이 마케팅 조사를 해 왔으며 (다)에서 이러한 마케팅 조사에 대한 노력이 효과가 없었는데, (나)에서 그 해결 방안을 알게 되었다는 내용 전개가 적절하다.

## 04 ▶④

정답풀이 (가)에 아동 정신의학자 존 볼비가 등장하며 (나), (라)에는 볼비의 연구가 소개되어 있다. 따라서 (가) 뒤에 (나), (라)가 와야 한다. (가)의 '아동 정신의학자 존 볼비는 엄마와 아이 사이의 애착을 연구하면서 처음으로 이 현상에 관심을 갖게 되었다.'라는 서술을 볼 때, 애착의 정의를 소개한 (다)가 가장 앞에 오는 것이 적절함을 알 수 있다. (가)에는 '그가 처음 연구를 시작할 때만 해도 … 먹을 것을 얻기 위해서라는 생각이 지배적이었다.'라는 보편적 인식이 나온다. (라)의 '하지만 볼비는', '엄마와 아이의 유대에 뭔가 특별한 것이 있다는 의미'는 (가)의 보편적 인식과 반대되는 내용이므로 (가) 뒤에 (라)가 오는 것이 옳다. (나)는 볼비가 연구한 끝에 '엄마와의 애착관계가 불안정한 아이는 정서 발달과 행동발달에 큰 문제가 생길 수 있음을 알게 됐다.'는 결론이 나오므로, (다) － (가) － (라) － (나)의 순서가 가장 자연스럽다.

## 05 ▶④

정답풀이 (라)에 한국의 성별 격차가 크다는 문제가 제시되어 있으며 (가), (나), (다), (마)는 이러한 문제에 대한 설명이 나온다. 따라서 처음으로 문제를 제시한 (라)가 처음에 와야 한다. (가)에는 '여성이 출산과 함께 육아 부담을 떠안으면서 다니는 직장을 그만두는' 현상이, (나)에는 '경단녀 현상이 코로나19 사태를 거치면서 악화된 것'이라는 구체적 사례가 나오므로 (가) 뒤에 (나)가 오는 것이 옳다. 또한 (나)에 '경단녀 현상'이라는 용어가 처음 등장하며, (다)에는 경단녀가 구한 일자리는 고용 안정성이 떨어진다는 문제가 제시되었다. (마)의 '현실이 이러니'는 (다)의 내용을 재진술하는 표현이므로 (라) － (가) － (나) － (다) － (마)의 순서가 가장 자연스럽다.

## 06 ▶⑤

정답풀이 글의 첫부분에 '구성원 간의 의사소통'이 중요함을 드러냈으므로 이와 이어지는 (라)가 처음에 와야 한다. (가)의 '언어는 … 사회적 특성이 드러난다.'라는 서술은 (라)의 '인간은 언어를 사용하여 사회적인 관계를 형성'한다는 서술과 이어지므로 (라) 뒤에 (가)가 와야 한다. (가)의 '한국어라고 해서 모두 똑같은 것이 아니다.'라는 서술의 예시로 (나)에 지역별로 같은 팽이라도 그 형태가 다름이 구체적으로 제시되어 있다. 또한 (마)는 '지역이 같더라도 … 같은 뜻을 지닌 언어가 형태를 달리하는 예도 있다.'라는 추가적 내용을 설명하고 있으므로 (나) 뒤에 (마)가 와야 한다. (다)는 (마)의 공동체 의식을 재진술함으로써 '같은 사회에 속한 사람들은 같은 말을 사용함으로써 공동체 의식을 강화하는 효과를 얻는다.'라고 서술하였으므로 (라) － (가) － (나) － (마) － (다)의 순서가 가장 자연스럽다.

## 07 ▶②

정답풀이 마지막 문장은 '재물을 씀으로써 얻는 아름다운 이름'을 칭송하고 있으므로 재물을 베푸는 일의 중요성을 강조한 글임을 알 수 있다. (가)는 혼자 재물을 쓰는 것과 남에게 재물을 베푸는 것의 차이를 언급하고 있으므로 처음에 오는 것이 적절하다. (다)에는 (가)에서 언급한 두 가지 행동의 구체적 결과를 설명하고 있으므로 (가) 뒤에 (다)가 이어져야 한다. (나)는 '남에게 베푸는 것만 한 것이 없을 테니, 이는 어째서인가?'라는 물음을 던지고 있으며, (라)는 이에 대한 답이므로 (가) － (다) － (나) － (라)의 순서가 가장 자연스럽다.

## 08 ▶④

정답풀이 먼저 선택지를 보면 (가), (나)가 앞에 옴을 알 수 있다. (가)는 미래에 앞으로 나아가야 할 길을, (나)는 과거에 대해 서술하고 있으므로 (나)가 먼저 올 확률이 더 크다. (나) 끝에 나오는 '아픔'이 (라)로 이어질 수 있다. (라)에서 '그 아픔'에 대한 이야기가 연결되고 있기 때문이다. 여기까지만 봐도 (나)-(라)이므로 답은 ④이다. 다음은 확인만 간단하게 하면 된다. (라)에서는 새로운 희망의 시대가 열린다고 하며 (가)에서는 구체적으로 어떠한 희망의 시대가 열리는지, 희망의 조건인 지정학적 조건에 대해 자세히 설명하고 있다. 따라서 순서는 (나) － (라) － (다) － (가)의 순서가 가장 자연스럽다.

## 09 ▶②

정답풀이 〈보기 1〉의 '왜냐하면'이라는 접속사로 미루어 보아 〈보기 1〉은 앞의 서술에 대한 근거를 제시하는 표현임을 짐작할 수 있다. ⓒ 앞의 '역사학을 포함한 학문의 세계에서 통합이란 말은 성립되기 어렵다.'는 표현은 〈보기 1〉의 '모든 다른 견해를 하나로 귀결시키는 일은 일어나지 않기 때문이다.'와 유사하므로 ⓒ에 삽입하는 것이 가장 자연스럽다.

## 10 ▶④

정답풀이 주어진 문단은 공감을 표현하는 방법 및 고려할 점을 설명하였다. (라) 앞에는 공감의 어려움이 서술되어 있고, 뒤에는 공감을 표현할 때 유의할 사항이 이어지고 있으므로 (라)가 가장 적절하다.

오답풀이 ① (가) 뒤에 공감의 정의가 처음으로 소개되므로 적절하지 않다.
② (나) 뒤에 공감의 장점이 소개되어 있으므로 주어진 문단이 들어가기에 부자연스럽다.
③ (다) 앞과 뒤에는 공감의 어려움이 제시되었으므로 주어진 문단이 들어가기에 부자연스럽다.

## 11 ▶②

정답풀이 (가) 앞에 인간의 뇌는 생존에 유리하도록 선호하거나 혐오하는 반응을 보이도록 진화했다는 이야기가 나온다. 또한 2문단에는 '하지만 일단 맛을 본 사람은 케이크 자체만이 아니라 케이크의 냄새, 색, 촉감 등도 무의식적으로 선호하게 된다.'라는 서술이 나오므로 동물이 학습을 통해 선호를 판단할 수 있게 된다는 이야기가 이어져야 한다. 따라서 ㄱ이 오는 것이 가장 자연스럽다.

(나) 앞에 초콜릿을 먹은 후에는 '초콜릿을 떠올릴 수 있는 신호만으로도 강한 반응을 이끌어 낼 수 있다.'라는 이야기가 나온다. ㄷ의 '이렇듯'은 앞의 문단을 지시하는 접속사이므로 학습 능력에 따라 기호를 형성한다는 ㄷ이 이어지는 것이 적절하다.

(다) 앞의 3문단에는 '한 기능적 영역에서 좋은 것이 다른 영역에서는 전혀 도움이 되지 않고 오히려 해로울 수 있다는 사실'이 서술되어 있으며, (다) 뒤의 4문단에는 '우리는 의사 결정을 의식적으로 한다고 생각하지만 실제로는 선택지에 대한 계산의 상당 부분이 무의식적으로 빠르게 일어나기 때문에'라는 선택 상황과 관련된 서술이 이어지고 있다. 따라서 뇌의 행위 선택과 관련된 내용을 제시한 ㄴ이 들어가는 것이 가장 적절하다.

## 12 ▶④

정답풀이 〈보기〉를 보면 '여기서'라는 지시어가 있다. '여기서 참된 실체'가 중요한 단서가 되니 앞에서는 참된 실체와 관련된 내용이 나와야 한다. 또한 〈보기〉에는 '이데아계, 경험계'라는 용어가 나오므로 앞에 먼저 이 단어가 나와야 한다.

㉠은 맨 앞이니 정답이 될 수 없다. '여기서 참된 실체'에 관한 앞부분이 없기 때문이다.

㉡ 뒤에 '이데아계, 경험계'가 있으므로 ㉡, ㉢은 답이 될 수 없다.

㉣ 앞에서 처음으로 '이데아계, 경험계'를 설명하므로 ㉣에 〈보기〉가 오면 알맞다.

㉤은 최근의 경향에 대한 설명이 와야 하므로 〈보기〉가 올 수 없다.

亦功 순서 배열 **문제 훈련**  p.170

### 한눈에 보기
01 ③   02 ③   03 ①   04 ②

## 01 ▶③

정답풀이 제시문은 19세기에 회화의 모방 기능을 뛰어넘는 사진이 등장했다는 문장으로 시작한다. 선지는 ㄱ 또는 ㅁ으로 시작하는데, ㄱ으로 시작하는 ①, ② 모두 ㄱ 뒤에 ㅁ이 놓였다. 그러나 ㅁ에서 '모델이나 풍경을 직접 보는 대신 사진을 사용하여 그림을 그리는' 것은 역시 현실의 모습을 모방하는 것이므로 ㄱ의 내용과 이어지지 않는다. ㅁ으로 시작할 경우, 사진을 모방한 회화의 한계를 언급하는 ㄴ이 뒤에 이어지는 것이 자연스럽다. 이후에는 위기를 맞이한 회화가 새로운 길을 모색하게 되었다는 내용의 ㄱ이 오는데, 만약 ㄹ이 먼저 오게 될 경우, ㄱ에서 모색했던 '새로운 길'이 무엇인지 밝히지 않은 채 이를 '새로운 회화의 장이 열린 것'이라고 평가하는 것은 자연스럽지 않다. ㄷ이 ㄹ보다 먼저 올 경우, ㄷ의 '그 결과'는 이 '새로운 길을 모색하게 된 결과'를 지칭할 수 있다. 이후 추상 회화 등장의 의의를 말하고 있는 ㄹ이 오는 것이 글의 흐름으로 자연스럽다.

## 02 ▶③

정답풀이 적도에서 각각 북회귀선과 남회귀선까지 직각으로 비추는 지역이 생긴다고 하였고, 이에 따라 계절이 바뀐다고 하였다. 먼저 북반구에 태양이 직각으로 비추는 (마), 남반구에 태양이 비추는 (가), 이 둘의 상황을 종합해 설명하는 (라), 이후 태양이 1년 내내 내리쬐는 상황을 서술하는 (다), 이곳의 기후를 설명하는 (나)를 배치한다.

## 03 ▶①

정답풀이 해당 지문의 (라)는 불쾌한 골짜기에 대한 키워드를 제시함으로써 지문을 전체의 내용을 전개하고 있는바, 가장 앞에 위치함이 적절하다. 이때 (라)의 마지막 문장은 어떠한 호감도도 유발하지 못하는 산업용 로봇에 대한 설명으로 마무리가 되었다. 이후 (가)의 내용에서 호감도가 발생하는 장난감 로봇과 봉제 인형의 예를 들며 대상이 인간과 비슷해질 때 일정 수준의 호감도가 발생한다는 것을 언급하고, (다)에서 불쾌한 골짜기에 해당하는 '좀비'의 예를 들었다. 이후 (나)에서 모리의 주장의 한계를 지적하며 글을 마무리하고 있다. 이에 글의 전개 순서는 (라) - (가) - (다) - (나)가 적절하다.

## 04 ▶②

정답풀이 지시어에 주목하면 쉽게 풀 수 있는 문제이다. 주어진 문장에서는 '이 연구'라는 말로 앞에 나왔던 연구를 재진술하고 있음을 알 수 있다. ㉡ 앞에는 「한국의 아파트 연구」라는 구체적인 연구명이 나온다. 또한 ㉡ 뒤에는 '이러한 무의식'이라는 표현이 이어지고 있는데, '이러한 무의식'이 지칭하는 대상이 필요함을 알 수 있다. 이런 점을 종합해 볼 때 주어진 문장은 ㉡에 오는 것이 가장 적절하다.

## Chapter 15 어휘 - 문맥적 의미 추론

### 亦功 콤단문 독해 PIN POINT

**한눈에 보기**

01 ④    02 ①

#### 신유형 2025 버전  p.175

**01 ▶④**

정답풀이 1문단의 끝 문장 "이에 따라 방각본 출판에서는 규모가 큰 작품을 기피하였으며, 일단 선택된 작품에도 종종 축약적 윤색이 가해지고는 하였다."와 2문단의 첫 문장인 "일종의 도서대여업인 세책업은 가능한 여러 종류의 작품을 가지고 있는 편이 유리하고, 한 작품의 규모가 큰 것도 환영할 만한 일이었다."을 통해 ④가 적절함을 알 수 있다.

오답풀이 ① 객체 혼동의 오류이다. 분량이 많은 작품은 책값이 비쌌기 때문에 '세책가'가 아니라 '방각본 출판업자'가 취급하지 않았다.
② 반대의 오류이자, 비교 혼동의 오류이다. 세책업자는 구비할 책을 선정할 때 분량이 많은 작품을 우선하였으므로 이는 적절하지 않다. 또한 시장성이 좋은 작품과 분량이 적은 작품을 비교한 적도 없다.
③ 방각본 출판업자들은 분량이 많은 경우에는 책값이 비싸지기 때문에 자연스럽게 분량이 적은 작품을 선호하였으므로 이 선지는 적절하지 않다.

**02 ▶①**

정답풀이 'ⓐ 올라가'는 '값이나 통계 수치, 온도, 물가가 높아지거나 커지다.'를 의미하므로 ⓐ의 의미와 가장 가까운 것은 '습도가 올라가는'이다.

오답풀이 ② '올라갔다'는 '죽다'를 비유적으로 이르는 말이다.
③ '올라가게'는 '지방 부서에서 중앙 부서로, 또는 하급 기관에서 상급 기관으로 자리를 옮기다.'를 의미한다.
④ '올라갔다'는 '지방에서 중앙으로 가다.'를 의미한다.

### 亦功 어휘 - 문맥적 의미 추론 기출 훈련  p.176

**한눈에 보기**

| 01 ④ | 02 ② | 03 ③ | 04 ④ | 05 ② |
|------|------|------|------|------|
| 06 ④ | 07 ① | 08 ④ | 09 ④ |      |

**01 ▶④**

정답풀이 ④의 '알았다'는 '어떠한 사실에 대하여 그러하다고 믿거나 생각하다.'를 의미하므로 ②의 예로 적절하지 않다.

**02 ▶②**

정답풀이 제시문의 '듣다'는 '다른 사람의 말을 받아들여 그렇게 하다'를 의미한다. 이와 같은 문맥적 의미를 같은 것은 '학교에 가면 선생님 말씀을 잘 들어라'이다.

오답풀이 ① '듣는다'는 '주로 약 따위가 효험을 나타내다.'를 의미한다.
③ '들을'은 '수업이나 강의 따위에 참여하여 어떤 내용을 배우다.'를 의미한다.
④ '듣지'는 '기계, 장치 따위가 정상적으로 움직이다.'를 의미한다.

**03 ▶③**

정답풀이 다의어는 '두 가지 이상의 뜻을 가진 단어'로, 한 어휘가 지니는 의미에서 중심이 되는 기본 의미와, 기본 의미에서 파생되어 나온 주변 의미로 구성되어 있다. 이는 소리는 같으나 뜻은 다른 단어를 가리키는 '동음이의어'와 다르다.
'입술이 바짝바짝 타다'의 '타다'는 '물기가 없어 바싹 마르다'라는 주변적 의미이고, '장작불이 활활 타고 있다'의 '타다'는 '불씨나 높은 열로 불이 붙어 번지거나 불꽃이 일어나다'라는 중심적 의미이다. 따라서 다의어 관계이다.

오답풀이 ① '강판에 갈아'의 '갈다'는 '잘게 부수기 위하여 단단한 물건에 대고 문지르거나 단단한 물건 사이에 넣어 으깨다.'라는 의미인 반면, '새것으로 갈아 끼웠다.'의 '갈다'는 '이미 있는 사물을 다른 것으로 바꾼다'라는 의미이다. 따라서 동음이의어 관계이다.
② '안개에 가려서'의 '가리어서'는 '보이거나 통하지 못하도록 막음'을 의미하는 '가리다'에 피동 접미사가 결합한 형태이고, '음식을 가리지 말고'의 '가리다'는 '음식을 골라서 먹다'라는 뜻이므로 동음이의어 관계이다.

④ '이 경기에서 지면'의 '지다'는 '내기나 시합, 싸움 따위에서 재주나 힘을 겨루어 상대에게 꺾이다'라는 의미인 반면, '모닥불이 지면'의 '지다'는 '불이 타 버려 사위어 없어지거나 빛이 희미하여지다'라는 뜻이다. 따라서 동음이의어 관계이다.

## 04 ▶④

**정답풀이** '인내심을 기르다'의 '기르다'는 '육체나 정신을 단련하여 더 강하게 만들다'라는 의미로 사용되었다. 이와 유사한 의미로 쓰인 것은 '나는 체력을 기르기 위해'이다.

**오답풀이** ① '아이를 잘 기른다'에서 '기르다'는 '아이를 보살펴 키우다'라는 의미로 사용되었다.
② '그는 취미로 화초를 기르고 있다'의 '기르다'는 '동식물을 보살펴 자라게 하다'라는 의미로 사용되었다.
③ '병을 기르면 치료하기 점점 어렵다'의 '기르다'는 '병을 제때에 치료하지 않고 증세가 나빠지도록 내버려 두다'라는 의미로 사용되었다.

## 05 ②

**정답풀이** '손해를 보다'의 '보다'는 「16」 어떤 일을 당하거나 겪거나 얻어 가지다.'를 의미한다.

**오답풀이** 나머지 선지의 '보다'는 '평가하다'는 의미를 가진다.

## 06 ▶④

**정답풀이** '경찰을 풀어서'의 '풀다'는 '사람을 동원하다'를 의미하므로 ㉣의 예시로 적절하지 않다.

**오답풀이** ① '나는 형이 낸 수수께끼를 풀다가 결국 포기하고 말았다.'는 문제를 해결하는 것이므로 ㉠의 예시로 적절하다.
② '선생님은 난해한 말을 알아들을 수 있게 풀어 설명하셨다.'는 '알기 쉽게 바꾸다'의 의미이므로 ㉡의 예시로 적절하다.
③ '아버지도 그만 얼굴을 푸세요.'는 '표정 따위를 부드럽게 하다'의 의미이므로 ㉢의 예시로 적절하다.

## 07 ▶①

**정답풀이** 발문 문장의 '터'는 '터2「2」 (어미 '-은', '-는', '-던' 뒤에 쓰여) '처지'나 '형편'의 뜻을 나타내는 말'이다. 하지만 '첫 출근 날이라 힘들었을 터이니'의 '터'는 '추측'을 나타내는 말이므로 다르다.

**오답풀이** 나머지는 마찬가지로 '처지'와 '형편'의 뜻을 지니고 있다.

## 08 ▶④

**정답풀이** (ㄱ, ㄹ)의 '길2': 「3」 어떤 일에 익숙하게 된 솜씨
• ㄱ : 농촌 생활에 익숙해진 솜씨가 있게 되었다.

• ㄹ : 서랍의 움직임이 익숙해지지 않아 열리지 않는다.
(ㄴ, ㄷ)의 '길1' : 사람이나 동물 또는 자동차 따위가 지나갈 수 있게 땅 위에 낸 일정한 너비의 공간
• ㄴ : 땅 위에 낸 길을 뚫고 고향에 돌아간다.
• ㄷ : 땅 위에 낸 길이 많이 막히다.
• ㅁ : '길이의 단위'인 단위 의존 명사(참고로 사람의 키 정도의 길이)

## 09 ▶④

**정답풀이** 〈보기〉의 '품'은 '행동이나 말씨에서 드러나는 태도나 됨됨이'를 의미하는 의존 명사이다. ④와 의미가 같다.

**오답풀이** ①과 ②는 한 단어로서 다의 관계이다.
① 품 : '두 팔을 벌려서 안을 때의 가슴'을 의미하는 명사
② 품 : '윗옷의 겨드랑이 밑의 가슴과 등을 두르는 부분의 넓이'를 의미하는 명사
③과 ⑤는 한 단어로서 다의 관계이다.
③, ⑤ 품 : '삯을 받고 하는 일'을 의미하는 명사
☞ [관용구] 품(을) 갚다 : 남에게 받은 품을 돌려주기 위하여 상대에게 품을 제공하다.
참고로 ①과 ② / ③과 ⑤은 동음이의어이다.

---

### 亦功 어휘 – 문맥적 의미 추론 **문제 훈련** p.178

**한눈에 보기**

| 01 ① | 02 ④ | 03 ③ | 04 ① | 05 ④ |
|------|------|------|------|------|
| 06 ② | 07 ③ | 08 ④ | | |

## 01 ▶①

**정답풀이** 본문은 지방 청년이 수도권에 다양한 이유로 유출된다고 서술한 이후 교육을 위한 1차 유출, 취업을 위한 2차 유출이 있음을 이야기하고 있다. 하지만 지방 청년들이 수도권으로 이동하는 주된 이유가 무엇인지 이야기하지는 않았으므로 본문의 정보만으로 추론할 수 없는 선지이다.

**오답풀이** ② '우리나라의 수도권 청년층 밀집 현상은 전 세계적으로도 매우 높은 수준'이라는 서술로 보아 적절하다.
③ '대도시권으로의 청년층 인구이동은 우리나라뿐 아니라 외국에서도 큰 문제가 되고 있다.'라는 서술로 보아 적절하다.
④ '지방 청년들이 생각할 때 수도권은 세련된 도시문화와 일자리를 갖춘 곳이자 양질의 문화생활까지 즐길 수 있는 공간이다.'라는 서술로 보아 적절하다.

**02 ▶④**

정답풀이 '㉠ 떠나는'은 '다른 곳이나 사람에게 옮겨 가려고 있던 곳이나 사람들한테서 벗어나다.'를 의미한다. 여기에서 '고향을 떠났다.'가 이에 해당한다.

오답풀이 ① 어떤 일이나 사람들과 관계를 끊거나 관련이 없는 상태가 되다.
② 어떤 일을 하러 나서다.
③ 길을 나서다.

**03 ▶③**

정답풀이 제시문에서 '니체가 제시하는 도덕의 최종 목적은 도덕의 주체를 주인적 개인으로 육성하는 데에 있다'고 하였다. 또, 니체는 양심이란 '외적 강제 없이 자신이 설정한 법칙에 따라 약속을 하고, 그 약속에 책임을 지는 것'이라고 하였다. 즉, '법이나 타인의 명령'과 같은 외적 강제가 없어도 자신이 설정한 법칙에 따라 약속을 하고, 그 약속에 책임을 질 수 있는 성향을 바람직한 인간에게 요구되는 성향으로 볼 것이다.

오답풀이 ① 제시문에서는 타인의 욕구나 사람들 사이의 갈등을 대하는 태도에 대해서는 언급하지 않았다. '주인적 개인'은 자신의 욕구를 제어하고, 그것을 조정할 수 있어야 한다.
② '무리의 평균적 가치'를 따르는 것은 '노예적 개인'의 성향이다.
④ 니체에 의하면 '주인적 개인'은 '강한 의지로 자기 내면의 욕구를 제어하고 욕구들 사이의 갈등을 조정할 수 있'어야 한다.

**04 ▶①**

정답풀이 '㉠ 따르며'는 '관례, 유행이나 명령, 의견 따위를 그대로 실행하다.'를 의미한다. 여기에서 '여론에 따르다.'가 이에 해당한다.

오답풀이 ② 앞선 것을 좇아 같은 수준에 이르다.
③ ((주로 '따라(서)' 꼴로 쓰여)) 남이 하는 대로 같이 하다.
④ 다른 사람이나 동물의 뒤에서, 그가 가는 대로 같이 가다.

**05 ▶④**

정답풀이 유전자 치료가 모든 유전 질환에 대해 보편적으로 적용 가능하다는 연구 결과는 유전자 치료가 모든 유전 질환을 완전히 치료할 수 있을지, 아니면 일부 질환에만 유리하게 작용할지 아직 미지의 영역이라고 주장하는 필자의 주장을 약화한다.

오답풀이 ① CRISPR-Cas9 기술을 이용한 유전자 치료가 유전 질환의 진행을 효과적으로 막았다는 연구 결과는 유전자 치료가 특정 유전 질환을 가진 환자들에게 근본적인 해결책을 제공할 수 있다고 주장하는 생명공학자들의 주장을 강화할 수 있다.
② 유전자 치료가 임상 시험 단계에서 예측하지 못한 부작용을 유발했다는 연구 결과는 유전자 치료가 예기치 않은 부작용을 초래할 수 있다고 주장하는 의료인들의 주장을 강화할 수 있다.

③ 유전자 치료의 정밀성과 안전성이 임상 시험 단계에서 충분히 검증될 수 있다는 연구 결과는 의료인들의 우려에 대해 유전자 치료가 점점 더 정밀해지고 있으며, 철저한 임상 시험을 통해 안전성과 효능을 입증할 수 있다고 반박하는 생명공학자들의 주장에 부합하므로 의료인들의 주장을 약화할 수 있다.

**06 ▶②**

정답풀이 '㉠ 떠오르고'는 '관심의 대상이 되어 나타나다.'를 의미한다. 여기에서 '신출귀몰한 탈주범에 대한 이야기가 장안의 화젯거리로 떠오르고 있다.'가 이에 해당된다.

오답풀이 ① 얼굴에 어떠한 표정이 나타나다.
③, ④ 기억이 되살아나거나 잘 구상되지 않던 생각이 나다.

**07 ▶③**

정답풀이 제시된 사례는 스피노자의 견해를 강화하는 사례이다. 스피노자는 '인간이 자연의 일부로서 자연 법칙에 의해 결정된다'고 보았던 철학자이다. 극한의 기후 조건이나 자연재해는 자연 환경으로 인해 인간의 결정이 제한될 수 있음을 보여주는 사례이므로 스피노자의 결정론적 세계관을 뒷받침한다.

오답풀이 ① 사르트르는 인간이 자유의지에 따라 스스로의 삶을 형성해 나갈 수 있다고 하였다. 사회의 제약을 극복하고 혁명을 이끈 사례는 인간이 자신을 억압하는 구조에 순응하지 않고 변화를 만들어낸 것으로 볼 수 있으므로 사르트르의 자유의지를 뒷받침하는 주장이 될 수 있다.
② 극심한 빈곤이나 열악한 교육환경은 사르트르가 이야기한 '인간이 자신의 행동과 이에 따른 책임을 완전히 자유롭게 선택할 수 있다'는 주장에 반하는 사례라고 볼 수 있다. 따라서 이는 사르트르의 견해를 약화하고 스피노자의 결정론을 강화하는 사례가 될 수 있다.
④ 스피노자는 인간의 행위와 결정이 더 깊은 원인에 의해 결정되어 있다고 주장하였다. 사회적 계층, 경제적 상황, 문화적 규범은 인간의 행동을 제약하는 외부적 요인에 해당하므로 스피노자의 결정론적 세계관을 강화하는 근거가 될 수 있다.

**08 ▶④**

정답풀이 '㉠ 보았으며'는 '[⋯을 ⋯으로, ⋯을 -게, ⋯을 -고, ⋯으로, -고('⋯으로'나 '-게' 대신에 평가를 뜻하는 다른 부사어가 쓰이기도 한다)] 대상을 평가하다.'를 의미한다. 여기에서 '날씨가 좋을 것으로 보고 우산을 놓고 나왔다.'가 이에 해당된다.

오답풀이 ① (주로 '보고' 꼴로 쓰여) 무엇을 바라거나 의지하다.
② 남의 결점이나 약점 따위를 발견하다.
③ 어떤 일을 당하거나 겪거나 얻어 가지다.

정답 및 해설

## Chapter 16 어휘 - 바꿔 쓸 수 있는 유사한 표현

### 亦功 콤단문 독해 PIN POINT

**한눈에 보기**

01 ②

#### 기존 출제 유지 2024 버전 p.183

**01 ▶②**

**정답풀이** '무진장(無盡藏: 無 없을 무 盡 다할 진 藏 감출 장)하다'는 '다함이 없이 굉장히 많다.'를 의미하므로 적절하지 않다.

**오답풀이** 나머지는 밑줄 친 부분과 바꾸어 쓰기에 적절하다.
① 배회(徘徊: 徘 어정거릴 배 徊 머뭇거릴 회): 목적 없이 이리저리 돌아다님.
③ 경청(傾聽: 傾 기울 경 聽 들을 청): 귀를 기울여 들음.
④ 명기(明記: 明 밝을 명 記 기록할 기): 똑똑히 밝히어 적음. 분명히 기록함.

### 亦功 어휘 - 바꿔 쓸 수 있는 유사한 표현 기출 훈련 p.184

**한눈에 보기**

01 ④      02 ④

**01 ▶④**

**정답풀이** '발현(發現: 發 필 발 現 나타날 현)'은 '숨겨져 있던 것이 드러남. 또는 그리 되게 함'을 의미하므로 '헤아려 보는'으로 풀어 쓰는 것은 적절하지 않다.

**오답풀이** ① 수시(隨時: 隨 따를 수 時 때 시): 아무 때나 늘
② 과언(過言: 過 지날 과 言 말씀 언): 지나친 말
③ 편재(偏在: 偏 치우칠 편 在 있을 재)하다: 한곳에 치우쳐 있다.

**02 ▶④**

**정답풀이** '부유하다'는 물 위나 물속, 또는 공기 중에서 떠다닌다는 뜻이다. '헤엄치다'는 물속에서 나아가기 위하여 팔다리나 지느러미를 움직인다는 뜻으로 유사하다 할 수 없다.

**오답풀이** ① '맹종하다'는 옳고 그름을 가리지 않고 남이 시키는 대로 덮어놓고 따른다는 뜻으로 '무분별하게 따르는'과 유사하다.
② '탈피하다'는 일정한 상태나 처지에서 완전히 벗어난다는 뜻으로 '벗어나'와 유사하다.
③ '제고하다'는 쳐들어 높인다는 뜻으로 '끌어올리기'와 유사하다.

### 亦功 어휘 - 바꿔 쓸 수 있는 유사한 표현 문제 훈련 p.185

**한눈에 보기**

| 01 ③ | 02 ③ | 03 ④ | 04 ③ | 05 ② |
| 06 ③ | 07 ③ | 08 ④ | | |

**01 ▶③**

**정답풀이** '고용 불안정성이 높아질수록 현대인들은 사무실에 마지막까지 남고 즉각 연락에 답하는 등의 방법으로 자신의 능력과 회사에 대한 충성도를 증명해야 한다는 압박에 시달린다'라는 본문의 내용은 현대인들이 자신의 능력과 회사에 대한 충성도를 증명하려는 경향이 고용 불안정성과 연관이 있음을 시사한다.

**오답풀이** ① 스마트폰과 통신 기술이 발달한 것은 일과 삶의 분리가 불가능하게 만들었다'고 언급하고 있으므로 스마트폰과 통신 기술의 발달로 일과 삶의 분리가 과거보다 더 쉬워지지 않았음을 알 수 있다.
② '특히 밀레니얼 세대에게 더 오래 일하도록 강요하는 존재는 자기 자신이다.'라는 서술로 보아 밀레니얼 세대가 스스로에게 더 오래 일하도록 강요하고 있으며, 이는 업무와 삶의 균형을 유지하는 데 부정적 영향을 주는 요인임을 추론할 수 있다. 따라서 밀레니얼 세대가 과거 세대보다 업무와 삶의 균형을 유지하는 데 뛰어날 것이라고 보기는 어렵다.
④ 본문은 '고용 불안정성이 높아질수록 현대인들은 사무실에 마지막까지 남고 즉각 연락에 답하는 등의 방법으로 ~ 압박에 시달린다.'를 통해 밀레니얼 세대는 다음 날 출근 후가 아니라 즉각적으로 답변을 할 것임을 알 수 있다.

**02 ▶③**

**정답풀이** '제작(製作: 製 지을 제 作 지을 작)하다'는 '재료를 가지고 기능과 내용을 가진 새로운 물건이나 예술 작품을 만들다.'를 의미한다. 하지만 이 문맥에는 어울리지 않으므로 ⓒ에는 '자연물에 인력을 가하여 재화를 만들어 내거나 증가시키다.'를 의미하는 '생산(生産: 生 날 생 産 낳을 산)하다'가 와야 한다.

**오답풀이** ① ㉠ '해방(解放: 解 풀 해 放 놓을 방)되다'는 '구속이나 억압, 부담 따위에서 벗어나다.'를 의미하므로 '벗어나다'로 바꿔쓸 수 있음을 알 수 있다.

② ⓛ '증명(證明 : 證 증거 증 明 밝을 명)하다'는 '증거로써 사물을 밝혀 확실하게 하다'를 의미하므로 '보이다'로 바꿔쓸 수 있음을 알 수 있다.

④ ㉣ '정의(定義 : 定 정할 정 義 옳을 의)하다'는 '어떤 말이나 사물의 뜻을 명백히 밝혀 규정하다.'를 의미하므로 '밝히다'로 바꿔쓸 수 있음을 알 수 있다.

## 03 ▶④

**정답풀이** 로렌츠는 과거에 수행했던 계산을 검토하면서 '초깃값이 약간 다르면 결과도 약간 다를 것'이라고 예상하고 초깃값을 반올림하여 입력하였다.

**오답풀이** ① 로렌츠는 '초깃값이 약간 다르면 결과도 약간 다를 것'이라고 예상하였으나, 이와 달리 그의 방정식이 '작은 오차를 갖는 초깃값에 매우 예민하게 반응'하는 것을 발견하였다.

② 로렌츠는 1960년대의 기상학자이며, 1,000분의 1 정도의 오차는 '당시의 컴퓨터 기술과 사고방식으로는 합리적인 수준'이었다고 하였다.

③ 로렌츠가 만든 방정식은 '작은 오차를 갖는 초깃값에 매우 예민하게 반응'하는 것이었으며, 그는 이를 통해 '출력이 입력과 선형적 관계를 갖지 않는 계의 혼돈에서는 작은 변화가 큰 차이를 불러올 수 있다는 것을 발견'하였다. 즉, 그가 고안한 모형 방정식은 출력이 입력과 선형적 관계를 갖지 않는 것이었다.

## 04 ▶③

**정답풀이** ㉢ '발견(發見 : 發 필 발 見 볼 견)하다'는 '이제까지 찾아내지 못했거나 세상에 알려지지 않은 것을 처음 찾아내다'를 의미하므로 '만들어냈다'로 바꾸는 것은 옳지 않다.

**오답풀이** ① ㉠ '구성(構成 : 構 얽을 구 成 이룰 성)되다'는 '몇 가지 부분이나 요소들이 모여 일정한 전체가 짜여 이루어지다.'를 의미하므로 '짜이다'로 바꾸는 것은 적절하다.

② ⓛ '검토(檢討 : 檢 검사할 검 討 칠 토)하다'는 '사실이나 내용을 분석해 따지다'를 의미하므로 '따지다'로 바꾸는 것은 적절하다.

④ ㉣ '탄생(誕生 : 誕 낳을 탄 生 날 생)시키다.'는 '조직·제도·사업체 따위가 새로 생기게 하다'를 의미하므로 '만들어내다'로 바꾸는 것은 적절하다.

## 05 ▶②

**정답풀이** 철학적 이상론은 플라톤의 견해를 뒷받침하는 근거가 될 수 있으므로 플라톤의 견해를 강화하는 사례이다. 이상적인 형태나 완벽함을 추구하는 철학적 이상론은 물리적 현실 세계에서는 완전히 실현될 수 없는 높은 도덕적, 미학적 이상향, 즉 이데아계에 대한 추구를 보여주는 것이라고 할 수 있다.

**오답풀이** ① 수학에서 추상적인 개념들이 물리적인 현실보다 더 정확하고 일관된 결과를 제공한다는 사실은 완벽하고 변하지 않는 형상들

이 실제 현실보다 더 정확한 지식의 근원이 될 수 있음을 시사한다. 따라서 플라톤의 이상주의를 강화하는 근거로 볼 수 있다.

③ 아리스토텔레스는 감각적 경험을 통해 얻은 지식이 실질적 가치를 지닐 수 있다고 주장하였다. 구체적 현실에 기반한 기술적 발명과 응용과학의 성공이 실제 문제 해결에 기여한 사례는 구체적인 사물들에 대한 탐구가 새로운 지식을 만들어낼 수 있음을 보여준 것이므로 아리스토텔레스의 견해를 강화한다.

④ 아리스토텔레스는 감각을 통해 경험된 구체적인 사물들로부터 진정한 지식을 얻을 수 있다고 보았으나, 인간의 지각과 기억의 오류는 이러한 감각이 잘못될 수 있음을 시사한다. 따라서 아리스토텔레스의 견해를 약화하는 근거가 될 수 있다.

## 06 ▶③

**정답풀이** '㉢ 입수(入手 : 入 들 입 手 손 수)되다'는 '손에 넣어지다.'를 의미하므로 '지식'이라는 말과 호응이 될 수 없다. 따라서 '㉢ 얻어질'은 '획득하다'로 고치는 것이 더 옳다.

**오답풀이** ① '㉠ 추상적(抽象的 : 抽 뽑을 추 象 코끼리 상 的 과녁 적)'은 '직접 지각하거나 경험할 수 없는'을 의미하므로 바꿔쓸 수 있는 유사한 표현으로 적절하다.

② 'ⓛ 모방(模倣 : 模 법 모 倣 본뜰 방)하다'는 '본뜨거나 본받다'를 의미하므로 바꿔쓸 수 있는 유사한 표현으로 적절하다.

④ '㉣ 내포(內包 : 內 안 내 包 쌀 포)하다'는 '어떤 성질이나 뜻을 속에 품다'를 의미하므로 바꿔 쓸 수 있는 유사한 표현으로 적절하다.

## 07 ▶③

**정답풀이** 사형제 찬성론자들은 '죽음에 대한 공포는 가석방 없는 종신형보다 더 강력한 억제력을 가진다고 주장'하였다. 만약 사형이 아닌 처벌 방법이 범죄를 억제할 수 있다면 이는 반대론자의 주장을 강화하는 근거가 될 수 있다.

**오답풀이** ① 찬성론자의 주장에 대한 설명에서 '사형으로 규정된 범죄는 흉악범죄에 한정되어 있고, 사형선고는 엄격한 요건하에서 이루어지므로 사형제는 존속되어야 한다고 본다.'라는 구절이 나온다. 이는 사형제 찬성론의 주된 논거가 흉악범죄에 한정되어 있다는 특성에서 나오는 것임을 알 수 있으므로 찬성론자의 주장을 강화하는 근거가 되어야 한다.

② 사형제 반대론자는 반대 근거로 '사형이 오판될 경우 시정할 방법이 없다는 점에서 오판 가능성을 우려'하였다. 이는 오판 가능성이 사형제 반대 근거가 됨을 시사하므로 찬성론자의 주장을 약화하는 근거가 되어야 한다.

④ '오판 가능성은 사법제도의 한계이므로 관련 제도 개선을 통해 극복할 문제라고 주장'한 것은 사형제 찬성론자의 입장이므로 반대론자의 주장을 강화하지 않는다.

## 08 ▶④

**정답풀이** '② 역설(力說: 力 힘 력(역) 說 말씀 설)한다.'는 '자신의 뜻을 힘써 말하다'를 의미하므로 '② 본다'로 바꾸는 것은 적절하지 않다.

**오답풀이** ① '⑦ 우려(憂慮 : 憂 근심 우 慮 생각할 려(여))하다'는 '근심하거나 걱정하다'를 의미하므로 적절하다.
② '① 격리(隔離 : 隔 사이 뜰 격 離 떠날 리(이))하다'는 '다른 것과 통하지 못하도록 사이를 막거나 떼어 놓다'를 의미하므로 적절하다.
③ 'ⓒ 박탈(剝奪 : 剝 벗길 박 奪 빼앗을 탈)되다'는 '재물이나 권리, 자격 따위를 강제로 빼앗음.'를 의미하므로 적절하다.

---

### Chapter 17  지시 대상 추론

### 亦功 콤단문 독해 PIN POINT

**한눈에 보기**

| 01 ① | 02 ① | 03 ③ | 04 ④ |

### 신유형 2025 버전 1  p.190

## 01 ▶①

**정답풀이** 3문단의 "인간의 인두는 여섯 번째 목뼈에까지 이른다. 반면에 ~ 개의 경우는 두 번째 목뼈를 넘지 않는다."를 통해 개의 인두 길이는 인간의 인두 길이보다 짧음을 알 수 있다.

**오답풀이** ② 미언급의 오류이다. 2문단의 "침팬지는 인간과 게놈의 98%를 공유하고 있지만, 발성 기관에 차이가 있다."를 통해 침팬지의 인두가 인간의 인두와 98% 유사하다고 보기 힘듦을 알 수 있다.
③ 미언급의 오류이다. 1문단에서 녹색원숭이와 침팬지에 대한 언급은 있으나 이들이 서로 의사소통할 수 있다는 것은 언급되어 있지 않다.
④ 주체 혼동의 오류이다. 3문단의 "인간의 발성 기관은 아주 정교하게 작용하여 여러 소리를 낼 수 있는데, 초당 십여 개의 소리를 쉽게 만들어 낸다."를 통해 초당 십여 개의 소리를 만들어 낼 수 있는 것은 '침팬지'가 아니라 '인간'임을 알 수 있다.

## 02 ▶①

**정답풀이** '(가) 소리'는 인간이 만들 수 있는 정교한 소리를 의미한다. 나머지는 모두 '인간이 만들 수 있는 정교한 소리'를 의미하지만 '⑦ 소리'는 침팬지의 소리이므로 (가)에 해당하는 의미로 사용되지 않았음을 알 수 있다.

**오답풀이** ② "말한다는 것을 단어에 대해 ① 소리 낸다는 의미로 보게 되면, 침팬지가 사람처럼 말하도록 하는 것은 불가능하다."를 통해 '① 소리'는 사람처럼 말하도록 하는 소리임을 알 수 있다.
③ "인간의 발성 기관은 아주 정교하게 작용하여 여러 ⓒ 소리를 낼 수 있는데"를 통해 'ⓒ 소리'는 인간이 내는 정교한 소리임을 알 수 있다.
④ "다른 동물의 인두에 비해 과도하게 긴 인간의 인두는 공명 상자 기능을 하여 세밀하게 통제되는 ② 소리를 만들어 낸다."를 통해 '② 소리'는 인간의 소리임을 알 수 있다.

## 신유형 2025 버전 2  p.191

### 03 ▶③

**정답풀이** '(나)'는 종래의 국문학의 정의를 기본 전제로 하되, 일부 한문문학을 국문학으로 인정하자고 주장하고 있다. 따라서 표기 문자와 상관 없이(=한자가 쓰여도 상관 없이) 우리나라의 문화를 잘 표현하면 우리나라 문학으로 인정하는 ③은 (나)를 강화하는 사례라고 볼 수 있다.

**오답풀이** ① '(가)'는 국문학에서 한문으로 쓰인 문학을 배제하자는 주장하고 있으므로 국문으로 쓴 작품보다 한문으로 쓰인 문학이 해외에서 문학적 가치를 더 인정받는 것은 (가)의 주장을 강화한다고 볼 수 없다.
② 국문학의 정의를 '그 나라 사람들의 사상과 정서를 그 나라 말과 글로 표현한 문학'으로 수정하면 (가)의 주장은 강화되는 것이지, 약화되지는 않으므로 적절하지 않다.
④ 차자 표기는 순수 국문이라고 보기 어려운데 이것이 다수 발견됐다는 것은 (나)의 논지와 무관하므로 약화된다고 보기 어렵다.

### 04 ▶④

**정답풀이** 'ⓐ 전자'는 '한문으로 쓰여진 문학'을 'ⓑ 후자'는 '국문학'을 의미한다. 'ⓒ 전자'는 '좁은 의미의 국문학'이므로 '순(純)국문학'을 가리키며 'ⓓ 후자'는 한문으로 쓰여진 학문의 일부를 국문학의 주변부에 위치시킨 '준(準)국문학'에 해당된다. 'ⓔ 전자'는 '순(純)국문학', 'ⓕ 후자'는 '준(準)국문학'을 의미하므로 지시하는 바가 같은 것끼리 짝 지은 것은 '순(純)국문학'을 가리키는 ⓒ, ⓔ이다.

## 亦功 지시 대상 추론 기출 훈련  p.192

**한눈에 보기**
01 ④   02 ①   03 ①   04 ④   05 ④

### 01 ▶④

**정답풀이** 전우치가 ⓓ '저 놈'을 몰아내라고 하고 있으며, 제시된 지문에서 전우치는 왕연희의 몸으로 바꾼 상태이다. 따라서 ⓓ은 왕연희이므로 지시 대상이 다르다.

**오답풀이** ① ⓐ은 왕연희로 변신한 전우치이므로 적절하다. '집안 사람 누구도 전우치인 줄 전혀 알지 못했다.'에서 확인할 수 있다.
② ⓑ은 왕연희의 발화이며, 그가 '너'에게 '내 부인과 말을 주고받고 있느냐?'라고 꾸짖고 있으므로 ⓑ은 왕연희로 변신한 전우치이다.
③ ⓒ은 왕연희의 발화이며, 종들에게 '저 놈'을 빨리 결박하라고 하고 있으므로 ⓒ은 왕연희로 변신한 전우치이다.

### 02 ▶①

**정답풀이** 지방직에서는 매년 지시 대상을 묻는 문제가 출제되므로 지방직 동형에서 이와 관련된 훈련을 많이 하였다. 문맥으로 풀되, 단서를 잡아가며 풀면 쉽게 풀 수 있는 유형이다. 구형의 과일을 "두 쪽으로 가른다"는 단서로 보아 'ⓐ 구형'은 수박 전체를 의미한다. 'ⓑ 빨강'은 "빨강"이라는 단서로 보아 수박 안에 있는 맛있는 빨간 살 부분을 의미한다. 'ⓒ 새까만 씨앗들이 별처럼 박힌 선홍색의 바다'의 경우에는 "선홍색의 바다"를 통해 수박의 빨간 살 부분임을 알 수 있다. 'ⓓ 한바탕의 완연한 아름다움의 세계'는 "먹히기를 기다리고 있다"는 단서로 보아 수박 안의 빨간 살 부분임을 알 수 있다. ⓐ은 수박 전체를 지시하고 ⓑ~ⓓ은 수박 안의 빨간 부분을 지시하므로 답은 ①이다.

### 03 ▶①

**정답풀이** 경계적 시 공간이란 삶과 죽음의 경계, 이승과 저승의 경계를 의미하는 것이다. ⓐ의 붉은 해는 서산마루에 걸리었다는 표현은 낮과 밤의 경계를 의미하며, 이는 이승과 저승의 경계를 의미하는 것이기도 하다. ⓒ의 떨어져 나가 앉은 산 위는 삶과 죽음의 경계에서 죽은 이를 부르는 곳이므로 경계적 시 공간이다.

**오답풀이** ⓑ 사슴의 무리가 슬피 운다는 것은 초자연적 존재에게 감정을 이입한 것이므로 경계적 시 공간이 아니다.
ⓓ 선 채로 돌이 된다는 것은 망부석 설화에서 차용한 것으로, 사랑하던 사람을 기다리다 돌이 되도록 부르겠다는 굳은 사랑의 의지를 드러낸 표현이다.

### 04 ▶④

**정답풀이** '불문곡직(不問曲直 : 不 아닐 부 問 물을 문 曲 굽을 곡 直 곧을 직)'이란 옳고 그름을 따지지 않음을 의미한다. '틈, 공간, 여지'는 직설과는 달리 완곡함을 의미한다. 하지만 '세상'은 물태와 인정이 극으로 나뉜다는 점에서 완곡함보다는 직설에 더 가깝다.

### 05 ▶④

**정답풀이** "기술은 문을 열 뿐이고, 그 문에 들어갈지 말지는 인간이 결정한다."는 정보 통신 기술이 발전한 이 시점에서 중요한 것은 정보 통신 기술을 어떻게 활용하느냐임을 의미한다. 따라서 이와 가장 가까운 의미를 지닌 것은 'ⓓ 선택'이다.

# 亦功 지시 대상 추론 문제 훈련

p.194

## 한눈에 보기

| 01 ④ | 02 ④ | 03 ③ | 04 ① | 05 ② |
|------|------|------|------|------|
| 06 ④ | 07 ② | 08 ② |      |      |

## 01 ▶④

**정답풀이** 제시된 사례는 수치심의 문화를 긍정적으로 평가하는 것으로, 수치심이 사회적 협동과 신뢰를 강화하는 역할을 한다고 보고 있다. 그런데 선지에서 이를 '약화한다'로 서술하였으므로 적절하지 않다.

**오답풀이** ① 타인의 평가와 상관없이 개인이 자신의 잘못을 자각하고 스스로 수정하려는 경향이 더 높은 사회란 죄책감의 문화를 의미하는 것이다. 이는 죄책감의 문화가 개인의 도덕적 행동을 개선하는 역할을 한다는 것을 뒷받침하므로 (가)를 강화하는 선지로 적절하다.
② 죄책감을 느낀 사람들이 자신을 비난하고 무기력과 우울감에 빠진 사례는 죄책감의 부정적 역할을 보여주는 것이다. 이는 죄책감이 개인에게 해를 끼칠 수 있음을 보여주는 것이므로 죄책감의 문화를 약화하는 사례이다.
③ 타인의 평가를 중시하는 사회에서 규율 위반율이 낮아졌다는 연구 결과는 수치심이 개인의 행동을 긍정적으로 통제할 수 있음을 보여주는 것이다. 따라서 이는 (나)의 적절성을 강화하는 근거로 적절하다.

## 02 ▶④

**정답풀이** ㉠, ㉢은 죄책감의 문화, 즉 서구 사회를 가리키는 표현이고, ㉡, ㉣은 수치심의 문화, 즉 비서구 사회를 가리키는 표현이다.
㉠의 '서구 사회에서 주로 나타나며'라는 표현을 통해 이것이 서구 사회의 죄책감의 문화를 가리키는 표현임을 알 수 있다.
㉢ 뒤의 문장을 보면 이는 '잘못된 행동에 집중하여 자신의 행위를 반성하고 수정할 수 있는 동기'가 된다고 하였으며, 이는 '서구 사회'의 특징이라고 하였다. 따라서 죄책감의 문화를 가리키는 표현임을 추론할 수 있다.
㉡은 '비서구 사회'에서 주로 나타난다고 했으며 '수치심이란 타인에게 부정적 평가를 받을 때 느끼는 감정'이라고 하였다. 따라서 비서구 사회의 수치심의 문화를 가리키는 표현임을 알 수 있다.
㉣ 뒤의 '행위자가 자신의 존재 자체에 대해 부정적인 평가를 내릴 수 있게 한다는 위험성', '비서구 사회'라는 표현을 참고할 때 이것이 수치심의 문화를 가리키는 표현임을 알 수 있다.

## 03 ▶③

**정답풀이** (나)의 입장인 현대 경제 이론에서는 개인의 이익 추구가 전체 사회의 효율성과 복지를 증대시킬 수 있다고 본다. 만약 개인의 이익 추구가 사회적 협력을 촉진하고 상호 이익을 주고받는 체계를 형성한다면, 이는 현대 경제 이론을 강화하는 근거가 될 수 있다.

**오답풀이** ① (가)는 이타주의를 강조하는 입장이므로 이타적인 행동이 정신 건강에 긍정적인 영향을 미친다면 이는 (가)를 강화하는 근거가 되어야 한다.
② 이타주의가 비현실적인 이상으로 비춰지고 경제적 성장을 저해한다면 이는 이타주의의 가치를 저평가하는 것이다. 따라서 (가)를 약화하는 근거가 되어야 한다.
④ 자본주의적 시장 메커니즘이 자원을 효율적으로 배분하고 생산성을 증가시킨다면, 이는 현대 경제 이론의 적절성을 보여주는 것이다. 따라서 (나)를 약화하는 것이 아니라 강화하는 근거가 되어야 한다.

## 04 ▶①

**정답풀이** ㉠, ㉡은 전통적인 이타주의를 지칭하는 것이고, ㉢, ㉣은 이기심을 지칭하는 것이다.
㉠ 주변의 '전통적으로 이타주의는 인간의 도덕적 이상'이라는 표현으로 보아 이는 이타주의를 지칭하는 표현임을 확인할 수 있다.
㉡의 '타인의 이익을 위해 희생'하는 것은 이타적인 태도에 해당한다.
㉢은 이기심을 사회 발전의 동력으로 바라보는 관점에서 개인의 이익 추구를 긍정하는 맥락에서 사용한 표현이다. 따라서 이기심을 가리키는 것이다.
㉣은 인간의 이기심이 보이지 않는 손처럼 작용하는 구체적 예시에 대항하므로 이기심을 지칭하는 표현이다.

## 05 ▶②

**정답풀이** (가)는 설탕세 도입을 지지하는 입장으로, 설탕세가 국민 전체의 건강을 개선할 수 있다고 주장한다. 그런데 설탕세로 인한 소비 감소가 특정 소득계층에게만 영향을 미치고, 국민 전체의 건강 지표에는 큰 변화가 없다면 이는 설탕세의 효과가 제한적임을 드러내는 것이다. 따라서 이는 (가)의 주장을 약화하는 근거이므로 '강화한다'는 추론은 적절하지 않다.

**오답풀이** ① (가)는 설탕세 도입이 만성 질환 감소에 효과적이라고 주장하지만, 소비 감소에도 불구하고 질병 발생률에 큰 변화가 없었다면 이는 (가)의 주장을 약화하는 근거가 될 수 있다.
③ (나)는 설탕세가 경제적 부담만 주고 실효성이 없다고 주장한다. 그런데 세수가 공공의료 프로그램에 효과적으로 재투자되어 국민 건강 증진에 기여한다면 이는 (나)의 주장을 약화한다.
④ (나)는 설탕세의 실효성이 떨어진다고 주장하지만, 설탕세 도입 후 만성 질환이 감소했다는 데이터는 (나)의 주장을 약화한다.

## 06 ▶④

**정답풀이** ㉠, ㉢은 설탕세를 지지하는 입장을 지칭하는 표현이다. ㉠ 뒤의 '설탕세를 도입하면 … 소비를 억제할 수 있다고 본다.'에서 이를 확인할 수 있다. 또한 ㉢에 대한 반론으로 '제도가 실효성이 떨어진다.', '설탕세가 저소득층에게 더 큰 부담을 준다는 점'이 제시된 것으로 보아 ㉢이 설탕세에 찬성하는 입장일 것임을 추론할 수 있다. ㉡, ㉣은 설탕세에 반대하는 입장을 지칭하는 표현이다. ⓒ 앞의 '실효성이 떨어진다'에서 반대측의 입장임을 확인할 수 있다. 또한 ② 앞의 '단순히 경제적 부담을 줄 뿐이며, 국민들의 장기적 식습관 개선에는 큰 효과가 없다'라는 선지로 보아 반대측의 입장임을 확인할 수 있다.

## 07 ▶ ②

**정답풀이** 만약 의식적 경험이 생물학적 기전 없이도 복잡한 기계 시스템에 의해서 발생할 수 있음이 입증된다면, 이는 자아와 의식이 익나 고유의 경험이라는 (가)의 주장을 약화하는 근거가 될 수 있다.

**오답풀이** ① 만약 인공지능이 감정적 요소와 자아 인식을 가질 수 없음이 증명된다면, 이는 인간의 자아와 의식이 단순한 정보 처리로 설명될 수 없다는 (가)의 주장을 강화하는 근거가 될 수 있다. 따라서 적절하지 않다.
③ (나)는 인공지능이 충분히 복잡한 정보 처리 시스템이라면 자아와 의식을 구현할 수 있다고 보는 입장이다. 그러나 인공지능이 감정적 공감이나 자기 인식을 표현하지 못하고 단순한 계산 도구에 불과하다면 이는 (나)의 입장을 약화하는 근거가 될 수 있다. 따라서 적절하지 않다.
④ (나)의 입장은 자아는 인간만의 특성이 아니며 정보 처리 과정에서도 발생할 수 있다는 것이다. 따라서 이러한 철학적 주장이 입증된다면 이는 (나)의 입장을 약화하는 것이 아니라 강화하는 근거가 되어야 한다.

## 08 ▶ ②

**정답풀이** ㉠, ㉢, ㉤은 자아는 인간 고유의 경험과 사고 과정에서 비롯된 것이라고 보는 전통적 철학자들의 주장이고, ㉡, ㉣, ㉥은 AI가 인간과 유사한 자아 개념을 갖출 수 있다고 보는 현대 철학자들의 입장이다.
㉠은 자아가 물리적으로 환원될 수 없다고 보는 입장이므로 전통적 철학자들의 주장과 가깝다.
㉢은 '인간의 뇌가 아닌 기계에서 의식이 발생할 수 없다'고 보는 입장이므로 전통적 철학자들의 주장과 가깝다.
㉤의 밑줄 친 부분을 볼 때 의식은 '인간의 고유한 특성으로 한정'한다고 하였으므로 이는 전통적 철학자들의 주장과 가깝다.
㉡ 뒤의 '충분히 복잡한 정보 처리 시스템이라면 자아가 구현될 수 있다'는 표현으로 볼 때 이는 현대 철학자들의 주장과 가깝다.
㉣ 뒤의 '의식 역시 정보 처리의 결과물일 뿐'이라는 표현으로 보아 이는 현대 철학자들의 주장과 가깝다.
㉥의 밑줄 친 범위를 볼 때 인공지능의 사고와 감정을 진정한 자아와 의식으로 인정한다는 표현이므로, 이는 현대 철학자들의 주장과 가까움을 알 수 있다.

## Part 07 문학+독해 결합형

### Chapter 18 현대 운문, 현대 산문

## 亦功 콤단문 독해 PIN POINT

**한눈에 보기**

01 ①

### 신유형 2025 버전    p.201

**01 ▶①**

정답풀이 '시인이자 승려, 독립운동가였던 만해 한용운 선생은 저항 문학을 통해 식민지의 폭압적 현실을 비판했던 인물이다.'라는 서술로 보아 시인이 개인적 슬픔을 주제로 한 시를 주로 창작했을 것이라고 보기는 어렵다.

오답풀이 ② '이런 측면에서 볼 때 이 작품은 승려였던 작가가 종교적 깨달음의 고통스러운 과정을 노래한 작품으로 해석할 수 있다.'라는 서술로 보아 적절하다.
③ '작품 속 화자는 이별의 상황에서 지극한 슬픔을 느끼면서도 슬픔을 희망으로 전환하고자 한다. 그리고 이 과정에서는 불교적 진리가 활용된다.'에서 적절한 선지임을 알 수 있다.
④ '이 시기 항일 민족 운동에 대한 감시와 탄압이 강화되면서 문화계 전반에 강한 검열 작업이 이루어졌다.'라는 표현으로 보아 적절한 선지임을 알 수 있다.

## 亦功 현대 운문, 현대 산문 문제 훈련    p.202

**한눈에 보기**

01 ④    02 ②    03 ③    04 ①    05 ④
06 ②

**01 ▶④**

정답풀이 〈진달래꽃〉의 화자는 임을 말없이 고이 보내드리겠다고 이야기하고 있으며, 임이 떠날 때 죽어도 눈물을 흘리지 않겠다고 다짐하고 있다. 따라서 이별의 정한을 직설적으로 드러냈다고 보기는 어렵다.

오답풀이 ① '2연에서는 화자가 이별 상황에서 임이 가시는 길에 진달래꽃을 뿌리겠다는 축복의 의미를, 3연에서는 임이 꽃을 사뿐히 즈려밟고 가시라는 희생적 사랑의 자세를 보여주고 있다.'라는 서술로 보아 적절하다.
② '4연에서 '죽어도 아니 눈물 흘리우리다'라는 표현으로 임이 떠날 때 매우 슬플 것이라는 마음을 반어적 표현으로 드러내고 있다.'라는 서술로 보아 적절함을 알 수 있다.
③ '이 작품에서 두드러지는 것은 정제된 형식을 통해 드러나는 리듬감이다.'와 "'나보기가 역겨워 / 가실때에는 / 말업시 고히 보내드리우리다'에는 7·5조, 3음보의 민요조 형식이 드러난다.'의 정보를 통해 알 수 있는 정보이므로 적절하다.

**02 ▶②**

정답풀이 윤동주의 '서시'는 '어려운 시대 속에서도 빛나는 인간의 정신과 시인으로서의 숭고한 지향을 담고' 있다고 했으므로 현실의 어려움에도 불구하고 내면의 풍요로움과 정신적 가치를 추구한다는 진술은 적절하다.

오답풀이 ① 윤동주가 '더 큰 세계와의 교감을 꿈꾸며', '인간과 우주에 대한 깊은 동경'을 나타낸다고 했으나 이를 통해 윤동주의 서시가 순수한 자연에 대한 동경을 나타내는 작품이라고 할 수는 없다.
③ 윤동주가 '서시'에서 '내면세계와 고민'을 나타내고 성찰하였다는 것은 알 수 있으나 과거의 회상과 미래에 대한 불안을 교차시키고 시간의 흐름에 대한 성찰을 나타냈다는 것은 이 글을 통해 알 수 없다.
④ 윤동주가 '자신의 약함과 한계, 그리고 이에 대한 반성'을 하고 '인간적인 연민과 깊은 내적 성찰'을 보여준다는 것은 알 수 있으나 외로움과 고립을 경험하고 이를 통해 현실적 자아를 발견한다는 것은 이 글을 통해 알 수 없다.

**03 ▶③**

정답풀이 시에서 유치환은 바위처럼 변함없이 굳건하고 감정에 휘둘리지 않는 상태를 이상적인 삶의 모습으로 제시하며 자신의 죽음 이후 바위가 되고자 하는 갈망을 표현한다. 이는 인간의 감정적 요동과 삶의 일시성에서 벗어나려는 그의 근본적인 태도를 반영하며, 내면적 평화와 균형을 지향하는 그의 철학을 보여준다.

오답풀이 ① 시는 바위의 비정함과 무감동이 시인 자신의 내면적 평화와 영원을 향한 갈망을 상징하고 있다고는 했으나 이를 통해 인생의 무상함을 나타냄은 언급되지 않았다.
② 시인이 자신의 죽음 이후 바위가 되고자 하는 갈망은 드러나지만 바위가 자연에 의해 조금씩 깎여가는 과정은 시에 드러나지 않는다. 오히

려 비와 바람과 같은 자연에 굴하지 않고 소리 한 번 내지 않는 비정함을 나타낸다.
④ 시인은 바위를 통해 물질적이고 감정적인 세계를 초월하여 영원히 변하지 않는 실체로 남고자 하는 철학적 사유를 나타낸다. 하지만 이를 통해 사회적 관계와 책임에서 벗어나고자 나는 시인의 탈출 욕구를 나타낸다는 것은 언급되지 않았다.

## 04 ▶①

정답풀이 '이러한 세계관은 부조리한 식민지 현실에 대한 절망적 인식이 극단적으로 표출된 표현이다.'라는 서술을 참고할 때 적절한 선지임을 알 수 있다.

오답풀이 ② '그런데 시적 화자들이 동경하는 이상적인 세계는 퇴행과 죽음의 이미지와 맞닿아 있고 이들은 파멸과 하강의 몸짓을 보인다.'라는 서술로 보아 시적 화자들이 동경하는 세계의 이미지는 밝고 희망적인 것이 아님을 알 수 있다.
③ '따라서 그들은 현실의 속악함과 불모성을 거부하고 절대적이고 이상적인 세계를 지향하는 태도를 취한다.'라는 서술로 보아 낭만주의자들이 현실의 속악함과 불모성을 수용하려 하지 않았을 것임을 알 수 있다.
④ '낭만주의자들에게 현실은 인습과 허위가 지배하는 속악한 세계이며, 참된 삶의 의미는 찾을 수 없다.'라는 서술로 보아 낭만주의자들은 현실 문제를 해결하려하기 보다는 이상적인 세계를 꿈꿨을 것임을 알 수 있다.

## 05 ▶④

정답풀이 '특히 여성주의와 생태주의는 『채식주의자』를 해석하기 위한 주요한 기제이다.'라는 서술을 참고할 때 적절한 선지임을 알 수 있다.

오답풀이 ① '작가는 이 작품이 다양한 해석을 가능하게 한다고 언급한다.'라는 서술을 고려할 때 적절하지 않은 선지이다.
② '작품 속의 각 장에서 초점화자는 다르지만, 일관된 담론이 서사를 구성함을 알 수 있다.'라는 서술로 보아 적절하지 않은 선지이다.
③ '가부장제에서 소수인 영혜의 행위가 용납되지 않자 이는 신체적 증상인 거식증으로 드러난다.'라고 하였으므로 영혜의 행위가 용납될 수 있다는 서술은 적절하지 않다.

## 06 ▶②

정답풀이 '유교 가부장제의 혜택을 받은 당대 남성을 대변하는 형식 앞에는 여러 선택지가 주어졌고, 어떤 선택을 하더라도 유리한 미래가 펼쳐졌다.'라는 서술로 보아 적절한 선지임을 알 수 있다.

오답풀이 ① '근대 교육을 받지 못한 영채에게는 형식과는 달리 선택의 기회조차 주어지지 않는다.'라는 서술을 참고할 때 영채가 자발적 선택을 통해 주체적으로 삶을 이끌어가는 인물이라고 보기 어려움을 알 수 있다.

③ '자선음악회를 보고 감동한 형식이 크게 변화하며 민족의 장래를 위한 담론을 설파한다.'라는 서술로 보아 자선음악회가 형식의 태도 변화에 주요한 역할을 했음을 알 수 있다.
④ '형식은 다양한 선택지가 놓여있기 때문에 쉽게 결정을 내리지 못하는 모습을 보인다.'라고 하였으므로 명확한 결정을 내리는 인물이라고 보기는 어렵다.

## Chapter 19 고전 운문, 고전 산문

## 亦功 콤단문 독해 PIN POINT

**한눈에 보기**

01 ④

### 신유형 2025 버전 p.206

**01 ▶④**

정답풀이 1문단의 끝 문장 "이에 따라 방각본 출판에서는 규모가 큰 작품을 기피하였으며, 일단 선택된 작품에도 종종 축약적 윤색이 가해지고는 하였다."와 2문단의 첫 문장인 "일종의 도서대여업인 세책업은 가능한 여러 종류의 작품을 가지고 있는 편이 유리하고, 한 작품의 규모가 큰 것도 환영할 만한 일이었다."을 통해 ④가 적절함을 알 수 있다.

오답풀이 ① 객체 혼동의 오류이다. 분량이 많은 작품은 책값이 비쌌기 때문에 '세책가'가 아니라 '방각본 출판 업자'가 취급하지 않았다. ② 반대의 오류이자, 비교 혼동의 오류이다. 세책업자는 구비할 책을 선정할 때 분량이 많은 작품을 우선하였으므로 이는 적절하지 않다. 또한 시장성이 좋은 작품과 분량이 적은 작품을 비교한 적도 없다. ③ 방각본 출판업자들은 분량이 많은 경우에는 책값이 비싸지기 때문에 자연스럽게 분량이 적은 작품을 선호하였으므로 이 선지는 적절하지 않다.

### 亦功 고전 운문, 고전 산문 문제 훈련 p.207

**한눈에 보기**

| 01 ① | 02 ② | 03 ① | 04 ④ | 05 ④ |
|------|------|------|------|------|
| 06 ③ |      |      |      |      |

**01 ▶①**

정답풀이 '음악학계에서는 고려가요의 음악 형식을 다루는 일부로써 〈가시리〉를 연구했지만, 그 음악적 내용을 명확히 밝히지는 못했다.'라는 서술로 보아 적절하다.

오답풀이 ② '정간보의 구조에는 성리학적인 철학이 포함되어 있어 정간의 수가 그대로 음의 길이를 나타내지 않기 때문이다.'라는 서술을 참고할 때 정간의 길이를 알 수 없어 리듬을 밝히지 못했다는 서술은 적절하지 않음을 알 수 있다.

③ '제작 시기에 대한 기록은 없지만, 국문학계에서는 고려 이전부터 불리던 민요가 고려시대에 궁중으로 편입된 것으로 본다.'라고 하였다. 따라서 고려 시대에 처음 만들어졌다고 확정할 근거는 없다. 또한 '민요의 색채를 강하게 지니고 있으며'라는 서술로 보아 가시리는 민요적 성격을 갖고 있음을 알 수 있다.

④ '1950년대 말 이후 국악학계에서는 이혜구의 '한 정간=한 박' 이론을 고수하며 이를 '한 정간=일정한 길이'라는 이론으로 확대했다.'라고 하였다. 따라서 이혜구의 이론을 배제한 것이 아니라, 이혜구의 이론을 바탕으로 연구한 것임을 알 수 있다.

**02 ▶②**

정답풀이 '〈도산십이곡〉처럼 명시된 형식적 표지는 없지만, 내용의 단락이 인식의 변모에 따라 구획됨으로써 육가의 형식적 특성을 보인다.'라는 서술을 참고할 때 〈한거십팔곡〉에는 명시된 형식적 표지가 없었음을 알 수 있다.

오답풀이 ① '〈한거십팔곡〉은 권호문이 스승 이황의 〈도산십이곡〉을 계승하여 지은 육가 계열의 작품이다. … 육가란 여섯 수를 단위로 자연에 은거하는 자신의 삶의 태도를 밝히는 노래 양식인데 〈한거십팔곡〉은 내용상 육가의 전형을 따르고 있다.'라는 서술을 참고할 때 적절한 선지임을 알 수 있다.

③ "은구의 즐거움"은 강호에 은거하면서 명철보신하는 것이며, 노장적 현실부정과는 구별되는 유학적 현실긍정이다. 즉, 자연에서 만물을 관통하는 이치를 깨닫고 현실과 강호의 공간 사이의 갈등을 극복한 것이다.'라고 하였다. 따라서 한거십팔곡은 현실과의 갈등을 극복하고자 하는 의도가 있음을 추론할 수 있다.

④ '〈한거십팔곡〉에 나타난 강호의 공간이 출세하지 못한 패배자가 찾은 현실 도피의 공간이나 현실을 혐오하여 칩거한 폐쇄적이고 배타적인 공간은 아니다. … 노장적 현실부정과는 구별되는 유학적 현실긍정이다.'라는 서술을 참고할 때 적절한 선지임을 알 수 있다.

**03 ▶①**

정답풀이 '화자의 목소리가 창자의 목소리와 하나가 되었다가도 분리되어 일정한 거리를 유지하기도 한다. 서로 어긋나거나 충돌하는 감정을 열거하고, 열거된 감정을 아우르는 포용의 태도를 취하기도 한다.'라고 하였다. 따라서 항상 화자와 창자가 일치하지는 않는다. 또한 감정의 열거와 표현이 드물게 나타난다고 보기도 어렵다.

오답풀이 ② '여성적 체험을 노래로 대신 표현하는 것이 〈시집살이 노래〉이기 때문이다. … 노래 부르기의 조건과 상황, 창자의 개별적 성향에 따라 달라지기 때문이다.'라는 서술을 참고할 때 창자의 목소리에 따라 각기 다른 정서를 담을 수 있다는 서술은 적절하다.

③ '시집살이 노래는 그 어떤 노래보다도 폐쇄성이 강한 노래이기 때문이다. 따라서 채록된 노래로 시집살이 노래의 정서를 온전히 복원하기는 쉽지 않다.'라는 서술로 보아 적절함을 알 수 있다.

④ '민요는 구전 전승된 작품을 창자가 구연하는 방식으로 재창조된다. 노래 부르는 행위는 전승 행위이자 창조 행위로, 불릴 때마다 새롭게 창조될 수 있다.'라고 하였다. 따라서 전승과 창조가 동시에 수행되므로 그 경계가 모호할 수 있다.

## 04 ▶④

**정답풀이** '자연물은 해와 달이나 별 등의 천체 혹은 산이나 강 등을 포괄한다. 주로 신화나 역사 등 다양한 소재들과 얽혀 있는 경우가 많다.'라는 서술로 보아 신화와 역사와는 관계가 없다는 표현은 적절하지 않음을 알 수 있다.

**오답풀이** ① '강감찬 전설을 살펴보면 그는 태어나면서부터 귀신을 부릴 줄 알았고 … 비현실적인 이야기가 나온다.'라는 서술로 보아 적절하다.
② '조선 후기의 암행어사 박문수의 이야기도 일상적 합리성보다는 전기적 요소가 강하게 드러난다.'라는 서술로 보아 적절하다.
③ 인물전설은 역사적으로 '이름을 떨친 인물'에 관한 이야기, 사물전설은 '자연물이나 인공물'을 다룬 이야기라고 하였으므로 적절하다.

## 05 ▶④

**정답풀이** '미하엘 바흐친은 언어를 살아있는 생명체로 보고, 담론의 장을 통해 소설 언어의 생명력을 탐구했다. … 이는 판소리계 소설과 관련이 깊다'라는 서술을 참고할 때 적절한 선지임을 알 수 있다.

**오답풀이** ① '〈배비장전〉은 구활자본 형태로 남아 있어 담론의 권위와 구활자본화의 관계를 살펴볼 수 있는 유용한 자료이다.'라는 서술을 참고할 때 구활자본 형태로 전해진다는 특성은 당대 사회적 담론의 권위를 이해하는 데 도움이 됨을 알 수 있다.
② '〈배비장전〉은 다양한 계층의 시선이 교차하며 유동적 담론장을 형성하여 바흐친이 말하는 '언어들의 만남'을 보여준다.'라고 하였다. 따라서 배비장전은 단일한 시선만을 반영하는 것이 아니라, 다양한 계층의 시선을 반영한 작품이다.
③ '판소리 문학은 음성 언어와 문자 언어가 공존한다. 장면의 다각화, 세세한 감정 표현, 반어법, 정치한 묘사 등이 나타나는 판소리 문학에서는 말과 글이 함께 어우러진다.'라고 하였다. 따라서 판소리 문학에서 음성 언어와 문자 언어가 완전히 독립되어 있다는 서술은 적절하지 않다.

## 06 ▶③

**정답풀이** '박씨는 자신의 능력을 무시하는 남편, 왕, 간신들 앞에 나서지 않는다. 이는 사실과 허구를 적절히 배치해 환상성을 가미한 것이다.'라는 서술로 보아 사실성에 초점을 두었다고 보기는 어려움을 알 수 있다.

**오답풀이** ① '박씨와 항상 함께하는 계화는 주목할 만한 존재이다. 박씨와 계화는 동반자 개념으로, 함께 일을 성사시키지만, 신분과 능력의 차이로 활동 무대와 역할이 다르다. … 이는 양반집 부녀자와 시비라는 신분적 특성을 반영하지만, 작가의 의도적인 구성으로 보인다.'라는 서술로 보아 적절하다.
② '이는 미물, 추녀였던 박씨가 상층 인물들을 반성하게 하고, 미천한 신분의 계화가 적극적으로 행동함으로써 환상 속에서나 일어날 법한 일을 실현하는 모습이다.'라는 서술을 참고할 때 적절한 선지임을 알 수 있다.

④ '박씨의 옆에는 항상 다른 여성들이 함께 등장한다. 이들은 박씨에 가려져 보이지 않지만, 각자 중요한 역할을 하고 있다.'라는 선지로 보아 적절하다.

Part
**08**

# 문법+독해 결합형

## Chapter 20 문법 – 형태론

### 콤단문 亦功 퀴즈
p.213

**한눈에 보기**

| | | | | |
|---|---|---|---|---|
| 01 ① | 02 ③ | 03 ② | 04 ② | 05 ① |
| 06 ② | 07 ④ | 08 ④ | 09 ② | 10 ② |
| 11 ① | 12 ② | 13 ③ | 14 ③ | |

**01 ▶①**

정답풀이 • 톱질 : 톱(명사)+-질(접미사)
• 슬픔 : 슬프-(형용사 어근)+-ㅁ(명사 파생 접사)
• 잡히다 : 잡-(동사 어근)+-히-(피동 접미사)+-다(어미)

오답풀이 ② '접칼, 작은아버지'는 합성어, '치솟다'는 파생어이다.
③ '김치찌개'는 합성어, '헛고생, 어른스럽다'는 파생어이다.
④ '새해, 돌보다'는 합성어, '구경꾼'은 파생어이다.

**02 ▶③**

정답풀이 • 부슬비 : 부사 '부슬'이 명사 '비'를 수식하는 비통사적 합성어이다. 부사가 명사를 수식하는 것은 우리말의 정상적인 단어배열법이 아니기 때문이다.
• 늦더위 : 어간 '늦-'과 명사 '더위'가 결합된 비통사적 합성어이다. 두 어근 사이에 관형사형 전성어미 '-은'이 있어야 했지만 '-은'이 쓰이지 않았으므로 우리말의 정상적인 단어배열법이라고 볼 수 없기 때문이다.
• 굶주리다 : 동사 '굶-'과 '주리다'가 결합된 비통사적 합성어이다. 연결어미 '-고'가 있어야 했지만 '-고'가 쓰이지 않았으므로 우리말의 정상적인 단어배열법이라고 볼 수 없기 때문이다.

오답풀이 ① • 힘들다 : '힘(이) 들다'에서 조사 '이'가 생략된 통사적 합성어이다. 조사는 '나(는) 밥(을)먹어.'처럼 우리말의 정상적인 단어배열에서도 충분히 생략될 수 있으므로 '힘들다'를 통사적 합성어로 본다.
• 작은집 : 2015년에 접두사 '작은-'이 ≪표준국어대사전≫에서 삭제되었으므로 '작은집'은 통사적 합성어이다. 관형사형 전성어미 '-은'이 정상적으로 들어갔다.
• 돌아오다 : 동사 '돌다'와 '오다'가 연결 어미 '-아'로 정상적으로 결합된 통사적 합성어이다.

② • 검붉다 : 연결 어미 '-고' 없이 형용사 '검다'와 '붉다'가 비정상적으로 결합된 비통사적 합성어이다.
• 굳세다 : 연결 어미 '-고' 없이 '굳다'와 '세다'가 비정상적으로 결합된 비통사적 합성어이다.
• 밤낮 : '밤낮'은 명사 '밤'과 명사 '낮'이 직접 결합된 통사적 합성어이다. 명사가 그대로 결합된 형태는 정상적인 단어 배열법이다.
  ☞ 명사 '밤낮' : 대등합성어로서, '밤과 낮'을 의미함.
    부사 '밤낮' : 융합합성어로서, '늘, 언제나'를 의미함.
④ • 빛나다 : '빛(이) 나다'에서 조사 '이'가 생략된 통사적 합성어이다.
• 보살피다 : 연결 어미 '-고' 없이 동사 '보다'와 '살피다'가 비정상적으로 결합된 비통사적 합성어이다.
• 오르내리다 : 연결 어미 '-고' 없이 동사 '오르다'와 '내리다'가 비정상적으로 결합된 비통사적 합성어이다.

**03 ▶②**

정답풀이 명사 어근 '정'에 형용사화 접미사 '-답-'이 결합하여 형용사 '정답다'가 된 것이다. 따라서 접미사 '-답-'이 명사에서 형용사로 품사를 바꾸었다고 볼 수 있다.

오답풀이 ① '황금을 보다'로 목적어-서술어의 구성으로 '보기'가 서술성을 가지므로 '기'는 '명사 파생 접사'가 아니라 '명사형 어미'이다. 명사형 어미는 품사를 바꿀 수 없다.
③ '옥수수 알이 크다'로 주어-서술어의 구성으로 '크기'가 서술성을 가지므로 '기'는 '명사 파생 접사'가 아니라 '명사형 어미'이다. 명사형 어미는 품사를 바꿀 수 없다.
④ '낚시질'에서 '낚시'는 명사이고 '-질'은 접미사이다. 그런데 접미사 '-질'이 붙어도 품사는 그대로 명사이므로 품사를 바꾸는 예라고 볼 수 없다.

**04 ▶②**

정답풀이 파생어는 실질 형태소 어근에 접사가 결합한 것이다. '살펴보다'는 동사 '살피다'와 동사 '보다'가 결합한 합성어다.

오답풀이 ① 명사 어근 '교육자'에 접미사 '-답다'가 결합한 파생어다.
③ '탐스럽다'의 '-스럽다'는 일부 어근 뒤에 붙어서 '그러한 성질이 있음'을 나타내는 접미사이다. '탐(貪)'은 '가지거나 차지하고 싶은 마음'을 뜻하는 명사 어근이다.
④ '순수하다'의 '-하다'는 일부 명사 뒤에 붙어 용언을 만드는 접미사이다. '순수(純粹)'는 '사사로운 욕심이나 못된 생각이 없음'을 뜻하는 명사 어근이다.

## 05 ▶①

**정답풀이** • 고추(어근)＋장(醬)(어근) → 합성어

• 놀이(어근)＋터(어근) → 합성어

• 손(어근)＋짓(어근) → 합성어

　☞ '짓'이 '행위'를 나타내는 말 뒤에 결합하면 명사로 쓰인 것이다.

• 장군(어근)＋감(어근) → 합성어

　☞ 감(명사) – 옷감/재료/자격을 갖춘 사람, 도구, 사물

　　예 옷감, 신랑감, 안줏감

**오답풀이** 꼭 강의를 참고해 주세요.

② '쉰둥이, 장난기'는 파생어이다.

③ '깍두기'는 파생어 혹은 단일어, '선생님, 핫바지'는 파생어이다.

④ '시나브로'는 단일어, '암탉'은 파생어이다.

## 06 ▶②

**정답풀이** ㉠은 앞에 나온 3인칭 주어인 '형님'을 다시 가리키는 재귀칭 대명사이다. 재귀 대명사는 1인칭이 아니라 3인칭이다. ㉡ 또한 ㉠과 마찬가지로 3인칭 주어를 다시 가리키므로 2인칭이 아니라 3인칭이다.

**오답풀이** ① ㉠과 ㉡은 앞에 나온 3인칭 주어를 다시 가리키므로 모두 '형님'을 가리킨다고 볼 수 있다.

③ '㉡ 당신'도 '㉠ 자기'처럼 재귀 대명사로 쓰이지만, '당신'은 '자기' 보다 높임의 의미를 갖는다.

④ 여기서의 '그'는 '형님'을 가리킬 수도 있지만, '그'가 재귀 대명사가 아니기 때문에 제3자를 가리킬 수도 있다.

## 07 ▶④

**정답풀이** 나머지는 '동사'이지만 '많다'는 형용사이다. '많다'는 언제나 형용사이다.

**오답풀이** ① '늙다'는 언제나 동사이다

② '키우신다.'에서 현재 시제 선어말 어미 '-ㄴ'이 있으므로 기본형 '키우다'는 동사이다.

③ 여기에서 '밝다'는 '날이 밝아오다'의 의미이므로 동사이다.

## 08 ▶④

**정답풀이** '㉠ 우물물을 품'에서 기본형은 '푸다'이다. '푸다'는 모음 어미가 오는 경우 'ㅜ'가 탈락되는 '우' 불규칙 용언이다. [푸다, 푸지, 푸고, 퍼(←푸＋어)]

따라서 '㉠ 어간만 불규칙하게 바뀌는 부류'이므로 옳다.

'㉡ 목적지에 이름'에서 기본형은 '이르다'이다. '이르다'는 모음 어미 '어'가 오면 '러'로 교체되는 '러' 불규칙 용언이다. 따라서 '㉡ 어미만 불규칙하게 바뀌는 부류'이므로 옳다.

**오답풀이**

| ㉠ : 어간만 불규칙하게 바뀜 | ㉡ : 어미만 불규칙하게 바뀜 |
|---|---|
| ① 'ㄹ' 불규칙 ○<br>[빠르다, 빠르지, 빨라(빠르(→ 빨ㄹ)＋아)]<br>'빠르다'는 모음 어미가 오면 'ㅡ'가 탈락되고 'ㄹ'이 덧생겨 'ㄹㄹ'형으로 바뀌는 'ㄹ' 불규칙 용언이므로 ㉠의 예이다. | 'ㅎ' 불규칙 X<br>[노랗다, 노랗지, 노래(← 노랗＋아)]<br>'노랗다'는 모음 어미가 오면 어간과 어미 모두 바뀌는 'ㅎ' 불규칙 용언이므로 ㉡의 예로 옳지 않다. |
| ② 'ㅡ' 규칙 X<br>[치르다, 치르지, 치러((치르(→ 치러)＋어)]<br>'치르다'는 모음 어미 '어'가 오면 'ㅡ'가 탈락되는 'ㅡ' 규칙 용언이므로 ㉠의 예로 옳지 않다. | '여' 불규칙 ○<br>[하다, 하지, 하여(하＋어(→ 여)]<br>'하다'는 모음 어미 '어'가 올 때, 모음 어미 '여'로 교체되는 '여' 불규칙 용언이므로 ㉡의 예이다. |
| ③ 'ㄷ' 불규칙 ○<br>[붇다, 붇지, 불어(붇(→ 불)＋에)]<br>'붇다'는 '물에 젖어서 부피가 커지다.'를 의미하는 'ㄷ' 불규칙 용언이다.<br>'붇다'는 모음어미가 오면 'ㄷ'이 'ㄹ'로 교체되는 'ㄷ' 불규칙 용언이므로 ㉠의 예이다. | 동음 탈락 규칙 X<br>[바라다, 바라지, 바라(바라＋아 → 'ㅏ' 탈락)]<br>'바라다'는 모음어미 '아'가 오면 동음 'ㅏ'가 탈락되는 동음 탈락 규칙 용언이므로 ㉡의 예로 옳지 않다. |

## 09 ▶②

**정답풀이** '오래되어 불은 국수는 맛이 없다.'에서 '불은'의 기본형은 '불다'가 아니라 '붇다'이다. '불다'는 '바람이 일어나다.' 혹은 '입술을 오므리고 입김을 내어 보내다.'의 의미이므로 해당 문장에 쓰인 '불은'의 기본형이 될 수 없다. '붇다'는 'ㄷ' 불규칙 활용 용언으로 뒤에 모음 어미가 오는 경우에 'ㄷ'이 'ㄹ'로 교체되는 용언이다. 따라서 '불은'은 '붇다'에 모음 어미가 붙어 불규칙 활용된 형태이다.

**오답풀이** ① '갈다'와 'ㄴ'으로 시작하는 말과 결합할 때 어간의 'ㄹ'이 탈락한다(갈-＋-ㄴ → 가니). '갈다'는 'ㄹ' 규칙활용 용언이다. (갈다, 갈고, 갈지, 가니, 갈아, 갈았다)

③ '이르다(타이르다. / 미리 알려주다.)'와 모음 어미가 결합되면 'ㅡ'가 탈락하고 'ㄹ'이 덧생겨 'ㄹㄹ' 형태가 된다('이르-＋-었다 → 일렀다). 'ㄹ' 불규칙 용언이다. (이르다, 이르고, 이르지, 이르니, 일러, 일렀다)

④ '들르다(지나는 길에 잠깐 들어가 머무르다.)'에 모음 '아/어'가 결합되면 어간의 'ㅡ'가 탈락한다. 'ㅡ' 규칙 용언이다.

## 10 ▶②

**정답풀이** '양이나 정도에 미치지 못하다.'의 의미로 쓰이는 용언의 기본형이 '모자라다'인데, 어간 '모자라-' 뒤에 어미 '-아서'가 결합하면 '모자라아서'가 되고, 동음 탈락이 일어나 '모자라서'가 된다.

**오답풀이** ① '가파르다'의 어간 '가파르-'에 어미 '-아서'가 결합하면 '르' 불규칙 활용을 하여 어간의 '르'가 'ㄹㄹ'의 형태로 변하여 결합되므로 '가팔라서'가 된다.

③ '불사르다'의 어간 '불사르-'에 어미 '-아서'가 결합하면 '르'가 'ㄹㄹ'의 형태로 변하여 결합되는 '르' 불규칙 활용을 하여 '불살라서'가 된다.

④ '올바르다'의 어간 '올바르-'에 어미 '-아서'가 결합하면 '르'가 'ㄹㄹ'의 형태로 변하여 결합되는 '르' 불규칙 활용을 하여 '올발라서'가 된다.

## 11 ▶①

**정답풀이** 서술어 '되다, 아니다'의 앞에 있는 '이/가'는 보격 조사이므로 ㉠의 '이'는 보격 조사이다.

**오답풀이** ② '에서'는 주격 조사이다. 단체 무정 명사(정부)에는 주격 조사 '에서'가 쓰인다. 이 자리에 주격 조사를 넣어 '정부가'로 고쳐서 읽었을 때 의미가 자연스럽다면 '에서'는 주격 조사인 것이다.

③ 주격 조사 '이/가'이다.

④ 높임의 주격 조사 '께서'이다.

## 12 ▶②

**정답풀이** '예쁜'은 체언 '꽃'을 수식하는 관형절이며, '꽃이 예쁘다'라는 안긴문장이 결합한 겹문장이다.

**오답풀이** ① '갖은'은 관형사이므로 홑문장이다.

③ '오랜'은 관형사이므로 홑문장이다.

④ '웅성대고 있었다'는 '본용언 – 보조 용언'의 관계일 뿐, 홑문장이다.

## 13 ▶③

**정답풀이** '과연, 정말, 응당, 제발'은 바로 뒤의 문장을 수식하는 '문장 부사'이나 ③의 '바로'는 성분 부사이다. '바로'가 바로 뒤에 있는 서술어 '떠난다니' 하나만 수식하고 있기 때문이다.

## 14 ▶③

**정답풀이** '태산이 높음'은 '태산이 높다'에서 보듯이, 서술성이 있으므로 '높음'의 '-음'은 명사형 어미이다. 명사 구실을 한다는 것은 '명사'가 아니라 명사인 척 연기하기 위해 명사형 어미 '-음'을 붙이겠다는 것이다. 여기에서 '높음'은 명사 파생 접사가 아니라 명사형 어미가 결합된 것이므로, 명사가 아니라 형용사이다.

**오답풀이** ① '수줍음'은 명사이며, '-음'은 명사 파생 접사이다. '수줍음'에 선어말 어미 '-었-'을 넣어서 '수줍었음'을 저 문장에 치환시키면 매우 어색해지는 것을 볼 때, '수줍음'은 하나의 명사이다.

② '죽음'은 명사이며, '-음'은 명사 파생 접사이다. '죽음'에 선어말 어미 '-었-'을 넣어서 '죽었음'을 저 문장에 치환시키면 매우 어색해지는 것을 볼 때, '죽음'은 하나의 명사이다.

④ '젊음'은 명사이며, '-음'은 명사 파생 접사이다. '젊음'에 선어말 어미 '-었-'을 넣어서 '젊었음'을 저 문장에 치환시키면 매우 어색해지는 것을 볼 때, '젊음'은 하나의 명사이다.

## 亦功 콤단문 독해 PIN POINT

### 한눈에 보기

01 ②　　　02 ②

### 신유형 2025 버전 1　　p.216

## 01 ▶②

**정답풀이** '지우개'는 동사 어간 '지우-'에 '~하는 것'이라는 뜻을 더해 명사로 품사를 바꿔주는 명사 파생접미사 '-개'가 결합하여 '지우개'라는 명사가 만들어진 것이다.

**오답풀이** ① '밝-'은 '밝다'의 어간으로 '밝다'는 동사가 아니라 형용사이다. 즉, 형용사 어간 '밝-'에 명사 파생접미사 '-기'가 결합하여 명사 '밝기'가 만들어진 것이다.

③ '반짝'은 명사가 아니라 부사이다. 따라서 '반짝거리다'는 부사 '반짝'에 동사 파생접미사 '-거리다'가 결합하여 동사 '반짝거리다'가 만들어진 것이다.

④ '-스럽다'는 동사 파생접미사가 아니라 형용사 파생접미사이다. 즉, '사랑스럽다'는 명사 '사랑'에 형용사 파생접미사 '-스럽다'가 결합하여 형용사 '사랑스럽다'가 만들어진 것이다.

### 신유형 2025 버전 2　　p.217

## 02 ▶②

**정답풀이** 어간 '치르-'에 어미 '-어'가 결합하여 '치러'가 되는 것은 어간에서 모음 'ㅡ'가 탈락하고 어미 '-어'가 결합한 것으로 어간의 형태는 바뀌지만 'ㅡ'의 탈락은 규칙 활용이다.

**오답풀이** ① 어간 '긷-'에 어미 '-어'가 결합하여 '길어'가 되는 것은 ㄷ 불규칙 활용으로 어간의 형태는 '긷-'에서 '길-'로 변하지만 어미의 형태는 '-어'로 그대로 유지되기 때문에 어간이 바뀌는 불규칙 활용이다.

③ 어간 '이르-'에 어미 '-어'가 결합하여 '이르러'가 되는 것은 -러 불규칙 활용으로 어간의 형태는 '이르-'로 그대로 유지되지만 어미의 형태가 '-어'에서 '-러'로 변하기 때문에 어미가 바뀌는 불규칙 활용이다.

④ 어간 '까맣-'에 어미 '-아'가 결합하여 '까매'로 활용하는 것은 ㅎ 불규칙 활용으로 어간 '까맣-'에서 'ㅎ'이 탈락하고 어미의 형태도 모음 'ㅏ'가 'ㅐ'로 변하기 때문에 어간과 어미가 모두 바뀌는 불규칙 활용이다.

## 亦功 문법 - 형태론 문제 훈련
p.218

### 한눈에 보기

| 01 ④ | 02 ④ | 03 ② | 04 ④ | 05 ④ |
|------|------|------|------|------|
| 06 ③ |      |      |      |      |

### 01 ▶④

**정답풀이** 어근인 동사 어간 '먹-'에 명사화 접미사 '-이'가 결합하여 '먹는 것'이라는 뜻을 가진 명사 '먹이'가 만들어진다. 따라서 '-이'는 동사 어간 '먹-'에 결합하여 품사를 바꾸는 접미사이다.

**오답풀이** ① 문장의 주어는 '그는'이며 '선생님이'는 서술어 '되었다'에 대한 보어이다. 따라서 '-이'는 주격 조사가 아니라 보격 조사이다.
② 동사 어간에는 조사가 결합할 수 없다. 동사 어간 '읽-'에 관형사형 전성 어미 '-을'이 결합하여 체언 '책'을 수식하는 관형어로 쓰이고 있는 것이다.
③ '풋-'은 접두사로 '새로운 것', '처음 나온 것', '덜 익은 것', '미숙한 것'의 뜻을 더해주는 접두사이다. '사과'의 품사를 바꾸지 않으며 접두사 '풋-'이 결합하더라도 그대로 품사는 명사이다.

### 02 ▶④

**정답풀이** '-로'는 목적지를 나타내고 있으므로 장소, 또는 방향을 나타내는 처소 부사격 조사이다.

**오답풀이** ① 12시라는 시간을 나타내므로 시간을 나타내는 처소 부사격 조사이다.
② 리더라는 자격을 나타내므로 자격을 나타내는 자격 부사격 조사이다.
③ '선생님과 같이'라는 뜻으로 선생님과의 비교를 나타내므로 비교를 나타내는 비교 부사격 조사이다.

### 03 ▶②

**정답풀이** '예쁜'은 현재 시제 선어말 어미 '-ㄴ-'이 결합한 것이 아니라 관형사형 전성 어미 '-ㄴ'이 결합하여 '예쁜'으로 활용한 것이다. 현재 시제를 나타내는 어미가 결합한 것이 아니다.

**오답풀이** ① '아름답다'는 명령형으로 활용할 수 없다.

③ '일어나다'는 동작을 나타내며 현재 시제 선어말 어미 '-ㄴ-'을 결합하여 일어나고 있다는 것을 표현하는 '일어난다'로 활용할 수 있기 때문에 동사이다.
④ '착하다'는 의도를 뜻하는 어미와 결합하여 의도를 나타낼 수 없다.

### 04 ▶④

**정답풀이** '당신'은 3인칭 주어인 '회장님'을 가리키는 높임의 재귀 대명사이므로 ㉠ 3인칭 재귀대명사에 해당된다.

**오답풀이** ① '저희'는 '우리'의 낮춤말이므로 1인칭 대명사이다.
② '당신'은 상대방을 낮추는 2인칭 대명사이다.
③ '저'는 '나'를 낮추는 1인칭 대명사이다.

### 05 ▶④

**정답풀이** "한둘"은 수사이므로 ㉠의 사례가 아니다. '한둘' 뒤에 주격 조사 '이'가 결합할 수 있고, '한둘'이 뒤에 있는 관형사 '책상'을 수식하는 것이 아니므로 관형사라고 볼 수 없다. 조사 결합이 가능하면서 뒤의 명사를 수식하지 않으므로 "한둘"은 수사이다.

**오답풀이** ① "일곱"은 수 관형사로, '장'이라는 명사를 수식한다. 또한 조사와 결합할 수 없으므로 ㉠의 사례에 해당한다.
② "여남은"은 수 관형사로, '명'이라는 명사를 수식한다. 또한 조사와 결합할 수 없으므로 ㉠의 사례에 해당한다.
③ "서너"는 수 관형사로, '그루'라는 명사를 수식한다. 또한 조사와 결합할 수 없으므로 ㉠의 사례에 해당한다.

### 06 ▶③

**정답풀이** '그녀는 가고 싶던 집에 바로 갔다'의 '바로'는 뒤의 '갔다'라는 서술어만 꾸미므로 성분 부사이다.

**오답풀이** ① '및'은 문장 접속 부사이므로 문장 부사이다.
②, ④ '과연, 제발'은 화자의 판단, 태도를 나타내는 문장 전체를 수식하는 문장 부사이다.

정답 및 해설

## Chapter 21  문법 – 통사론

### 콤단문 亦功 퀴즈  p.223

**한눈에 보기**

| | | | | |
|---|---|---|---|---|
| 01 ③ | 02 ② | 03 ① | 04 ③ | 05 ③ |
| 06 ① | 07 ② | 08 ② | 09 ② | 10 ② |
| 11 ③ | 12 ④ | | | |

**01 ▶③**

정답풀이 '미연에'는 부사격 조사가 결합한 부사어이므로 주성분이 아니라 부속 성분이다. 부속 성분에는 부사어와 관형어가 있다. (참고로 필수 부사어는 주성분이 아니라 부속 성분이다.)

오답풀이 주성분은 '주어, 목적어, 보어, 서술어'이다. 격조사로 문장 성분을 파악할 수 있지만, 격조사가 아니라 보조사가 결합된 경우에는 자연스러운 격조사를 넣어서 파악해야 한다.
① 그는(주어) 나에게(부사어) 맹물만(목적어) 주었다.(서술어) : '맹물만'을 '맹물을'로 고치면 자연스럽다. 따라서 '맹물만'은 목적어이므로 주성분이다.
② 그(관형어) 사람(관형어) 말은(주어) 사실도(보어) 아니었다.(서술어) : '사실도'를 '사실이'로 고치면 자연스럽다. 뒤에 '되다, 아니다'가 오는 경우에는 앞이 보어가 된다. 따라서 '사실도'는 보어이므로 주성분이다.
④ 정부에서(주어) 그(관형어) 일을(목적어) 적극적으로(부사어) 추진하고 있다.(서술어) : 주격 조사 '에서'가 쓰였으므로 '정부에서'는 주어이므로 주성분이다.

**02 ▶②**

정답풀이 'ⓒ 철수가 산책했던'은 관형사형 어미 '-던'이 결합했으므로 부사절이 아니라 관형절이다. 뒤의 '공원은'이라는 주어를 수식하고 있는 것은 옳다.

오답풀이 ① '㉠ 동생이 산'은 관형사형 어미 '-ㄴ'이 결합했으므로 뒤의 '사탕을'이라는 목적어를 수식하는 관형절이다.
③ 'ⓒ 숙소로 돌아가기'는 명사형 어미 '-기'가 결합했으므로 명사절인데, 이 명사절 뒤에 목적격 조사 '를'이 결합되었으므로 안은문장의 목적어로 쓰였다고 볼 수 있다.
④ '㉣ 학교에 가기'는 명사형 어미 '-기'가 결합했으므로 명사절인데, 이 명사절 뒤에 부사격 조사 '에'가 결합되었으므로 안은문장의 부사어로 쓰였다고 볼 수 있다.

**03 ▶①**

정답풀이 앞뒤 문장의 순서를 교체하면 '나는 학교에 가고 밥을 먹었다.'와 같이 그 의미가 아예 달라진다. 따라서 '-고'가 붙긴 했으나 '대등하게 이어진 문장'이 아니라 '종속적으로 이어진 문장'으로 봐야 한다.

오답풀이 ② '오늘은 비가 오고 어제는 눈이 왔다.'와 같이 앞뒤 문장의 순서를 바꿔도 원래의 의미가 대등하게 유지되므로 ㉠으로 볼 수 있다.
③ '단풍이 들면 가을이 된다.'와 같이 앞뒤 문장의 순서를 바꾸면 원래의 의미가 유지되지 않는다. 따라서 ㉡의 예로 적절하다.
④ '사람들이 많아서 공원에 갔다.'와 같이 앞뒤 문장의 순서를 바꾸면 원래의 의미와 달라진다. 따라서 ㉡의 예로 적절하다.

**04 ▶③**

정답풀이 용언의 관형사형은 100% 관형절이다. 그런데 '착한'은 어간 '착하-'에 관형사형 어미 '-ㄴ'이 결합된 용언의 관형사형이므로 관형절이다. '나는 [그가 착한] 사람이라는 생각이 들었다.'

오답풀이 ① 그 친구는 [마음이 참 예쁘다.]
→ 서술절(서술어 역할)
② 나는 [그 문제가 해결되었음]에 기뻐했다.
→ 명사절(부사어 역할)
④ 그분은 나에게 [희망을 가지라]고 말씀하셨다.
→ 인용절 (간접 인용절)

**05 ▶③**

정답풀이 [상대+], [주체+], [객체+]를 만족시켜야 한다.
③은 이 모두를 만족시킨다. 대화의 상대를 높이고 있다(-습니다). 서술어의 주체인 '어머니'도 높임의 주격 조사 '께서'와 높임 선어말 어미 '-시-'로 높이고 있다. 또 서술어의 객체인 '아주머니'를 높이기 위해 높임의 부사격 조사 '께'와 객체 높임 특수 어휘 '드리다'가 쓰였다.

오답풀이 ① [상대-], [주체+], [객체+]로 대화의 상대를 높이고 있지 않다. 서술어의 주체인 '아버지'를 높임의 주격 조사 '께서'와 높임 선어말 어미 '-시-'로 높이고 있다. 또 서술어의 객체인 '할머니'를 높이기 위해 객체 높임 특수 어휘 '모시다, 댁'이 쓰였다. 대화의 상대를 높이고 있지 않아서 답이 아니다.
② [상대+], [주체-], [객체+]로 대화의 상대를 높이고 있다. 서술어의 주체인 '나'를 높이지 않고 있다. 또 서술어의 객체인 '어머니'를 높이기 위해 높임의 부사격 조사 '께', 객체 높임 특수 어휘 '드리다'가 쓰였다.
④ [상대+], [주체+], [객체-]로 대화의 상대를 높이고 있다. '바랍니다'를 통해 [상대+]임을 알 수 있다. '께서'와 '-시-'를 통해 [주체+]임을 알 수 있다. 객체 높임은 쓰이지 않았다.

## 06 ▶①

**정답풀이** 주체 높임법은 '주어'를 높이는 것을 확인하면 된다. 여기서 주어인 '나'를 높이지 않고 있으므로 [주체−]이다.
객체 높임법은 '목적어'나 '부사어'를 높이는 것인데 부사어인 '선생님'을 높임의 부사격 조사 '께'와 객체 높임 어휘 '드리다'로 높이고 있다. 따라서 [객체＋]이다.
상대 높임법은 상대(청자)를 높이거나 낮추는 것인데, 여기서 청자 숙희를 높이지 않고 아주 낮춤인 해라체를 쓰고 있다. 따라서 [상대−]이다.

## 07 ▶②

**정답풀이** 제시된 발화에서 '당신'은 앞에 나온 3인칭 주어인 '할아버지'를 다시 가리키는 재귀 대명사이다. '당신'은 '자기'를 높여 높인 말이므로 이 선택지는 옳다. 재귀 대명사란 앞에 한 번 나온 3인칭 주어를 다시 가리킬 때 쓰이는 인칭 대명사이다.

**오답풀이** ① '말씀'은 상대방을 높이는 의도로도 쓰이지만 나를 낮추는 겸양의 의도('나'를 낮춰서 상대를 높여줌)로도 쓰인다.
③ '저희 나라'는 '우리나라'로 고쳐 써야 옳다. '저희'는 말하는 사람인 상대를 높이기 위해 '나'를 낮출 때 쓰는 단어이므로 '저희 나라'라고 '나'의 나라까지 낮추는 의미가 되므로 쓰면 안 된다. (어떤 연예인이 일본에 가서 '저희 나라'라고 했다가 심한 논란이 됐던 일화도 있다. 따라서 '저희 나라, 저희 민족'은 쓰지 말자!)
④ '만 원'이라든지, '품절'은 높일 필요가 없는 대상이므로 과도하게 높여서는 안 된다. 소유자와 밀접한 관계가 있는 물건이라고 보기 어렵기 때문에 간접 높임이라고도 볼 수 없다.

## 08 ▶②

**정답풀이** 고객님이 한 것이므로 '질문'은 간접 높임의 대상이 된다. 또 간접 높임의 어휘 '있으시다'도 잘 썼다. ('들고'를 '드시고'로 고치면 더 좋지만, 다른 선지가 너무 틀리므로 옳은 선지로 봐야 한다.)

**오답풀이** ① 높으세요('높으시어요'의 준말)(×) → 높아요(○) : '적금의 이율'은 고객님과 밀접한 대상이 아니므로 간접 높임의 대상이 아니다. (간접 높임의 대상 : 높임 대상의 신체일부, 소유물, 가족, 심리 등) 따라서 주체 높임 선어말 어미 '−시−'를 뺀 '높아요.'로 고쳐야 한다.
③ 오시래('오시라고 해'의 준말)(×) → 오라셔(○) : 오는 것은 '미나'이므로 높이면 안 되고('오라고') 그러라고 하신 것은 선생님이므로 높여야 한다.('하셔') '오라고 하셔'의 준말은 '오라셔'이다.
④ 계시면(직접 높임의 어휘)(×) → 있으시면(간접 높임의 어휘)(○)

## 09 ▶②

**정답풀이** '사동사'는 문장의 주체가 자기 스스로 행하지 않고 남에게 그 행동이나 동작을 하게 함을 나타내는 동사이다. '좁히다'는 '면이나 바닥 따위의 면적을 작게 하다'는 의미로, '좁다'에 사동 접미사 '−히−'가 붙은 형태이다. 이는 사장이 직접 직원 회의실을 좁히는 것이 아니라 직원들에게 그 행동을 하게 함을 나타내는 것이므로 사동사이다.

**오답풀이** ① '우긴다'는 억지를 부려 제 의견을 고집스럽게 내세운다는 의미의 주동사이다. 주동사는 문장의 주체가 스스로 행하는 동작을 나타내는 동사이다.
③ '버린다'는 가지거나 지니고 있을 필요가 없는 물건을 내던지거나 쏟거나 한다는 의미의 주동사이다.
④ '모인다'는 '모으다'의 피동사로 쓰였다. 피동사는 남의 행동을 입어 행하여지는 동작을 나타내는 동사이다.

## 10 ▶②

**정답풀이** 주어를 기준으로 주어가 직접 하는 의미가 가능하면 '−게 만들다'를 의미하는 '시키다'를 넣을 수 없다. 따라서 '시키다' 대신에 '하다'를 넣어서 말이 되는지 보았을 때 말이 안 되면 '시키다'는 옳게 쓰인 것이고 말이 되면 '시키다'는 잘못 쓰인 것이다. ②의 '입원하다'를 넣으면 생략된 주어가 직접 입원을 하는 것인데, 이렇게 되면 말이 안 된다. 주어가 직접 입원하는 것이 아니라 아이가 입원하는 것이므로 '입원시키다'는 옳다.

**오답풀이** ① 주어 '그는'이 직접 소개를 해주는 것이므로 '소개했다'로 고쳐야 한다.
③ 생략된 주어가 타인을 직접 설득하는 것이므로 '설득한다는'으로 고쳐야 한다.
④ 주어 '우리는'이 직접 갈등을 해소하는 것이므로 '해소한다'로 고쳐야 한다.

## 11 ▶③

**정답풀이** '받아들이다'는 '남의 말이나 요구 따위를 들어주다.'를 의미하므로 '당하다'를 의미하는 피동사가 아니다. 따라서 뒤에 피동 표현 '−어지다'가 붙어도 이중 피동 표현이라고 볼 수 없다.
☞ 이와 비슷하게 이중 피동이 아닌 단어들로는 '여겨지다, 밝혀지다, 알려지다, 읽혀지다'가 있다.

**오답풀이** ① '닫+히(피동 접미사)+어지(피동 보조 용언)+ㄴ'은 이중 피동이므로 옳지 않다.
② '놓+이(피동 접미사)+어지(피동 보조 용언)+ㄴ'은 이중 피동이므로 옳지 않다.
④ '끊+기(피동 접미사)+어지(피동 보조 용언)+ㄴ'은 이중 피동이므로 옳지 않다.

## 12 ▶④

**정답풀이** 헤아려 본 결과 어떠할 것으로 짐작이 된다는 의미를 가진 동사는 '짚이다'이다. 'ㅍ'에 이미 'ㅂ+ㅎ'에서 'ㅎ'이 있으므로 '히'가 또 와서는 안 된다.

**오답풀이** ① '나뉘다'는 '나누다'에 피동 접미사 '−이−'가 결합한 형태이므로 적절하다. '나누다'는 하나를 둘 이상으로 가른다는 의미이다.

정답 및 해설

박혜선 **국어**

② '덮이다'는 '덮다'에 피동 접미사 '-이-'가 결합한 형태이므로 적절하다. '덮다'는 일정한 범위나 공간을 빈틈없이 휩싼다는 의미이다.
③ '베이다'는 '베다'에 피동 접미사 '-이-'가 결합한 형태이므로 적절하다. '베다'는 날이 있는 연장 따위로 무엇을 끊거나 자르거나 가른다는 의미이다.
⑤ '걷히다'는 '걷다'에 피동 접미사 '-히-'가 결합한 형태이므로 적절하다. '걷다'는 구름이나 안개 따위가 흩어져 없어진다는 의미이다.

## 亦功 콤단문 독해 PIN POINT

**한눈에 보기**

01 ④    02 ②

### 신유형 2025 버전 1

p.226

**01 ▶④**

정답풀이 '작은'은 형용사 어간 '작-'에 관형사형 전성어미 '-은'이 결합하여 관형사형으로 용언이 활용한 것이다.

오답풀이 ① '읽던'은 동사 어간 '읽-'에 관형사형 전성어미 '-던'이 결합하여 관형사형으로 용언이 활용한 것이다.
② '반'은 수관형사로 관형사 자체가 관형어로 쓰인 것이다.
③ '그녀의'는 대명사 '그녀'에 관형격 조사 '-의'가 결합하여 관형어로 쓰인 것이다.

### 신유형 2025 버전 2
p.227

**02 ▶②**

정답풀이 '진지'와 '잡수다' 모두 특수어휘에 해당하므로 적절하지 않다. '진지'는 '식사'를 높이는 표현, '잡수다'는 '먹다'를 높이는 표현이다.

오답풀이 ① 부사어인 '선생님'을 높이고 있으므로 객체 높임이다.
③ 객체인 '어머니'를 높이는 표현이므로 주체 높임이 아니라 객체 높임이다.
④ 상대 높임은 화자가 청자에게 높임의 태도를 나타내는 것이라고 하였으므로 적절하다.

## 亦功 문법 – 통사론 문제 훈련
p.228

**한눈에 보기**

01 ②    02 ①    03 ④    04 ①    05 ④
06 ①

**01 ▶②**

정답풀이 친구를 만난 장소에 대한 정보 없이도 '나는 친구를 만났다.'와 같이 문장이 성립한다. 따라서 '영화관에서'는 필수적 부사어가 아니다.

오답풀이 ① '이탈하다'는 어디로부터의 이탈인지에 대한 정보를 필수적으로 요구하는 서술어이므로 '궤도에서'는 필수적 부사어이다.
③ '적합하다'는 어디에 적합한지에 대한 정보를 필수적으로 요구하는 서술어이므로 '벼농사에'는 필수적 부사어이다.
④ 언제 학교로 출발했는지에 대한 정보 없이도 '나는 학교에 갔다.'와 같이 문장이 성립하므로 '오전에'는 필수적 부사어가 아니다.

**02 ▶①**

정답풀이 문장 전체의 서술어가 '되었다'이므로 '의사가'는 서술절의 주어가 아니라 문장 전체의 보어이다.

오답풀이 ② '글쎄'는 감탄사로 문장의 어느 성분과도 관련 없이 독립적으로 사용되는 독립어이다.
③ '드디어'는 부사로 나머지 문장 전체를 수식하고 있는 부사어이다.
④ '맛있는'은 형용사 어근 '맛있-'에 관형사형 전성어미 '-는'이 결합한 것으로 관형절 '디저트가 맛있다'가 '디저트'를 수식하는 구조이며 이때 관형절에서 주어 '디저트가'는 생략된다.

**03 ▶④**

정답풀이 '보다'는 주어와 목적어만을 필수적으로 요구하는 서술어로 두 자리 서술어이다. '산에서'라는 부사어는 장소에 대한 정보를 제공하여 서술어 '보다'를 수식하고 있지만 이 부사어가 없다고 해서 문장의 의미가 통하지 않거나 문장이 미완성되는 것이 아니다. 따라서 이는 필수적 부사어가 아니며 서술어 '보다'가 필수적으로 요구하는 성분이 아니기 때문에 '보다'는 두 자리 서술어이다.

오답풀이 ① '닮았다'는 주어가 어떤 대상과 닮았는지에 대한 정보를 제공하는 부사어를 필수적으로 요구한다. 따라서 '닮다'라는 서술어는 주어, 부사어를 필수적으로 요구하므로 두 자리 서술어이다.
② '되었다'는 주어가 무엇이 되었는지에 대한 정보를 제공하는 보어를 필수적으로 요구한다. 따라서 '되다'라는 서술어는 주어, 보어를 필수적으로 요구하므로 두 자리 서술어이다.
③ '주었다'는 주어가 누구에게 무엇을 주었는지에 대한 정보를 제공하는 부사어와 목적어를 필수적으로 요구한다. 따라서 '주다'라는 서술어는 주어, 목적어, 부사어를 필수적으로 요구하므로 세 자리 서술어이다.

## 04 ▶ ①

**정답풀이** '–며'를 기준으로 두 문장을 교체하면 '그는 음악을 들으며 책을 읽는다'가 되므로 의미의 변화가 큼을 알 수 있다. 행동의 순서가 뒤바뀌기 때문이다. 따라서 '–며'는 종속적 연결어미로 쓰였음을 알 수 있다.

**오답풀이** ② '–면'은 여유가 있다는 조건 하에 영화를 보자는 의미를 나타내기 위해 사용된 종속적 연결어미이다.
③ '–지만'의 앞뒤 문장을 교체하면 '출근은 해야 하지만 비가 온다'가 되므로 원래 문장과 의미가 달라진다. 따라서 '–지만'은 종속적 연결어미이다.
④ '–려고'는 운동을 한다는 목적을 위해 일찍 일어났다는 의미를 나타내기 위해 사용된 종속적 연결어미이다.

## 05 ▶ ④

**정답풀이** '–고'가 결합된 것은 간접 인용절을 안은 문장이라고 했으므로 직접 인용절을 안은문장이라는 것은 적절하지 않다.

**오답풀이** ① '그가 오다.'라는 문장이 명사형 어미 '–기'와 결합하여 안겼으므로 명사절을 안은문장이다.
② '영자가 자주 먹던'이라는 문장이 관형사형 어미 '–던'과 결합하여 안겼으므로 관형절을 안은문장이다.
③ '철수는 영희가 예쁘게 생김을 좋아했다.'에서 부사형 어미 '–게', 명사형 어미 '–ㅁ'이 결합하여 안겼으므로 각각 부사절, 명사절을 안은 문장이다.

## 06 ▶ ①

**정답풀이** '받아들이다'는 '남의 말이나 요구 따위를 들어주다.'를 의미하므로 '당하다'를 의미하는 피동사가 아니다. 따라서 뒤에 피동 표현 '–어지다'가 붙어도 이중 피동 표현이라고 볼 수 없다.
☞ 이와 비슷하게 이중 피동이 아닌 단어들로는 '여겨지다, 밝혀지다, 알려지다, 읽혀지다'가 있다.

**오답풀이** ② '보+이(피동 접미사)+어지(피동 보조 용언)+는'은 이중 피동이므로 옳지 않다.
③ '읽+히(피동 접미사)+어지(피동 보조 용언)+었+다'는 이중 피동이므로 옳지 않다.
④ '쓰+이(피동 접미사)+어지(피동 보조 용언)+ㄴ'은 이중 피동이므로 옳지 않다.

# Chapter 22 문법 – 음운론

## 콤단문 亦功 퀴즈
p.232

**한눈에 보기**

| 01 ④ | 02 ② | 03 ③ | 04 ③ | 05 ④ |

## 01 ▶ ④

**정답풀이** ㉠: 따뜻하다[따뜯하다〉따뜨타다] 음절의 끝소리 규칙(교체)과 거센소리되기(축약)이 쓰였다.
㉡: 삯일[삭일〉상일〉상닐] 자음군 단순화(탈락)와 비음화(교체), ㄴ첨가(첨가)가 쓰였다.
㉠과 ㉡ 모두 교체 현상이 일어났으므로 음운의 대치 현상이 일어난 것이다.

**오답풀이** ① 음운 탈락은 ㉡에만 일어났다.
② 음운 첨가는 ㉡에만 일어났다.
③ 음운 축약은 ㉠에만 일어났다.
⑤ ㉠은 음운 변동의 결과 음운이 하나 줄어들었지만, ㉡은 탈락과 첨가가 일어나 음운의 개수는 그대로 유지되었다.

## 02 ▶ ②

㉠ [꽃잎→(음절의 끝소리 규칙, ㄴ첨가)→꼳닙→(비음화)→꼰닙]
㉡ [맏며느리→(비음화)→만며느리]
㉢ [닫혔다→(자음 축약, 음절의 끝소리 규칙, 된소리되기)→다텯따→(구개음화)→다첟따]
㉣ [넓죽하다→(자음군 단순화, 자음축약, 된소리되기)→넙쭈카다]

**정답풀이** 꼭 강의를 참고하시길 바랍니다~^^
㉠에서는 첨가가 일어나지만 ㉡에는 교체(비음화)밖에 일어나지 않으므로 이 선지는 적절하지 않다.

**오답풀이** ① ㉠~㉣에 모두 교체 현상이 일어나므로 이 선지는 옳다. ㉠의 음절의 끝소리 규칙, 비음화, ㉡의 비음화, ㉢의 음절의 끝소리 규칙, 된소리되기, 구개음화, ㉣의 된소리되기 모두 교체이다.
③ ㉢에서 'ㄷ+ㅎ=ㅌ'의 자음 축약이 일어나므로 이 선지는 옳다.
④ ㉣에는 자음군 단순화(탈락), 자음 축약(축약)이 일어나므로 이 선지는 옳다.

**03** ▶③

정답풀이 ㉢에는 자음 축약(ㅂ+ㅎ=ㅍ)이 일어나므로 음운변동 전보다 음운변동 후의 음운 개수가 하나 줄어드므로 ③이 옳다.

오답풀이 ① [가을일 → (ㄴ 첨가) → 가을닐 → (유음화) → 가을릴]이므로 'ㄴ 첨가'와 '유음화'가 일어났음을 알 수 있다. 'ㄴ 첨가'와 '유음화'는 각각 첨가와 교체에 해당하므로 2가지 유형의 음운 변동이 나타난다.
② [텃마당 → (음절의 끝소리 규칙) → **텓**마당 → (비음화) → 턴마당]이다. 인접한 음의 영향을 받아 '조음 방법'이 같아지는 '비음화'가 일어났다. '조음 위치' 동화로는 양순음화, 연구개음화가 있으며, 이들은 비표준 발음이다.
④ [흙먼지 → (자음군 단순화) → 흑먼지 → (비음화) → 흥먼지]이므로 음절의 끝소리 규칙이 아닌 자음군 단순화가 일어났음을 알 수 있다.

**04** ▶③

정답풀이 [끓는 → (자음군 단순화) → 끌는 → (유음화) → 끌른]의 과정을 거친다. '자음군 단순화'는 탈락이며, '유음화'는 대치(=교체)이므로 ③은 옳다.

오답풀이 ① [값진 → (자음군 단순화) → 갑진 → (된소리되기) → 갑찐]: '자음군 단순화'는 탈락이며, '된소리되기'는 대치(=교체)이므로 '값진'이 탈락, 첨가 현상이라고 한 ①은 틀리다.
② [밖과 → (음절의 끝소리 규칙) → 박과 → (된소리되기) → 박꽈]: '음절의 끝소리 규칙'은 대치(=교체)이며, '된소리되기'는 대치(=교체)이므로 '밖과'가 대치, 축약 현상이라고 한 ②는 틀리다.
④ [밭도 → (음절의 끝소리 규칙) → 받도 → (된소리되기) → 받또]: '음절의 끝소리 규칙'과 '된소리되기'는 모두 대치(=교체)이므로 '밭도'가 대치, 첨가 현상이라고 한 ④는 틀리다.

**05** ▶④

정답풀이 어간 '맵-'에 어미 '-어서'가 결합되면 'ㅂ'이 반모음 'ㅜ'로 교체되어 '매워서'로 활용된다. '매워서'에는 음운 탈락이 일어나지 않았다.

오답풀이 ① 지었다. : '짓-+-었-'에서 ㅅ 탈락
② 우는 : '울-+-는'에서 ㄹ 탈락
③ 써서 : '쓰-+-어서'에서 으 탈락

---

# 亦功 콤단문 독해 PIN POINT

## 한눈에 보기

01 ②　　02 ④

### 신유형 2025 버전 1　　p.234

**01** ▶②

정답풀이 '앉아'가 [안자]로 발음되는 것은 단순히 받침이 연음된 현상으로 음운 변동의 예시가 아니다.

오답풀이 ① '굳이'의 받침 'ㄷ'이 모음 'ㅣ'를 만나 'ㅈ'으로 교체되었으므로 교체의 예시이다.
③ 받침 'ㅎ'이 탈락하여 [조하요]가 아닌 [조아요]로 발음되므로 탈락의 예시이다.
④ 받침 'ㄱ'이 'ㅇ'으로 바뀌고 원래 없던 'ㄴ'이 첨가되었으므로 이는 교체와 첨가의 예시이다.

### 신유형 2025 버전 2　　p.235

**02** ▶④

정답풀이 '모자라다'와 어미 '-아도'가 만나 '모자라도'가 된 것은 동음 탈락에 해당하므로 '㉠ 음운의 축약'에 해당하지 않는다.

오답풀이 나머지는 모두 음운의 축약에 해당한다. 참고로 자음 축약이 음절의 끝소리 규칙, 자음군 단순화보다 먼저 적용이 된다.
① '옳다'[올타]와 '옳지'[올치]에는 자음 축약이 일어났다.
② '줘라'에는 모음 축약이 일어났다.
③ '막혀'[마켜]와 '맞힌'[마친]에는 자음 축약이 일어났다.

## 亦功 문법 - 음운론 문제 훈련

p.236

**한눈에 보기**

01 ②     02 ③     03 ④     04 ①

### 01 ▶②

**정답풀이** '합성어도 두음법칙에 따라 적는 것이 원칙이다.'라고 했으므로 합성어인 '남존(男尊)+녀비(女卑)'에도 두음법칙이 적용되어 '남존여비(男尊女卑)'가 된 것임을 알 수 있다.

**오답풀이** ① 본문에 따르면 단어 첫머리의 '랴'는 '야'로 바꾸는 것이 옳다고 하였으므로 적절하다.
③ '두음법칙은 둘째 음절 이하에서는 적용되지 않는데'로 보아 적절하다.
④ '둘 이상으로 이어진 고유명사를 붙여 쓸 경우에는 두음법칙을 적용할 수 있다.'로 보아 적절하다.

### 02 ▶③

**정답풀이** '밥물'에서 받침 'ㅂ'이 뒤에 오는 자음 'ㅁ'의 영향을 받아 비음 'ㅁ'으로 변한 것으로 비음화가 일어난 것이다.

**오답풀이** ① [섞니 → (음절의 끝소리 규칙) → 석니 → (비음화) → 성니]의 과정을 거친다. 음절의 끝소리 규칙은 탈락이 아니라 교체이므로 이 선지는 적절하지 않다. 비음화가 일어난 것은 적절하다.
② '로'의 'ㄹ'이 '종'의 비음 'ㅁ'의 영향을 받아 비음 'ㄴ'으로 교체된 것으로 유음화가 아닌 비음화가 일어난 것이므로 이 선지는 적절하지 않다.
④ '번'의 'ㄴ'이 '로'의 'ㄹ'의 영향을 받아 유음 'ㄹ'로 교체된 것으로 비음화가 아닌 유음화가 일어난 것이므로 이 선지는 적절하지 않다.

### 03 ▶④

**정답풀이** '[수돗물 → (음절의 끝소리 규칙) → 수돋물 → (비음화) → 수돈물]'의 과정을 겪으므로 '㉠ ㄴ첨가'가 포함되어 있지 않음을 알 수 있다.

**오답풀이** ① '[늑막염 → (ㄴ첨가) → 늑막념 → (비음화) → 능망념]'의 과정을 겪으므로 '㉠ ㄴ첨가'가 포함되어 있음을 알 수 있다.
② '[서울역 → (ㄴ첨가) → 서울녁 → (유음화) → 서울력]'의 과정을 겪으므로 '㉠ ㄴ첨가'가 포함되어 있음을 알 수 있다.
③ '[삯일 → (ㄴ첨가, 자음군 단순화) → 삭닐 → (비음화) → 상닐]'의 과정을 겪으므로 '㉠ ㄴ첨가'가 포함되어 있음을 알 수 있다.

### 04 ▶①

**정답풀이** '경음화 현상은 올바르게 발음하여 자연스럽게 이루어지는 문법현상일 때도 있으나, 잘못 발음하여 사용되는 예도 많다.'라는 서술로 보아 적절하다.

**오답풀이** ② '그런데 지나치게 사회적 흐름만을 쫓아가는 것도 교육적 측면을 고려하지 못하는 위험이 따를 수 있으므로 주의가 필요하다.'라는 서술로 보아 적절하지 않음을 알 수 있다.
③ '국립국어원에서 기존에는 표준 발음이 아니었던 '효과[효꽈]', '교과[교꽈]' 된소리 발음을 인정한 사례도 있다.'라고 하였으므로 적절하지 않다.
④ '이러한 언어현상을 자연스러운 … 규범적인 성격으로 파악하여 잘못된 점을 고쳐야 한다는 관점도 있다.'라고 하였으므로 항상 고쳐져야 한다는 서술은 적절하지 않음을 알 수 있다.

정답 및 해설

# Chapter 23 문법 - 기타

## 亦功 문법 - 기타 문제 훈련
p.239

### 한눈에 보기
01 ④  02 ②  03 ④  04 ③  05 ①

## 01 ▶④

**정답풀이** 특정한 의미를 가진 단어가 그 의미를 확장하여 더 넓은 범위의 대상을 가리키게 된 경우에 해당하므로 의미 확대의 예이다.

**오답풀이** ① 의미가 완전히 다른 의미로 바뀐 것이므로 의미 이동의 예이다.
② 의미 범위가 좁아졌으므로 의미 축소의 예이다.
③ 의미 범위가 좁아졌으므로 의미 축소의 예이다.

## 02 ▶②

**정답풀이** '높다'와 '낮다'사이에는 중간 단계가 존재하므로 정도 반의어이다. '저 산은 높지 않다.'와 같이 중간 단계에 해당하는 문장을 만들 수 있으므로 상보 반의어로 볼 수 없다.

**오답풀이** ① 방향 반의어는 관계나 이동, 공간 측면에 있어서 대립이 된다고 하였다. 아래쪽과 위쪽은 기준이 되는 위치를 중심으로 서로 자리를 바꾸어 나타낼 수 있으므로 적절하다.
③ 상보 반의어는 서로 겹치지 않는 두 영역으로 철저히 대립되는 쌍이라고 하였다. 살아 있는 것과 죽어 있는 것 사이에는 중간 상태가 존재하지 않으므로 상보 반의어로 적절하다.
④ '스승'과 '제자' 사이에는 중간 단계가 존재하지 않으므로 방향 반의어로 적절하다.

## 03 ▶④

**정답풀이** '이때의 '그거'는 앞선 발화의 '지난번 꽃'을 대신하는 대용 표현이다.'라는 서술을 참고할 때 적절하다.

**오답풀이** ① 지시 표현이 담화에서 언급되는 말을 대신할 때 대용 표현이라고 부르므로 적절하지 않다.
② '접속 표현은 문장과 문장, 발화와 발화를 연결해주는 표현이다.'라고 하였으므로 독립적으로 사용된다는 서술은 적절하지 않다.
③ "그런데'는 앞의 발화를 뒤의 발화와 이어 주는 접속 표현에 속한다.'라는 서술을 참고할 때 적절하지 않은 선지임을 알 수 있다.

## 04 ▶③

**정답풀이** '하의어는 상의어에 포함되는 개념으로, 더 구체적인 의미를 가진다.'라고 하였으므로 일반적이고 포괄적인 의미를 가지는 것은 아니다.

**오답풀이** ① '상의어는 보다 일반적이고 포괄적인 의미를 가진 단어로, 여러 하의어를 포함하는 개념이다.'라고 하였다. '사람'은 남성과 여성을 포함하는 개념이므로 적절하다.
② '하의어는 보다 구체적이고 특수한 의미를 가진 단어로, 상의어에 포함되는 개념이다.'라고 하였으므로 운동의 범주 안에 속하는 축구와 야구는 하의어가 될 수 있음을 알 수 있다.
④ '이처럼 상의어는 특정 범주 내의 다양한 하의어들을 총칭하는 역할을 한다.'라는 서술을 참고할 때 적절함을 알 수 있다.

## 05 ▶①

**정답풀이** 어휘적 빈자리를 채우기 위해 단어 대신 구를 이용하는 예로 '현대 국어에서도 어린 돼지를 '아기 돼지', '새끼 돼지'로 지칭하는 것이 이러한 방식에 해당된다.'라는 설명이 나오므로 적절하다.

**오답풀이** ② '주황'과 '초록'은 한자어나 외래어를 사용하여 어휘적 빈자리를 채운 사례이므로 적절하지 않다.
③ '어휘적 빈자리는 지속적으로 존재할 수도 있지만, 여러 방식으로 채워지기도 한다.'라고 하였다. 주로 어떤 방식이 쓰인다는 설명은 없으므로 적절하지 않다.
④ '세 번째 방식은 상의어로 하의어의 빈자리를 채우는 방법이다.'라고 하였다. 따라서 상의어 대신 하의어를 사용한다는 서술은 적절하지 않다.

**박혜선**

주요 약력

고려대학교 국어국문학과 최우수 수석 졸업
고려대학교 국어국문학과 심화 전공
고려대학교 국어국문학과 중등학교 정교사 2 급 자격증
前) 대치, 반포 산에듀 온라인 오프라인 최연소 대표 강사
現) 박문각 공무원 국어 1 타 강사

주요 저서

2025 박혜선 국어 기본서 출좋포 독해·문학
2025 박혜선 국어 기본서 출좋포 문법·어휘
2025 박혜선 국어 독해 신유형 공부(독해신공)
2025 박혜선 국어 천기누설 혜선팍 세트형 독해+어휘
2025 박혜선 국어 천기누설 혜선팍 논리 추론
2025 박혜선 국어 적중용 콤단문 문법(콤팩트한 단원별 문제풀이)
2025 박혜선 국어 콤단문 독해(콤팩트한 단원별 문제풀이)
박혜선 국어 기본서 출좋포 어휘.한자
박혜선 국어 최단기간 어문 규정
박혜선 국어 최단기간 고전 운문
박혜선 국어 개념도 새기는 기출 문법
박혜선 국어 개념도 새기는 기출 문학&독해
박혜선 국어 족집게 적중노트 88
박혜선 국어 문법 출.좋.포 80
2024 박문각 공무원 실전동형 국가직 모의고사
2024 박문각 공무원 실전동형 지방직 모의고사

# 박혜선 국어 ◇✦ 콤단문 독해

**초판 발행** 2024. 11. 25. | **2쇄 발행** 2024. 12. 10. | **편저자** 박혜선
**발행인** 박 용 | **발행처** (주)박문각출판 | **등록** 2015년 4월 29일 제2019-000137호
**주소** 06654 서울시 서초구 효령로 283 서경 B/D 4층 | **팩스** (02)584-2927
**전화** 교재 문의 (02)6466-7202

저자와의
협의하에
인지생략

정가 22,000원
ISBN 979-11-7262-312-8